财政部“十三五”规划教材

高等师范教育精品教材系列丛书

刘文华 主编 副主编 王 维 王 岩

课堂教学技能训练

Classroom Teaching Skill Training

中国财经出版传媒集团

经济科学出版社

Economic Science Press

图书在版编目（CIP）数据

课堂教学技能训练/刘文华主编．—北京：经济科学出版社，2017.12 （2022.8 重印）
（高等师范教育精品教材系列丛书）
ISBN 978 - 7 - 5141 - 8933 - 9

Ⅰ．①课…　Ⅱ．①刘…　Ⅲ．①课堂教学 - 教学法 - 高等师范院校 - 教材　Ⅳ．①G424.21

中国版本图书馆 CIP 数据核字（2017）第 321583 号

责任编辑：于海汛　宋　涛
责任校对：杨晓莹
责任印制：李　鹏

课堂教学技能训练
刘文华　主　编
经济科学出版社出版、发行　新华书店经销
社址：北京市海淀区阜成路甲 28 号　邮编：100142
总编部电话：010 - 88191217　发行部电话：010 - 88191522
网址：www.esp.com.cn
电子邮件：esp@esp.com.cn
天猫网店：经济科学出版社旗舰店
网址：http://jjkxcbs.tmall.com
北京密兴印刷有限公司印装
710×1000　16 开　26 印张　490000 字
2018 年 10 月第 1 版　2022 年 8 月第 3 次印刷
印数：4001—6000 册
ISBN 978 - 7 - 5141 - 8933 - 9　定价：52.00 元
（图书出现印装问题，本社负责调换。电话：010 - 88191510）

总　序

随着社会主义市场经济体制的不断完善和高等教育的快速发展，我国教师教育受到党和政府的高度重视。中共中央在《关于深化教育改革全面推进素质教育的决定》中指出："调整师范学校的层次和布局，鼓励综合性高等学校和非师范类高等学校参与培养、培训中小学教师的工作，探索在有条件的综合性高等学校中试办师范学院。"由此，综合性院校成为我国教师教育发展的一支重要力量，推动教师教育体系发生着深刻的变革。同时，为拓展自身生存和发展的空间，提高办学活力，我国大多数师范院校也在增设非师范专业，逐步建构综合性大学，这既是高等教育发展的规律，也是教师教育发展的必然趋势。

综合性大学参与教师的培养，可以发挥雄厚的基础学科优势。从开放型的培养体制来看其优点是：教师来源广泛、储备多，能满足各类教育发展的需要；有利于提高师资培养质量，使师范生的学识水平等同于其他大学。师范院校的综合性发展，既培养多种类型的人才，与地区经济建设紧密结合，又增强自身活力，提高自我造血功能；扩展师范生就业门路，增加与其他类高校毕业生平等竞争的机会。因此，教师教育已经成为一个开放的、动态的体系，即以招生为起点，包括职前教育、入职教育和在职教育三个相互关联的阶段的连续统一体，这样可以促进教师在其职业生涯的所有阶段获得其专业发展。

呈现在大家面前的这套高等学校教师教育精品教材系列丛书，是探索教师教育改革的新举措，也是编著团队对教师教育科学研究工作的阶段性成果，缩写过程中倾注了作者大量的心血。教材内容具有先进性、科学性和教学适用性，符合新时期教师教育人才培养目标及课程教学的要求，全面、准确地阐述教师教育课程的基本理论、基本知识和基本技能，取材合适、深度适宜、结构严谨、理论联系实际。能够反映本领域国内外科学研究和教学研究的新知识、新成果、新成就、新技术。利于培养学生的自学能力、独立思考能力和创新能力。

教材编写是一项复杂的工作，加之时间紧迫、任务艰巨，难免出现一些疏漏，请读者不吝指正。本教材在编写过程中得到了相关领导和专家的鼎力支持和辛勤付出，以及广大教师、学生的积极参与，在此表示衷心的感谢！

王玉华
齐鲁师范学院党委书记、教授、博士

前　言

本书可作为各类师范院校在校生学习和各类学校教师在职培训的教材。同时也可作为其他教育工作者和研究者的参考。

近年来，教育主管部门、各级各类学校对师范生的从教技能训练、在职教师的教学技能水平提高和专业化发展都越来越重视。教育部相继颁发了《教师教育课程标准（试行）》、中小学及幼儿园教师专业标准以及《中小学和幼儿园教师资格考试标准（试行）》，都对师范生和在职教师的职业技能、专业能力提出了明确而具体的要求，这些都将有力地促进师范院校大力开展师范生的从教技能训练和专业能力培养。

本书的编写就是为了帮助师范生系统了解课堂教学技能，扎实训练和提高课堂教学技能水平，以成长为合格的实践型教师，同时也是为了解决现有部分教材中存在的偏重理论、内容空泛、材料陈旧等问题。因此，编写过程中把重点放在学生的课堂教学技能掌握和训练上，突出教材在引导学生自觉掌握和提升教学技能方面的作用。

本书以中小学教师专业标准为依据，以2016年公布的《中国学生发展核心素养》为指导，结合教育部在2018年初发布的《教师教育振兴行动计划（2018～2022年）》的新要求，在教育部颁布的《高等师范学校学生的教师职业技能训练大纲（试行）》所规定的技能要求的基础上，筛选出师范生必备的三大方面课堂教学技能：教学设计技能、教学实施技能（包括课堂情境创设、导入、语言、提问、媒体选用、结束技能、教学反思技能等）和教学研究技能（包括说课技能、听课技能、评课技能等），进行重点训练。每项技能的训练分为以下模块：学习目标、问题导入、案例引领、理论学习与案例分析、范例印证、思考与练习、请你来做、请你参考、阅读书目、相关网站资源介绍等。基本思路是：使学生首先明确该项技能的学习目标，知道学习与掌握的重点；用问题导入的方式引导学生去思考与该技能相关的问题，激发学生学习的兴趣；用实际案例让学生对该技能进行初步的感知，了解将要学习的技能在实际中的运用情况；从理论上明确技能操作的要求，借助案例帮助理解；选用教学的实际案例，使学生进一步明确教学技能的相关要求；通过自主演练来实际操作教学技能，以达到实际运用，这部分安排了三个层次的训练内容，是整个技能训练的主体；通过提供阅读书目和网站资源来拓展阅读，使课堂教学内容得到更好的补充。

本教材的编写主要想在以下几方面做出努力：

1. 追求时代性。当前，随着“互联网+”被纳入国家战略，互联网正以前所未有的“速度与激情”改造着各行各业。教育领域不断受到各种新概念和新思潮的冲击，如人工智能、大数据、区块链、STEM教育及STEAM教育、创客教育、核心素养、慕课、翻转课堂、微课、混合式教学等。这些都对师范生的教学技能训练提出了更多的新要求。本书的编写为此增加了翻转课堂教学设计和微课设计的内容，补充了多媒体课件制作、微课制作等新技能，并在教学技能训练中突出学生核心素养的培养，力求培养出“互联网+”环境下符合时代新要求的优秀师范生。

2. 力争新颖性。强化师范生的教学技能训练是《教师教育振兴行动计划(2018~2022年)》的新要求，为了更好地贯彻文件精神，使学生在技能掌握上得到更好的训练，本书的编写在多处进行了创新。首先在编写体系上进行了创新，一改以往此类教材偏重理论阐述的做法，以“学生中心”“产出导向”理念为指导，把学生真正作为训练的主体，把学生毕业后的去向及发展作为技能训练的目标；其次在内容上进行了创新，在保持技能训练体系的同时，吸取了许多专家学者及一线名师的最新研究成果，使得本书整体上比较新颖。

3. 突出实用性。每章内容编排的结构是按照学生接受技能类知识训练的步骤编写的，先是通过实用案例让学生对技能有初步的感知，然后再学习相应的技能理论知识，再结合案例加强学生对理论的理解，最后进行反复的实际操练，以达到对技能的巩固。这种编排顺序能使学生更容易、迅速地掌握有关的教学技能，也更利于学生巩固所掌握的教学技能。从这个意义上说，本教材更像“学程”而不是“教程”。

4. 确保实践性。实践性是指这是一本在教学基本理论指导下的实践操作用书。任何技能的掌握都必须经过实操练习才能获得。因此，本书的编写既要求学习各项技能的理论知识，以便较好地指导教学技能的有效性，减少技能训练的盲目性，又注意引用大量实际案例，以便学生更好地观察、模仿各种技能。教材的整体编写都是注重实践环节的训练安排，使学生在实践训练过程中不断练习，逐步形成各种教学技能。

课堂教学技能训练课程是我们在小学教育专业重点打造的课程之一，教学中我们投入了大量的精力与心血，该书的编写也是对多年来该课程教学经验的系统总结。参与本书编写的都是教学经验十分丰富、在教学技能训练领域有深入研究的优秀教师。其中，有高校教龄三十多年、获得过多次省级教学奖励的资深教授，有具有丰富的指导师范生技能训练经验、获得过省级师范生从业技能大赛优秀指导教师奖励的副教授，有获得过全国青年教师教学技能大奖赛或全国微课教学比赛奖项的、教学风格独特的青年教师，还有对教学技能有深入研究并积累丰富经验的博士，也有在海外学习从教十余年、积累了丰富国外教学经验的资深教师。每章的撰写者如下：绪论、第一章、第六章、第七章，刘文华教授（省级师范生从业技能大赛优秀指导教师）；第二章、第九章，张跃刚副教授、博士（校级青年教师教学技能大赛获奖者）；第三章、第五章，滕秀芹副教授（省级师范生从业技能大赛优秀指导教师）；第四章、第十章，薛绍聪博士（国家级青年教师教学技能大赛获奖者）；第八章、第十一章，王岩副教授（国家级微课教学技能大赛获奖者）；第十二章、第十三章，王维教授（三级教授、省级教学成果奖获得者）、张利峰老师（具有丰富的国外从教经验）。

另外，本书也是“教育部人文社会科学研究规划基金项目（15YJA880075）”的阶段性成果。

本书在编写过程中参考了全国许多专家学者的著作和文献，在此深表谢意！

编者

2018 年 3 月

目　录

绪　论

教学技能是教师素质的重要组成部分。作为一名合格的教师，不仅要有高尚的教师职业道德、精深的专业知识，还必须掌握先进的、科学的课堂教学技能。拥有娴熟的课堂教学技能，既可以激发学生的学习兴趣，保证课堂教学的优质高效，又能促进教师个人的专业发展和提升。但任何技能都不是与生俱来的，要熟练掌握教学技能，必须接受专门的学习和培训。

一、教学技能概述

研究教学技能问题，首先需要弄清楚它的含义、分类及特征。

（一）教学技能的含义

关于教学技能，目前国内外还没有一个大家公认的看法。人们从不同的视角、以不同的范畴、在不同的层次上去审视它、研究它，从而得出了不同的结论。这里介绍几种有代表性的观点。[①]

（1）教学行为说。认为教学技能是教师在课堂教学中的一系列教学行为。这种观点是以行为主义心理学为理论依据，主要是针对传统教师培训中单纯宏观训练的低效性而提出的，企图通过将宏观层次的教学活动进行分解，对教学活动中可观察、可操作、可测量的外显行为进行描述和可控制训练，来提高教师教学行为的效能。这种观点看到了行为训练在教学技能形成中的作用，但忽视了人的心理因素对教学效能的重要影响，因此难以全面揭示教学技能的实质。

（2）活动方式说。认为教学技能是教师在已有的知识经验基础上，通过练习而形成的执行任务的活动方式。这种说法的理论依据是认知心理学关于技能的界定。认知心理学认为，技能是个体运用已有的知识经验，通过练习而形成智力活动方式和肢体动作方式的复杂系统。这种观点已经认识到了教学技能包括内在的心理活动，但依然强调了外显的行为。

（3）结构说。认为教学技能是由与行为及认知有关的事项的结构系列组成。

---

① 张孔义：《语文课堂教学技能与微格训练》，浙江大学出版社 2011 年版。

这种观点由单纯重视外显的行为转向兼顾外显行为与认知因素两方面，比前两种技能观在认识技能的本质上前进了一步。该观点强调教学技能结构中各因素的相互联系，但只描述了教学技能的构成要素，却未能准确地揭示其内涵，因而难以让人们正确理解教学技能的真正含义。

（4）知识说。认为教学技能就是关于教学的程序性知识。其依据是当代认知心理学对知识的划分。当代认知心理学家将知识划分为陈述性知识和程序性知识。其中，陈述性知识是关于事物及其关系的知识，或者说是关于“是什么”的知识；程序性知识是关于完成某项任务的行为或操作步骤的知识，或者说是关于“如何做”的知识，即把技能纳入知识的范畴。这种教学技能观过分强调了内部的认知结构，忽视了技能的外显属性。

上述几种观点都从不同的侧面来阐释教学技能，都有其本身的合理性，但也都存在着一定的局限。这种现象也表明教学技能这一领域仍处在发展过程中，仍有待于进一步完善。通过对不同观点进行辨析，我们可以拓展研究视野，开阔研究思路，从而进一步加强对教学技能的学习和研究。

根据上述分析，我们认为，教学技能是指教师运用教学理论和教学经验等，经过练习而形成的稳固而复杂的教学能力。它既包括在教学理论基础上，按照一定方式进行反复练习或由于模仿而形成的初级教学技能，也包括在教学理论基础上因多次练习而形成的、达到自动化水平的高级教学技能，即教学技巧。[①] 将教学技能的属性概念定位在“能力”上是比较合适的，因为能力是一种心理特征，是一个比知识和技能范围更大的概念，它既具有外显的行为特征，又具有内隐的心理活动过程。[②]

教学技能是教师培养中不可或缺的重要内容，它不但要求有扎实的教学理论做基础，而且要求有较丰富的教学实践经验。因此，教学技能的运用既受到教师本人教学理论水平的制约，又受到教师教学实践经验的限制，但同时又是经过学习和训练可以获得的。也正因如此，对师范生进行教学技能训练具有十分重要的意义。

（二）教学技能的分类

教学活动的复杂多样性决定了教学技能也是复杂多样的。一个教学环节可能运用多种教学技能，一种教学技能也可用于多个教学环节，而且各种教学技能之间往往又相互渗透。因此，可以从不同的角度、依据不同的标准对教学技能进行

① 胡淑珍、胡清薇：《数学技能观的辨析与思考》，载《课程·教材·教法》，2002年第2期，第25页。

② 张孔义：《语文课堂教学技能与微格训练》，浙江大学出版社2011年版。

分类。对教学技能进行系统的、科学的分类，便于学习者更好地理解并掌握教学技能。目前世界各国的学者对教学技能的分类存在着很大的差异。不同的分类角度、不同的文化背景影响了分类的一致性。

1. 美国斯坦福大学教学技能分类

斯坦福大学的艾伦（D. W. Allen）和瑞安（W. Eve）根据经验和对教师行为的分析，将教学技能分为如下 14 种：变化刺激；导入；总结；非语言性启发；强调学生参与；频繁提问；探索性提问；高水平提问；分散性提问；确认；例证和实例；运用教材；有计划地重复；交流的完整性。

2. 英国特罗特教学技能分类

英国学者特罗特（Trott）在进行微格教学的研究和实践时，将教学技能分为如下 6 种：变化的技能；导入的技能；强化的技能；提问的技能；例证的技能；说明的技能。

3. 日本东京学英大学教学技能分类

该分类将教学技能分为如下 9 种：导入技能；展开技能；变化技能；总结技能；例证技能；确认技能；演示技能；板书技能；提问技能。

4. 澳大利亚悉尼大学教学技能分类

该分类将教学技能分为如下 10 种：强化技能；一般提问技能；变化技能；讲解技能；导入与结束技能；高层次提问技能；课堂管理和组织技能；小组讨论组织技能；个别指导技能；发现学习指导与创造力培养技能。

5. 原国家教委的教学技能分类

原国家教委在 1994 年下发的《高等师范学校学生的教师职业技能训练大纲》中，把教学技能分为五类：教学设计技能；使用教学媒体技能；课堂教学技能；组织和指导课外活动技能；教学研究技能。在课堂教学技能中，又设定了导入、板书、演示、讲解、提问、反馈和强化、结束、组织教学和变化技能等教学基本技能。

近年来，国内外学者在对课堂教学技能的深入研究中，还加强了对说课技能、教学情境创设技能、教学媒体选用技能、教学反思技能、听评课技能等的研究。

借鉴上述对教学技能的分类，结合近年来课堂教学技能的最新研究成果，我们将教师的课堂教学技能分为以下几种类型：教学设计技能、课堂情境创设、导入技能、语言技能、提问技能、媒体选用技能、结课技能、教学反思技能以及说课技能、听课技能、评课技能等。

需要说明的是，教学技能的分类不是一成不变的，它会随着社会的进步、教育教学理论的发展、受训者水平的提高而不断地发展、演化。总之，对教学技能进行分类的原则是：简明、实用、操作性强，尽可能包括所有主要教学活动方式，充分考虑到我国的实际情况和特有的文化背景。这也是我们对教学技能分类的总的指导和分类原则。

（三）教学技能的基本特征

教学活动是一种复杂而富有创造性的活动。教学技能作为一项复杂的职业技能，具有与一般职业技能不同的专业特征。

1. 教学技能的综合性

从上述教学技能的分类可见，不管从什么角度进行划分，教学技能的种类都是多种多样的，在实际教学过程中，不可能一节课只运用一种教学技能，而是需要根据教学目标等要求将不同的教学技能加以综合运用，发挥各种技能的优势，互相取长补短。

2. 教学技能的内隐性

教学技能是动作技能和心智技能的整合，并且多以一定的外显形式，通过肢体和肌肉运动来实现。然而，在复杂的教学活动中，很多教学技能的运用是通过心智技能来实现的，如教学设计技能、情境创设技能、教学反思技能等，它们往往表现在对知识、信息的加工和改造上，对它们的认识主要是通过教学活动的变化来推测和判断，因此，教学技能具有内隐性。

3. 教学技能的专业性

教学技能具有很强的专业指向性，不同学科具有不同的特点，不同学科的教师也因此具有不同的教学技能，而且不同学科的教学技能一般是不能互换和替代的。教学的目的是要建立学科知识与学生的联系，因而教师一定要精通所教科目的教学技能。

4. 教学技能的层次性

教学技能的运用达到熟练的程度就称为教学技巧，但是从开始运用教学技能到熟练到技巧，这中间是有层次的。根据教学技能自身的性质特点，可以将教学技能分为一般教学技能、基本教学技能、综合教学技能和教学技巧风格四个层次水平。

二、教学技能与教师专业素养

（一）教师专业化的标准研究

2012年2月，教育部印发了《小学教师专业标准（试行）》（简称“标准”），《标准》中包括基本理念、基本内容、实施建议三大部分内容，其中的

“基本内容”部分又分专业理念与师德、专业知识、专业能力几大方面，而“专业能力”包括教育教学设计、组织与实施、激励与评价、沟通与合作、反思与发展，其中的大多数条目都与教师的教学技能有关，如：

37. 合理制订小学生个体与集体的教育教学计划。（教学设计技能）

38. 合理利用教学资源，科学编写教学方案。（教案编写技能）

41. 创设适宜的教学情境，根据小学生的反应及时调整教学活动。（教学情境创设技能）

45. 将现代教育技术手段渗透运用到教学中。（多媒体运用技能）

46. 较好使用口头语言、肢体语言与书面语言，使用普通话教学，规范书写钢笔字、粉笔字、毛笔字。（教学基本技能）

47. 妥善应对突发事件。（处理突发事件技能）

53. 使用符合小学生特点的语言进行教育教学工作。（教学语言技能）

58. 主动收集分析相关信息，不断进行反思，改进教育教学工作。（教学反思技能）

（二）教学技能与教师专业素质

从《小学教师专业标准（试行）》中可见，教学技能是教师专业化的重要标准。因此，教学技能与教师专业素养密切相关。

教学技能是教师专业能力中的重要职业技能，也是教师专业素养的重要组成部分。教师的专业素养是一个复杂的结构体系，包括教师职业理想、教师职业责任、教师职业态度、教师职业纪律、教师职业技能、教师职业良心、教师职业作风和教师职业荣誉八个方面。这些因素从不同方面反映出教师职业素养的特定本质和规律，同时又互相配合，构成一个严谨的教师职业素养结构模式。而教师职业技能是其中最特殊的部分，是其他素养不可替代的重要组成部分。

教学技能是实现教学行为的必要条件，它能帮助教师在课堂上恰当分配自己的注意力，节约教学时间，从而提高教学效率。教学技能是衡量教师专业成熟度的重要尺度，是实现教师人生价值的前提基础。

教学技能的发展过程是个体教师对已掌握的教学技能不断进行教学实践、探究、修正、完善、创新的过程。教学技能的发展规律表现在：个体教师在已掌握教学技能的基础上，不断地进行教学实践，使已掌握的教学技能发展成教学技巧，再经过创新发展到教学技艺的水平，最终达到教学的最高追求——教学艺术。教学技巧、教学技艺、教学艺术是教学技能不同发展阶段表现出的三种不同形态。当教师在课堂上能够运用优美的语言、恰当的动作、恰当的技巧，能带给学生以美的享受，教学技能便发展为教学艺术了。这是高素质教师的重要体现。

（三）教学技能与教师核心素养

2016 年 9 月 13 日，《中国学生发展核心素养》正式公布，这是继 2001 年《基础教育课程改革纲要（试行）》颁布之后我国基础教育改革领域的又一重大举措。学生发展的核心素养以培养“全面发展的人”为核心，分为三大方面、六大素养、十八个基本点。学生发展核心素养是一套经过系统设计的育人目标框架，其落实需要从整体上推动各教育环节的变革，最终形成以学生发展为核心的完整育人体系。

要培养学生的核心素养，教师就应具备较高的职业素养。那么，在教师职业素养中，核心素养又指哪些呢？不同学者从不同角度作了探索，说法也不统一。北师大教授赵希斌在《优秀教师的四项核心素质》一书中，认为优秀教师应具备正确的教育价值观、良好的个人素质、深厚的专业素养、高效的课堂教学能力四个方面的核心素质。厦门教科院的傅兴春院长在《试论教师的核心素养和教育教学技能》一文中认为，教师除具备优良的“人的核心素养”和扎实的“学科专业知识”外，还需要具备先进的教育教学思想、优秀的教育教学技能和智慧的教育教学群体（个体）问题诊断和解决能力。也有人认为，教师的核心素养是指教师的教育情怀和教育能力，其中的教育能力包括两方面：一方面是文化底蕴或学科底蕴，通俗地说就是做教师的功底；另一方面就是教学艺术。这里的几种观点都从不同方面阐述了教师的教学技能是教师核心素养的重要构成。

三、教学技能训练的基本内容、步骤及注意事项

对师范生进行教学技能训练，应明确训练的基本内容都涉及哪些方面、具体按哪些步骤加以训练、训练过程中应注意哪些问题等。

（一）教学技能训练的基本内容

作为未来教师的高校师范教育专业大学生，应该具备哪些教学技能以胜任最基础的教学工作呢？教育部 2001 年 5 月颁布《高等师范学校学生的教师职业技能训练大纲》，要求师范生在教育学、心理学等教育理论指导下，以专业知识为基础，掌握从事学科教学的基本要求，形成独立从事学科教学工作的技能。①

学生核心素养的提出、翻转课堂及微课在教学实际中的运用，都为教师教学技能提出了新挑战新要求。我们应适应新形势发展的需要，深入研究当前教学实践中教师教学技能的本质属性和特点，确保师范生在走向教师岗位之前形成与中小学教育教学改革与发展要求相适应的教学技能，接受先进的教学技能训练，增

① 李同胜、王统永：《课堂教学技能训练教程》，山东人民出版社 2012 年版，第 2～3 页。

强人才培养的社会适应性和超前性。

结合新形势带来的挑战，根据《高等师范学校学生的教师职业技能训练大纲（试行）》的要求，我们将师范生需要掌握的教学技能划分为三个主要板块：第一板块是教学设计技能，主要探讨在上课之前的准备工作，主要是如何进行教学设计；第二板块是教学实施技能，该部分探讨的是在上课及课后涉及的一系列教学技能，具体包括课堂情境创设、导入、语言、提问、媒体选用、结束技能、教学反思技能等；第三板块是教学研究技能，主要包括说课技能、听课技能、评课技能等。

根据高校师范教育专业学生走向教师职业的实际需要与可能，我们将上述教学技能的训练写入本课程的教学大纲。另外，我们主要通过“微格教学”的形式对师范生进行教学技能训练，因此有必要让学生学习“微格教学”的有关理论与实践。因此，我们将这些内容都作为《课堂教学技能训练》课程的教学内容，对学生进行有目的、有计划的系统专业训练。按照各项教学技能的逻辑关系和学生掌握的先后顺序，将本课程的教学内容划分为四个大的模块，具体包括：

（1）教学设计技能模块；

（2）教学实施技能模块，包括情境创设技能、导入技能、语言技能、提问技能、媒体选用技能、结束技能、教学反思技能等；

（3）教学研究技能模块，包括说课技能、听课技能、评课技能等；

（4）微格教学理论与实践模块。

（二）教学技能训练的主要步骤

教师教学技能既具有心智技能的特点也具有操作技能的属性，师范生教学技能的形成过程既包括认知领域的学习吸收，也包括行为领域的操作和训练。因此，师范生的教学技能训练是一个复杂的系统工程，应不断创新训练方法和训练手段，确保训练的基础性、实用性、有效性和前瞻性。

科学先进的训练方法是提高课程实施质量的重要保证。本课程在建设过程中，贯彻“以人为本”的思想，以培养学生的核心素养为指导，注重学生知识、能力和素质的协调发展。按下列环节进行编排：问题导入—案例引领—理论学习及案例分析—范例印证—自主演练—拓展阅读。将每项教学技能作为一个独立的训练单位，分小班授课，并在微格教室或多媒体教室进行训练。在每项技能的训练过程中，一般有1/3的时间由教师讲授技能的相关理论，2/3的时间由学生自主训练并相互评议。

每项技能的具体要求和做法如下。

1. 问题导入

用与各项教学技能密切相关的问题引起学生思考，激发学生的学习动机，使学生产生学习该项技能的积极性。如“教学设计技能”一章的导入性问题是：“不少师范生包括一些在职教师分不清教学设计和备课有什么不同，你觉得教学设计与备课是一回事吗?”“你认为教学设计都包括哪些方面的设计？请自选一篇小学语文课文（教师也可提供一篇共同的课文），进行教学设计。”这种问题除了引起学生学习兴趣之外，还希望通过学生对这些问题的回答认识到自身现有水平的不足，从而增强学习的动机。

2. 案例引领

该环节给学生呈现出该项教学技能的实际案例，主要目的是使学生初步感知该项教学技能在实际中的运用，初步了解技能运用的背景和条件，为后面的继续学习打下一定的感性基础。

3. 理论学习及案例分析

该环节的编排目的就是使每项教学技能的操作要求与具体的教学案例相结合。编写过程中，为了便于学生对理论知识的学习和理解，插入了大量实际案例。通过案例支撑学生对技能操作要求的理解；通过对案例的分析评议加深学生对各项教学技能的认识，从而更准确地理解和把握每项教学技能的实施要求。

4. 范例印证

这部分是再次选用教学的实际案例，目的是使学生进一步明确教学技能的相关要求，加深印象，为下一步的自主演练打下扎实的基础。

5. 自主演练

就是在上述环节的基础上，选择中小学教材中适当的内容让学生进行自主设计或演练，并面向全体同学展示、交流，由全体同学进行评议，教师给予指导。该部分训练内容可从每章后面的“请你来做”中加以选择，也可另外补充。

该部分具体包括三个层次的训练内容：

一是利用本教材中给出的训练内容组织学生进行独立练习，通过对练习结果的交流、讨论和评议，加深学生对各项教学技能的基本理解。

二是根据学生所学专业的中小学教材内容进行训练。我们的做法是：从中选出几课时内容后，每项技能都针对它们进行训练。如小学教育专业（语文方向）可选择《落花生》一课，从教学目标设计到教学过程设计，从课堂导入课堂总结，从说课到听课、评课，都围绕这节内容进行训练，使学生经过反复训练，建立各项教学技能的操作模型，切实掌握各操作要求，达到精益求精，以便于迁移到其他教学内容的教学中。

三是由学生自由选择相应的中小学教材内容进行训练，或对有关的教学案例进行加工改造，使学生学会不同课型、不同教学内容的教学操作，以灵活掌握并理解各教学技能的实施要求。

这个环节是整个教学技能训练的主体，占用的时间也最多。目的是让学生在自主设计、自主训练中发现问题、找出不足，通过评议改进，切实把握每项教学技能的操作要领和实施要求。

6. 拓展阅读

在每章的后面，我们都为学生提供了“阅读书目”，这是该章的重点参考书目，针对每一教学技能的操作要点和实施要求，选择有针对性的阅读材料供学生自主阅读、体会和感悟，以拓展学生的视野，提升学生对各项教学技能的认识和理解水平，以便在实践中更好地操作。

我们还为学生提供了拓展阅读的相关网站（见“相关网站资源介绍”），为学生创设更大的阅读空间，也为他们提供更丰富的阅读素材，以使课堂教学内容得到更好的补充。

本环节一般在课下进行，学生自主阅读，上课时任课教师组织不定期的讨论。制定学生课外学习评价标准，将学生的课外阅读情况纳入学业成绩评价的范围。

我们还有意识地选择一些与教学技能有关，并对学生综合素质养成具有重要作用的内容供学生阅读。如在“教学语言技能”部分收集了如何演讲、如何面试的内容，在“课堂变化技能”部分收集了教师礼仪方面的一些素材，使学生在进行教学技能训练的同时，也在不断提升自身的形象，为今后成为合格的教师打下良好的基础。

（三）教学技能训练的注意事项

1. 注重“互联网 +”“人工智能”等对教学的挑战

2015 年之后，互联网的发展进入一个全新的阶段，其“连接一切”的特征开始展现得淋漓尽致，以“横扫一切”的霸气向传统行业发起了攻击，带给教育教学的冲击也显而易见。在“互联网 +”的冲击下，学校的教学工作应该承担起更多的“授人以渔”的责任，转变教学理念和教学方式，使学生学到真正实用的东西。

2. 注重课程改革的新要求

基础教育课程改革的不断深化，对教师的教学方式、学生的学习方式以及教学媒体、教学环境等方面都提出了更高的要求。高师院校作为培养未来教师的主要基地，必须帮助师范生理解课程改革的新理念新做法，使之接受具有时代性、前瞻性的教学技能训练，以适应不断变革的基础教育对课堂教学改革的新要求。

3. 强化学生的自主训练

当前，师范生走上教师工作岗位后普遍存在课堂教学技能水平不高或运用不当的问题，究其原因主要在于师范生在校期间缺乏充分而有效的课堂教学技能训练。所以高师院校应该制定更加合理的教学技能训练计划，拓宽训练的范围，从教态、语气等的训练到课堂导入、提问、板书、结课，再到说课、听课、评课等，加强每个环节的技能训练，切实提高学生的实践技能水平，为社会输送更加合格的优秀毕业生。

4. 注重训练活动的反馈和矫正

教学技能的形成不是一蹴而就的，需要经历一个复杂的训练过程，指导教师必须对学生训练中出现的问题及时反馈，给予具体的、有针对性的指导，对每一项训练都要认真讲评，发现问题及时矫正，以保证教学技能训练的科学性和有效性，切实提高学生的教学技能水平。

5. 发挥微格教室的作用

微格教学是训练师范生教学技能的非常有效的方式。我们依托学校的多个微格教学教室，运用现代化的视听技术，将复杂的教师职业技能分解为容易掌握的单项技能，然后进行逐项训练。师范生在接受技能训练的过程中，不仅可以亲身进行教学实践，还可以看到自身教学行为的录像反馈，能够运用所学过的教育理论对教学录像中所展示的教学活动相互评议或自我反思，这种理论与实践相结合的教学技能训练模式对于师范生教学技能的形成与提高具有积极的促进作用。

【思考题】

1. 什么是教学技能？
2. 教学技能是怎样分类的？
3. 谈谈教学技能与教师素质的关系。
4. 教学技能训练的基本内容有哪些？步骤及注意事项有哪些？

【阅读书目】

1. 吴萍：《新编教师教学技能训练教程》，北京师范大学出版集团 2011 年版。
2. 皮连生：《现代教学设计》（第 2 版），首都师范大学出版社 2012 年版。
3. 刘学利：《课程与教学论》，中国人民大学出版社 2013 年版。
4. 黄甫全：《现代课程与教学论》（第 2 版），人民教育出版社 2011 年版。
5. 周小蓬：《语文课堂教学技能训练教程》，北京大学出版社 2010 年版。

【相关网站资源介绍】

小学教育网 http：//www. ok1490. com

小学科学课教育资源网 http：//zjhyxjs. 7i24. co
小学数学教学网 http：//www. xxsx. cn
小学英语课堂教学技能 http：//www. ecp. com. cn
国家基础教育 http：//www. cbern. gov. cn/index. jsp
K12 中小学教育教学网 http：//www. k12. com. cn/

第一章　教学设计技能

【学习目标】

1. 理解教学设计的概念及特点。
2. 知道教学设计前期分析的内容。
3. 学会教学目标、教学内容、教学时间等的设计。
4. 熟悉并掌握教案编写的方法。

【问题导入】

不少师范生包括一些在职教师分不清教学设计和备课有什么不同。你觉得教学设计与备课是一回事吗？

你认为教学设计都包括哪些方面的设计？请自选一篇小学语文课文（教师也可提供一篇共同的课文），进行教学设计。

【案例引领】

王崧舟教学设计——《草船借箭》[1]

[设计理念]

基于“研究性学习”理论的“研究性阅读”教学模式，重在培养学生的自主阅读、自主感悟、自主发展的语文综合素养。《草船借箭》一文，无论是从课文主题、人物形象看，还是从写作手法、语言风格看，都是实施“研究性阅读”教学模式的极好载体。

[设计特色]

以研究性阅读实现学生的主动发展。

[教学流程及设计意图]

一、通读课文，把握研究主题

在学生初读课文、整体感知全部到位的基础上，引导学生找出课文中哪个词语最有研究价值。经研究后一般会认定为“神机妙算”。

二、精读课文，领悟研究策略

教师引入：“请同学们自由读‘雾中借箭’这部分内容，把你认为最能表现诸葛亮神机妙算的句子划出来，再用心体会，诸葛亮到底神在哪里、妙在何处。”以“诸葛亮知天文”为例，教学过程设想如下：

1. “谁来说说，你从课文的哪些词句中体会到了诸葛亮的神机妙算。”（指名回答：这时候大雾漫天，江上连面对面都看不清。）

“这场大雾，诸葛亮和鲁肃都看到了。请大家体会体会，鲁肃看到这场大雾会是一种怎样的心情?”（“鲁肃会感到很害怕。那么大的雾，船要是误进了曹军的水寨怎么办?”“鲁肃会大吃一惊：前两天还是好好的，怎么现在会有这样大的雾?”）

“假如你是鲁肃，怎么读这个句子?”（引导学生读出害怕、吃惊的语气。）

“那么，诸葛亮看到这场大雾又会是一种怎样的心情呢?”（诸葛亮会暗自高兴。这场大雾，我在三天之前就已料到。）

“假如你是诸葛亮，怎么读这个句子?”（引导学生读出暗喜、得意的语气。）

2. “但是，光读这句话，就能看出诸葛亮的神机妙算吗？不能！为什么？因为这场大雾也许是凑巧碰上的呢？所以，你得再往前面读一读，你得联系联系上

---

① 王崧舟：《草船借箭》教学设计，3edu 教育网：http：//www.3edu.net/lw/1/lw_37994.html（有改动）。

文。谁找到了可以联系的句子？”（指名回答：第一天，不见诸葛亮有什么动静；第二天，仍然不见诸葛亮有什么动静；直到第三天四更时候，诸葛亮秘密地把鲁肃请到船里。）（引导学生反复诵读此句，要读出诸葛亮的胸有成竹、从容不迫。在读中悟到诸葛亮早在三天之前就已算准了这场大雾。）

“不过，我觉得这个句子写得太啰唆！前两天不是没动静嘛，没动静有什么可写的？完全可以写成这样嘛：第三天四更时候，诸葛亮秘密地把鲁肃请到船里。这样写既清楚又简练，多好！改不改？为什么？”（组织学生讨论。）

3. “只有这样写，我们才能真正体会到诸葛亮的胸有成竹。大家看，这就是神机妙算的诸葛亮！”（引导学生反复诵读周瑜的一声叹息：“诸葛亮神机妙算，我真不如他！”）

三、回读课文，类化研究体验

在读好周瑜的长叹一声之后，教师对研读的策略做如下概括：“刚才，我们通过抓住前后句子之间的联系，真正体会到了诸葛亮的神机妙算。同学们，用联系的方法来研究问题，这是一种非常重要的读书能力。请大家用这种方法，再次研究‘雾中借箭’这部分内容，看看你还能从哪些句子的联系中读懂诸葛亮的神机妙算。”学生研读，教师巡视。读后组织交流。

（1）“谁来说说，你从哪两个句子的联系中读懂了诸葛亮的神机妙算？”（指名回答：①诸葛亮笑着说：“雾这样大，曹操一定不敢派兵出来。我们只管饮酒取乐，天亮了就回去。”②曹操在营寨里听到鼓声和呐喊声，就下令说：“江上雾很大，敌人忽然来攻，我们看不清虚实，不要轻易出动。只叫弓弩手朝他们射箭，不让他们近前。”）

“《草船借箭》这篇课文中，写诸葛亮说话的地方有11处之多，但只有这个地方写到了诸葛亮的笑。你们说，诸葛亮他在笑谁？”（联系鲁肃的吃惊，指出他在笑鲁肃的忠厚老实、不知底细，这是宽厚的笑、幽默的笑；联系曹操一定不敢派兵出来，指出他在笑曹操的生性多疑、轻易中计，这是讽刺的笑、轻蔑的笑；联系“我们只管饮酒取乐，天亮了就回去”，指出他在笑周瑜的自不量力、阴谋落空，这是潇洒的笑、胜利的笑。）

（2）“老师觉得诸葛亮的话并没有说完。‘雾这样大，曹操一定不敢派兵出来……’这是话中有话、话后有话呀！你能把诸葛亮没说出来的话写出来吗？”（学生练笔，写后组织全班交流。）

学生交流例示：

雾这样大，曹操一定不敢派兵出来，一定会叫弓弩手朝我们射箭；

雾这样大，曹操一定不敢派兵出来，一定会叫弓弩手朝我们射箭，箭一定会像下雨一样；

雾这样大，曹操一定不敢派兵出来，一定会叫弓弩手朝我们射箭，这10万支箭我是借定了。

“你们真是诸葛亮的知音啊！既然如此，那课文为什么不把这些话写出来呢?”（引导学生体会语言的含蓄，留有回味的余地。）

以“懂地利”为例，感悟诸葛亮的神机妙算。

（引导学生找出：(1) 诸葛亮又下令把船掉过来，船头朝东，船尾朝西，仍旧擂鼓呐喊，逼近曹军水寨去受箭；(2) 曹操知道上了当，可是这边的船顺风顺水，已经飞一样地放回20多里，追也来不及了。）讨论：诸葛亮是怎样算准借箭的地理位置的。

[点评]

本案设计的最大特色是寓学生的主动研究于阅读活动之中。在初读到位的基础上，直入研读专题：“神机妙算”最有研究价值，以此突出重点，集中了“研究”主题，并以此辐射全文，收以一当十之效，摆脱了“多余的情节分析、烦琐的提问设计、僵化的章法讲解”的传统模式，培养了学生的研究实践能力和创新精神。在实施研究的过程中，又充分体现了“反复诵读、情感熏陶、自由感悟”的语文学科个性，从根本上有别于其他学科的研究方式，充满了人文情怀。（周一贯评点）

【理论学习】

科学意义或专业意义上的教学设计是近代以来才出现的。1962年格拉泽（Robert Glaser）提出“教学系统”的概念并对其进行设计，于是产生了“教学设计”①。之后，美国加涅、梅里尔等学者相继对教学设计问题进行了研究，并提出了教学设计的相关理论，使教学设计在西方国家逐渐成为一门比较成熟的学科。近年来，我国加强了对国外教学设计理论的引进和研究工作，并出现了大量的译著和著作，对教学设计的概念、特点、理论基础等问题进行了深入探讨，从而推动了我国教学设计理论与实践的发展。

一、教学设计的概念、理论基础及特点

什么是教学设计？这是国内外学者首先要解决的问题。

（一）国内外学者对教学设计概念的界定

在教学设计的发展过程中，国内外学者从不同角度提出了不同的观点。

---

① 陈孝均：《教学设计技能的构成与形成》，光明日报出版社2009年版，第2页。

1. 国外学者的观点

美国教育心理学家加涅（Gagne，R. M.）是较早研究教学设计问题的学者之一，他在《教学设计原理》（1988年）一书中是这样描述的："教学设计是一个系统化规划教学系统的过程。教学系统本身是对资源和程序做出有利于学习的安排。任何组织机构，如果其目的旨在开发人的才能均可以被包括在教学系统中。"美国著名教学设计专家梅里尔（M. David Merrill）将教学设计定义为："教学是一门真正的科学，而教学设计则是建立在教学科学这一稳固基础上的技术，因此教学设计也可被认为是科学性的技术。教学的目的是使学生获得知识与技能，教学设计的目的是创设与开发促进学生掌握这些知识技能的学习经验与学习环境。"美国教育学家史密斯（P. L. Smith）和雷根（T. J. Ragan）认为，"教学设计"一词意味着系统地同时也深思熟虑地将学与教的原理转换成教学材料、教学活动、信息资源和教学评价的计划的过程。①

2. 国内学者的观点

当前，我国研究教学设计的学者呈逐渐增多趋势，而这些学者关于教学设计的认识也各有角度。有的学者认为："教学设计是指在进行教学活动之前，根据教学目的的要求，运用系统方法，对参与教学活动的诸多要素所进行的一种分析和策划的过程。简言之，教学设计是对教什么和如何教的一种操作方案。"② 也有学者认为，"所谓教学设计，就是为了达到一定的教学目的，对教什么（课程、内容等）和怎么教（组织、方法、传媒的使用等）"进行设计。③还有人认为："教学设计是把学与教等原理用于指导教师系统地分析、设计、开发、实施、评价教学的过程，是让教学有目的、有效率、有魅力的动态活动安排。"④

综上所述，教学设计是指教师以一定教学理论为指导，根据教学内容和教学对象的需求，运用系统方法对教学活动中的诸要素进行优化组合的实施方案。这些要素包括教学内容、教学对象、教学目标、教学时间、教学策略以及教学评价等多个方面。

（二）教学设计与传统备课的区别与联系

教学设计是在传统备课的基础上发展而来的，二者既有联系又有区别。

---

① 史密斯、雷根，庞维国、屈程、韩贵宁、邱于飞译：《教学设计》第3版，华东师范大学出版社2008年版。

② 徐英俊：《教学设计》，教育科学出版社2001年版，第7页。

③ 李伯黍等编：《教育心理学》，华东师范大学出版社1993年版，第287页。

④ 吴萍：《新编教师教学技能训练教程》，北京师范大学出版集团2011年版，第44页。

1. 教学设计与传统备课的联系

（1）教学的目的性相同。传统的备课是老师上课的依据，主要包括“三备”：备学生、备教材、备方法或过程。它主要是以教师为中心，教师在确定教案的教学目的时，往往主要取决于教学大纲、教材的内容和学生的实际这三个方面。

教学设计则包括“教什么”和“学什么”两方面，突破了传统的以教师为中心。其中的“教什么”和“学什么”设计的核心是：先了解问题以及解决问题的必要性和可能性，再决定解决问题的目标，而不是解决问题的方法。其中最重要的是研究学生的需求及教学内容的状况，以便编制教学目标。

可见，两者都是根据教学对象和教学内容来确定教学目标的。

（2）教学的计划性相同。传统备课的计划性主要指“将一堂课教学过程所涉及的所有因素按照预先的设计，组合成一个完整有序的系列过程，以保证教学活动顺利进行。教案的计划性反映了教师备课过程所考虑好的讲课基本思路”。可以看到，教师的教案计划性、组织性越强，对教材的钻研就越深入；教师计划组织得越好，讲课的条理性就越强，思路就越清晰。反之，教师讲课就会出现思路凌乱的情景。

教学设计也被称作教学系统设计，是对教学活动进行系统规划的过程。它有具体的计划性，表现在对教学过程这一系统的各个要素或环节的分析和设计，并提出理论依据、操作内容、方法和程序。这也就构成了教师教学过程的基本思路。

（3）教学的基本过程相同。传统备课的教案编写过程是：钻研教材，确定教学目的，明确教学内容（教学的重点、难点），选定教学方式（过程、方法、教具、时间等），做好教学小结。

教学设计的教案编写过程是：以分析学生的学习需要作为教学活动的起点，明确教学目标，要求预先对学生的状况和教学内容进行分析；在教学过程中，选好教学策略，它包括划分教学内容、步骤、形式、方法、组合运用教学媒体；同时对教学过程及教学的结果作形成性的评价和总结性的评价。

可见，两者都是遵循目的（目标）—内容—形式（策略）—小结（评价）的教学程序进行的。

2. 教学设计与传统备课的区别

（1）教学活动中心不同。传统备课以教师为中心：教师首先要确定教学起点；然后根据教学大纲和教学内容确定教学目的，再根据教学目的的重难点确定适合的教学方式，教学结束后，对学生进行基本的测试以了解学生的学习情况；

最后进行课堂小结，便于学生对课程有一个整体把握。在整个的教学活动过程当中，都是以教师为中心，教师掌握着教学的各个方面，但是这种以教师为主的教学既忽视了学生的差异性也忽视了学生情感态度和价值观的培养，因此具有一定的弊端。

教学设计以学生为中心：教师在设计过程中，首先根据学生需要和教学需要来编制教学目标，并根据教学过程中各方面需要尤其是学生需要来确定教学策略；其次再选择学生易于接受的教学媒体进行教学，最后对这节课的教学方案进行一个形成性和终结性评价。在教学设计的过程中，分析学生学什么和怎么学是其教学实质，学习的内容要根据学生的实际需要来确定，打破了以前教学封闭性的弊端，因而具有一定的科学性。

由此可以看出，两者的本质区别在于：传统备课以需要教什么、学什么为中心；教学设计则根据实际需要确定学生学什么、怎么学为中心。

（2）教学活动的系统性不同。传统备课的关注点具有片面性，它只是专注于教材的研究，从而确定教学的目的、重点、难点、一般知识点；课型、教学方法、教具；板书设计、证明案例；预习要求、练习或作业。传统备课的关注点主要在知识的传授方面，注意知识教学的顺序性。

而教学设计则注意教学的整体性，它兼顾教材的分析和教学对象的分析两方面。首先确定教学目标，再运用各种教学策略（教学的方式、方法、媒体等）达到一定教学效果，并最终进行形成性评价和总结性评价。

综上，传统备课是以教材为主的片面系统，而教学设计是以教与学、知识能力和情感相统一，兼顾全面的整体系统。

（3）教学活动的过程不同。传统的备课可以说是以教材统筹全局，所有的教学都要围绕教材进行，教材起到主导作用。也可以说备一轮课便可以终身使用，备课永不过期。教师紧紧抓住教学大纲，抓住教材来研究教学和教学内容，把教材的内容“灌输”给学生。可以说教师备课，学生背课，形成片面的“双备(背)”的局面。这种方式具有一定的片面性，导致教师教授和学生学习都很困难。

而教学设计则是从全方位来考虑问题，它对教学目标、教学内容、教与学活动策略、学习结果的评价等都要进行设计。由此我们可以看到，教学大纲或教材内容只是编制教学目标的依据之一，整个的教学设计过程都是在以学生为中心，在系统论等理论的指导下，做到教与学、知与行等的有机统一，并贯穿整个教与学的始终。

所以，两者在教学活动过程的目标和侧重点上有本质的不同。

(4) 教学方式不同。传统备课在进行教学活动时，通常考虑的是教具——“三机一幕”等单一的教学手段。而教学设计则根据教学发展的新形势，结合现代化教学手段的运用、各种媒体的优化和多媒体的组合等，更易于学生接受。

(5) 教学要素的表现方式不同。传统备课教学过程中教师、学生、学习内容与教学方式等基本教学要素只是起到一个静态的聆听或者展示的作用，没有任何其他的表现或者动态状态，导致教学具有一定的死板性。如：教师在写教案时只是要求填写备课所要求的课题、目标、重难点、方法、小结等。就是在教学的环节，教师也只是复习旧课，引入新课、讲授新课、巩固联系、布置作业等，这些要素基本上也只是进行静态的展示。

而教学设计却能通过系统的有逻辑的方法将教学过程中教师、学生、学习内容与教学方式等几个基本要素有机地统一起来，它可直观地显示整个教学活动中的各个要素之间的关系及所占的比例。这样有利于教师按照系统整体的观念去组织教学，寻求系统功能的整体优化。它还可考虑到学生的差异性，根据每个学生的不同情况作出及时的调整与反馈，有利于对整个教学活动过程的把握，并随时以最优的情景引导学生学习。

综上所述，传统备课与教学设计是反映不同历史时期教学的思路与方式，可以说教学设计是根据时代的发展和各种教学因素的变化而对传统备课的逐渐完善的思路，也可以说教学设计是对传统备课的“取其精华、去其糟粕”，是“扬弃”的结果。

(三) 教学设计的理论基础

1. 系统理论

系统理论是作为一种科学的方法论对教学设计产生影响的。系统是由许多相互作用、相互联系的要素构成的整体。系统理论把研究对象看成是一个系统，同时用系统的方法来分析、研究对象。把系统理论引入教学设计中，要求把教学看成一个系统，并要用系统的方法分析、研究教学过程中各要素及其之间的关系。

2. 传播理论

信息传播是由信息源、信息内容、信息渠道与信息接受者为主要成分的系统。由于教学是通过信息的传播使学生达到预期学习目标的活动，因此教学实质上是一个信息传播的过程。传播是特定的个体或群体运用一定的媒体向受传者进行信息传递与交流的一种社会活动，是一个双向互动的过程。较有代表性的传播理论有拉斯韦尔（Lasswell）的5W理论和贝罗（Berlo）的SMCR理论。拉斯韦尔的5W理论是美国学者哈罗德·拉斯韦尔（Harold Lasswell）于1948年提出的一种传播模式，他认为描述传播行为的一个简便方法是只需回答下列五个问题：Who（谁）、Says What（说了什么）、In Which Channel（通过什么渠道）、To Whom（向谁说）、With What Effect（有什么效果）。贝罗（Berlo）的SMCR传播理论是美国学者贝罗（David K. Berlo）1960年在拉斯韦尔研究的基础上提出的。S代表信息源（source），M代表信息（message），C代表通道（channel），R代表接受者（receiver）。

3. 学习心理学

当代有代表性的学习心理学流派主要有行为主义学习心理学、认知主义学习心理学、建构主义学习心理学、人本主义学习心理学。

（1）行为主义理论与教学设计。行为主义观点在教学设计中最基本的应用是把可观察行为作为教学基础，提出用可观察行为动词界定各类教学目标（包括价值观与态度教学），并依此进行教学传递与评价。

（2）认知理论与教学设计。认知理论探讨学习者内部的认知活动，其中主要是信息加工学习理论和认知建构学习理论。信息加工学习理论把人类的学习过程看成是由一系列信息加工的转换过程。认知建构学习理论认为，建构过程要引导学生发现原有知识结构与新知识之间的不协调性，然后主动去改变它。

（3）人本主义学习理论与教学设计。人本主义学习理论对教学设计的意义大多是在观念上，如何发挥人的潜能问题等。马斯洛是人本主义学习的创始人，他认为：人生来就具有学习潜能，学习行为是内发的，来自于自我实现的需要。另一位代表人物罗杰斯提出了有意义学习理论和学习原则：人人都有学习天赋；教材有意义且符合学习目的才产生学习；在较少威胁环境中才能有效学习；重视知识之外的生活能力培养。

（4）建构主义学习理论与教学设计。建构主义学习理论强调个体的认知发展与学习过程密切相连。它能较好地说明学习如何发生，意义如何建构，概念如何形成，理想的学习环境包含哪些因素等。

4. 教学理论

以哲学为基础的教学理论（教学论）关注的是目的和内容，哲学基础是马克思关于人的全面发展学说，基本主张是：知识道德本位目的，知识授受的教学过程，科目本位教学内容，语言呈现为主的教学方法。以心理学为基础的教学理论关注教学途径、方法，教学设计正是在这种基础上发展起来的。

（四）教学设计的特征

与其他设计相比较，教学设计具有以下特征。①

1. 系统性

教学设计把教学过程视为一个由诸要素构成的系统，因此需要用系统思想和方法对参与教学过程的各个要素及其相互关系作出分析、判断和操作。教学设计从“教什么”开始，对教学过程中的学习需要、学习内容、学习者进行综合分析；确定具体的教学目标，制定教学策略，选用恰当经济实用的媒体来呈现教学过程。此外还需要对教学绩效作出评价，并根据反馈信息调控教学设计各个环节，以确保教学和学习获得成功。

2. 理论性与创造性

教学设计是一种理论的应用活动，这决定了教学设计必须在一定理论的指导下进行，是对学习理论、教学理论等的综合运用。另外，由于高度抽象的理论与具有丰富情境、不断发展变化的实践之间存在一定差距，实践中的问题需要创造性地运用理论来解决，甚至对理论进行改造、扩充、重构以适应新情况和新问题。因此教学设计是理论性与创造性的结合。

3. 计划性与灵活性

计划性与灵活性是指教学设计过程的计划性与灵活性。一方面，教学设计过程具有一定的模式，需要按一定的环节流程进行教学设计；另一方面，教学设计过程中的各种要素与环节之间的关系是一种非线性结构，各要素、各环节相互影响、相互补充，教学设计需要综合考虑这些要素与环节，根据实际情况与教学需求进行认真规划、灵活安排，设计出符合教学实际的教学方案。

4. 具体性

教学设计是对教学中的具体问题进行设计，要对教学过程中的具体问题做出具体计划，确定具体的教学目标，以解决教什么和学什么的问题。因此，教学设计需要设计出具体、可行的教学步骤、方案，制作出支撑教学活动的教学资源。教学设计过程即是一个具体准备教学步骤、方案与教学资源的过程。

5. 前瞻性和预测性

教学设计就是对教学活动的事先安排，它是在教学活动之前的一种预先策划。设计在前，教学在后。进行教学设计时，要全面考虑教学活动中诸如教师学生、教学方法、教学类型等要素，对他们进行系统的优化组合，用前视的观点达到教学效果最大化。此外，由于教学设计先于教学活动，教师要结合之前的教学

---

① 姜永生：《多媒体技术与信息化教学设计基础》，高等教育出版社 2013 年版，第 8 页。

经历，再结合当下的教学效果进行充分的对比与考虑，预先设想教学中会出现的问题和解决策略，保证不耽误正常的教学活动。

二、教学设计的前期分析

随着“教学设计”这一核心概念的明确和相关理论基础的学习，教学设计的“全貌”逐渐清晰。然而，分析问题是解决问题的前提，为了做出更理想的教学设计，自然少不了对教学设计的前期分析，尤其是对教学设计过程中主要构成要素的分析。

这里我们主要对学习需要、学习内容、学习者特征这三个教学设计的核心要素进行分析，并提供相关案例供参考借鉴。

（一）学习需要的分析

教学设计的主旨是解决实际教学问题，而对学习者需要的分析则是解决问题的起点。在对学习需要分析之前，首先应对其概念进行界定。

1. 学习需要分析的概念界定

什么是学习需要？“学习需要”是“需要”在教学设计领域衍生出的下位概念，它将需要的范围进一步限定，特指学习者“目前状况与所期望达到的状况之间的差距”，即学生学习成绩的现状与教学目标（或标准）之间的差距。教学设计者通过分析这种差距，可总结出教学中需要解决的问题，学习需要在一定程度上规定了教学任务和目标。由此可知，学习需要分析就是在教学设计过程中，通过系统科学的方法找出学习者目前状况与期望状况之间的差距。

学习需要分析是一个发现问题、通过调查明确问题、科学地分析问题以及解决问题的系统化过程。学习需要分析的主要目的是发现学习者在学习过程中存在的问题，并通过分析问题产生的原因及利用现有的教学资源和条件，论证解决问题的可行性思路，最终指向是解决学习者的问题，进而达到提高教学质量的目的。

2. 学习需要分析的意义

学习需要分析的意义在于可以将人们的注意力集中在衡量既定的教学目标是否符合客观的实际需要上，有利于发现教学中的主要问题，并且追本溯源，解决问题，从而提高解决教学问题的针对性，增强教学设计的效果，保障教学设计实施方案的科学性和有效性。

3. 学习需要分析的类型

为了便于对学习需要进行分析，伯顿（J. K. Burton）和梅里尔（Merril）将与教育相关的需要分成六类[①]，分别如下。

（1）标准的需要。标准的需要是指个体或集体在某方面的现状与既定标准比较而显示出来的差距。当某一对象的现状无法达到所构建的标准时，现实和标准之间的差距产生，那么标准的需要也就自然而然产生了。在实际应用中，对于标准的需要的确定，通常都遵循以下逻辑，即获取标准—收集对象与标准相比较的数据和资料—比较差距确定标准需要。

（2）比较的需要。比较的需要是同类个体或集体通过相互比较而显示出来的差距。例如，某小学看到与自己相似的学校开展了丰富多彩的国学课程，便感到自己也“需要”开展国学课程，以增强学生对中华民族传统文化的认同感以及提高学生的文学素养。

（3）感到的需要。感到的需要是指个体认为的需要，是个体必须改进自己的行为或者某个对象行为的需要和渴望。这种需要显示出在行为或技能水平与渴望达到的行为或技能水平之间的差距。例如，有些学习者感到自己的英语口语表达能力较弱，为了提高自己的英语口语表达能力，产生了提高英语口语表达水平的需要，即为“感到的需要”。需要注意的是，确定感到的需要之后，还要分析是否有必要满足这种需要。

（4）表达的需要。表达的需要可以视为个体把感到的需要表达出来的一种“需要”。人们常常愿意尽力满足表达的需要。例如，某小学准备开设一些体育选修课程，在开课前，请学生在学校网站的选课登记表上提交自己想要选修的体育项目，这就是一种表达的需要，它表达了学生想要学习某门课程的愿望和需要。同样地，是否要满足这种“需要”，还需要教学设计者仔细权衡，作出正确的价值选择和判断。

（5）预期的需要。预期的需要是指将来的需要，教学设计不仅要考虑现实的需要，还要学会考查学习者将来的需要。例如，某小学的校长改革现行教学方法，他的预期需要是让全体学生掌握合作学习的方法。可见，预期的需要关注的不仅仅是眼前的利益，更重要的是让教学设计者树立一种高瞻远瞩、深谋远虑的大局观。

（6）批评性事件的需要。批评性事件的需要是一种很少发生、但一旦发生却可能引起重大后果的需要。例如，实验中的安全事故、教学中实验失败、医疗事故、自然灾害等。分析潜在的教学问题是获取这种需要的资料和数据的主要途径。

---

① 伯顿、梅里尔：《需要的评价：目的、需要和优先考虑的需要》英文版，1997 年，第 22 ~ 24 页。

上述六类学习需要的核心含义是：差距产生需要，即当“现状是”与“应该是或必须是”两者之间存在差距时，就产生了“需要”。而且要确定“需要”的程序，就要采取恰当的有效方法，收集相关资料和数据，从比较分析中作出价值判断，以确定是否要满足这种需要。因此，我们应该清楚地了解各类学习需要的特点，在此基础上，在教学设计中加以正确运用，发挥学习需要分析的最大效用。

4. 学习需要分析的基本方法

（1）内部参照需要分析法。内部参照需要分析法是将学习者的学习现状与其所在的组织机构内部的学习目标相比较，找出两者的差距，从而鉴别出学习需要的一种方法。我国学校教育一般都采用这种方法分析和确定教学问题。例如，教育行政部门规定各年级、各科目的课程标准，教学设计者把课程标准和教科书的要求作为衡量教学效果的主要依据。这种分析法容易操作，省时省力，但也往往只局限于教育系统内部。

（2）外部参照需要分析法。外部参照需要分析法是以社会（或职业）的需要来确定对学习者的期望，以此为衡量目标，对照学习者的学习现状，找出差距，从而确定学习需要的一种分析方法。外部参照需要分析主张建立一个系统的目标，虽然操作较为复杂，却能保证该目标与社会需要发生直接联系。例如，学校系统是社会系统的一个重要子系统，社会会为学校教育提供各类教育资源，但同时也给学校教育提出了培养社会所需人才的目标。

5. 学习需要分析的过程

对学习需要进行分析的过程，即调查分析的过程，这一过程主要通过四个步骤完成。①

（1）进行规划。规划的步骤：确定分析对象；选择收集有关学习需要数据的方法和策略；进行系统的分析；确定收集数据的对象。

（2）收集数据。收集资料的方法主要有：问卷调查、面谈、座谈、评估量表等。问卷调查要注意问卷的回收率。收集数据要考虑样本的大小、结构和代表性的问题。

（3）分析数据。数据的分析结果是经过优选后列出的，需要的优化顺序可根据经济价值、影响、某种顺序量表、需要呈现的频数、时间顺序等进行排列。特尔非法是一种分析数据常用的优化方法。

（4）编辑最终报告。包括概括地分析研究目的；简要描述分析的过程及分析

① 徐英俊：《教学设计》，教育科学出版社 2001 年版，第 77 页。

的参与者；用表格或简单的描述说明分析的结果；以数据为基础提出建议。常用的学习需要评价如表 1－1 所示。

表 1－1　　学习需要评价表

学习科目：

现状	目标	差距	原因分析

资料来源：徐英俊：《教学设计》，教育科学出版社 2001 年版，第 78 页。

（二）学习内容的分析

通过对学习需要的初步分析，明确了教学实际中存在的问题及原因，使教学设计者的工作有了一个良好的开端，在此基础之上，就要分析和确定学习内容，即明确学习者应学习和掌握哪些知识、技能、态度等。对学习内容进行科学的分析，是通过合理的教学设计，获得最优化的教学效果不可或缺的一环。

首先要确定学习内容分析的内涵和目的。

1. 学习内容分析的内涵与目的

学习内容是指为实现教学目标，要求学习者系统学习的知识、技能和行为经验的总和，即为实现教学（学习）目标需要学习的东西的统称。

对学习内容的分析，则是对学习者从起点能力转化为终点能力所需要的从属知识、技能和态度进行详细分析的过程。其中，所谓的起点能力即学习者进入教学过程前具有的知识、技能和态度等，而终点能力则是指通过一定时期的教学活动以后形成的知识、技能和态度等。

对学习内容的分析工作以总的教学目标为基础，旨在确定学习内容的范围、深度，即明确教师应该“教什么”和学习者应该“学什么”的问题；揭示学习内容中各项组成部分之间的关系，尤其是知识与技能的相互关系，为教学顺序的安排打下基础，即为教师提供了“如何教”以及学习者“如何学”的指导，以保证达到教学最优化的内容效度。

2. 学习内容的层次结构

学习内容有一定的层次和结构。在教学设计领域，通常将学习内容划分为课程（指狭义的课程）如语文、数学、外语等、单元（一门课程又可分若干单元）和课时（一个单元又可分为若干课时）三个层次；同时学习内容也有一定的结构，通过单元的选择和组织，可确定课程内容的基本框架，而且学习内容的结构层次并不是固定的，一成不变的，而是要考虑对应学科的特点和教学的实际需要适时调整。

另外，单元作为一门课程的划分单位，内容具有相对的独立性和完整性，单元之间的关系有两种基本形式，一是序列关系，一个单元的学习构成另外一个单元的基础；二是并列关系，即各部分独立，顺序上可以互换。通过选择和组织单元，可确定课程内容的基本框架。具体如图 1－1 所示。[①]

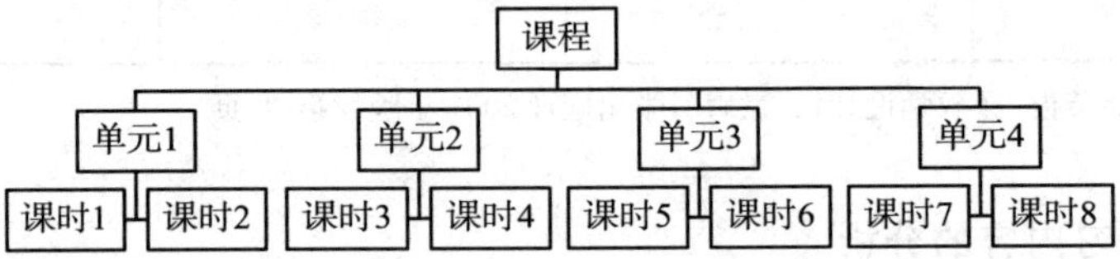

图 1－1　学习内容层次

3. 学习内容分析的基本方法

在学习内容的分析中，找到合适的分析方法至关重要。目前比较常用的学习内容分析的方法有归类分析法、图解分析法、层级分析法、信息加工分析法等。

（1）归类分析法。归类分析法主要是研究对有关信息进行分类的方法，旨在通过图示或列提纲等方法，把实现教学目标需学习的知识归纳成若干方面，从而确定学习内容的范围，即确定为实现教学目标而需学习的知识点，主要适用于言语信息的学习。在实际教学中，常用来厘清教材的知识体系（结构知识）。

（2）图解分析法。图解分析法是一种用直观形式揭示学习内容的要素及其相互联系的内容分析方法，适用于对认知学习内容的分析。图解分析的结果是一种简明扼要、提纲挈领地从内容和逻辑上高度概括学习内容的一套图表或符号。这种方法的优点是，使分析者容易觉察内容的残缺或多余部分及相互联系中的割裂现象。

（3）层级分析法。层级分析法是利用教学目标的层级关系对教学内容进行分析的一种方法。旨在揭示为达到教学目标，学习者必须学习哪些知识和技能。它主要用于分析从属技能（“从属技能”是指学生为了有效地达到教学目标而必须掌握的那部分技能）。在层级分析中，各层次的知识点具有不同的难度等级，在底层的知识点难度越低，上层的难度越大。

（4）信息加工分析法。信息加工分析法以信息加工理论为基础，由加涅提出，能够清楚地揭示达到终点目标所需的心理操作过程和步骤。实际上就是将学

① 徐英俊：《教学设计》，教育科学出版社 2001 年版，第 82 页（有改动）。

习者解决教学问题的思考过程展示出来，在这个过程中需要的知识与能力就是要学习的知识。常用的分析方法按照信息加工的步骤，写出每步要做的事情，包括内隐的心理操作过程和外显的动作技能的操作过程，并且常用过程图示或步骤罗列表示。

4. 学习内容分析的基本步骤

尽管学习内容分析的过程会因为学习内容的差异而有所差异，但是一些基本步骤是不可或缺的，这些步骤包括：

（1）确定学习类型，明确教学目标；（2）首次评估学习内容；（3）选择合适的分析方法；（4）学习内容和目标的不断细化；（5）再次评价学习内容。

综上所述，学习内容的分析是一个不断调整和改进的过程，这五个步骤只是提供了一个最基本的思路，在教学实际中，这些步骤可增可减，也可重复分析，一切皆由具体的学习内容决定。

（三）学习者分析

学习者分析包括学习者起点水平分析、年龄阶段特征分析、学习动机分析和学习风格分析。

1. 学习者起点水平分析

任何一个学习者在学习新内容时会不同程度地受到已学内容的影响，因此教学设计者必须了解学习者原来具有的知识、技能、态度，我们称之为起点水平或起点能力、初始能力。学习者的起点能力也是教学的起点，由于每个学习者的起点能力不同，要使学习者实现真正的个性化学习，教学设计者就要对每一个学习者的初始能力有准确的分析，做到真正地因材施教。

（1）学习者知识起点水平的分析。教育心理学家奥苏贝尔（D. P. Ausubel）认为，当学习者把教学内容与自己的认知结构联系起来时，意义学习就发生了。因此，学习者的认知结构是影响课堂教学中意义接受学习的最重要因素。所谓认知结构，就是指学生现有知识的数量、清晰度和组织结构，它是由学生眼下能回想起来的事实、概念、命题、理论等构成的。原有的认知结构是影响新的有意义学习与保持的关键因素，即有意义学习的发生与习得意义的保持的效果都会受到学习者认知结构特征的影响。了解学习者的知识起点水平可采取测试和概念图分析的方法。

（2）学习者技能起点水平的分析。技能即运用知识和经验执行一定活动的能力。加涅和布里格斯等人提出的“技能先决条件”的分析方法，是对学习者技能起点水平进行分析判断的常用方法。教学设计者可通过学习者能否完成这些最简单的技能来判断其技能起点水平，也可通过测试了解学习者的掌握程度，并据此确定学习者的技能起点水平和教学的起点。了解学习者的知识起点水平可采取实际操作的方法。

(3) 学习者态度起点能力的分析。什么是态度？我国著名教育心理学家邵瑞珍将其定义为“习得的、影响个人对特定对象作出行为选择的有组织的内部准备状态或反应的倾向性”。① 他认为态度是特定情况下以特定方式反应的内部准备状态，往往表现为趋向与回避、喜爱与厌恶、接受与排斥等。虽然态度并不决定特定的行为，但它却在不同程度上决定个人的一定类型的行为。一般来说，态度由认知成分、情感成分、行为倾向成分构成，并受各成分间关系的影响。要了解学习者的态度，可以分别或同时考察三个成分。具体判断学习者的态度是比较困难的，最常用的方法是“态度量表”。此外，还可以通过观察、谈话等方式来了解学习者的态度。

2. 学习者的年龄阶段特征分析

学习者处于不同的年龄阶段，其认知发展水平、道德发展水平、思维能力等各方面均处于不同的发展水平，教师应抓住学习者每个年龄阶段的特点加以发展。瑞士著名心理学家皮亚杰的认知发展水平理论就很具参考价值。他将人的智力与思维发展分为感知运动、前运算、具体运算和形式运算四个阶段。

(1) 感知运动阶段（0 ~ 2 岁）是智力与思维的萌芽阶段。这一阶段的儿童全神贯注于他们的感觉和运动的协调活动，离开手工操作便无法思维。

(2) 前运算阶段（约 2 ~ 7 岁）的儿童头脑中已经有了事物的表象，可以用知觉表象进行思维。而且可以从具体经验中学习概念，但是却只能进行直觉思维。这一阶段，儿童的情感开始稳定。

(3) 具体运算阶段（约 7 ~ 11 岁）。处于具体运算阶段的儿童的认知结构中已经有了抽象概念，并且能进行逻辑推理和一定的道德判断。这一阶段的儿童可以在原有概念的基础上，以下定义的方式获得新的抽象概念，但仍需要借助具体事物和形象的支持进行逻辑推理。

(4) 形式运算阶段（约 11 ~ 15 岁）是思维发展的最高阶段。这一阶段的学习者已经具备理解并使用相互关联的抽象概念的能力。其思维特征表现为假设—— 演绎思维、抽象思维和系统思维等。

据皮亚杰的理论可知，我国小学生处于 6 ~ 12 岁的儿童期，这时期的儿童大部分处于具体运算阶段，已经具有了一定的符号性和逻辑性，但还不能完全进行抽象逻辑运算，仍需实际经验或具体事物作支柱。因此在教学设计时要注意课程

---

① 邵瑞珍主编：《教育心理学》，湖南师范大学出版社 1998 年版，第 181 页。

设计的生动性和可操作性。

3. 学习者的学习动机分析

所谓学习动机，是指直接推动学生进行学习的一种内部动力，是激励和指引学生进行学习的一种需要。一般来说，知识价值观、学习兴趣、学习能力感、成就归因是学生学习动机的主要内容。学习动机与学习相辅相成，学习能产生动机，而动机又能推动学习，但动机过强或过弱都对学习不利。

对学习动机的分类方法很多，奥苏贝尔就将动机分为“认知内驱力”“自我提高内驱力”和“附属内驱力”三种成分，其中附属内驱力在儿童早期表现最为突出，是学习动机的主要成分。在此期间，儿童努力学习多是为了得到家长的赞许，但到了儿童后期和青年期，附属内驱力的强度不仅有所减弱，而且开始由家长驱动转为同龄伙伴驱动。

此外，从内外维度的角度，还可将学习动机分为内部动机和外部动机，通常情况下，内部动机占主导的学习者学习更具自主性，提升速度也较快。

教学设计者应从注意力、关联性、自信心和满足感四个方面分析学生的学习积极性。

4. 学习者的学习风格分析

关于学习风格的定义有很多，相对来说，广为接受的是基夫（Keefe）的定义，他认为，学习风格是由学习者特有的认知、情感和生理行为构成，是反映学习者如何感知信息、如何与环境相互作用并对之作出反应的相对稳定的学习方式。可见，学习风格不仅受多种因素影响，而且是对个人习惯、喜好、性格等个性化特征的展现。教学设计者应从以下几个方面了解学习者的风格，并在充分了解学习者的基础上，制订出适合学习者各自特点的个性化教学设计方案。[①]

（1）信息加工的方式：习惯于归纳推理还是演绎推理；是喜欢动态视觉刺激（如电影）、静态视觉刺激（如图片）、语言文字刺激还是喜欢听觉刺激。

（2）动手学习：是沉思型还是冲动型；是依赖型还是独立型。

（3）感情的需求：需要经常被鼓励和安慰；能自动激发动机；能坚持不懈；有负责精神。

（4）社会性需求：喜欢与同龄同学一起学习；喜欢向同龄同学学习：需要经常得到同龄同学的赞同。

（5）环境和情绪的需求：喜欢安静、背景声或音乐；喜欢弱光和低反差；喜欢一定的室温；喜欢四处走动；喜欢在某固定时间学习；喜欢某种座椅。

---

① 徐英俊：《教学设计》，教育科学出版社 2001 年版（有改动）。

【案例】

小学语文第一册第14课“自己去吧”学习者特征分析

河北省丰宁满族自治县大阁第一小学　兰海燕

概述：

“自己去吧”是义务教育课程标准实验教科书小学语文第一册中的第14课。本课是一篇童话故事。讲的是小鸭在妈妈的鼓励下，自己学会了游泳；小鹰在妈妈的鼓励下，自己学会了飞翔。故事内容鼓励学生自强自立，自己学会生活的本领。

[学习者特征分析]

1. 学生是7~8岁的儿童，思维活跃，课堂上喜欢表现自己，对语文学习有浓厚的兴趣；

2. 学生在学习中随意性非常明显，渴望得到教师或同学的赞许；

3. 学生在平常的生活当中有“自己的事情自己做”的经历和体验，比如自己整理书包、系红领巾等；

4. 学生已有一定的拼读能力，能借助汉语拼音阅读拓展材料；

5. 学生已经认识“氵”“口”“心”三个偏旁和“自”“己”“吧”“那”四个生字；

6. 学生对于识字兴趣很高，识字方法已有所掌握，能采用自己喜欢的方式来识记生字，并且能自己创设情境来巩固、应用生字；

7. 学生能根据提示仿、续或创编故事，并乐于表达。

三、教学设计的基本内容

教学设计的基本内容是整个教学设计的中心环节，下面主要介绍对教学目标、教学内容、教学时间、教学策略、教学方法以及教学评价六个方面的设计。

（一）教学目标的设计

1. 教学目标的含义及功能

教学目标是指在教学活动中所期待得到的学生学习的结果。教学目标作为教学设计活动的出发点和最终归宿，具有导教、导学、导评三大功能。

具体讲就是：①指导教师对教学内容及教学策略的选择；②使学生明确学习目标及任务，引导学生的学习；③指导教学结果的测量与评价。

2. 教学目标的分类理论

在分析和确定教学目标的过程中，如果能够事先对教学目标进行分类，不但可以避免目标的模糊性与抽象性，而且可以防止目标分析中的疏漏与偏颇。因此，教学设计者应该了解教学目标的分类理论，以便对教学目标进行科学有序的分类。这里主要介绍在当今影响比较大的两种理论。

（1）布卢姆的教学目标分类理论。布鲁姆从认知水平的维度出发，将教学目标分为认知、情感、动作技能三大领域，每个领域的目标又由低级到高级分成若干层次。据此理论对教学目标的分类方法，经常被中小学教师应用到实际教学中。

①认知领域的目标分别为：知道、领会、运用、分析、综合和评价六大类。后来，布卢姆去世后，2001 年被美国心理学家修订为：记忆、理解、运用、分析、评价和创造。

②情感领域的目标分别为：接受（注意）、反应、评价（形成价值观念）、组织价值观念系统、价值与价值体系个性化。

③动作技能领域的目标分别为：感知、准备、有指导的反应、自动化、复杂的外显反应、适应、创新。

（2）加涅的学习结果分类理论。加涅认为学生的学习结果就是教师的教学目标。他在《学习的条件》一书中把学习结果分为五大类：言语信息、动作技能、智力技能、认知策略、态度。这一理论对于教学目标的设计也很有实用价值。

3. 教学目标的模式及具体编写方法

以研究行为目标著称的马杰在 1962 年提出，一个完整的教学目标应该包括行为、条件、标准三要素，在此基础上，后来的研究者又加入了“对象”这一要素，形成了编写教学目标的 ABCD 模式，具体如下：

A——对象（audience）：阐明教学对象；

B——行为（behavior）：说明通过学习，学习者应该能做什么（行为的变化）；

C——条件（condition）：说明上述行为在什么条件下发生；

D——标准（degree）：规定达到上述行为的最低标准（即行为改变的程度）。

下面是某小学数学老师利用 ABCD 模式编写的教学目标[①]：

<u>提供 10 个图形</u>，<u>二年级学生</u>应能<u>识别其中哪些是长方形、哪些不是长方形</u>，<u>在 10 个</u>

C　　　　　A　　　　　B

<u>图形中至少有 8 个识别正确</u>。

D

① 何克抗、林君芬、张文兰：《教学系统设计》第 2 版，高等教育出版社 2016 年版，第 63 页。

需要注意的是，在实际的教学中，无须机械照搬上述要求，要灵活运用。

下面将根据 ABCD 模式讨论教学目标分类的具体编写方法。

（1）对象的表述。要明确教学对象（例如：小学三年级二班学生），也可简要说明对象的基本特点。

（2）行为的表述。要说明通过教学活动后，学生能做什么（或会说什么），描述方法是使用一个动宾结构的短语，例如“解释信息技术的概念、列举信息技术的应用”；在描述行为的时候最为困难的是行为动词的选用，也是最关键的问题，选用的动词要求准确、具体，不能有过多的解释。

（3）条件的表述。条件的表述要规定学习者的行为产生的条件，即表明在评价学习者的学习结果时，应该在哪种情况下进行评价。条件通常包括环境因素、人的因素、设备因素、信息因素、时间因素和刺激因素等。

（4）标准的表述。标准是行为完成质量的衡量依据。一般可从行为的速度、准确性和质量三个方面确定。标准的表述使教学目标具有可测量的特点。

（5）有选择性的表述。在一个教学目标行为中，行为的表述是基本部分，不能省略。相对而言，条件和标准是两个可选择的部分，在具体编写时，可以不必将条件或标准一一列出。

（6）注意事项。

①教学目标的行为主体是学习者，而不是教师。诸如“培养学习者的语言表达能力”这一类的表述是不恰当的，因为这就意味着行为主体是教师而不是学习者。

②教学目标必须用教学活动的结果而不是教学活动的过程或手段。例如，在初二学生“认识风”的一堂地理课上，有教师将教学目标表述为“学习者应该受到观察的训练”，这种表述是不恰当的，虽然这个教学目标的行为主体是学习者，但是它并没有表达出最终想要达到的教学效果。可以这样表述：“初中二年级学生在观看各种关于风的图片时，应该能将微风、狂风、台风分别标记出来，准确率达 90%”。①

③教学目标的行为动词必须是具体的，而不是抽象的。所谓具体，是指这一动词所对应的行为或动作是可观察的，而诸如“知道”“掌握”“理解”“欣赏”这类抽象动词，则会给教学评价带来困难。

---

① 何克抗、林君芬、张文兰：《教学系统设计》第 2 版，高等教育出版社 2016 年版，第 67 页。

【案例】

小学五年级数学“身边的行程问题”的教学目标设计①

深圳南山实验学校　易伟湘

［概述］

《身边的行程问题》是小学五年级的一堂数学课。本节课所需课时为1课时(40分钟)。

《身边的行程问题》是在学习了“速度、时间、路程间的数量关系”“24时记时法”“小数乘、除法”等知识的基础上进行的教学活动课，训练学生对大量数学知识进行综合运用的能力。

《身边的行程问题》这节数学课的主要学习内容是：通过上网收集有用信息，并且利用速度、时间、路程之间的数量关系，将收集到的信息加工整理后应用于现实生活以解决生活中的实际问题。

［教学目标分析］

1. 知识与技能

(1) 从具体事例中找出速度、时间、路程这三个数据。

(2) 会计算起始时间到终止时间之间的经过时间。

(3) 明确已知这三个量中的两个量就可以求出另一个量：路程＝速度×时间、速度＝路程÷时间、时间＝路程÷速度。可以将这些公式应用于实际问题的计算。

(4) 会将网上查到的速度、时间或路程数据转换成统一的数量单位。

2. 过程与方法

(1) 学会根据需要到网上查询信息，并会加工、评价、分析信息，利用信息解决生活中的实际问题。

(2) 能共同分析、讨论所收集的信息，掌握利用信息共同协商解决问题的方法。

(3) 能够将课上学到的数学知识、方法应用到日常生活中，通过学校留言板发布自己的解决方法。

3. 情感态度与价值观

通过体验将学到的数学知识、方法应用于解决生活中问题的过程，感受数学

---

① 北京师范大学现代教育技术研究所：《教育部重点教学改革研究项目“学科‘四结合’”教学改革实验案例》(有改动)。

的价值。

（二）教学内容的设计

教学内容的设计过程是教师认真分析教材以及合理选择、组织、合理安排教学内容的表达或呈现的过程。

对教学内容进行设计，首先要明确教学内容的内涵及其重要性，其次要明确“知识”的定义与价值，最后要了解教学内容设计时应遵循的基本原则。

1. 教学内容的内涵

教学内容是学与教相互作用过程中有意传递的主要信息。长期以来，人们总是将教材和教学内容等同起来，这种认识是片面的，教材仅仅是形成教学内容的一个“载体”。另外，在课程改革中，基于生成性教学思维理念，人们对于教学内容有了新的认识，即“教学内容是指教学过程中同师生发生交互作用、服务于教学目的达成的动态生成的素材及信息”。

2. 教学内容的相关理论——知识观

教学内容的主体是各种类型的知识，因此有必要对知识观的转变有所了解。

传统知识观强调知识的客观性、普遍性和确定无疑性，这对教学产生了深刻的影响。近些年来，知识的客观性、普遍性、确定性不断遭到质疑。新的知识观认为，知识不是绝对真理，而是一种具有猜测性质的、有待于进一步修正的假设，所有的知识都是可错的，没有什么知识是对认识对象的终极解释；知识是认知主体主动建构起来的，对知识的真正理解只能是由学习者自身基于自己的经验背景而建构起来的，死记硬背、生吞活剥的被动的复制式学习不能形成真正的知识；知识服从于人的解释，由于经验、背景等的不同，客观世界对每个人的意义也不同，因而知识是因人而异的。个体获得知识的过程是创造性的，因为他总是赋予知识以自己的解释，这样一来知识就不可避免地具有“个人特色”。①

在新知识观的指导下，课堂教学由传统的以教为主转向以学为主。于是，强调以学为主的教学策略（如抛锚式教学策略、支架式教学策略、自我反馈式教学策略、基于 Internet 的探究式学习策略）得到了迅速发展。教学设计者在进行教学内容设计时也应以新知识观为指导，更加注重学习者个体对知识的自我建构。

3. 教学内容设计的基本原则

（1）关注学科本体原则。每门学科的教学内容都具有各自的特点，因此要有效设计教学内容，就要关注、研究学科教学的本体，就要时刻提醒自己——我们

---

① 周成海：《课堂教学原理与方法》，中国轻工业出版社 2015 年版，第 43 页。

“现在教的”是什么学科？是语文还是数学？这种学科角色意识要强，这种本体的观念要强，因为只有关注了学科本体的“教学内容”设计才是有效的，其他后续的设计也都是建立在这个学科本位基础上的。

(2) 深入研读教材原则。虽然教材并非教学内容的全部，但教材内容体现了课标要求，是教学内容的重要载体之一。因此认真研读教材是把握教学内容的关键，如果没有对教材的深刻解读，即使教学方式方法再好，恐怕也是徒有其表、华而不实。

(3) 学习者本位原则。学习者是教学活动的主要参与者，因此要充分体现学习者的主动性，以学习者为本去设计教学内容。教学内容要忠实于实现学习者的“知识与技能、过程与方法、情感态度价值观”的三维发展目标。教学不应是教师传授知识、学生被动接受知识的过程，而应是教师在以教材内容为基础的前提下，利用多种条件和智慧为学生创造一个经历、一种体验的过程，让学生在这种经历、体验中生成知识。

(4) 不断反思和创新原则。新知识观的兴起已经让知识的确定不变性遭受了打击，加之新课程改革背景下，生成性教学思维理念的出现，教学内容面临着更大的不确定性，同样也充满着更多可能性，作为教学设计者要在教学实践中不断反思，适时调整，注重教学内容的生成性，不断为自己的课堂教学注入“新鲜血液”(新知识)。

(三) 教学时间的设计

1. 教学时间的意义

时间本义是物理学概念，但它却和一切活动息息相关。从教育学的角度看，时间是一种重要的教育资源。教育学家鲍尔（Power）认为，时间是教育王国的金钱，教育需要时间，它可能而且确实是发生在时间的任何一个瞬间的过程。课堂教学效果是看单位时间内教学的质和量，教学时间利用得是否合理有效是衡量教学效果的一个重要尺度。

另外，卡罗（Carroll）理论揭示了学习效率与学习时间之间的内在联系，表明学习时间是影响学生学习活动的一项重要因素。此外，哈尼奇·费革和威利的研究表明，教学时间和教学结果间呈现一种直接关系，学生的学习成就取决于学生主动参与学习的时间和已有的学习准备状态。抑或说，用于教学的时间总量越多，学生主动参与学习的时间越多，学习的成就就越高，教学结果也就越好。因此，在教学实践中，了解、研究教学时间，并根据教学需要对教学时间进行合理分配和控制，是教学设计的一项重要内容。

2. 教学时间设计的维度①

（1）学生的名义学习量。名义学习量是指学生所需要的学习时间总量，具体表现为学校每年的总学时量。我国中小学每年的总学时量是由国家统一规定的，是针对全体学生设计的，而对个体学生而言，这一时间量有所不同，所以还要考查学生个体实际的有效学习量。

（2）学生的实际学习量。指每个学生实际拥有的有效学习时间总量。在实际教学活动中，由于学校组织活动、教师缺课、学生缺勤等种种因素的影响，每个学生及不同学校的学生实际拥有的有效学习量是不完全一致的。因此，教学设计要考虑保证每个学生的实际学习量。

（3）学生的课堂学习时间量。指学生在课堂上学习某一单元或某一具体内容时获得的学习时间量。在课堂教学中，教师对各种教学活动的时间分配是有很大差异的（比如阅读、练习、讨论、测验活动的时间），这种差异与学生的成绩有密切的关系。因此，教师在确定课堂教学时间分配时应全面考虑教材内容、学生学习特点等多方面因素，不可只按习惯和兴趣行事。

（4）学生专注学习的时间。指学生在课堂上积极专心学习的时间。课堂上，教师在授课时，并不是所有学生都在始终如一地专心听课。因此，即使在同一节课的时间内，每个学生的专注学习时间也是不完全一样的。研究表明，学生课堂上的专注学习时间对学习成绩有较大影响，学习成绩的好坏在很大程度上就取决于专注学习时间的多少。另外，学生专注学习时间与其能力还密切相关，能力低的学生多出现不专心学习的行为，使学习活动中断，而能力强的学生往往在注意力涣散之前先完成了学习任务。因此，教师在课堂教学中应尽可能使学生集中注意力，以保证学生专注学习时间得到增加。

（5）教学时间的遗失。指受外界干扰或教师处理不当造成的课堂教学时间的浪费。教学时间浪费现象主要表现在：一是因课堂偶发事件引起的教学中断；二是教学环节转换时的过渡时间过长；三是不当的练习作业造成的时间浪费。教学时间的遗失，会影响到一节课的质量和效力，需要教师对教学时间进行好好设计。

3. 设计教学时间的策略

（1）把握好整体教学时间的分配。主要指教学设计者在设计教学时，要依据课程标准、学生的年龄特点、教学的实际需要等对整体教学时间（一般以学期为限）作出合理规划。把握好整体时间分配，是提高教学时间效益以及顺利进行一

① 包立华：《优化课堂教学设计，提高课堂教学效率》，载《中国校外教育》2012 年第 28 期。

系列后续时间设计的基本前提。教学中应该尽量避免一学期的教学前紧后松或前松后紧，甚至完不成学期教学任务的现象。

(2) 掌握日常教学时间的分配艺术。一般而言，学校教学时间总是一个常数，但每个学习日的教学时间分配和使用效率却大不相同，这就涉及时间的搭配艺术。例如：课程表中不同性质的学科穿插进行；抓住每日或每周的学习高峰期；采用单课时和双课时结合的课时分配方法，等等。当然，关于教学时间的更合理的分配方式，仍需要教学设计者在实际工作中不断摸索，不断总结经验。

(3) 分配好整堂课的教学时间。不同的教学活动环节需要不同的教学时间，不同的教学模式也需要不同的时间。所以，教学设计者在进行课堂教学设计时，应认真钻研课标和教材，明确教学目标以及重点、难点，安排好教学的环节和顺序，在此基础上合理分配各环节所需的教学时间，如导入新课用多长时间，讲授用多长时间，提问讨论用多长时间，练习用多长时间，总结用多长时间等。

(4) 尽量增加学生的专注学习时间。心理学研究表明，儿童注意力保持的最佳时间是课堂上前 20 分钟，20 分钟之后他们的注意力很容易分散。而小学一节课是 40 分钟，在后 20 分钟中如何使学生专注学习呢？实践表明，教师通过采取一定的教学策略将学生的注意力和学习兴趣维持在一定水平是完全可能的。例如，教师对学生的课堂反应给予及时鼓励和反馈、适时安排课堂提问、适时环绕课堂走动、适时改变教学节奏等，都可以提高学生专心学习的程度。

(5) 防止教学时间遗失。前文提到，偶发事件的出现、过渡时间过长、不合理的课堂作业等是造成教学时间遗失的主要原因，那么，只要教师合理处理这些情况，就能在一定程度上防止教学时间的遗失。首先，当偶发事件出现时，教师要机智果断地快速处理，有些较复杂的情况可以放到课后处理，这样就可以使教学中断的时间缩小到最低程度。其次，对待环节过渡时的时间浪费问题，可以在课前对过渡时间严格设计，争取以最精确、简练的语言陈述过渡内容，使过渡时间尽可能缩短。至于不当的练习作业造成的时间浪费，则需要教师在教学设计环节认真钻研课标和教材，对课堂练习加以精心设计。

(四) 教学资源的设计与开发

1. 教学资源的概念

教学资源有广义和狭义之分。广义的教学资源是指为教学的有效开展提供的素材等各种可被利用的条件，通常包括教师资源、学生资源、教材资源、信息资源、环境资源、生活资源等诸多方面；从狭义上来讲，教学资源是指形成课程与教学的直接因素来源，主要包括教学环境中的硬件资源和软件资源。这里我们探讨的是广义的教学资源，对于课堂教学而言，除了教科书、挂图、卡片、多媒体等资源外，还有许多有待认识和开发的资源。有效地设计和开发教学资源，可以充实、整合教材内容，丰富学生感知，使教学设计更加生动、有趣，增强教学活动的趣味性和有效性。因此，一个优秀的教学设计者要具备选择利用与主题、生活、学习需要紧密相关、具有教育价值的资源的能力。

2. 教材资源的分类

根据不同的标准，可以对教学资源进行不同的划分，普遍认可的有三种。

第一，根据具体内容的差异，可将其划分为物力资源、人力资源、非人力资源。其中物力资源主要包括学校中的固定资产、材料和低值易耗物品；人力资源主要指学生、教师以及其他人员的能够支持教学活动开展的体力与脑力；非人力资源的范围相对比较广泛，如教材、教学设计、各类教学资料、教学环境等。

第二，根据空间分布的差异，教学资源可分为校内教学资源与校外教学资源。其中校内教学资源指的是学校内部存在的或发生于学校中的支持课堂教学的条件，大体上包括：校内场所和设施（如图书馆、实验室、专用教室等）、校内人文资源（如教师群体、学生群体、师生关系、班级组织等）、与教学密切相关的各种活动（如实验实习、座谈讨论、社团活动等）。

校外教学资源指位于学校之外的可用于学校教学活动的一切设施和条件。当然，不同的学校由于所处的地理位置、经济条件等方面的不同，所拥有的校外教学资源也各不相同。

第三，根据表现形态的差异，教学资源可分为显性教学资源和隐性教学资源。显性教学资源指比较容易察觉到的、外显得教学资源，如教材、教学参考书、网络课件、多媒体课件等。隐性教学资源是指不容易察觉到的、以潜在的方式对教学活动施加影响的教学资源，如师生关系、班风文化、文学作品中所隐含的各种思想与观点等。与显性教学资源不同的是，隐性教学资源的作用方式具有间接性和隐蔽性，不直接构成教学的内容，但对教学活动的质量起着持久的潜移默化的影响，可是现实教学中，往往却被教师忽视。

3. 设计和开发教学资源的原则

（1）有效性原则。设计和开发教学资源是为了更好地发挥教学活动的有效性，最终是为了课程目标的达成，因此，需要教学设计者在准确把握课程标准和教学目标的基础上，合理有效地设计和开发教学资源。

（2）主体性原则。教学资源的设计和开发应该紧密联系学习者的生活经验、知识基础与兴趣爱好等，从而激起广大学习者的参与热情，体现其主体地位。

（3）科学性原则。主要指教学资源的设计和开发要符合科学学习的要求和学生的认知规律，这需要教学设计者全面了解学生以及深入把握科学学习的特点。

（4）选择性原则。教学资源的丰富性并不意味着使用的数量越多，教学效果就越显著，教学设计者要综合考虑自身特点、教学条件及学生情况等多方面的因素，合理选择，有效取舍。

（5）时代性原则。教学资源的开发和利用应具有鲜明的时代特色，比如当今社会网络资源的普及就对教学产生了深刻影响，因此教学设计者应密切关注当前社会的经济、科技与文化等各方面发展变化。

4. 设计和开发教学资源的步骤和要求

（1）全面把握课程标准，确定合理的教学目标。因为教学资源的开发、选择要根据教学目标的需要，为实现教学目标服务。

（2）深入把握教材资源。虽然现行的小学教材中提供的部分资源不尽合理，但教材仍是主要的教学资源，教学设计者不能对教材全盘否定。反之，应该在正确领会教材编者设计意图的基础上，进行妥帖调整、修改与替换，从而保证选定的教学资源能够有效实现课程目标。

（3）开发和利用各种类型的教学资源，弥补教材资源的不足。教材虽然是重要的教学资源，但是仅仅依靠教材是不够的，因为教材具有一定的稳定性，教材中的资源必定受到一定的限制，有些内容更是不可能提供更多的教学资源，否则会产生一定的滞后性。因此需要教学设计者能够利用其他资源来弥补教材资源的不足。

（4）注重学习者自身资源的开发和利用。学生是学习的主体，也应该成为教学资源收集和开发的主体，教学设计者应充分发挥学习者的主体作用，通过合理选择组合资源、密切联系生活实际等方式，使学生的参与过程成为教学资源的重要组成部分。

（5）注重开发“有特色”的教学资源。各地区、各学校乃至各班都蕴藏着丰富又各具特色的教学资源，教学设计者要结合本地区和学校的实际情况，开发具有自己特色的教学资源，发挥本土资源的优势和独特价值。

（五）教学方法与媒体设计

教学方法与媒体设计是教学设计的重要环节，课堂教学组织得如何，在很大程度上取决于教学方法和媒体是否设计得科学、合理、有效。

1. 教学方法的选择与设计

实践表明，教学方法选择得是否恰当直接影响着课堂教学质量。中小学教师常用的教学方法主要有讲授法、谈话法、讨论法、读书指导法、实验法、演示法、参观法、练习法和实习作业法等。每种方法都有着各自的特点、优越性和适用范围，同时也都有各自的局限性。在实际教学中，不存在万能的或唯一好的教学方法，因为在某种教学情景下十分有效的教学方法，在其他教学情景下则可能效果不好。因此，用好教学方法的关键是根据需要合理选择、扬长避短、优化组合，而这一点也正是设计教学方法的根本目的所在。那么，怎样才能达到这一目的呢？这就要求教师在选择教学方法时遵循以下步骤和要求。

（1）明确选择教学方法的标准。一般的选择标准主要有：根据具体的教学目标、教学任务、教学进度和教学时间选择教学方法；根据学生的学习特点选择教学方法；根据教师的特点选择教学方法；根据现有的教学条件选择教学方法，如考虑到教学设施、教学媒体的现状等。

（2）尽可能广泛地了解和提出有关的教学方法，以便从中考虑和选择。教师收集了解到的教学方法越多，就越有利于进行优化选择。

（3）对各种可供选择的教学方法进行比较，主要比较各种教学方法的特点、适用范围、优越性和局限性等。

2. 教学媒体的选择与设计

教学媒体是教学的基本要素之一，教学活动离不开一定媒体的支持。教学媒体内涵广泛，它既包括传统意义上的语言、文字、粉笔、黑板等传播媒体，也包括幻灯、录音、录像、电影、电视和电脑等各种现代教学媒体。教学媒体特别是现代教学媒体的运用，为教学信息的便捷、高效传递提供了可能，为教学质量的提高奠定了物质基础。研究表明，合理运用各种教学媒体，有利于调动学生多种感官对知识的感知，实现信息传递的多渠道化，从而加强学生对知识的感知度，提高学生对知识的吸收率，促进由知识向能力的转化。

教学媒体种类繁多，各种媒体的适用范围、特点和要求也不尽相同。因此，要想使教学媒体发挥出应有的作用，还必须依据教学目标、教学内容、教学对象、媒体自身的特性、经济条件等因素，对教学媒体进行正确的选择和设计。

（详情参照本书第八章教学媒体选用技能训练）

（六）教学评价的设计

1. 教学评价的概念及功能

教学评价是根据教学目标，运用评价的方法和手段对教学活动及其预期效果进行价值判断的过程。虽然在一般的教学过程设计中都将评价放在教学设计的最后环节，但这并不意味着评价是在教学完成之后才进行的，教学评价的设计从确定教学目标时已经开始，并贯穿在整个设计过程中。合理设计教学评价，对于促进教学目标的达成和提高教学设计的科学性、有效性，无疑都有着积极的作用。

2. 教学评价的分类

教学评价类型众多，而且可以从不同的角度和标准进行划分。

（1）按照评价基准的差异，教学评价可分为相对评价、绝对评价和个体内差异评价。

相对评价是在被评价对象的群体或集合中建立基准，然后把各个对象逐一与基准进行比较，来判断群体中每一成员的相对优劣。

绝对评价是将教学评价的基准建立在被评价对象的群体或集合之外，把群体中每一成员的某种指标逐一与基准进行对照，从而判断其优劣。

个体内差异评价既不是在被评价群体之内确立基准，也不是在群体之外确立基准，而是对被评价个体的过去与现在相比较，或者是对他的若干侧面进行比较。

（2）按照评价的功能差异，教学评价可分为诊断性评价、形成性评价和总结性评价。

诊断性评价也称教学前评价或事前评价，一般是在单元、学期、学年开始时，正常的教学活动尚未纳入轨道之前，对学生的知识、技能和体力以及情感等状况进行"摸底"。

形成性评价是在某项教学活动过程中，为使活动效果更好而进行的评价，主要目的是了解阶段教学的结果和学生学习的进展情况、存在的问题等，以便及时反馈、及时调整。

总结性评价又称事后评价，一般是在教学活动告一段落时，为把握活动最终效果而进行的评价。

（3）按照评价方法的差异，教学评价可分为定量评价和定性评价。

定量评价是采用数学的方法，收集和处理数据资料，对评价对象做出定量结果的价值判断，如运用教育测量与统计的方法、模糊数学的方法等，对评价对象的特性用数值进行描述和判断。

定性评价是不采用数学的方法，而是根据评价者对评价对象平时的表现、现实和状态或文献资料的观察和分析，直接对评价对象做出定性结论的价值判断，比如：评出等级、写出评语等。

（4）按照评价主体的差异，教学评价可分为自我评价和他人评价。

自我评价即自己对自己的评价。在教学活动中，自我评价是一种经常用到的评价方法，如一个教师在完成一个教学计划后所做的教学活动总结就可以视为对自己教学活动的一个自我评价。

他人评价指的是被评价者自身之外的他人对被评价者进行的评价。学校领导、教研人员、同行、学生家长等对教师教学的评价都是他人评价。

3. 如何进行教学评价设计

（1）执行教学评价的一般步骤。

一般情况下，一个完整的教学评价的设计过程应该包括评价方案的制订、评价工具的选择、评价资料的收集和分析以及撰写评价结果报告四个步骤。其中评价方案的制订相对有些复杂，可细化为：确定收集资料的类型、制定科学的评价标准、选择恰当的被试、初步分析方案试用的可行性四个具体的操作步骤。

（2）遵循教学评价的基本原则。

教学评价的原则主要有：客观性原则。在进行教学评价时，教学设计者必须采取客观的、实事求是的态度，从测量的标准和方法到评价者所持有的态度，特别是最终的评价结果，都应该符合客观实际，不能主观臆断或掺入个人情感。

方向性原则。要求教学设计者的评价一定要有利于学校实现教育目标，有利于端正办学方向，有利于树立正确的教育质量观、人才观。如果方向不明确，教师评价就会走上歧途，同时会对学校贯彻教育方针带来消极影响。

全面性（整体性）原则。要求在进行教学评价时，要对组成教学活动的各方面做多角度，全方位的评价，而不能以点代面，以偏概全。

指导性原则。要求在进行教学评价时把评价和指导结合起来，要对评价的结果进行认真分析，找出原因，并通过及时的、具体的启发性的信息反馈，使被评价者明确今后的努力方向。

主体性原则。要求明确被评价者在评价中的地位和作用，在对学习者的评价中，学习者既是评价的客体，又是评价的主体。

发展性原则。教学设计者应树立“教学评价只是手段，并非最终目的”的观念，在进行教学评价时应着眼于学习者的学习进步和动态发展，着眼于自身的教学改进和能力提高，以调动师生的积极性，提高教学质量。

（3）把握教学评价发展的新趋势。

随着构建主义评价观、多元智力评价观等多种评价观念的发展，教育教学评价的功能、取向、理念等方面也在发生变化，教学设计者要转变传统观念，正确把握教学评价发展的新趋势。

淡化选拔功能，建立发展性评价体系；

注重综合评价，体现评价内容的全面性；

关注个体差异，实现评价标准的多样化；

强调质性评价与量化评价相结合，实现评价方法的科学化；

自评与他评相结合，实现评价主体的多元化；

总结性评价与形成性评价相结合，实现评价重心的转移。

(4) 了解并运用新的教学评价方法。

伴随着评价功能和评价取向的不断发展，与其相适应的新评价方法也应运而生。主要有以下几种：档案袋评价（以记录学生自己、教师或同伴做出的有关评价材料、学生作品及其他相关证据材料作为评价依据）、研讨式评价（将学生的“参与”和“课堂讨论”中的表现作为评价依据）、展示型评价（通过让学生实际展示来进行评价）等。教学设计者应了解和掌握这些新方法，并在教学实际中加以合理利用。

四、教案编写技能

教学设计最终要形成实践性教学文本，即写成教学计划，也叫教学方案。写好教学计划是教学设计成果的展示，也是教师的一项基本功。教学计划的类别包括学期或学年教学计划、单元教学计划、课时教学计划。课时教学计划也叫作教案，教案是教学设计的书面表现形式、是教学设计的书面结晶，是课堂教学的主要依据。教案编写就是教师在深入研读课标、加工处理教材的基础上，对教学程序及其活动策略进行设计的文本，是教师备课的成果展现。

（一）教案的构成要素

教案的书写有多种形式，但不管哪种书写形式的教案通常都要包括课程的基本信息、教学目标、教学重点和难点、教学内容、教学过程设计等内容。

(1) 课程的基本信息。每份教案都要有关于这门课程以及本次课的基本信息，包括课程名称、项目任务名称、课程类型（指理论课、讨论课、实验或实习课、练习或习题课等）、班级、授课时间和地点、授课教师姓名等。

(2) 教学目标。教学目标表达了预想的教学效果，通常情况下要从知识与技能、过程与方法、情感态度价值观等方面考虑，而且教学目标的描述要具体、可观测。

(3) 教学的重点与难点。

（4）教具、学具、多媒体设备等。

（5）课时安排。

（6）教学内容及教学过程设计（教学步骤）。这一部分是教案的主体，是对师生课堂活动的直接反映。

（7）教学方法选择。

（8）作业设计。

（9）效果检查。

（10）课后反思。

（二）教案的类型

因为教案在一定程度上可以说是带有教师个人色彩的智慧结晶，经过诸多教师的实践和“加工”，形式越来越灵活，种类也越来越丰富，而且划分的标准和依据不同，教案的类型也就有所不同。

（1）依据课程的类型可划分为新授课教案、复习课教案、实验课教案、检查课教案等。

教案设计的类型通常取决于课程的类型和结构。课程的类型，根据教学的任务来分，可分为新授课、巩固课、技能课、检查课，相应地可以将教案分为：新授课教案、复习课教案、实验课教案、检查课教案。

（2）依据繁简程度，可将教案分为详细教案、简明教案和微型教案。

①详细教案。主要以叙述为主，内容详细全面，近乎讲稿，甚至对教学过程中的每一个知识点、每一个步骤，甚至每一个细节都精心设计，花费大量时间和精力。大多为新手教师使用。

②简明教案。简称“简案”，相对简洁明了，又可称作“教学提纲”，它的文字精练，篇幅短小，只列出一些最基本、最重要的内容。

③微型教案。又可称卡片教案，其教案只涉及最基本的教学步骤和简单的板书。凭借微型教案教学，因内容过于简单，大多要教师临场发挥，因而对教师要求较高，多被经验丰富的教师使用。

（三）教案的格式

教案有多种格式，较为常用的是表格式与叙述式。

1. 表格式教案

表格式教案相对来说文字精练，条理清晰，简洁明了，较少提供细节，经验丰富的教师倾向于选择这种。叙述性教案则会提供较多的细节，叙述完整详细，经验相对欠缺的新手教师会倾向于选择叙述式教案（见表1－2）。

表 1－2　　表格式教学设计方案模板①

案例名称	《曹冲称象》				
科目	语文	教学对象	二年级学生	提供者	刘璐
课时	第二课时				

一、教材内容分析

这是一篇讲读课文，讲的是曹操的儿子曹冲小时候称象的故事。这个故事说明遇事动脑筋，想办法，就能找到解决问题的方法。用水的浮力来称象的知识是本课教学中的难点，教师在教学中要努力使文章中抽象的语言文字具体化，以帮助学生理解曹冲称象的具体方法和步骤。

二、教学目标（知识，技能，情感态度、价值观）

1. 读课文，理解课文内容，能说出曹冲称象的具体方法和步骤。
2. 懂得在句子中加上一些词语，可以把话说得具体、形象。
3. 通过本课学习，鼓励学生创新，遇事要积极动脑的好习惯。

三、学习者特征分析

《曹冲称象》是一个民间广为流传的历史故事。课文通过对曹冲称象的具体方法和步骤的介绍以及与大臣们方法的对比，表现了曹冲爱动脑筋，善于观察，富于联想的品质。故事情节曲折生动，引人入胜，语言通俗易懂。教学时，要避免分析，而应该结合小学生的心理特点，启发思考，鼓励学生创新，训练学生的思维和表达能力。

低年级的小学生喜欢听故事，爱动手，好奇心强。教学中，教师应充分引导学生在掌握字词，熟读课文的基础上，进行充分的讨论交流，动手实践，拓展学生思维的空间。

四、教学策略选择与设计

演示法、讲解法

五、教学环境及资源准备

生字卡片、玻璃器皿装上水、木船、玩具象、小石子、秤

六、教学过程

教学过程	教师活动	学生活动	设计意图及资源准备
（一）复述故事，引入新课	1. 出示生字卡片，大家一起读一读。 2. 谁能把这个故事简单地说一说。教师：官员们都说了些什么方法？可是这些方法都不好，这时候，曹冲想了一个好办法。	指名读 自由发言	巩固新知，为学习新课做好铺垫。

① https：//wenku. baidu. com/view/ae17231310a6f524cdbf850c. html.

续表

（二）读文实验，了解称象的过程	1. 学生自由读课文，思考：这篇课文讲的是一件什么事？ 2. 讲读课文。 （1）指名读第1～3段：你从这几段中都知道了什么？ （2）指名读第4段：曹冲所说的办法，要先干什么，再干什么，最后干什么？ （3）做实验演示称象过程。 （4）默读：画批称象的有关动词。 （5）练习用“先……再……然后……最后……”叙述称象过程。 （6）指名读第5段：引导讨论：曹冲的办法好吗？如果现在让你们去称这头象的重量，你们有什么方法？ 3. 指名根据课文内容说一说。	自由读 指名读，学生汇报 演示 边默读，边划。 练习说一说 学生讨论，发言	利用学具来演示称象的过程，学生学习兴趣高，比老师单纯讲授效果好得多。
（三）朗读全文，体会课文	1. 观察插图。 思考：图上画了哪些人？他们在干什么？与课文哪段内容相符合？重点观察曹冲的动作、神态。 2. 口述画面内容。 3. 有感情地朗读课文。	学生观察 指名说 指名读	锻炼学生的语言表达能力
（四）总结全文，启发学生	1. 读文后你觉得曹冲是个怎样的孩子？ 2. 应该学他什么？	学生讨论后发言。	课外拓展为孩子的良好习惯的养成打好基础。

教学流程图

（一）复述故事，引入新课

（二）读文实验，了解称象的过程

（三）朗读全文，体会课文

（四）总结全文，启发学生

七、教学评价设计

八、帮助和总结

2. 叙述式教案

叙述式教案模板

课题名称

设计者信息（姓名、通讯地址等）

一、概述

说明学科（数学、科学等）和年级（中学、小学等）；

简要描述课题来源和所需课时；

概述学习内容；

概述这节课的价值以及学习内容的重要性。

二、教学目标分析

从知识与技能、过程与方法、情感态度与价值观三个维度对该课题预计要达到的教学目标做出一个整体描述。

三、学习者特征分析

说明学习者在知识与技能、过程与方法、情感态度等三个方面的学习准备（学习起点）以及学生的学习风格。要注意结合特定的情境，切忌空泛。

说明教师是以何种方式进行学习者特征分析，比如说是通过平时的观察、了解；或是通过预测题目的编制使用等。

四、教学策略选择与设计

说明本课题设计的基本理念、主要采用的教学与活动策略，以及这些策略实施过程中的关键问题。

五、教学资源与工具设计

教学资源与工具包括两个方面：一是为支持教师教的资源；二是支持学生学习的资源和工具，包括学习的环境、多媒体教学资源、特定的参考资料、参考网址、认知工具以及其他需要特别说明的传统媒体。

如果是其他专题性学习、研究性学习方面的课程，可能还需要描述需要的人力支持及可获得情况。

六、教学过程

这一部分是该教学设计方案的关键所在。

在这一部分要说明教学的环节及所需的资源支持、具体的活动及其设计意图以及那些需要特别说明的教师引导语。

最后，画出教学过程流程图。同时，流程图中需要清楚标注每一个阶段的教学目标、媒体和相应的评价方式。

七、教学评价设计

向学生展示他们将被如何评价（来自教师和小组其他成员的评价）。另外，可以创建一个自我评价表，这样学生可以用它对自己的学习进行评价。

八、帮助和总结

说明教师以何种方式向学生提供帮助和指导，可以针对不同的学习阶段设计相应的不同帮助和指导，针对不同的学生提出不同水平的要求，给予不同的帮助。

在学习结束后，对学生的学习做出简要总结。可以布置一些思考或练习题以强化学习效果，也可以提出一些问题或补充的链接鼓励学生超越这门课，把思路拓展到其他领域。

【叙述性教案范例】

《幸福是什么》叙述式教案①

一、概述

1. 本课属于鲁教版小学语文四年级（上）第十课。

2. 课内自读课，需要一课时。

3. 这个童话故事主要讲了三个牧童在清理喷泉，砌上小井时遇到一位神奇美丽的姑娘——智慧的女儿，在她的启示下各自去弄明白幸福是什么，十年后，他们通过自己的劳动实践，明白了幸福的含义。

4. 幸福是我们很熟悉的话题，但要说清楚幸福是什么，那可不是一件容易的事。该童话想通过一个有趣的故事告诉人们幸福的真正含义。文章重点写了三个青年的话，对三个青年人寻找的具体过程却省略，这个空白也正是学生的体验所缺乏的。

二、教学目标分析

1. 知识与技能：认识4个生字；

2. 过程与方法：能够速读课文，了解故事，深层次理解幸福；

3. 情感态度与价值观：能联系实际说说幸福的含义，从身边发现幸福，体会幸福。

三、学习者特征分析

学生现状：

1. 有比较好的预习习惯；

---

① http：//www. diyifanwen. com/jiaoan/xiaoxuesinianjiyuwenjiaoan/1341194111730211. htm.

2. 阅读的速度不过快，需要在速读方法上加以指导；

3. 通过调查谈话知道，受年龄等因素的制约，学生对幸福的理解比较模糊。

四、教学策略选择与设计

基本理念：自主、合作、探究式教学。

教学与活动策略：在指导学生速度的基础上展开小组互助学习。

实施过程中的关键问题：及时发现并引导小组活动中出现的问题，避免学习活动的表面肤浅。

五、教学资源与工具设计

教学资源：

1. 多媒体课件；

2. 有关课文重点生字的 Flash 资料；

3. 学生课下搜集有关幸福的文章和诗歌；

4. 有关幸福的歌曲，《幸福在那里》《太阳光金亮亮》。

六、教学过程

（一）导入新课，出示目标

1. 同学们，大家看着奥运福娃图片，听着有关幸福的歌曲，坐在宽敞明亮的教室，在一起高兴地上课，你是否感到自己很幸福呢？是呀，只要用心观察，你会发现，我们周围有很多和幸福有关的事物，我们处在幸福之中。请大家欣赏一组图片。（通过幻灯片呈现图片）

2. 身边的幸福：大家可以看到，在我们的衣服上、墙上、器物上、门上、书法作品中甚至蛋糕上随处可见这个福字，幸福是人类最美好的理想之一，我们会经常受到亲人和朋友的祝福。幸福这两个字到底怎样解释呢？请看幻灯片！“土”表示土地，有了土地，就有饭吃，有衣穿；“￥”表示有钱花。福也暗含一个人，有口饭吃，有自己的一份田地。大家可以看出，人们最初对幸福的认识是主要着眼于生活的富足。21 世纪的我们能不能停留在几千年前的认识上呢？

3. 下面我们学习童话《幸福是什么》，请看目标。（通过幻灯片呈现目标）我们要通过自读达成这新目标。

（二）速读课文

这篇文章篇幅较长，我们要学会速读。

1. 视读法。请同学们打开钢笔，“一目十行”，笔尖指住一行的末尾缓缓向下移动，阅读的速度和移动的速度一致。视线自上而下扫视全篇，笔尖移动的速读要和速读的速度一致。时间 3 分钟。

2. 标志搜索法。我们要“沙里淘金”，本文的题目是“幸福是什么”，大家要搜索与幸福有关的句子。用波浪线标出含有幸福的句子。时间要求3分钟。

3. 精读标画出来的句子和段落。速读只有和精读配合才有意义。精读的关键是“有的放矢”，要有问题的引导，看看这些段落是怎样回答幸福是什么这个问题的。要求3分钟。

（三）我能合作

1. 小组交流预习中遇到的生字和词语。

2. 向同桌复述文章中故事。

复述提示：

十年前，三个牧童在树林里__________，因而得到了智慧的女儿的祝福，并让他们自己去弄明白__________。

十年后，三个青年与智慧的女儿在小井旁边再次相遇，他们通过__________体会到了幸福。

文章可分为____部分。

3. 每位同学向小组说说自己通过读课文发现的幸福的含义。

4. 记下和自己不同的意见。

（四）师生讨论课文内容

课文中是怎么回答“幸福是什么”这个问题的？

医生：治病救人，健康是幸福的。

工人：工作助人，奉献是幸福的。

农民：耕田养人，收获是幸福的。

（五）拓展模仿

1. 幸福就是医生用精湛的医术为病人解除痛苦。

2. 幸福就是工人用辛勤的工作为他人服务为社会做贡献。

3. 幸福就是农民用辛勤的耕作生产粮食养活众人。

4. 幸福就是警察用出色的工作崇高的责任感保一方平安。

5. 幸福就是人民子弟兵用自己的忠诚和勇敢保家卫国——汶川大地震，天地摧，山河碎，地动山摇，万物伤悲。灾区人民处于水深火热之中，十几万子弟兵用忘我的拼搏救民于水火，看着自己救出的鲜活生命，他们是幸福的。

——灾区人民是不幸的，他们又是幸福的——他们因为生活在祖国这个团结互助式大家庭中而感到幸福。

——平安是幸福的。

6. 幸福就是科学家用自己的智慧和创造性的劳动为国家做贡献。

——嫦娥奔月，神奇问天圆了华夏儿女的千年梦想。

——梦想成真是幸福的。

——希望同学种下大学梦成才梦，经过努力，你会收获成功。

7. 幸福就是运动员用自己顽强的拼搏为祖国争得荣誉。

幸福就是志愿者用自己无私奉献服务奥运，受到世界人民的好评，为国争光。

——获得荣誉是幸福的。

（六）我的收获

1.（链接）生字展示：读音、笔顺。

2.（链接两种句子）用这两种句式可以帮我们快速地写许多句子。

3. 通过这篇童话我们知道，幸福要靠劳动来创造，付出汗水，才能成功。

（七）小结

同学们，三个牧童用十年光阴探索幸福的人生的真谛，我们在这里用40分钟学习幸福的含义。正像第一个青年所说，真正的道理往往是简单的，但它需要我们在生活和学习中去实践，甚至用一生去探索。一定要相信：播种梦想收获成功，付出劳动得到幸福。祝大家幸福。谢谢大家。

七、教学评价设计

1. 学生自评：学生说说自己学本文后的收获；

2. 小组互评：利用课后作业和《基础训练》小组互评；

3. 教师点评：抽查不同层次的学生的学习情况。

八、帮助和总结

1. 导入环节：利用歌曲和图片创设情景。

2. 导读环节：有步骤地介绍“三步速读法”。

3. 当学生理解幸福内涵有困难时，出示一组资料。

（1）幸福就是医生用精湛的医术为病人解除痛苦。

（2）幸福就是工人用辛勤的工作为他人服务为社会做贡献。

（3）幸福就是农民用辛勤的耕作生产粮食养活众人。

（4）幸福就是警察用出色的工作崇高的责任感保一方平安。

（5）幸福就是人民子弟兵用自己的忠诚和勇敢保家卫国——汶川大地震，天地摧，山河碎，地动山摇，万物伤悲。灾区人民处于水深火热之中，十几万子弟兵用忘我的拼搏救民于水火，看着自己救出的鲜活生命，他们是幸福的。

——灾区人民是不幸的，他们又是幸福的——他们因为生活在祖国这个团结互助式大家庭中而感到幸福。

——平安是幸福的。

(6) 幸福就是科学家用自己的智慧和创造性的劳动为国家做贡献。

——嫦娥奔月，神奇问天圆了华夏儿女的千年梦想。

——梦想成真是幸福的。

——希望同学种下大学梦成才梦，经过努力，你会收获成功。

(7) 幸福就是运动员用自己顽强拼搏为祖国争得荣誉。

幸福就是志愿者用自己无私奉献服务奥运，受到世界人民的好评，为国争光。

——获得荣誉是幸福的。

4. 拓展学习：指导中对开展“幸福是什么”社会调查活动。

板书设计：

为国增光

幸福是什么？

医生：治病救人，身体健康无私奉献。

劳动，尽义务，做好事

工人：工作助人收获果实是幸福的！

和平安定

农民：耕作养人，家庭和睦梦想成真。

(四) 教案编写的步骤与要求

1. 教案编写的步骤

第一步：确定目标。在钻研课标、教材的基础上，确定本节课的教学目标。

第二步：确定重、难点及关键点。在钻研教材的基础上，明确本节课内容在整个教材中的地位作用，确定本节课的重点和难点及关键点。

第三步：选择教学方法。

第四步：选择教学媒体。

第五步：设计教学全过程的程序及时间安排。

第六步：设计课堂练习与课外作业。

第七步：设计板书。

第八步：教后反思。

2. 教案编写的要求

(1) 结构完整。教案包括课题、教学目标、教学内容、教学重点与难点、教学的程序与方法、教学媒体的使用、课时安排、作业等，它们是构成教案的基本要素。这些要素的具体写法允许有个人的特色，不必追求统一的模式，但不管哪种写法都要包括这些基本内容。

（2）体现系统化教学设计的理念。教案撰写要把主要精力放在课标研读、教材把握、学情考察、教法改进、实践反思上，尽量减少费时低效、抄录应付检查的形式化做法。

（3）灵活选择教案类型。从形式上看，教案可分为详细教案、简明教案和微型教案三种。对于新教师，最好先写一份详案，然后从中缩写出一份提纲式的简案，供上课时作提示和参考用；经验丰富、熟悉教材、了解学生的老教师可写简案；大多数教师可写介于详简案之间的实用教案。对有些内容较多、难度较大的课时无论哪种类型的教师都应写出详案。

（4）教学目标表述清晰、可测。准确表述教学目标，围绕教学目标展开教学过程，并最终达成教学目标。

（5）突出教学重点和难点。教学重点要着重写，设计好教学重点的环节；教学难点要有突破的步骤，要变得通俗易懂，符合学生的年龄特点和接受能力。

（6）教学过程思路清晰，环节安排合理。设计好开头的导入（时间不宜过长）、中间过程的展开（各环节注意衔接自然）以及最后的结束（要简短），各项活动安排应科学合理，教学案例紧扣主题。

（7）精心设计课堂提问。提问要能启发学生思考，数量不宜过多。

（8）写好教后反思。教后反思是教案的重要组成部分，每一次上课结束后，教师都要对教案在课堂上实施的情况进行及时总结、反思，将课堂得失与原来的构想加以对照分析，使实践经验进一步上升为理论，为今后的教学、教研提供珍贵的资料。

（五）板书设计

1. 板书和板书设计的定义

板书是教师运用在黑板或投影片上书写文字、符号或绘图等方式，向学生呈现教学内容、分析认识过程、使知识概括化和系统化、帮助学生正确理解并增强记忆，提高教学效率的一种教学行为。

板书包括两个基本的组成部分，即主题板书和辅助板书。主题板书是教师在对教学内容进行概括的基础上，提纲挈领地反映教学内容的书面语言，可以是讲授要点、层次分析、论点论据、概括总结，要求写在黑板的左半部和中部，又称正板书。主题板书是教师在备课过程中就已经精心准备好的。主板书作为教材内容的框架应保留下来，一般来说，一节课应有一个完整的板书计划，讲课结束后，黑板上应留下一个完整、美观的板书。

辅助板书是在教学过程中教师为了引起学生的注意或是为了解释一些学生难

以理解的字、词，顺手写在黑板右侧的书面语言。如教师在讲课中遇到的一些关键词、引用的公式、学生没听懂的一些字、词，随手写在黑板的右侧，这些都是辅助板书。辅助板书没有必要保留很长时间，往往是只要起到了辅助口语表达的效果，就可以随即擦掉。

板书设计就是板面书写的设想和计划，它是根据教学要求，运用直观性教学原则，通过精心构思而有计划地在黑板上或多媒体上书写精要醒目的文字或图表的教学行为。

2. 板书设计的原则

（1）计划性。要根据教学目标精心设计板书的内容，根据教室黑板的大小确定安排板书的格式及板书的位置。这一堂课要板书哪些内容，位置怎么安排，先板书什么、后板书什么，哪些内容应该保留到下课、哪些可以随写随擦等，都要进行精心设计。

（2）规范性。板书作为一种教学信息传递的基本方式，应做到科学规范：文字书写要规范；字母、符号使用要正确、规范；作图要用尺规认真完成；用语要规范科学；格式要规范，过程要详略得当，关键步骤要完整、准确。

（3）启发性。板书不单纯是静态的信息传递，更是师生互动交流的重要媒介，通过匠心独具的板书，启发学生思维，使学生积极投入探究活动中去，这是板书的重要功能之一。

（4）逻辑性。尽可能显示知识之间的内在联系，让板书的各部分之间相互支撑、融为一体，以帮助学生构建完整的认知结构。

（5）简洁性。板书既要注意传递信息的完整性和规范性，又要提高课堂教学的效率，为此，应只板书关键字词，准确使用符号语言和图形语言，节约文字书写时间。

（6）艺术性。教学实践表明，富有艺术性的板书能唤起学生内心美的感受，形成积极愉悦的情感体验，提高学习兴趣。因此，课堂板书要尽可能地突出艺术性。主要表现在：整体安排板书结构，追求板书的结构美；字体、符号、图形工整美观；注意合理搭配色彩。

（7）人文性。课堂教学不仅是传递知识的过程，更是师生情感沟通、生命交融的场所。具体到板书，要做到：书写工整，忌潦草不清楚；字号大小适宜，以后排学生能够看清楚为准；疏密合理，位置合适，尽可能使学生看得清楚、舒服。

（8）互动性。课堂教学是师生交往互动的过程，板书也要体现互动性。正确的做法是：边说边写（如概念的规范表述）；边问边写（如板书解题过程中，提问学生下面该写什么了、怎样表述等）；边听边写（让个别学生或全体学生说，教师写）等。

3. 板书的类型

板书类型一般由教材内容、教学目的和教学方法所决定，因此板书的类型多种多样，下面介绍一些常见的基本板书类型。

（1）提纲式板书。它是教师根据教学内容的内在联系和教学设计程序，条理分明、提纲挈领地编排书写的板书。这种板书优点在于条理清楚，重点突出，字句简洁，教学思路清晰，是各科教学常用的板书类型。如《分数乘以整数》的板书设计（见图1-2）。

分数乘以整数

意义：与整数乘法意义相同

法则：$\frac{a}{b}\times c=\frac{a\times c}{b}$

应用：与整数乘法应用相同

图1-2　《分数乘以整数》的板书设计

（2）对比式板书。它是根据教学内容和学生已有的相关知识，运用对比方法显示出知识的异同的板书。这种板书对比强烈，有利于指导学生分清知识的共性与个性，有利于学生求异思维能力的训练。如《刘胡兰》的板书设计（见图1-3）。

刘胡兰

	敌人	刘胡兰
第一段	______	______
第二段	______	______
第三段	______	______
	手段毒辣	坚贞不屈

图1-3　《刘胡兰》的板书设计

（3）词语式板书。它是根据对教学内容的分析研究，从中提炼出关键性的重点字、词组成板书提纲。这种板书多用于语文学科，它的特点是能帮助学生分析理解重点词语，进一步明确教学的主要内容。如《鸟的天堂》的板书设计（见图1-4）。

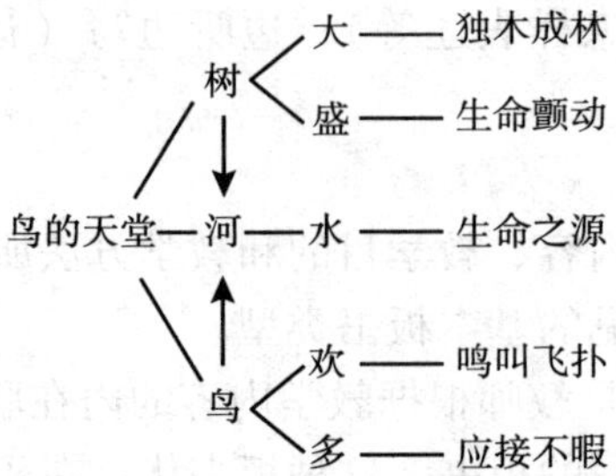

图 1－4 《鸟的天堂》的板书设计

（4）图示式板书。这是用图画、文字、线条、符号、框图等方法表现教学内容的板书。这类板书具有形象性、趣味性、直观性、艺术性的特点，能引起学生兴趣、思考与记忆。如《桂林山水甲天下》的板书设计（见图 1－5）。

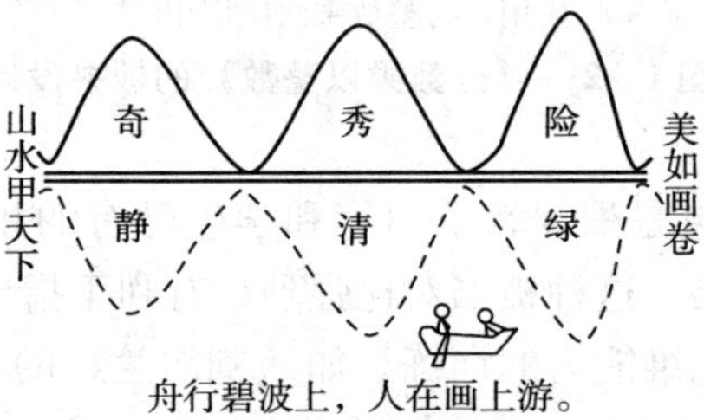

图 1－5 《桂林山水甲天下》的板书设计

（5）表格式板书。根据教学内容可以明显分类、进行比较等特点，找出教学内容的要点，列成表格，通过横向对比和纵向归纳，获得新知识或建立知识之间的联系。适用于教学内容各要素具有并列关系或新旧知识的对比学习、实验数据的分析归纳等（见表 1－3）。

表 1－3 表格式板书

一年 12 个月	大月	31 天	一月、三月、五月、七月、八月、十月、十二月
	小月	30 天	四月、六月、九月、十一月
	二月	28 天	29 天
平年 365 天			闰年 366 天

（6）演绎式（总分式）。这是数学教学中使用最为广泛的板书类型，它可以记录、展示数学思维过程。教学中的证明题、计算题与作图题多用此法，它们在

数学表达和解答中都分别有规范化的格式，板书时的基本模式是标准、规范的；推理是简明、准确的；图形是规范、标准的，正是学生作业的榜样。如《三角形分类》的板书设计（见图 1 –6）。

三角形分类

三角形（按角分）
- 直角三角形：有一个角是直角
- 锐角三角形：三个角都是锐角
- 钝角三角形：有一个角是钝角

图 1 –6　《三角形分类》的板书设计

（7）线索式板书。它是根据教学内容的某种联系，按照一定顺序，反映教学主要内容的板书形式。这种板书的特征是能够显示出事情发生、发展的过程，能够突出知识形成的过程，有利于学生学会学习。如《渔夫和金鱼的故事》的板书设计（见图 1 –7）。

渔夫和金鱼的故事

贪 ⟶ 贪 ⟶ 贪 ⟶ 贪 ⟶ 贪 ⟶ 一无所有

（木盆）（木房）（贵妇人）（女皇）（女霸王）

图 1 –7　《渔夫和金鱼的故事》的板书设计

（8）回环式板书。是指首尾相连，状如环形的一种板书形式。采用这种板书，能使课文线索更加清楚，更能展现课文的表现手法，能化难为易，清楚简洁地呈现课文的脉络，促进学生抽象思维和布局谋篇能力的发展。这种板书就是按照事情的发展顺序来设计的。如《半夜鸡叫》的板书设计（见图 1 –8）。

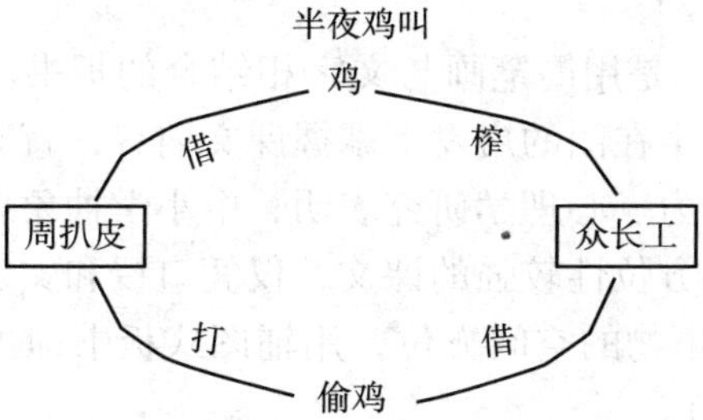

图 1 –8　《半夜鸡叫》的板书设计

（9）对称式板书。是一种板书内容上下、左右、前后等两部分对称的一种板书形式。一般常用于段落结构匀称或有对比成分的课文。这种板书能够展示各部分内容的均衡，突出结构的匀称美。如《跨越海峡的生命桥》的板书设计（见图 1 –9）。

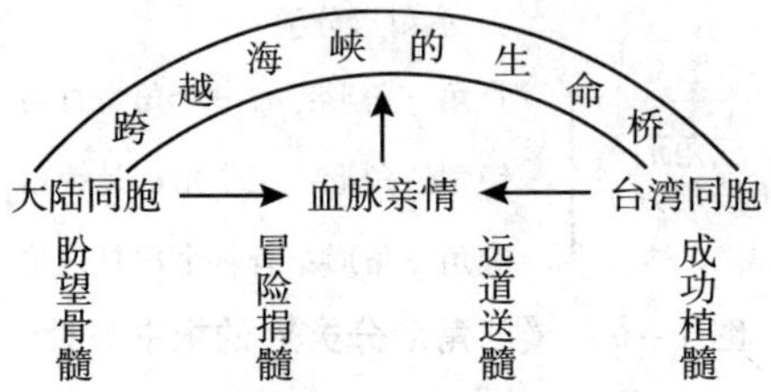

图 1 –9　《跨越海峡的生命桥》的板书设计

（10）辐射式板书。是从一个中心向各个方向沿着直线伸展开去的一种板书形式。课文以一个东西为中心写的文章，常常采用这种板书。这种板书更有利突出中心物体，更能生动形象地展示课文内容。如《春》的板书设计（见图 1 –10）。

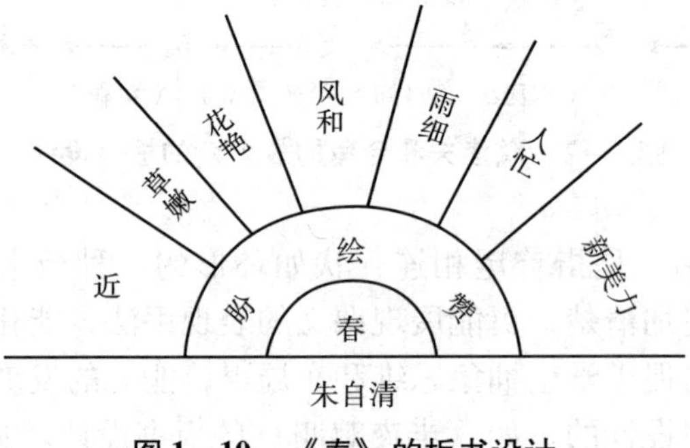

图 1 –10　《春》的板书设计

（11）辅图式板书。是用简笔画与文字相结合的板书。这类板书以直观形象代替抽象的文字，让学生在图的启发下掌握课文内容，直观性强，便于记忆，培养学生的思维和想象能力。心理学研究表明，中小学抽象思维和三维空间知觉的水平低，对一些形象和方位性较强的课文，仅凭口授和文字，是难以再现课文描绘的“形象”，或掌握事物的空间方位，用辅图式板书即可改变。如《匆匆》的板书设计（见图 1 –11）。

另外还有条幅式板书（形状如悬挂着一幅幅条画）、阶梯式板书（状如阶梯）、关系式（以展示课文事物间各种关系为主）、综合式板书（文字、线条、标点、图案等各种方式综合运用）等，设计者应根据教学内容本身的要求灵活掌握和运用。

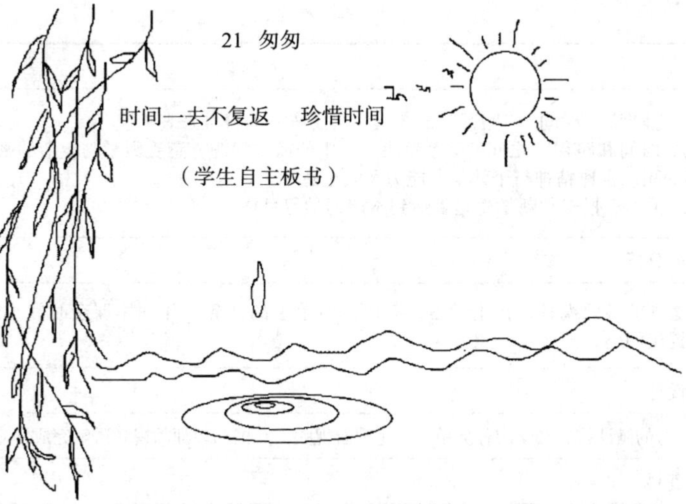

图 1－11 《匆匆》的板书设计

【教学设计范例】

《速度、时间和路程》翻转课堂教学设计①②

黑龙江省鸡西密山市实验小学 刘俊菊

学科	数学	教学内容	速度、时间和路程
总课时	2 课时	翻转课时	1 课时

一、学习内容

《速度、时间和路程》是本学期第四单元的最后一课，相对于“单价”，学生对“速度”的理解更难，让学生理解速度的单位是复合单位，并探索速度、时间和路程的关系。课前学习任务中利用微视频，让学生自主探究路程、时间、速度的含义，调查生活中交通工具的速度，探索路程、时间和速度之间的关系。课上学生汇报交流，答疑解难，小组合作共同闯关，共同提升知识内涵。重点是理解“速度”“时间”“路程”的含义，并学会用统一的符号来表示速度，利用“速度、时间和路程”之间的关系解决生活中简单的数学问题。难点是进一步理解“速度”的含义和正确使用速度单位。

① 案例引自百度文库．https：//wenku. baidu. com/view/cf0b329081c758f5f71f675d. html？ rec_flag =&mark_pay_doc = 0&mark_rec_page = 1&mark_rec_position = 4&clear_uda_param = 1. 有改动。

② 所谓翻转课堂，就是教师创建教学微视频，学生提前在家中或课外观看微视频中教师的讲解，回到课堂上师生面对面交流的一种教学形态。它将直接教学的行为从集体学习空间转移到了私人学习空间，而课堂空间变成为一个动态的、互动的学习场所，在这个场所，学生们更加积极主动地参与课堂主题，而教师的角色是指导者。

续表

二、教学目标

1. 进一步理解“速度”“时间”“路程”的含义，会用统一的符号来表示速度。
2. 运用“速度、时间和路程”之间的关系解决生活中的简单问题，感受数学与生活的密切联系。
3. 增强同学们的团队合作精神与个体学习能力及安全意识。
通过小组合作闯关、汇报来判断学生是否达到本课的学习目标。

三、学习者特征分析

学生能够根据老师的微课视频，自主学习，完成学习单上的任务，并利用课余时间小组交流，互相答疑，并向老师提出问题。

四、课前任务设计

教师提供自主学习的微课视频和学习任务单。学生观看视频，并根据教师的视频讲解完成学习单上的任务。

五、课前学习资料

1. 小学数学四年级上册第四单元《速度、时间和路程》
2. 国家教育资源公共服务平台 http：//n. eduyun. cn/index. php？ r = center/person/index 微课《速度、时间和路程》。
3. 国家教育资源公共服务平台 http：//n. eduyun. cn/index. php？ r = center/person/index “自主尝试学习任务单”。

六、课前学习任务单

通过学习，完成学习任务单： 1. 填写：路程、时间和速度的含义。 2. 调查交通工具及动物等的运动速度，并用简单的符号记录下来。 3. 找出路程、时间和速度之间的数量关系。	学生上课前一周发放视频和学习任务单，自主完成，并利用课余时间小组交流，互相答疑。

七、课堂活动流程设计

活动环节	具体步骤	组织形式	时间分配
（一）总结学习任务完成情况，师生共同交流。	1. 检查课前学习任务完成情况。 谈话：几天前，老师给大家发了微课视频，微课中老师布置的学习任务完成了吗？请组长检查本组成员的完成情况，如果小组同学全部完成加 30 分，有一人没有完成扣 5 分。 2. 组内交流学习情况。 谈话：同学们在学习时一定会有很多收获，可能也会有一些困惑。请同学们在组内交流，讨论。 3. 汇报学习收获，提出不懂的问题，答疑。 汇报方式：各小组抢答，为本组加分。 加分标准：①小组成员积极汇报的，一人次加 1 分。②有不懂的问题，主动提出来，虚心向大家请教的，一人次加 1 分。③积极解答别人提出的问题，一人次加 1 分。④请组长帮助记分。 汇报学习任务一：你对路程、时间和速度是怎样理解的？	组长检查并汇报完成情况。 学生在小组内交流课前学习情况。 课件出示加分标准。 学生汇报学习收获，有不懂的问题提出来，互相答疑。课件出示。老师提出问题，请学生回答。 学生观看视频。 评分。	15 分钟

续表

活动环节	具体步骤	组织形式	时间分配
（一）总结学习任务完成情况，师生共同交流。	谈话：老师也有一个问题要问大家？你认为路程是不是距离呢？ 请同学们仔细观看视频。如果没看明白也不要紧，课后老师会把这段视频传到云空间，不懂的同学可以到云空间继续观看，直到学会为止。 任务一汇报完毕，请组长报出得分。 汇报学习任务二：哪位同学能把你调查的速度写在黑板上或白板上？ 哪位同学能把你调查的速度读给大家听？ 在计量速度时，你想提醒同学们注意什么？ 任务二汇报完毕，请组长报出得分。 汇报学习任务三：通过解决这三个问题，你分别找到了哪个数量关系？ 小结：以后，我们就可以利用这三个数量关系解决相关的数学问题了。 任务三汇报完毕，请组长报出得分。 设计意图：以小组交流的形式，巩固课前学习内容；以小组抢答为本组加分的形式，鼓励学生积极交流自己的学习收获，并大胆提出不懂的问题，进行答疑解难。	学生在黑板和白板上书写。 学生答疑。 评分。 课件演示，学生汇报，教师板书。 评分。	15 分钟
（二）小组合作，共同闯关。	闯关规则： 1. 本次闯关，共分 7 个小组，以小组为单位记分。（要做到诚信批分。） 2. 评出“团队优胜奖”。 第一关：单兵作战。 1. 闯关方式： 个人独立完成。 2. 评分标准： 以小组为单位计分。满分 30 分，每错一空扣 2 分。 3. 计时：3 分钟。 设计意图：只有打好坚实的基础，才有实力去探究更多的数学奥秘，挑战更高的学习目标。因此，本环节设计一些基础题，让学生加深对“速度、时间和路程”的理解。 第二关：兵团作战。 1. 闯关方式： 先个人独立完成，然后小组交流，让小组内的每个人都学会。 2. 评分标准： 以小组为单位计分。满分 30 分，小组每少一种方法减 10 分，单位名称错了扣 2 分。 3. 计时：4 分钟。 设计意图：在解题时，要从不同的角度去思考，采用不同的方法，注意体会解题方法的多样性和灵活性。一题多解，会使学生的思维越来越敏捷。因此，本环节设计了一道可以用多种方法解决的问题，让学生采用不同的策略来解决，并小组交流，互帮互学，以此帮助学生灵活运用“速度、时间和路程”之间的数量关系解决生活中的数学问题，同时渗透安全教育。	小组内用同伴互助法进行学习，以比赛的方式促进互助的效果。 学生先独立完成，再集体订正，并进行答疑。 学生纠正自己的错误。课件出示。 评分。 学生先独立完成，然后小组交流，让小组内的每个孩子都学会。 全班汇报。课件出示解题方法。 评分。 学生先独立完成，然后小组交流，再全班汇报。学生汇报解题思路，教师课件出示解题方法。 评分。	23 分钟

续表

活动环节	具体步骤	组织形式	时间分配
（二）小组合作，共同闯关。	第三关：再战再捷。 1. 闯关方式： 先个人独立完成，然后小组交流，让小组内的每个人都学会。 2. 评分标准： 以小组为单位计分。满分 10 分，每错一题扣 2 分。 3. 计时：2 分钟。 设计意图：数学来源于生活，又应用于生活。本环节设计了一道联系生活实际的问题，意在让学生体会数学的应用价值，学以致用。		23 分钟
（三）教师评价	按得分，评出优胜组，发奖状。	组长计算出总分，评出优胜组。	1 分钟
（四）全课总结	请学生说说，本课学会了什么？ 教师总结。	学生谈收获。 教师总结。	1 分钟
八、设计思路说明			
本节课主要采用小组合作学习法，互相学习和帮助，让每个同学都不掉队，采用小组记分的方式，可以保证同伴之间的团结合作。			

【思考与练习】

1. 什么是教学设计？教学设计的特点有哪些？
2. 教学设计的理论基础有哪些？
3. 教学设计前期分析的内容有哪些？
4. 如何对教学目标、教学内容、教学评价进行设计？
5. 如何编写教案？

【请你来做】

1. 分析以下教学目标设计得不合理之处。

【例 1】《卖火柴的小女孩》的教学目标设计：

培养学生的想象力。

【例 2】《少年闰土》的教学目标设计：

（1）理解课文详略得当的写作方法；

（2）学习课文运用对比突出文章中心的写法；

（3）让学生学习抓住人物特点具体描写人物性格的写法。

2. 请对人教版义务教育课程标准实验书小学语文五年级下册《草船借箭》进行教学设计。

19　草船借箭

周瑜(yú)看到诸葛亮挺有才干，心里很妒忌(jì)。

有一天，周瑜请诸葛亮商议军事，说："我们就要跟曹(cáo)军交战。水上交战，用什么兵器最好？"诸葛亮说："用弓箭最好。"周瑜说："对，先生跟我想的一样。现在军中缺箭，想请先生负责赶造十万支。这是公事，希望先生不要推却。"诸葛亮说："都督(dū)委托，当然照办。不知道这十万支箭什么时候用？"周瑜问："十天造得好吗？"诸葛亮说："既然就要交战，十天造好，必然误了大事。"周瑜问："先生预计几天可以造好？"诸葛亮说："只要三天。"周瑜说："军情紧急，可不能开玩笑。"诸葛亮说："怎么敢跟都督开玩笑？我愿意立下军令状，三天造不好，甘受惩罚。"周瑜很高兴，叫诸葛亮当面立下军令状，又摆了酒席招待他。诸葛亮说："今天来不及了。从明天起，到第三天，请派五百个军士到江边来搬箭。"诸葛亮喝了几杯酒就走了。

鲁肃对周瑜说："十万支箭，三天怎么造得成呢？诸葛亮说的是假话吧？"周瑜说："是他自己说的，我可没逼他。我得吩咐军匠们，叫他们故意迟延，造箭用的材料，不给他准备齐全。到时候造不成，定他的罪，他就没话可说了。你去探听探听，看他怎么打算，回来

报告我。"

鲁肃见了诸葛亮。诸葛亮说："三天之内要造十万支箭，得请你帮帮我的忙。"鲁肃说："都是你自己找的，我怎么帮得了你的忙？"诸葛亮说："你借给我二十条船，每条船上要三十名军士。船用青布幔(màn)子遮起来，还要一千多个草把子，排在船的两边。我自有妙用。第三天管保有十万支箭。不过不能让都督知道，他要是知道了，我的计划就完了。"

鲁肃答应了。他不知道诸葛亮借船有什么用，回来报告周瑜，果然不提借船的事，只说诸葛亮不用竹子、翎(líng)毛、胶漆这些材料。周瑜疑惑起来，说："到了第三天，看他怎么办！"

鲁肃私(sī)自拨了二十条快船，每条船上配三十名军士，照诸葛亮说的，布置好青布幔子和草把子，等诸葛亮调度。第一天，不见诸葛亮有什么动静；第二天，仍然不见诸葛亮有什么动静；直到第三天四更时候，诸葛亮秘密地把鲁肃请到船里。鲁肃问他："你叫我来做什么？"诸葛亮说："请你一起去取箭。"鲁肃问："哪里去取？"诸葛亮说："不用问，去了就知道。"诸葛亮吩咐把二十条船用绳索连接起来，朝北岸开去。

这时候大雾漫天，江上连面对面都看不清。天还没亮，船已经靠近曹军的水寨(zhài)。诸葛亮下令把船头朝西，船尾朝东，一字摆开，又叫船上的军士一边擂(léi)

鼓，一边大声呐喊。鲁肃吃惊地说："如果曹兵出来，怎么办？"诸葛亮笑着说："雾这样大，曹操一定不敢派兵出来。我们只管饮酒取乐，天亮了就回去。"

曹操听到鼓声和呐喊声，就下令说："江上雾很大，敌人忽然来攻，我们看不清虚实，不要轻易出动。

只叫弓弩(nǔ)手朝他们射箭，不让他们近前。"他派人去旱寨调来六千名弓弩手，到江边支援水军。一万多名弓弩手一齐朝江中放箭，箭好像下雨一样。诸葛亮又下令把船掉过来，船头朝东，船尾朝西，仍旧擂鼓呐喊，逼近曹军水寨受箭。

天渐渐亮了，雾还没有散。这时候，船两边的草把子上都插满了箭。诸葛亮吩咐军士们齐声高喊"谢谢曹丞(chéng)相的箭"，接着叫二十条船驶回南岸。曹操知道上了当，可是这边的船顺风顺水，已经驶出二十多里，要追也来不及了。

二十条船靠岸的时候，周瑜派来的五百个军士正好来到江边搬箭。每条船大约有五六千支箭，二十条船总共有十万多支。鲁肃见了周瑜，告诉他借箭的经过。周瑜长叹一声，说："诸葛亮神机妙算，我真比不上他！"

瑜　忌　曹　督　慢
私　寨　擂　弩　丞

妒	忌	曹	督	甘	鲁	延
慢	私	寨	擂	呐	援	丞

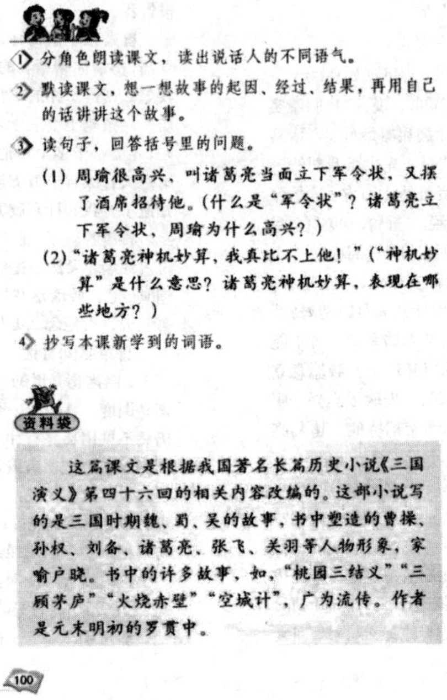
1. 分角色朗读课文，读出说话人的不同语气。
2. 默读课文，想一想故事的起因、经过、结果，再用自己的话讲讲这个故事。
3. 读句子，回答括号里的问题。
(1) 周瑜很高兴，叫诸葛亮当面立下军令状，又摆了酒席招待他。(什么是“军令状”？诸葛亮立下军令状，周瑜为什么高兴？)
(2) “诸葛亮神机妙算，我真比不上他！”(“神机妙算”是什么意思？诸葛亮神机妙算，表现在哪些地方？)
4. 抄写本课新学到的词语。

资料袋

这篇课文是根据我国著名长篇历史小说《三国演义》第四十六回的相关内容改编的。这部小说写的是三国时期魏、蜀、吴的故事，书中塑造的曹操、孙权、刘备、诸葛亮、张飞、关羽等人物形象，家喻户晓。书中的许多故事，如，“桃园三结义”“三顾茅庐”“火烧赤壁”“空城计”，广为流传。作者是元末明初的罗贯中。

100

【请你参考】

1. 【例1】中，“培养学生的想象力”写得太笼统，语文教师要在“培养学生的想象能力”上下功夫，这是课程目标，不是一节课的教学目标。

【例2】中，虽然设计了三个教学目标，但这三个教学目标的设计都是在同一个层面上，都是学习和掌握课文的写作方法，体现不出语文教学三维目标的有效整合。

2. 请参考高启山老师的设计思路及设计内容。①

【阅读书目】

1. 余文森、黄国才、陈敬文：《有效备课·上课·听课·评课》，福建教育出版社 2008 年版。

2. 周小蓬：《语文课堂教学技能训练教程》，北京大学出版社 2010 年版。

3. 吴萍：《新编教师教学技能训练教程》，北京师范大学出版集团 2011 年版。

---

① 高启山：五年级《草船借箭》教学设计，高启山名师工作室的博客：http：//blog. sina. com. cn/s/blog_5ddcf2070101hh0h. html。

4. 王宗海、肖晓燕：《小学语文教学技能》，华东师范大学出版社2011年版。
5. 王长江：《中学物理说课的理论与实践》，西安交通大学出版社2013年版。
6. 林高明、陈朝蔚：《片段教学［小学语文卷］》，福建教育出版社2015年版。
7. 杨晓丹著：《小学教学设计》，白山出版社2015年版。
8. 房元霞、郭文彬、赵汝木：《数学教学设计》，科学出版社2017年版。
9. ［美］格兰特·威金斯（Grant Wiggins）、（美）杰伊·麦克泰格（Jay McTighe）：《追求理解的教学设计》，华东师范大学出版社2017年版。
10. 唐娜·沃克·泰勒斯通：《初任教师教学ABC如何设计有意义的学习》，教育科学出版社2016年版。
11. 孙小强：《小学数学活动“镜面对称”教学设计》，载《消费导刊》2017年第2期。
12. 皮连生：《现代教学设计》第2版，首都师范大学出版社2012年版。
13. 刘定巧：《从教学时间谈教学优化》，载《当代教育论坛（宏观教育研究）》2008年第6期。
14. 包立华：《优化课堂教学设计，提高课堂教学效率》，载《中国校外教育》2012年第28期。
15. 李同胜、王统永：《课堂教学技能训练教程》，山东人民出版社2012年版。

【相关网站资源介绍】

小学语文 人民教育出版社．课程教材研究所 http：//old. pep. com. cn/xiaoyu/jiaoshi/tbjx/tb1/

老百晓在线 http：//www. lbx777. com/z_about/sdx03. htm

小语网 http：//www. 520xy8. com/

小学课本网 http：//appxxkb. szxuexiao. com/

小学语文资源网 http：//xy. eywedu. com/

小学教育网 http：//www. ok1490. com

小学数学教学网 http：//www. xxsx. cn

小学英语课堂教学技能 http：//www. ecp. com. cn

小学学科网_权威的小学语文、数学、英语等各学科精品教学资源网站 http：//www. xuekeedu. com/

小学资源网——全国最大的小学资源网站 http：//www. xj5u. com/

小学英语——凤凰教育网 http：//xxyy. fhedu. cn/

第二章　教学情境创设与应用技能

【学习目标】

1. 理解课堂教学情境的概念和类型。
2. 了解课堂教学情境创设的原则。
3. 熟悉课堂教学情境创设的步骤。
4. 掌握课堂教学情境创设的策略。

【问题导入】

在既成和生成的维度上，新课程背景下的课堂教学与传统课堂有什么区别？这对教师的教学能力有什么要求？

你认为如何进行教学情境创设？请自选一篇你最熟悉的一篇课文（或你最熟悉的一个问题和知识点），进行教学情境创设，向同学们进行讲解。

【案例引领】

思想实验：你会如何选择？

一辆有轨电车在轨道上高速行驶，忽然电车的刹车系统失灵，这时候电车即将到达岔道口，电车司机发现在直行轨道上有5个人，在岔道上只有1个人。电车方向控制系统还是正常的，只要按下方向控制开关，电车就转向岔道上。如果你是司机，你会按下方向控制开关吗？

还是上述的有轨电车，在即将经过一座桥时刹车系统失灵。在直行道上有5个人，在桥上方有一个胖子，如果把胖子从桥上推下去，可以阻挡住电车，挽救5个人的生命，但胖子必死无疑了。如果你是当事人，你会把胖子推到桥下吗？

一个手术室里有5个病人正等待器官移植，他们分别需要肝脏、肾脏、心脏、骨髓、眼角膜等移植器官，如果不能及时得到器官进行移植手术，他们都会死掉。这时候隔壁诊室来了一个病人，医生发现这个病人上述器官都正常，而且正好符合移植要求。如果你是医生，你是否会窃取这个病人的器官，牺牲掉这1个人来救活手术室的那5个病人？

【点评】思想品德课程要培养学生道德选择的意识和能力，但在很多时候道德选择没有人们想象的那么简单。以上案例是根据英国哲学家菲利帕·福特（Philippa Foot）的电车难题和朱迪思·贾维斯·汤姆森的器官移植难题设计的思想实验，这个思想实验分别设计了三个道德情境，在每个情境里边让思考者澄清自己做出判断的依据。三个道德情境中都存在“杀一救五”的道德抉择，而人们的抉择依据和抉择结果是明显不同的，这充分说明道德的情境性和道德选择的复杂性。

【理论学习】

传统教育以“教师中心”“课堂中心”“教材中心”为其基本特征，这决定了传统课程的教学特点。在各个国家的传统课程的教学中，教育工作的管理者和实施者通常都强调以教学大纲为纲，以教材为本，课堂教学过程中基本以教材安排的内容和顺序进行，学生经常处于被动接受式学习的状态，教师基本无须或很少创设与教材不同的教学情境。因而，创设教学情境在传统课程的条件下还不是教师必须掌握的专业能力。新课程的实施，课程功能和目标的调整，使传统教学模式面临着变革。基于问题情境，以问题研究为平台的建构性教学成为课堂教学主流，教师的“创设教学情境能力”也随之成为重要的教师专业能力。①

一、教学情境概述

（一）教学情境的概念

教学情境就其广义来说，是指作用于学习主体，使之产生一定的情感、认识

① 何学良：《注重情境，快乐学习》，载《作文成功之路》2013 年第 4 期，第 78 页。

反应的客观环境。从狭义来说，则指在课堂教学环境中，作用于学生而引起积极学习情感反应，使学生进入积极学习状态的教学过程。它可以综合利用多种教学手段，通过外显的教学活动形式，营造一种学习氛围，使学生形成良好的求知心理，参与对所学知识的探索、发现和认识过程。教学情境可以贯穿于全课，也可以是课的开始、课的中间或课的结束。①

（二）教学情境与学习

本原和本真的学习都是在情景中进行的。学习不仅仅是在学校里的学习，更不仅仅是在训练室和实验室里的学习，人生大部分学习都是在生活中的学习，而生活中的学习都是在具体情境中进行的学习，这才是本原和本真的学习，也是最有效的学习。书本学习的最终目标是帮助学习者解决现实情境中的问题。人的全面发展和主体素质的培养都离不开具体情境中的学习。

首先，人在品德方面的学习离不开具体情境。品德是人对道德规范的领悟、内化和践行，仅仅通过书本知识学习是无法领悟道德的真谛，无法领略道德的丰富性，无法体验道德的崇高。道德规范涉及人与他人、社会以及自我的关系处理，总是适应特定情境的，因此道德规范总是具体的，没有抽象的道德规范，正如清初的戴震所说“理在事中”，在事实之外没有理，在道德情境之外也没有道德规范，所以对品德方面的学习不应该脱离道德情境。只有在具体的道德情境中，个体才能运用自己的实践理性，领悟道德规范，体会道德情感，践行道德义务，在此过程中训练了道德思维。

其次，人在情志因素方面的发展离不开具体情境。工业时代的教育最典型的一个特点把人看做是认知的机器，无视人的情志因素。我们经常听到有人说“学生就是盛知识的容器”、“学生是有待加工的原料，毕业生是学校的产品”等说法。如果仔细分析的话，这些观点都是靠不住的和片面的。学生首先是人，不是机器，学生在学习过程中是有情感和意志的，要么是积极主动兴味盎然，要么是消极被动紧张压抑。长期脱离具体情境的学习，必然会导致被动压抑的学习，最终导致好奇心的泯灭和求知欲的丧失。与其说教育是工业，不如说教育更是农业，因为农业劳动的对象是有生命的，生命具有自动成长的能力，只要给予适应的阳光、空气、水分和养料，生命就能自动地成长，不需要 24 小时的监视和控制；而工业生产的对象一般都是无生命的，需要按照严格的科学标准，通过精心设计的流程，在全时段的严密监视下才能产生完美无瑕的标准产品。工业生产推崇标准化的环境和标准化的流程，以生产标准化的产品。在精神上，传统的教育

① 赵一英：《巧设教学情境，使课堂充满生机》，载《中学课程辅导：教学研究》2016 年第 8 期。

更接近于工业而不是农业，自然也出现了工业生产一样的去情境化的结果，这是素质教育、新课程改革需要克服的一方面。

再次，人对知识的学习和真正掌握也离不开具体情境。根据价值与事实二分的原则，知识通常分为人文知识和科学知识。人文知识是涉及价值的知识，按照休谟的思想，价值知识是无法经由事实知识推出的；人文知识具有很强的境遇性，它的掌握和理解是无法离开具体情境的，比如一面五星红旗，中国人面对五星红旗会神色严肃，心中充满了神圣和敬畏，而美国人面对五星红旗很可能是无动于衷，因为缺乏理解它的背景知识，同理，当中国人面对星条旗的时候也很可能是无动于衷的，在中国人的观感里，星条旗仅仅是块布条而已。科学知识貌似可以脱域存在，可以机械地学习，其实这也是不可能的，对科学知识的理解仍然需要大量的背景知识，而且只有在具体情境中学来的知识才能真正被掌握。对科学知识的掌握需要大量缄默知识，只有以大量缄默知识为背景，人才能理解哪怕是最简单的科学知识，小孩子最初学习自然数的运算，必须以实物的操作经验为基础；长期的动手操作形成了孩子的逻辑格式、思维图式等背景知识，在小孩子的再学习过程中，发挥着同化新知识的作用。脱离具体情境的知识，犹如死的知识，就像陈列室里的标本，虽然整整齐齐，但却是没有生机的；脱离具体情境的学习，貌似迅速直接，却是难以迁移和运用的。

最后，情境因素也是人无法绝对脱离开的因素。在科学主义大行其道的今天，教育理论者和实践工作者往往倾向于把学生看成是抽象的人而不是具体的人。但抽象的人只在理论上存在，现实的人都是具体的。现实的人有父母兄弟、有叔伯姑舅，有复杂的社会关系，而抽象的人只是孤零零的原子式个人；抽象的人只有物理时间，而现实的人具有多姿多彩，富有社会意涵的社会时间；一句话，现实中的人总是处于情境中的、与情境频繁互动的人。学生作为社会的人，其所处空间无论多么封闭、多么标准，都不可能是与世隔绝的，大环境总是无孔不入的渗透和影响小环境。试图去掉所谓有不良影响的外部环境和不合标准的学习情境，都是一厢情愿和徒劳无益的，对教育环境和学习情境的严加控制这一做法本身就构成一种特殊的环境和情境。对于情境只能是加以改造转化、因势利导，对之否定、排斥、抗拒，不但无济于事，而且也是没有必要的，课堂情境的好坏优劣完全取决于教师对情境有意识的识别和干预，取决于教师的情境创设与应用能力。

总之，有效的学习是难以离开具体情境的，情境直接构成了抽象知识的基础和前提，对于缺乏具体情境的书本知识，教师应想方设法构建课堂教学情境，丰富学生的感性经验，促进学生对新知识的理解和迁移。

二、教学情境创设的类型

课堂教学情境创设的类型多种多样，在中小学里，教师使用最多的是创设悬念情境、创设信息情境、创设生活情境、创设求异情境等。

（一）创设悬念情境

悬念，通常称为“关子”或“扣子”，一般在文章、剧本的开头或中间，或在活动开展过程中间，制造矛盾，设置疑团，吸引读者、听众或观众的注意力，使读者产生强烈持续下去的冲动。在评书播讲的过程中，每当讲到关键人物的生死存亡、命悬一线的时候，播讲者会戛然而止，告诉听众“欲知后事如何，请听下回分解”。过去的说书人以说书谋生，他没有强制措施让听众掏钱，使用这种方法可以有效地吸引听众，让听众自愿地慷慨解囊。这种吸引注意力的方式和技巧，完全可以迁移到知识传播领域。

在课堂教学过程中，创设悬念是创设情境最常用的方法，上课开始、上课过程中或者结束一堂课时都可以使用。这种方法对于激发学生的好奇心、吸引学生的注意力、维持学习行为、调动学习积极性都具有很明显的效果。

在新课引入时，可以针对学生的年龄特征与心理特点等，依据教学内容创设、制造悬念来诱发学生的学习兴趣。

【案例1】

神奇的计算

教“能被3整除的数的特征”时，在基本训练中先做一些准备性练习，让学生感到“用这个数除以3来判断能不能被3整除的方法”很麻烦。然后让同学们每人写出一个自己想写的多位数，并计算一下这个数是不是3的倍数，但不要把结果告诉任何人。过一会儿，我对学生讲：“只要你告诉我你所写的数，老师不用动笔就能断定你写的数是不是3的倍数，你们信不信?”同学们一听都觉得不可能。“来，谁先试试?”学生出题，老师做题，颇诱惑人的！一下子学生的积极性就被调动起来了。而当学生每报一个数，老师都能马上准确地说出它是不是3的倍数，学生更加感到“新奇”，产生了揭开“奥秘”的强烈探知欲望。学生在这样情境中学习，教学效果必然很好。①

---

① http：//teach. suqian. gov. cn/? uid – 7783 – action – viewspace – itemid – 63520.

教师在课堂结束时也可以有意设置悬念，激起学生探索新知识的欲望，以让学生巩固和加深已学知识。

【案例 2】

学习完“Mother's Day”一课后，某教师这样引导：“这节课我们学习了母亲节，知道了母亲节的来历及一些庆祝方式，那么你知道父亲节吗？父亲节又有哪些风俗习惯?”

教学完“colors”后，这样小结：“这节课我们学习了这么多颜色，那么请问：green meat 是指绿色的肉吗？black tea 是黑茶吗？Mrs. White 是白夫人吗？如果不是，那么又是什么意思?”①

（二）创设信息情境

在课堂教学活动中，教师要提供一些开放性、生活性、现实性的信息，让学生根据教师所创设、提供的信息，提出、解决教学问题。

信息情境创设中比较常用的方法是提供书籍报刊资料。在平时，学校或教师可以为学生选定一些公认的书籍放在教室或图书室让学生自己主动选择查阅。还可以根据学生的阅读兴趣购置图书供学生阅读。

在教室里或室外走廊办出精美的板报、壁报也是很好的方法。这一方法，既可以为学生提供必要的信息，又可以锻炼学生的能力。学生在办板报和壁报的过程中，要进行版面设计、查阅、搜集和筛选信息，这些都能锻炼学生的信息能力，提高信息素养。

网络资源、远程教育资源等为信息情境创设提供了极大方便。当代高科技信息技术改变了传统的教学呈现方式，带给学生更多感官的刺激，特有的超文本阅读、人机交互、网络交互、资源共享、屏幕广播等手段，给学生多感官的信息输入，全新的学习体验，满足了学生个性化学习的需求。同时它也为学生开展自主学习提供了有效的途径和工具，在发展自主学习能力的同时也切实提高了教学效率。在教学中，教师可以充分利用先进的信息技术，为学生创造网络信息环境。

利用网络技术开展网上交流。打造信息共享空间。学科教师可以组建学科论坛、消息群、朋友圈等，引导大家积极发言发帖，这些区域很自然地构成了流动的信息共享空间；在此基础上，可以组织成员，轮流值班作信息简报、主题总结的工作，形成信息储存库，作为学生学习的固定材料；通过集体评选的方法，推

---

① 廖荣莲：《如何创设悬念性情境》，载《小学教学设计》2006 年第 23 期，第 109 页。

选主题最佳思想观点，激励成员多思考，多提供有价值的信息。

在学科教学中，开展交流活动，构建信息共享空间。平时的课堂教学过程中，多组织学生讨论和交流，讨论和交流其实就是一个活的信息交流场地，每个学生在发表见解的过程中会自然带出丰富的信息，这些信息往往是最新鲜、最有用的信息。在信息技术飞速发展的今天，课堂过程中的面面交流越来越显示出独特的价值。网络公开课、慕课的发展，使得学生可以随时随地获得某领域最优秀的教师的讲课，就讲课知识量、质量而言很可能优于一般学科教师的讲授，所以网络学习的质量是可以超过实际的课堂教学的。但网络教学在现场感、面面交流方面是有天生弱势的。课堂教学正好可以弥补这一缺陷，课堂之上，可以多组织师生交流的活动，以这些活动为主要课堂活动。剑桥大学有一个学派就认为学生在课前或课下可以完成所有的读书学习任务，上课的唯一目的就是跟老师讨论各种问题，次要的目的是跟同学讨论交流。

（三）创设生活情境

生活是教学赖以生存和发展的源泉，教学必须从抽象、枯燥的形式中解放出来，走向生活，使教学生活化。但需要注意的是，教育与生活毕竟不完全是一回事，教育源于生活，教育高于生活，所谓教育回归生活，是回归科学的生活，回归文明的生活，回归道德的生活，回归提纯了的生活。[①] 任何时候都要注意教育与生活的关系，保持教育与生活的无缝贯通。

【案例3】

认识人民币

在教《认识人民币》一课中教材安排了“小小商店”模拟购物。其中我安排了这样一个环节，一个学生拿着5元钱购物，如果他想去买7元钱的小汽车，够不够？如果不够怎么办呢？这时学生们纷纷举手，有的说回去拿2元钱再来买；有的说问其他小朋友借2元钱再来买；有的说钱不够的话，不是正好有5元钱的一本书吗，让他改变主意就买5元钱的一本书吧，这样还可以从书中多学点本领呢；有的甚至说你可以去跟卖东西的人讨价还价，叫他打一下折，7元钱的小汽车就5元钱卖给我吧，我下次还会到你身边来买东西的。听到这里，我不仅为一年级的小朋友能有这样随机应变的想法而高兴，更为他们能灵活解决生活中的实际问题而自豪。在解决问题的过程中，联系了生活实际，让学生拥有了更大

① 于伟：《理性与生活》，安徽教育出版社2009年版。

的创造空间。①

（四）创设求异情境

创新素质是未来人才最重要的素质，培养创新素质是素质教育的核心和灵魂；创新需要突破常规、打破惯例，提出异于常人的思想和观点，而能够出现创新行为的人敢想敢做、富有个性，在思维层面上，这种人往往都具有求异思维。

求异思维是不依常规，寻求变异，对给出的材料、信息从不同角度，向不同方向，用不同方式或途径去分析和解决问题的思维方式，是创造性思维的一种主要形式。教师要善于选择具体例题，创设问题情境，引导他们的求异意识。对于学生在思维过程中时不时地出现的求异因素及时给予肯定和热情表扬，对于学生欲寻异解而不能时，则要细心点拨，耐心引导，帮助学生获得成功，让他们在对于问题的多解的艰苦追求中获得成功，并享受创造性思维活动的乐趣。

【案例4】

怎样卖掉你的豆子

假如你有100斤黄豆要卖出去，可现在市场上黄豆滞销，请问你有什么办法把豆子卖出去？

第一种方法：把豆子剥成豆瓣，卖豆瓣；如果豆瓣卖不动，就把豆瓣腌了，卖豆豉；如果豆豉还卖不动，那就加水发酵，改卖酱油。

第二种方法：将豆子制作成豆腐，卖豆腐；如果豆腐不小心做硬了，就改卖豆腐干；如果豆腐不小心做稀了，就改卖豆腐花；如果实在太稀了，那就改卖豆浆；如果豆腐卖不动，就放几天，改卖臭豆腐；如果还卖不动，就让它彻底长毛发霉后，改卖豆腐乳。

第三种方法：让豆子发芽，改卖豆芽；如果豆芽还滞销，就让它长大点，改卖豆苗；如果豆苗还卖不动，就再让它长大点，当盆栽卖，命名为“豆蔻年华”，到城市的各大中小学校门口摆摊，并到白领公寓区开产品发布会，记得这次卖的是文化而非食品；如果还卖不动，建议拿到适当的闹市区进行一次行为艺术创作，主题就是“豆蔻年华的枯萎”，记得以旁观者身份给各个报社打电话报料，如成功，可迅速成为行为艺术家，并以此完成另一种意义上的资本回收，同时还可拿到报社的报料费；如果行为艺术没人看，报料费也拿不到，那就赶紧找块地，把豆苗移栽入土，灌溉施肥，除草培育，几个月后收获，再去市场卖豆子……

---

① http：//edu. people. com. cn/GB/6328049. htm.

这世上只有卖不出豆子的头脑，没有卖不出去的豆子。

三、教学情境创设的原则[①]

（一）诱发性原则

创设情境是有目的的，不是为了创设而创设，它有之外的目的，而且是更高的目的，那就是调动学生的积极性，让学生高效地投入学习。在创设教学情境时，一定要保证新设情境能激起学生的认知冲突，激起学生的积极思考。

（二）真实性原则

在创设情境时，一定要尽量使情境真实或接近真实，在现实生活中能找到。真实的教学情境让学生有熟悉感，更容易理解和接受。学生在“眼见为实”的丰富、生动、形象的客观事物面前，通过对情境相关问题的探究，完成对主题的意义建构。

（三）接近性原则

在课堂教学中，教师创设的情境要符合苏联著名心理学家维果茨基的“最近发展区”理论。创设问题的深度要稍高于学习者原有的知识经验水平，具有一定的思维容量和思维强度，需要学生经过努力思考，“同化”和“顺应”才能解决问题，也就是我们常说的摘果子时，须“跳一跳，才能够得着”。

（四）合作性原则

时代要求培养学生的集体观念、团队精神和合作的能力，让他们学会交流和分享获得的信息、创意及成果，并在欣赏自己的同时，学会欣赏别人。教师在创设情境时，要考虑充分利用小组合作学习，让小组成员之间愉快地交流、协作，并共同克服学习中出现的困难。

（五）层次性原则

学生的学习活动是一个从简单到复杂、由易到难循序渐进的过程。因此在教学中创设教学情境应尽可能依据学生的实际经验和认知，架设好学习的框架，有层次，有梯度，考虑好问题的衔接与过渡。

四、教学情境创设与应用的步骤与策略

（一）教学情境创设与应用的步骤

不同的老师在教学情境创设的环节上有所不同，但以下四个步骤是必不可

---

① http：//baike. baidu. com/view/3997938. htm？ fr = aladdin.

缺的。①

1. 备足材料，找准切口

教师在平时应多注意搜集和积累可作为情境创设的材料，建立教学情境素材库。这些素材可以从传统的报纸杂志及其他各种文字图片资料中搜集，但目前更需要利用现代教学手段，即网络 + 电脑、电视 + 录像、录音笔 + 数码照相、摄像等。素材库需要分门别类，方便提取。最基本的素材分类方法有两种：专题法和兴趣法。专题法就是以专题为核心，把材料组织起来，这种组织方法其逻辑是学科逻辑。兴趣法就是以学生兴趣为中心，收集和组织材料，这种方式遵循的是学生的心理逻辑，可以充分调动学生学习的积极性。专题法和兴趣法，也都有自身的优点和弱点，在运用中要注意扬长避短。在准备充足的情境材料基础上，教师需要吃透“三头”：素材、教材和学生。吃透素材（教学资源）有利于选择改造，吃透教材有利于找到切口（切入点），吃透学生有利于对素材的组合裁剪。总之，教师只有摸准学生的动情点、兴奋点，找到教材的关键点或新旧知识的关联点，抓住各种矛盾的汇集点，才有可能创造一个恰当高效的教学情境。

2. 设置情境，多方假设

有了足够的材料，又找准了切口，接下来就是教学情境的预设。此时，教师需要考虑的就是情境的类型与选择，情境的功能与目标，情境显现的时机与位置等。教师在备课的过程中，要将教学的每个环节的情境问题考虑妥帖。当教师预设了一定的教学情境后，还要进行多方的假设。即教师通过教学假想，考虑该情境应用可能会出现的各种状况。诸如学生对情境的适应性，学生对情境的兴趣度，情境对学生学习和教学展开的影响点等。只有多方假设，才能临阵不乱，即使出现不好的状况，也能沉着应对。

3. 注意观察，灵活变换

接下来就是课堂教学情境的实施阶段。由于教学不可能完全按照教师的预设来进行，尤其是新课程精神指导下的课堂，注重课堂生成，因而使课堂不断处于变化之中，这也给教学情境的应用带来相当的不稳定性，如果按部就班地进行教学，肯定不能满足学生的需要。因此，教师必须注意观察，及时发现预设的情境在实际教学中的问题，防止出现课堂混乱、教学无序的现象。为此，教师还要充分发挥自己的想象力和创造力，调动一切教学手段，随时对预设的课堂教学情境进行必要的增、删、改、换，以灵活的变换来应对课堂的千变万化。

① http：//www. xtcxx. com/Article/Article. asp？ nid = 15560.

4. 注重点拨，及时强化

教师设置了一个优质的教学情境，也在课堂教学中顺利实施，这基本上可以看到教学成功的希望。但是，在此过程中，教师还要注重对学生的点拨，帮助学生通过情境化的学习对知识进行科学的梳理归纳，综合分析，引导学生在新的情境中运用所学的知识，摆事实，讲道理，分析解决社会实际中的问题。当学生在课堂教学情境中表现出色，教师还要及时给予正强化，即便学生在学习中还存在问题，也要在指正的同时，不忘肯定学生学习中的闪光点。只有及时强化，才能始终保持学生对学习的兴趣和积极性，对于教师创设的教学情境也能显示更多的关注与期待。

（二）教学情境创设与应用的策略

所谓教学策略就是指在教学过程中，为完成特定的目标，依据教学的主客观条件，特别是学生的实际，对所选用的教学顺序、教学活动程序、教学组织形式、教学方法和教学媒体等的总体考虑。[①] 课堂情境创设与应用的过程中要注意以下教学策略：

1. 教学平等策略

课堂教学情境虽然一般由教师来创设，但这并不意味着教师就是教学情境中的主宰。教师必须具有学生主体观，发扬教学民主，才能发挥课堂教学情境的最大效用。因此，教学平等策略也就成为创设与实施课堂教学情境的首要策略。

（1）教师与学生之间的平等。教学中师生结成“我—你”关系，而不是“我—它”关系。后者是一种异化的交往关系，师生双方都把对方看作无生命的“它”（工具）而进行利用，而“我—你”关系则不然，在这一关系中，师生双方都作为有思想、有感情、有个性的、情感丰富的人直接进行教学，都是作为完整的人而进行沟通，不存在谁高谁低、谁支配谁的现象，师生双方建立在平等、公正、同情、宽容的交流关系之上。如果师生双方不处在平等的位置上，必定会产生距离与隔膜，那么，学生就不可能向教师敞开心扉并与教师创设的情境发生共鸣。

在课堂教学中，教师虽然处在主导的地位，但学生与教师在人格上是平等的。每一个学生都有着自己丰富的内心世界和特别的情感表达方式，都需要教师的理解和尊重。在很多时候，需要站在对方的立场上考虑其知识基础和思维路径，举个例子来说，在全国青年歌手大赛中，有个羊倌歌手在回答文化素质问题时，居然没有识别出国旗，这让很多人感到意外和震惊，有些人甚至很愤怒；其

---

① http：//www. xtcxx. com/Article/Article. asp？ nid = 15560.

实如果我们换位思考，这种现象也是可以理解和同情的，一个男孩从小放羊长大，也没有接受正规的教育，不认识国旗也没什么大惊小怪的，社会大众应该反思“是什么原因导致了他没有接受合格义务教育的机会”。在课堂教学情境的创设与应用中，教师不应以绝对的知识权威者自居，并因此任意否定学生对事物的判断，甚至践踏学生的情感。在教师居高临下的视野下，是不可能有成功的教学情境产生的。

（2）师生与教材之间的平等。教材不过是印刷品，本身并没有意义，教材的意义只是在与师生的对话中生成。或者说，在不同的师生眼里，教材中文本的意义是不同的，即使是同一个教师或学生，在不同的时空条件下，对于教材中同一文本的意义的看法也会发生变化。从这个角度看，教材确实不过是一个例子。但自有班级授课制以来，中国人对于教材的重视是无以复加的，有时甚至到了顶礼膜拜的程度。作家具有教材情结，一旦自己的作品进入了教材中，便犹如获得了诺贝尔奖；专家具有教材情结，一旦成为教材编写委员会成员，便自觉可以雄视教坛；教师具有教材情结，有的教师甚至总结出两个“凡是”：凡是教材中提出的要求，坚决执行，毫不含糊（例如教材要求背的篇目，教师强制学生一字不漏地背下来）；凡是教材中出现的错误，坚决不改，将错就错。在这种心态下，教师难以创造出优质的课堂教学情境，学生也难以适应优质的课堂教学情境。因此，教师应当带头从对教材（尤其是教参）的膜拜中解放出来，尊重教材，但不拘泥于教材。

【案例5】

某位教师执教《相信未来》一文，当讲到“摇曳着曙光那枝温暖漂亮的笔杆，用孩子的笔体写下：相信未来”一句时，教师创设了这样一个情境：当你考试考砸了，或者当教师同学误解了你，或者你碰到了巨大的生活灾难……此时，一位幼儿园的小朋友，递给你一张纸条，那上面写着几个稚嫩的字：相信未来。此时，你会有什么感觉？结果，学生的回答令教师大跌眼镜：小孩子的话也能相信；小孩子也敢管大人的事，真是和尚打伞——无法无天了；那字太难看了，拿出来显摆，让人笑掉大牙……这时候，教师急了，连忙道：“你们怎么会有这样的想法呢？你们的思想境界难道就这么低？”一个学生嘀咕道：“你自己叫我们说的。我们说的可都是心里话。”

案例中教师采用假想法，设计了一个教学情境，且不说该教学情境的质量如何，单从教师对学生回答的反应看就显得有点不妥。自然，教师是希望学生按照教参的要求回答：孩子的纯真太感动人了，我们应该用孩子美丽的眼睛来看待社会，尽管黑暗，但仍坚定地相信未来，相信明天会更美好。

但当学生不能按照教师的预设回答时，教师就应该进行换位思考，站在学生的角度想一想，学生的回答是否有合理的一面；如果完全是错误的，那么发生错误的原因又是什么。而不是一味地责怪学生。应当说，案例中的教师最缺的就是教学平等思想。

2. 教学点拨策略

“教育”的本意就是“引导”，教育者也就是一个“引导者”。教师创设课堂教学情境，根本目的就是为了引导学生展开学习。有教师认为，创设教学情境就是为了让学生自己去品味感悟，教师不必插手。这种说法，前半句是对的，但后半句完全错了。教师作为平等中的首席，是不应该放弃引导的责任的。只不过这种引导重在点拨，而非牵引。这也正是我们不说“引导策略”而提“点拨策略”的原因。那么，在教学情境的创设与实施中。我们又该点拨什么或怎样进行点拨呢?

（1）点中学生软肋，拨动学生心灵。教师创设的教学情境，学生是否能产生心灵感应，动情于境，除了情境本身的巧妙性、丰富性、情感性等特点外，教师的点拨起着极为关键的作用。既为点拨，就需要言行俭省，以少胜多。因此，不点则已，点就要点到学生的软肋。学生软肋何在？一为学生愤悱处。古代孔子就提出“不愤不启，不悱不发”的教学思想。学生在教学情境中，会对一些现象或问题百思不得其解，此时就需要教师适当予以点拨，使学生能恍然大悟。二为学生觉得平淡处。教学中有学生会觉得某些内容平淡无聊，但有可能恰恰是文本的重点或关键之处，此时教师给予一定的点拨，帮助学生在平淡处发现波折。三为学生不敢挑战处。有时候学生发现某些知识点十分深奥，他们往往采取回避的策略，或等待教师的灌输，此时教师给予适当的点拨，以激发他们挑战困难的斗志。四为学生误解处。有时候学生自以为已经明白了某种情境知识，但实际上他的感悟理解是错误的，此时教师给予恰当的点拨，以提醒学生变换思考的角度与方法。总之，教师点到学生的软肋，就会对学生的思想情绪产生深刻的影响，学生会更加重视教学的情境及其特定教学情境下的学习。

（2）点击学习方法，拨开学习迷雾。阅读方法有利于提高学生的阅读水平，有助于课堂情境创设。阅读方法很多，猜读法、倒读法、读注法、教读法等不胜枚举。以语文学习中的“还原法”为例。所谓“还原”就是追踪事物本原，认清本来面目。阅读中的还原法就是指教师引导学生通过揭示文本矛盾，分析事物实质，理解并把握作品主旨。福建师范大学的孙绍振教授认为“‘还原法’具体操作可分为两个方面：第一，对于个别的作品，主要是从艺术形象还原，抓住还原出来的学生感性现象和经过艺术加工的作品之间的矛盾，提出问题。第二，避免孤立地分析问题，尽可能把作品放在可比较的语境中，有比较才有鉴别，才能提出问题”。

【案例 6】

某教师在执教李白的《早发白帝城》时，设置了这样一个课堂教学情境：同学们，你们有过长江或其他江河湖泊上坐渡轮的体验吗？你认为现代化的渡轮每小时能行驶多少公里？你觉得在那个以木船为主要渡江工具的时代，能做到“千里江陵一日还”吗？教师的话音刚落，教室里便热闹非凡，你争我辩，互不相让。最后，大家统一了认识：不要说木船，就是最先进的汽轮也不能以这样的速度行驶，更不要说在长江三峡遍布暗礁的急流险滩中以如此的速度行驶，否则就有船毁人亡的危险。李白之所以这样写，是采用夸张的手法来表达自己途中遇赦时的独特感觉和极度喜悦畅快的心情。

案例中教师采用的就是阅读中的“还原法”，通过对文本内容的还原，在学生原本平静的内心世界制造矛盾，使学生由无疑到生疑，由析疑到解疑，教学由此而生动活泼起来。多尔在他的《后现代课程观》一书中介绍了他自己“少而重要”的办法：他往往只给出了一般的甚至是 1/3 的课堂教学内容，在这少量的重要课堂教学内容中，在教师的指导、引导下让学生充分展现自己，其余的教学内容，学生举一反三，自己去领会。

中小学教学中，作文教学始终是个老大难问题，其实，教师若能在作文情境中，融入一定的写作方法，对学生来说将会受益匪浅。目前最为流行的是生活化写作。众所周知，越是贴近学生的生活，越能制造生活化情境，拓展学生想象，使学生写起来左右逢源，得心应手，情感倾吐也就自然感人。但生活化写作只是一个大概念，在这个大概念下，有许多写作方法值得学生掌握。下面举例分析“观景写句，联句成文”法。

【案例 7】

某位教师教学生写题为《春》的小诗，他把学生带出教室，来到离学校不远处的一个公园。进入公园后，教师开始带着学生游览，每走几步，教师就叫学生观察一样事物，各自写下一句话。这样走走看看，看看写写，等从公园出来，每个学生的作文本上都写了几十句话。回校第二天，教师要求学生将自己昨天记下的话进行组合，联缀成诗。

在平时的作文教学中，教师也经常叫学生观察，可是，有的学生无论怎样观察，最终都难以完成一篇文章。这是因为，学生的观察缺乏教师的指点，学生有观察，而无观察的目标，也没有观察后的思考，自然就没有写作的角度，甚至没有写作的内容。正如有位学生随教师游长城，回来后上交的作文只有一句话：长城啊长城，你真长。而案例中，教师不是放手让学生去观察，而是要求学生随着教师的指点写下自己的感觉，且只需要一句。如此，降低对学生的写作要求，而学生对生活的观察又不至于落空。相信经过这位教师的训练点拨，以后学生一定会留意生活，并能将生活的点点滴滴记下来，最终形成一篇篇优秀的作文。

（三）具体创设策略①

1. 创设什么样的教学环境

教学环境是教学情境创设的重要基础，没有一个和谐的教学环境，就不可能有高效的教学情境实施。

（1）创设和谐的学习环境，促进学生主动的参与。和谐的教学环境需要给予学生宽容、理解、信任，并经常激励学生，为学生创设成功的机会，让他们体验成功的乐趣，自信自强、积极进取。也许，学生的一个想法、一个做法是幼稚的，非逻辑的，甚至是错误荒谬的，但我们不能急于否定，还是要从学生的过失中发现问题，进而改进我们的教育。要相信每一个学生都会在原有的基础上得到提高和发展，要不断地鼓励他们去尝试、去努力，直到获得成功。

（2）创设灵动的教学环境，促进学生愉快地参与。优秀的教师不但能创设和谐的教学环境，而且能够在此基础上创造一个灵动的教学环境。所谓灵动的教学环境，是指课堂内没有枯燥乏味的说教，没有机械刻板的模式，而是充满着智慧的引导，充满着哲理的思辨，充满着令人欣喜的变化。这样的教学环境里，师生经常能处于一种思维碰撞、灵感泉涌的状态；在这样的教学环境里，师生的创造精神和创造欲望达到顶点。灵动的教学环境，会使每一种课堂教学情境的效用发挥到极致。在这样的课堂里，学生愿学爱学、乐学会学，能够以愉快的心境参与到教学过程中。

（3）创设动情的教学环境，培养学生健康的人格。在语文课上，对于课堂教学情境的要求，语文知识培养低于语文能力培养，语文能力培养又低于健康人格

---

① http：//www. xtcxx. com/Article/Article. asp？ nid = 15560.

培养。换言之，健康的人格只有在特定的课堂教学情境下才能养成，这样的课堂教学情境，必须充满着情感的因素。关于课堂教学情境中的情感问题，我们已反复阐释，这里再强调一点：中小学语文教材相较于其他学科的教材，具有最强烈的情感性，它所选择的大量文本就是一个个情感场，例如表达师生之情的《我的老师》，表达亲子之情的《我与地坛》，表达军民之情的《芦花荡》，表达男女爱情的《致橡树》，表达夫妻之情的《与妻书》，表达兄弟之情的《风筝》，表达动物之情的《斑羚飞渡》等，因此，语文教师在创设教学情境时，首先要考虑如何利用教材中丰富的情感性因素，营造出一个激情飞扬的教学环境。在动情的教学环境里创设课堂教学情境，不但容易得多，而且更易为学生接受。

（4）创设活动的教学环境，增强学生的综合素质。创设活动的教学环境，可以说是为创造和谐的、灵动的、动情的教学环境提供平台。教学活动是多方面的，课堂讨论是目前最为教师所重视的教学活动。英国教育家斯宾塞说："应该引导儿童进行探索，自己去推论。给他们讲的应该尽量少些，而引导他们发现的应该尽量多些。"确实，孩子的内心是丰富多彩的，他们有许多的感想，但唯一的问题是，他们很少有机会能够真正表达自己的思想，课堂讨论也许就成为学生展示才华，表达自我的最佳途径。而良好的课堂讨论本身就是一种成功的教学情境，反过来，教师所创设的成功的问题情境，使学生有话可说，有问题可争，从而激发学生参与讨论的兴趣与信心。

2. 如何创设课堂教学情境

（1）通过教师形象的语言。教师言语描绘是课堂教学情境的重要类型，通过教师形象的语言来创设形象也就成为最重要的方法。教师的教学语言不受时间、空间、教学设施、设备等条件的限制，而且教师可以根据课堂教学状况，非常方便地加以改进。另外，语言的描绘既非平面，也非立体，它诉诸学生的听觉，让学生在听觉的世界中，建造起只有自己可感的视觉模型。因此，通过言语创设出来的教学情境局限最少，它能给予学生广阔的想象空间。当然，它对教师的言语要求却是最高的，缺乏起码的语言艺术修养，就不可能创设成功的课堂教学情境。

（2）通过虚拟的教学行为。虚拟的教学行为，是指教师在特定的课堂中为创设某种教学情境而虚拟出来的一种教学行为。这种行为令学生惊讶、不解，从而产生疑惑，并引发其强烈的好奇心，等到教师揭开"内幕"，学生才恍然大悟，原来教师的教学行为中暗藏玄机，目的在于教育学生，或为学生提供教学材料。这是教师教学智慧的显现，也是教师善于拓展利用教学资源的表现。

【案例8】

当老师犯错时

某中学教师，在上作文课时，搬来一张椅子，坐在学生面前，然后拿出一根烟，慢腾腾地抽了起来。学生都看傻了。因为，学校有规定：教师不能在课堂上坐下来，更不能在课堂上抽烟。他们的语文教师两条都违反了。而更让他们感到不可思议的是，他们的语文教师平时可是烟酒不沾的。时间一分一秒地过去，教室里出奇的安静。大约过了三分钟，教师熄灭烟头，严肃地问道："教师可以在课堂上坐下来吗?"有学生轻声道："不可以。"教师加重语气："教师可以在课堂里抽烟吗?"更多的学生回答："不可以。"教师厉声道："那么，在这三分多钟的时间里而，你们中为什么没有一个人敢站出来说一声'老师你错了'！为什么你们不敢向我抗议？为什么你们宁愿教师犯错误，也不愿行使自己的权利？好，下面就请你们写一篇作文，题目就是《当老师犯错时》。"

案例中的教师采用了虚拟的教学行为，因为，这是一位从不沾烟酒的老师，是一位严守教学规章的老师，但为了给学生营造一个良好的写作情境，他故意违反两条校规，令学生大感惊奇。而教师最后的三个为什么，更是当头棒喝。可以说，教师的这个情境设计，不只为学生提供了作文素材与写作切入口，同时，也在潜移默化中给了学生最好的教育，它会令学生深思：面对权威，面对领导者犯错误，我们该怎么办?

（3）通过新奇的游戏。虚拟教学行为已带有游戏的性质，只不过那是以教师为主角的一个游戏，而真正的课堂游戏，应当是以学生为主角来进行的。心理学研究表明，健康的游戏能给人带来良好的心境，并能充分调动各种智力因素，释放人的学习潜能。总之，游戏可使人联想活跃、思维敏捷、激情勃发、创造力激增。当然，课堂教学中的游戏具有很强的目的性与教学性，而且要求游戏中具备相当的学科因素。否则游戏容易变成课堂中的插科打诨，难以形成有效的教学情境。

【案例9】

快速抢答

语文教师为作文指导课创设了这样一个情境：现在，我请两位同学上来和我一起做两个快速问答游戏（一男一女两位学生主动走上讲台，教师先对男生说）。

好，现在你看着我，（师伸出一个手指）这是多少？（生答）1。

（师伸出两个指头）这是多少？（生答）2。

（师伸出三个指头）1加1等于几？（生答）3。

（全班学生都笑了起来，教师转向女生）请你快速念十遍“老鼠”。

（生念毕。师继续要求）再快速念十遍“鼠老”。

（生念毕，师问）猫最怕什么？（生答）老鼠！（全班又是一阵大笑，教师面向全班同学）大家都在发笑，因为两位同学错得挺可爱。但试问一下，在这种情况下，你就不会犯错误吗？想一想导致这种错误的原因是什么？生活中还会有这种错误发生吗？今天这节课，就以这两个游戏为话题，写一篇作文。

案例中的教师，将电视上的一个游戏节目巧妙地嫁接到作文指导课里来，让学生置身于一种特殊的情境体验中，引导学生感悟、发现和深思，为下面的写作营造了气氛。既激发学生的写作兴趣。又为学生提供了寓意深刻的材料，能使学生觉得有事可写，有理可说。

（4）通过社会生活新闻。以语文为例，现代语文课程理论强调，语文教学必须和社会生活相结合，必须将社会生活的内容作为源头活水引入课堂教学中，但是社会生活所发生的诸多新闻事件本身是难以进入课堂教学中的，必须经过高度的概括提炼，才有可能成为创设良好的课堂教学情境的素材。因此，语文教师就该特别关注报纸杂志上的社会生活新闻，积累整理与教材内容相关的社会生活新闻，从而形成教学素材库，以便在课堂教学情境创设中随时调用。

社会生活新闻是丰富多彩的，对社会生活新闻的主题进行挖掘处理，可以涉及多学科的话题，比如经济类主题的可以引出数学话题，经济统计数据本身就是数学问题；环境污染类主题可以引申出数学问题和化学问题。

（5）通过生活中的事物。除了形成文字的社会生活新闻可以作为课堂教学情境创新的素材，生活中一些实体事物也可直接作为课堂教学情境创设的道具。只要在教材中出现过而又为学生所不知或所忽略的事物，都可引入课堂中，让学生看一看、闻一闻、摸一摸、品一品，通过近距离的接触，使学生对课文中提到的事物有直接的感知与更深刻的理解。这种教学情境的创设，最适用于说明类文本。

（6）通过各种艺术形式。教师反思教学情境中的艺术因素，通过音乐创设情境和通过角色扮演创设情境，实际上就是艺术因素在课堂教学情境中的运用。确实，通过各种艺术样式的介入，来营造特殊的课堂氛围，创设课堂教学情境，已经成为教师必做的功课。各种艺术样式的介入，包括课堂的环境重置，使课堂成为一个艺术化的学习世界。

【案例10】

过春节

某教师在教《本命年的回想》前，先组织学生精心布置教室：对联、倒橱、灯笼、鲜花、年画、新春音乐等都进入了教室，到处洋溢着过年的喜庆。

随着一阵清脆的铃声，上课开始，教师同学相互致意，互致春节祝福。

案例中，教师带领学生布置了一个艺术化的课堂，这样的课堂充满着愉悦、宽松、和谐、民主的氛围，身入其中，学生能自然容易地进入角色，其兴致与情趣在一般的教学环境中是很难获得的。师生在相对真实、轻松自如的情境中互动对话，特别容易达成教与学的目标。当然，这样的布置可能动作过大，会占用学生较多的课外时间，还需要一定的经费支持，不宜常用。最好的办法就是把这篇课文留待新春将临之时来上，学生本来就需要搞班级活动，这样就一举两得了。

（7）通过现代教育技术。现代教育技术的运用，必须注意适时、适量和适度，特别要注意通过现代教育技术创设课堂教学情境必须突出因素，即在现代教育技术下的课堂教学情境知识更为丰富，情趣更为浓郁，情感更为强烈，思维更为活跃，思考更为深刻，学法更为活跃。

【思考与练习】

1. 什么是课堂教学情境？
2. 课堂教学情境有哪些类型，试举例说明。
3. 课堂教学情境的创设要遵循哪些原则？
4. 课堂教学情境的创设一般要遵循哪几个步骤？
5. 可以通过哪些途径创设课堂教学情境？

【请你来做】

1. 以柳宗元的《江雪》为例，谈谈你将如何创设课堂教学情境。
2. 在“雨后彩虹”为题的一次探索课上，如何使用多媒体创造一个富有吸引力的教学情境，谈谈你的设计思路。

【请你参考】

1. 柳宗元谪居永州之后，精神上很压抑，他通过描写山水景物，写了许多诗文，来寄托自己清高而孤傲的情感，《江雪》就是其中一首。柳宗元不愧为唐宋八大家的领起人物，在这首诗里，诗人仅用了 20 个字，就把我们带到一个幽静寒冷的意境。我们可以通过多个通道来创设课堂情境。(1) 通过形象的语言来创造情境。通过对原诗的再解释，用形象、精致的语言把诗文的意境呈现出来。(2) 通过展示该诗的山水画来创造情境。自唐末以来有许多以此诗为主题的画作，其中有不少杰作，都通过视觉艺术的方式再现了此诗的意境，可以挑选一些画作让同学们观看和体验。

2. 通过多媒体可以充分展示雨后彩虹的形态，要求学生观察不同形态彩虹的特点，并解释其形成的原理。

【阅读书目】

1. 冯卫东:《教学模式全手册·情境教学操作全手册》，江苏教育出版社 2010 年版。

2. 于伟:《理性与生活》，安徽教育出版社 2009 年版。

3. 冯卫东:《情境教学策略》，北京师范大学出版 2010 年版。

4. 张海珠:《中小学教师培训用书：教学设计》，北京师范大学出版社 2013 年版。

【相关网站资源介绍】

中国基础教育网 http：//www. cbe21. com/

人教论坛 http：//bbs. pep. com. cn/

小学教育网 http：//www. ok1490. com

小学语文网 http：//www. xxyww. cn/

小学数学教学网 http：//www. xxsx. cn

小学科学课教育资源网 http：//zjhyxjs. 7i24. com

第三章　课堂导入技能

【学习目标】

1. 了解课堂导入的功能、原则。
2. 明确课堂导入的实施要点、评价指标。
3. 掌握课堂导入的类型、常用方法。
4. 能设计和编制合理的导入教案。
5. 能按课堂导入的要求对自己或他人的导入进行评价。

【问题导入】

课堂导入一般包括哪些要素？

试着为小学语文、数学或英语学科的某一内容设计三种以上不同类型的导入。然后与小组同学一起研讨，看看一共为该内容设计出多少种导入，并研讨哪几种导入更有利于引导学生学习。

【案例引领】

《小珊迪》（人教版小学语文第八册）的课堂导入[①]

师：这是一个真实的故事。一个在德国留学的外国留学生，在获得博士学位之后决定留德发展。他找了第一家公司，没被录取；找到第二家，人家也拒绝了他……他找了25家大公司，都没找到工作。于是他去了一家小公司。他想，凭我这样的学位和才能，在小公司里干干肯定是不成问题的。但是那家小公司也拒绝了……

同学们想一想，他为什么会被拒绝？

生：因为德国是个排外的民族，他们不喜欢雇佣外国人。

生：可能那些公司的经理认为他没有实际的工作经验。

生：也许是那个留学生高分低能。

师：你们的想法也有道理。

那个留学生愤怒地问那个老板："我一个博士难道在你这个小公司干还不够格吗？你们凭什么这样对待我？"那个老板说："对不起，先生，我们从网上资料查到你在德国乘公共汽车时曾逃过3次票，一个在这种小事上也不讲诚信的人，怎么可能让人信任呢？"

听了这个故事，你们有什么问题？

生：为什么老板对这样的小事斤斤计较呢？

生：那个经理为什么不给他一个改正的机会呢？

师：那么就让我们去问问小珊迪，从他那里找找答案。

[赏析] 这个出乎意料的导入，看似与课文风马牛不相及，其实不然。"外国留学生到底缺什么？"恰恰就是《小珊迪》一课的主旨所在。而这个故事的悬念，从新课伊始，就一直萦绕在学生们的心头，直到课终。这位留学生的诚信淡漠与小珊迪的诚信坚守，一暗一明，一反一正，伴随着教学的进程，不断产生对比。学生透过字里行间能够受到这样的感染，这样的熏陶，他们通过对这篇课文的学习，受到了一次独特的人文关怀，一次独特的生命体验，一次高尚的精神洗礼，一次深刻的情感升华。这个故事也就成了整堂课的点睛之笔。请看课文结束时，学生们对这位留学生的一番真情告白：

生甲："叔叔，虽然你有博士文凭，但你的人格是可卑的，连我都为你脸红。"

---

① 叶建松：《在课堂的源头追寻诗意——王崧舟老师课堂导入赏析》，载《小学语文教学》2007年第11期，第38～39页。

生乙："叔叔，跟人穷志不穷的小珊迪相比，你是多么渺小！"

生丙："珊迪死了，却永远活在我们心中；你虽然活着，灵魂却已死了！"

【理论学习】

俗话说，良好的开端是成功的一半。上课也是这样，好的课堂导入犹如华彩乐章的"引子"，是教师谱写优美教学乐章的前奏，是师生间心灵沟通、情感共鸣的第一音符。好的导入，犹如春色初展，鲜花含露，点燃起学生求知欲望的火花，达到"转轴拨弦三两声，未成曲调先有情"的效果。因此，课堂导入影响着整堂课的教学基调，甚至关乎最终的成败。

一、课堂导入的特点和功能

课堂导入，指上课伊始，教师采用简洁的语言、动作或借助现代技术拉开一堂课的序幕，引入新知识，使学生迅速进入新课学习状态的活动方式或过程。

（一）课堂导入的特点

"一堂好课的导入环节应具有以下特点，即短、新、精、平、快、奇、巧、准。"简言之，短小、新颖、精巧和准确。

（1）短小：课堂导入只是一节课的开场，是一个引子，一般来说，时间以3～5分钟、内容以3～5句为宜。

（2）新颖：课堂导入的内容与时俱进，方法、角度等有新意、新鲜感，能调动学生进一步学习的兴趣和动机。

（3）精巧：好的课堂导入过渡要自然，"寓教于乐，寓教于谐"。可谓教师导得高效，学生学得快乐。

（4）准确：师欲善其教，必先美其言。课堂导入，教师的语言应字字斟酌、句句推敲，力求精练、准确，或内容深刻，耐人寻味；或幽默风趣，体现语言的美感。

（二）课堂导入的功能

新课的导入犹如一出戏的"序幕"，起着激发兴趣、调节情绪、集中注意力、开宗明义等作用，使学生在无意识的状态之下，不自觉地进入了学习情境。

1. 集中注意，激活思维

著名特级教师于漪在谈到课堂导入时说："课的第一锤要敲在学生的心灵上，激发起他们的思维火花，好像磁石一样把学生牢牢地吸引住。"教学过程不仅是温故知新、循序渐进的过程，更是集中学生注意力、激发学生思维探究新知、解决问题的过程。聪明的教师在新课导入时，或通过抓住学生的兴奋点或选择认知冲突点等，使学生处于“心愤愤，口悱悱”的状态，即心求通而未得之貌，口欲言而未得之意，从而为学习新的内容做好铺垫。

【案例1】

《和时间赛跑》的导入

[起伴奏] 燕子去了，有再来的时候；杨柳枯了，有再青的时候；桃花谢了，有再开的时候。但是，聪明的，你告诉我，我们的日子为什么一去不复返呢？——是有人偷了他们罢：那是谁？又藏在何处呢？是他们自己逃走了罢——如今又到了哪里呢？

同学们，听完你们有什么感受？

你先说。

请你说。

你们说的都很棒，在朱自清先生眼里，时间就这样匆匆而去了，你对时间还有哪些认识？

请你说。

你也想说。

对啊，时间如白驹过隙，转瞬即逝了，谁都追不上他。可是林清玄先生偏要和时间赛跑！

[板书题目：13 和时间赛跑]

齐读课题。

点评：教师采用配乐朗诵的形式导入新课，既能营造一种宽松、愉悦的教学氛围，使学生注意力集中于教师创设的情境中，又能引导学生主动思考、主动参与、主动探索，为深入学习打下了良好基础。

【案例2】

数学上的“可能性”

某文具店进行抽奖促销活动，凡在本店购物者均可参加抽奖；每人每次摸一个球，摸到红色球为一等奖，摸到黄色球为二等奖，摸到蓝色球为三等奖。结果是人人中奖，老板和顾客皆大欢喜，但最高兴的是老板。你知道其中的门道吗？

今天我们就来学习数学上的“可能性”。

就这样，学生的注意力一下就集中起来了，积极性也被调动起来了。

2. 激发学习动机，引发学习兴趣

课堂导入，无一定之律，却有一定之妙，目的就是激发学生的学习动机和学习兴趣。学习动机是引发和维持个体学习活动，并将其引向一定学习目标的动力机制，由需要和诱因两部分组成。兴趣是推动一个人持之以恒做事的内部动力。兴趣是学习的先导，有兴趣就会入迷，入迷就钻得进去，学习就会有成效。没有任何兴趣、被迫进行的学习会扼杀学生掌握知识的愿望。根据兴趣倾向性的不同，可分为直接兴趣和间接兴趣。直接兴趣是对事物或活动本身感到需要而产生的兴趣；间接兴趣不是对事物或活动本身有需要，而是对事物或活动的未来结果感到需要而产生的兴趣。教师在导入阶段，运用符合学生发展水平的多种教学方式，能引起学生的好奇心和求知欲，促使其直接兴趣和间接兴趣的正确结合和互相转化，那么，学生的兴趣不但能够持久，在学习过程中表现出意志力，还能在学习中表现出极大的热情，富于探索精神。

【案例 3】

《万里长城》的导入

师：（教师出示万里长城的图片，激昂地说）同学们，这就是万里长城。许多国家的元首来到中国，游览了我国的万里长城，都有各自的感慨。英国首相撒切尔夫人说，不了解长城，你就不了解这个民族的性格。美国前总统克林顿说，长城是一个奇迹，一个由伟大的民族创造的伟大的奇迹。法国总统说，没到过金字塔，就等于没到埃及；没到过长城，就等于没到过中国……同学们，听完这些国家元首的赞叹，你们的心情如何？

生：我感到很自豪。

生：我感到很兴奋。

师：同学们，让我们带着这种自豪、兴奋的感情朗读全文，读不通的地方多读几遍，难读的地方多读几遍。边读边想，万里长城的哪些地方给你留下了深刻而难忘的印象。

上课开始，王老师慷慨激昂地描述着各国元首对万里长城的题词，一下子抓住了学生的心，激发了学生了解万里长城的热情，达到了课未始情已生的效果，为后面课文的学习奠定了良好的情感基础。

【案例 4】

《数星星的孩子》的导入

师："天上的星星同学们都见过，谁能说说星星的情况？（引导学生从星星的多少、大小、形状、亮度等方面描述）"

师："2000 多年前，有一个像你们这么大的小朋友也观察过星星，他是怎样观察的呢？他发现了一些什么呢？学了《数星星的孩子》这个故事，我们就知道了。"

教师的导入既规定了这堂课的学习内容，联系了学生生活实际经验，又引起了学生学习本课的兴趣，最后提出的具有悬念性的问题，使学生迫切地到课文中寻找答案，较好地达到了导课的目的。

3. 铺设桥梁，温故知新

成功的课堂导入可以建立新旧知识的联系，起到承上启下、温故知新的作用。设计得当的导入能使学生很好地再现、回忆已学知识，使知识纵向分化、横向贯通。如讲授《沁园春 · 雪》时教师可以引导学生回忆写"雪"的诗句；在教《范进中举》时可用同是批判封建礼教科举制度的《孔乙己》导入；教韩愈的《师说》时可引导学生回味其《马说》，让学生回忆"说"为何义；教荀子的《劝学》时可以从司马光的《孙权劝学》导入，巩固和强化"劝"乃"勉励、鼓励"的含义等。

【案例 5】

《蚂蚁和蝈蝈》的导入

1. 今天老师从童话王国请来了两个小动物，你们想认识他们吗？

2. 拿出（蚂蚁图）你们看，这是谁？蚂蚁有什么特点？（板书：蚂蚁）

3. 拿出（蝈蝈图）这又是谁呢？蝈蝈又有什么特点、本领呢？（板书：蝈蝈）

4. 有一天，蚂蚁和蝈蝈碰到了一起，会发生什么故事呢？

我们一起来看一看，听一听。（补全课题：）

【案例6】

《荷塘月色》的导入

教师：同学们，你们还记得李白的“清水出芙蓉，天然去雕饰”的诗句吗？还记得杨万里的名句“接天莲叶无穷碧，映日荷花别样红”吗？这些诗句都表达了诗人怎样的情感呢？

学生：表达了诗人对荷花高洁品质的赞美，对高尚人格的歌颂，对理想境界的追求。

教师：是啊，自古以来，文人墨客都喜爱把自己的感情寄托在景物描写里，这在写法上通常叫做融情于景，借景抒情。古语云：一切景语皆情语，写景的目的是抒情。今天，我们将学习一篇被名家们誉为写景抒情典范的散文。文章打破了通常写景在先、抒情在后的写法，先言“我”的心情，然后依次写出眼中景色。情中景、景中情，情景交相会合，如同月光下的荷塘月色水乳交融。那么，在这样的一篇抒情写景散文中又表达了作者怎样的一种感情和矛盾心理呢？下面就让我们一起来感受朱自清先生的《荷塘月色》。

二、课堂导入的要素、类型和要求

课堂导入因教学方式、教学内容的不同而分为不同的类型。课堂导入的类型不一，但还是有一些共识的要求。

（一）课堂导入的要素

问题情境是一种具有特殊意义的教学环境，学习者经历对学习材料的亲身体验和发展过程，能唤起学生的学习兴趣和学习欲望，使他们主动投入学习中去。问题情境可分为以下三类：

（1）问题的障碍情境指的是有意识地诱导学生进入认知冲突从而唤起学生对新的知识的渴求的问题情境。

【案例7】

《蝙蝠和雷达》的游戏导入

师：同学们，今天我们先来做个游戏，好不好？

生：好！

师：用手巾蒙住两个同学的眼睛，分别让他们来“贴鼻子”。

（一个学生把鼻子贴到了嘴巴上，另一个则贴到了眉梢上。同学们笑得前俯后仰，课堂上乐成一团。）

师：现在请大家来想一想，为什么他俩都贴错了？

生：因为他们的眼睛蒙住了，看不见。

师：对！他俩的眼前一团漆黑，什么也看不见，当然贴错了。那么，蝙蝠在漆黑的夜里为什么能自由地飞行呢？飞机在漆黑的夜里为什么能安全地飞行呢？

师：今天我们一起来学习《蝙蝠和雷达》。

教师通过设置问题的障碍情境，使学生产生知而后快的期待，激发起学生参与的动机。

（2）问题的发现情境指的是通过呈现背景资料，引出新知识，引导学生探究事物的特征或内在规律的情境。

【案例8】

《我和动物交朋友》
（人教版《品德与生活》二年级下册）

师：同学们，在我们的生活中有许多的动物，这些动物共同构成了一个丰富多彩的生命乐园，你们喜欢动物吗？

生：喜欢。

师：今天老师给大家带来了一段音频资料，请同学们仔细听，看看我们从中能分辨出什么声音呢？播放音频：《森林狂想曲》。

师：你们听到了什么？

生：我们听到了音乐中有蟋蟀、小狗、小鸡、知了、小鸟、小鸭、夜莺。

师：你还知道哪些动物的叫声？给我们学一学好吗？

（生学小鸭子、小狗、小猫的叫声等）

师：看来同学们在生活中都仔细观察过各种动物，对动物的知识有一定了解，那么你们想不想去看一看动物们现在在做什么呢？你能认出他们吗？播放录像：《动物轶事》。

（3）问题的解决情境指的是直接呈现某个新问题，围绕如何解决这一问题引导学生展开学习、讨论和探究以寻找问题解决方法的问题情境。

【案例9】

《可能与一定》

北京教育学院特级教师　刘德武

师：这节数学课，我们研究“可能与一定”。刘老师先给大家讲个故事。很久很久以前，在一个古老王国的监狱里关着一位犯人，这个犯人即将被执行死刑。这个国家有一条非常有趣的法律规定：在每个犯人被执行死刑之前给他一次机会——用抽签来决定自己的命运，在装签的盒子里有两张纸，一张写着“生”，一张写着“死”，请小朋友猜猜他有可能摸到哪一张？

生：摸到“生”。

生：摸到“死”。

师：是呀！犯人摸到“生”就释放，摸到“死”就杀头，这两种可能性都有。但是很可惜，这个犯人有一个仇人，这个仇人想要他“死掉”，偷偷地把“生”这张纸条换成了“死”，结果两张纸条都写着“死”。那么，犯人不管摸到哪一张，他的死是“可能”？还是“一定”？

生：一定。

生：这个犯人真不幸。当他从好朋友的口中知道了这件事后，想了一夜，终于想出一个好办法。临刑前，法官让他抽签，犯人抽出一张，你们猜他抽到的是什么？

生：“死”。

师：但是他没有把纸条打开，而是一下子把纸条吞到肚子里。因为剩下的那张纸条也写着“死”。所以，法官推断犯人吃下的纸条一定是“生”。犯人当场获得释放。

师：下面同学们两人一组，玩一个“手心手背”的游戏。

师：在“玩”的过程中，你发现了什么？

生：有可能两人出的一样，有可能两人出的不一样。

教师板书：“一样”“不一样”。

师：再玩一下试试。

（学生继续玩游戏）

师：好了，通过两次玩游戏我们知道，两人出手心手背时，可能出的一样，也可能出的不一样，这个研究结果非常重要。下面我们深入研究出现“一样”的时候有几种可能。再以两个人为单位，研究一下。

（二）课堂导入的类型

对于课堂导入的类型，可谓见仁见智。根据教学内容，导入可分为经验导入（利用身边材料、事例）、文学作品导入（成语、故事、诗词、寓言、警句等）、音乐或影视作品导入、时事热点导入等。下面重点谈一谈依据不同教学方式划分的四种导入类型：

1. 直接导入

直接导入，是直接阐明学习目的和要求，提纲挈领地交代内容和重点的一种导入方式。也叫开门见山式、分析课题式。直接导入是最常用的一种导入方式。眼睛是心灵的窗户，通过眼睛，我们可以审视一个人的心灵；同样，透过标题，我们可以抓住文章的主题和脉络。教师可引导学生通过分析题目的意思来领会题意和文意。直接导入的优点是能强化学生学习的指向性，具有简洁明了的特点。

【案例10】

“长方体和正方体的认识”

“同学们，我们日常生活中见到的一些物体，如手机、奶箱子、粉笔盒、字典、砖等，这些物体的形状都是长方体。长方体到底有哪些性质呢？今天，我们就学习这个问题。”

【案例11】

《从百草园到三味书屋》

1. 题目交代了几个地点？（两个地点——百草园和三味书屋）

2. 这两个地点告诉我们什么信息？（“从……到……”揭示的是作者记叙两个地点的生活。）

3. “童年是记忆中最美好的画卷，从百草园到三味书屋，我们将与鲁迅一起重温他童年的生活。现在同学们翻开课本速读课文，思考鲁迅先生对百草园和三味书屋的态度是什么呢？试着用一个字概括。”

【案例12】

《英国工业革命》的导入

教师：今天我们学习的新课题是“英国工业革命”（板书课题）。学好这一课可以帮助我们对生产力与生产关系、经济基础与上层建筑之间的辩证关系原理，对邓小平同志提出的“科学技术是第一生产力”及我国社会主义现代化建设的重要性等问题加深理解。所以学好这节课具有不同寻常的现实意义。

2. 复习导入

复习导入，指是从已有知识入手，由已知引向未知的方式。俄国心理学家巴甫洛夫指出，“任何一个新的问题的解决都是利用主体经验中已有的旧工具实现的。”人们在感知事物时，与该事物有关的知识经验越丰富，感知就越迅速、越全面。认知迁移观的代表人物、美国心理学家奥苏伯尔认为，学生原有认知结构中观念的可利用性、稳固性及新旧知识间的可辨别性影响新知识的获得。通过几分钟的复习导入，教师引导着学生轻松地从整体上把握内容梗概，可谓事半功倍。

在教小学英语课文 What's your favorite food 时，教师可以利用一张食物调查表，并运用以前学过的句型“Do you like…（食物）”和“Yes，I do. /No，I don't”，以此调查学生对某些食物的好恶。然后，导入句型“What's your favorite food?”让学生针对自己最喜欢的食物做出正确的选择，由此开始呈现新课。

【案例13】

《一去二三里》

首先，上课开始，教师逐一出示1～10的数字卡片，要求学生读准1～10这十个数字。

其次，通过对这10个数字发音情况的复习，迁移出十个汉字的发音：去、里、烟、村、家、亭、台、座、枝和花。

最后，教师说：“同学们读得清晰而准确，很棒！你们知道宋朝有一位诗人，他把这十个数字全都写到了一首诗里，这首诗的名字是《一去二三里》，你想知道这首诗的内容吗？”由此，教师顺势导入古诗的学习。

【案例 14】

《燕子专列》的导入

“同学们还记得本册第一篇文本《燕子》吗？每年春天，燕子都会给我们带来欣喜。它们春来秋去，在这一来一回的飞行中，会发生很多事，可能还会遇到很多危险。今天，我们就来结合《燕子》一文来学习《燕子专列》(板书课题)，它一定会让你产生很多感慨，会让你体会到人与动物之间的美好的情意，从而增强保护环境、爱护鸟类的意识。”

【案例 15】

百分数应用题

首先，在教学“百分数应用题”之前，某教师先带复习分数和百分数的互化及分数应用题，如“一桶花生倒出 3/4，刚好 15 升，这桶汽油共有多少升?”

其次，将题中 3/4 改为 75%，让学生计算，巧妙地把百分数应用题与分数应用题联系起来，这样导入新课有利于知识间的融会贯通。

【案例 16】

《雨霖铃》的导入

师：“人有悲欢离合，月有阴晴圆缺。离别是文人墨客笔下常写的一个话题。小学时我们就学过了唐代诗人李白的《赠汪伦》，这首诗明朗豁达、字里行间激荡着少男少女般的欢笑。今天我们要学习的这篇文章虽然也是书写离别情怀的，却蕴藏着失意落魄。为什么反差如此强烈呢？我们现在先看作者柳永的生平及时代背景。”

3. 直观导入

直观，分为实物直观、模像直观和语言直观。直观导入，指在导入新课时，运用幻灯、录音、录像等现代化教学手段，借助实物、图片、模像等，引起学生的兴趣，激发学生的求知欲。直观导入又可分为实物和多媒体展示、教具演示、图示描述和实验操作等。小学生对事物的认识处在具体运算阶段，他们能进行逻辑推理但需借助具体事物，因此老师上课时运用直观导入，更能吸引小学生。小学英语课上，学习“Good morning”“Good afternoon”“Good evening”等问候语时，教师可以用简笔画在黑板上画出太阳早上、中午在天空中的位置和月亮晚上在天空中的位置，使学生理解这几个词语在时间概念上的不同。

【案例17】

方程的意义

首先，教师通过课件出示一架跷跷板，请学生仔细观察后说一说玩跷跷板可能会出现哪些情况?

其次，出示天平，让学生描述的几种状态后，用数学式子表示出来，让学生观察天平从不平衡到平衡的变化过程。

再次，通过跷跷板和天平的动态变化及生活情境图表达的等量关系，得出若干个不同的式子。

最后，使学生从感性上区分方程和等式的不同，方程是含有未知数的等式。

【案例18】

《松鼠》

教师运用电教手段创设情境，依次播放配有轻音乐的小松鼠《静态图》《歇凉图》《吃食图》《过水图》的课件，并提出仔细观察松鼠动作的要求。悦耳的音乐、美丽的镜头，使学生个个兴趣盎然。

请同学们看看同一节课《圆的认识》的不同直观导入，你更喜欢哪一种导入方式?

【案例19】

《圆的认识》

首先，教师利用多媒体让学生看自行车、汽车等的轮胎，它们都是圆的。

其次，教师将自行车、汽车的轮子换成长方形或三角形等形状，教师问学生：“安装这样形状的车轮，车能走吗?”（学生笑得前仰后合，连连摇头）

再次，教师换成椭圆形，学生都说：“也不行，没法走。”

最后，教师说：“为什么圆的轮子行，而其他形状的都不行呢? 这节课我们就来研究这个问题。”

【案例20】

《圆的认识》

在教《圆的认识》时教师先播放了一段“小动物骑车比赛”的动画片，在一片片绿油油草地上，四种小动物所骑车子的车轮形状分别为正方形、三角形、圆形和椭圆形。比赛开始，让同学们猜猜谁的车子跑得最快？为什么？

比赛开始，同学们饶有兴趣地看着，只见小白兔骑得又轻快又平稳，一路领先；而其他三只小动物尽管使出了吃奶的劲，可就是赶不上，还差点把屁股颠破了。画面上小白兔愉快的表情，另外三只小动物的憨态，夸张幽默的伴奏音乐，引得大家哈哈大笑。同学们在笑的过程中发现了问题：为什么比赛结果跟我的猜测不一样呢？为什么别的动物都被颠得七上八下，而唯独小白兔的车子却跑得又快又稳？在学生出现认知冲突的关键时刻，教师导入课题《圆的认识》。

同学们，如果我没有猜错的话，我觉得你们和我一样更喜欢第二个《圆的认识》的导入呢？第二个导入更直观，产生了一图胜千话的效果。

4. 设疑导入

设疑就是我们通常所说的“卖关子”，即教师在扣人心弦之处戛然而止，激发学生的探究欲，从而自觉地投入到课堂学习之中。设疑导入法也称为悬念(导入)、以旧引新等。古人云：“学起于思，思源于疑。”亚里士多德说：“思维自疑问和惊叹开始。”教师针对教材的关键点、重点和难点，结合学生的心理特点，巧妙设置富有启发性的问题，使学生在好奇心的驱使下，积极思考，高效学习。

【案例21】

《草船借箭》

师：同学们，前些天有一个问题始终困扰着王老师，王老师想来想去，为了解决这个问题，我把《草船借箭》这篇课文读了二十多遍。你们想知道是个什么问题吗？（学生大声回答：想。）我暂时不告诉你们，请你们先仔仔细细地读读课文，猜猜困惑王老师的会是一个什么问题，看谁猜得准。

师：好，请同学们大胆地猜，是哪个问题困扰着王老师？

生：3天怎么能造好10万支箭？

生：为什么诸葛亮向鲁肃借船这件事不能让周瑜知道？

生：诸葛亮的计策妙在哪里？

学生探究学习的兴趣藏在内心深处，需要教师的点拨、挖掘才能激发出来。王老师通过创设猜问题的情境，极大地激发了学生初读探究的兴趣，发挥了学生的主体性和能动性，为深入学习做好了铺垫。

【案例22】

“乘法的初步认识”

师：6个5相加的加法算式是5+5+5+5+5+5，如果12个5相加，那么算式里应该写多少个5？

生：12个5

师：我们能否用简便的算法呢？这就是我们今天学习的内容，求几个相同加数和的简便算法——乘法的初步认识。

【案例23】

《避雨》

师：在课文中有这么一句话：“多么有心计的姑娘!”围绕这个中心句，教师提问学生三个问题：

①“心计”，是什么意思？

②文中怎样表现她有心计？

③为什么在心计前面加上“多么”，有什么用？

请同学们到课文中去寻找答案。

【案例24】

《皇帝的新装》

师：童话大师安徒生有一次被邀参加宫廷舞会，一位小姐久闻他的大名，于是大献殷勤，不住地问：“你觉得我这件衣服怎么样，颜色好吗？样式好吗？质料好吗？你喜欢吗？”安徒生冷冷地说：“都一样，谈不上喜欢。”小姐说：“你觉得我穿什么颜色，什么样式，什么质料的好？”安徒生的回答语惊四座，“皇帝的新装。”这引得周围人大笑不止。

师：“皇帝的新装是什么样儿的呢？为什么安徒生的回答使人大笑不止呢？下面我们来学习他的童话《皇帝的新装》。”

这位老师精心设置了一个悬念，使学生带着悬念进入情境，从而为课文的深入学习创造了条件。

【案例 25】

《蜡烛》的导入

师：同学们，在炮火纷飞的战场上，在炸弯了的铁器和烧死了的树木中间，有一位南斯拉夫母亲将珍藏了 45 年的两支结婚花烛点在了一位苏联红军士兵的坟头，这是为什么呢？让我们越过时空，去目睹那悲壮而崇高的一幕吧！

【案例 26】

于漪老师执教的《孔乙己》

“凡是读过鲁迅小说的人，几乎没有不知道孔乙己的；凡是读过《孔乙己》这个短篇小说的人，无不被鲁迅先生所塑造的那个受到社会凉薄的苦人儿的形象所感动。鲁迅自己也这样说：‘我最喜欢的作品就是《孔乙己》。为什么鲁迅创作了许多小说，而最喜欢《孔乙己》呢？鲁迅究竟用怎样的鬼斧神工之笔，来塑造孔乙己这样一个形象呢？我们学习课文以后，就可以得到正确的答案。过去有人说，希腊的悲剧是命运的悲剧，莎士比亚的悲剧是性格的悲剧，而人生的悲剧是社会的悲剧。鲁迅的《孔乙己》写的是孔乙己一生的悲剧。读悲剧时人们的心情往往很难过，洒下同情的眼泪。但读《孔乙己》时，你的眼泪流不出来，心里阵阵绞痛，眼泪往肚里流。那么《孔乙己》究竟是命运悲剧、性格悲剧，还是社会悲剧呢？读课文以后就可以找到正确的回答。”

这则导语抓住课文的重点：孔乙己是怎样一个人，巧布疑阵，而且还明确告诉学生答案就在文中，让学生对课文有兴趣，对解疑有信心，其学习的主动性自然会有较大程度的提高。

【案例 27】

特级教师钱梦龙的《岳阳楼记》的导入

师：范仲淹的《岳阳楼记》历代都作为散文名篇收入各种选本，从南宋人编的《宋文鉴》开始，直到当代的各类散文选，都选有这篇文章。究竟哪些独到之处，使它成为千古传诵的名篇呢？请同学们认真学习《岳阳楼记》，想想其中的道理。

这样设疑导入，把学生的注意、兴趣、思维一下子吸引到所提的核心问题上，并促使学生围绕核心问题阅读、思考，极大地激发了学生的求知欲，从而为整堂课的成功教学奠定了基础。

（三）课堂导入的要求

导入在整个教学中是一个重要的环节，它直接影响学生学习的情感体验和学习效果。在设计导入时要注意以下几个问题：

1. 导入的目的性和针对性要强

教学目标是学生通过教学活动后要达到的预期学习结果。教学活动一开始就应该符合教学目标的要求，使学生在学习之初就能明确学习的课题。

导入的针对性主要包括两个方面的适应性。第一，导入要与教学内容相适应。导入方法要具体、简洁，一开始就把学生带入一个新的知识情境中，使学生对要学习的内容产生认知需要。如果忽略了导入的针对性，导入与后续内容脱节，不管导入多么别致、精彩、吸引人，都不可能产生好的教学效果。第二，导入要与学习的主体——学生的情况相适应。导入要依据学生的知识基础、学习特点、心理特征和生活阅历等而设计，否则就是无的放矢、劳而无功。

2. 导入要有启发性

孔子在《论语·述而》中提到“不愤不启，不悱不发”，也就是在说启发性的关键在于启发学生的思维活动，使课堂教学获得好的效果，而思维往往是从问题开始又深入问题之中，它始终与问题紧密联系。学生有了问题就要去思考去解决，这便为学生顺利地理解新的学习内容创造了前提条件。导入能否引起学生的积极思维，能否使学生产生思维上的矛盾冲突，能否使他们产生新奇感，是导入成败的关键所在。

3. 导入要有趣味性

导入的设计应新颖多样引人入胜，这样才能最大限度地激发学生的学习兴趣，有利于引导和促进学生去接受新知，防止产生厌倦心理。

心理学研究表明，如果强迫学生学习，学生对所学的东西是不会保留在记忆里的。如果学生对所学的内容感兴趣，就会表现出主动、积极和自觉，学习时轻松愉快，不会造成心理上沉重的负担，学习效率自然会高。因此，教师要精心设计导入，使学生处于渴望学习的状态中，以饱满的情绪投身到学习过程中，为整个课堂教学过程打下良好基础。

4. 导入要考虑语言的艺术性

要想上课伊始就能拨动学生的心弦，迸出学生思维的火花，像磁铁一样把学生牢牢地吸住，这就需要教师讲究导入的语言艺术。讲究语言艺术的前提是语言的准确性、科学性和思想性，同时还要考虑学生的可接受性，不能单纯地为生动而生动。因此，设计导入要根据导入方法的不同，考虑采用不同的语言艺术。

三、课堂导入的原则与方法

课堂导入应遵循目的性、启发性、简洁性和机智性等原则，具体的导入方法应在上述原则下实施。

（一）课堂导入的原则

1. 目的性原则

导入新课的教学设计要以课程标准为指南，要有清晰准确的目的性，导语要贴近学生生活体验，要与学习内容构成有机的整体，要有助于学生初步了解即将学习的内容是什么，也就是要从教学目标出发，使学生明确学习的目的和教学内容，启发他们学习的主动性和积极性，引发其寻求答案的迫切心理。

2. 启发性原则

课堂导入设计应该建立在科学的教学理论基础之上，教师的导入内容不但要准确无误，还要与新课的重点紧密相关，能揭示新旧知识的联系。课堂导入要尽量以学生生活、学习中的具体实物和事例为基础，引入新知识，让学生从浅显易懂的事例中发现问题，进而着手寻求解决问题的策略。

3. 简洁性原则

莎士比亚说："简洁是智慧的灵魂，冗长是肤浅的藻饰。"课堂导入只是盛宴前的"小餐"，而不是一堂课的"正传"。因此，话语不宜太多，以三五句话为宜。导入要精心设计，要确保教学内容符合学生的认知水平和接受能力，在一定的时间范围内，力争用最精练的语言，集中学生注意力，使学生接受或掌握，并在课堂教学中行之有效。

4. 机智性原则

课堂是一个动态、充满变化的环境，教学技能也是一种开放性技能。因此，教师要善于根据课堂的心理气氛、学生的即时状态以及教学任务和内容的改变，运用教学机智调整教学方式，巧妙地将学生吸引到课堂中来，让学生用最短的时间进入学习的最佳状态。

(二) 课堂导入的方法

导入有法，导无定法。导入的方法要依据教学的任务和内容、学生的年龄特征和心理需求、教师的素质特点而定。

1. 情境导入法

情境导入法，指利用语言、设备、环境、活动、音乐、绘画等各种手段，营造一种符合教学需要的情境，以激发学生兴趣，诱发思维，使学生处于积极的学习状态的方法。苏联教育家赞可夫认为，“智力活动就是在情绪高涨的氛围里进行的。这种氛围会给教学带来好处，同时也有助于完成教学任务。”例如某老师执教朱自清的《春》的导入：“同学们，当二月的风拂过长满新绿的柳枝，当温暖的阳光洒满广阔的原野，当翠绿的山头铺满绚丽的野花，当俊俏的燕子在窗前快乐地呢喃，你感觉到了什么在悄悄地来临?”学生听到这样的描绘春色的语言，就会深深地受到感染，在美的氛围中调动自己的情感，在没有读到《春》这篇课文之前已经步入春的意境当中。这样就能激发学生的阅读兴趣。在讲胡适《我的母亲》时，有位教师播放了阎维文的一曲《母亲》，并且让学生说一说有关歌颂母爱的歌曲，并看谁能唱出经典名句，这样学生的兴趣立刻被激发起来。

2. 故事导入法

故事因为有人物、情节和过程而对学生有着很强的吸引力，教师可利用学生爱听故事的心理特点，选择合适的故事（如童话、传说、寓言、奇闻逸事）作为开场白。运用轻松幽默、暗含教育意义的故事导入，既可以让学生印象深刻、明白道理，也有利于丰富学生的情感和想象力。对于那些故事性强或有典故可引的作品，教师可以先讲与作者、作品有关的故事，然后引入本课。如学《是谁打碎了花瓶》时，老师先讲了《狼来了》这个故事。这个故事很多学生都听过，所以老师一说，学生就热烈地讨论起来，都说那个小孩骗人不好，骗了别人最后也害了自己，无论怎样骗人都是不对的。老师接着引导：大家在生活中有没有说过假话、谎话欺骗爸爸妈妈或者别人呢？如果我们不小心做错了事，应该怎么办呢?（有的学生回答：应该承认错误。）是的，大家都有做错事情的时候，都难免会犯错误，但错了要承认并且认真改正，不能说谎话欺骗别人；否则，就会像故事中的小孩一样。今天我们就看看列宁小时候把花瓶打碎了以后，是如何做的。一位语文教师在教学断句及使用标点符号时，为了使学生了解其严肃性和准确性，便讲了这么一个“语”“文”分家的故事：相传，有一个富翁生性吝啬，在聘请教书先生时，讲明膳食供给很微薄。当时，教书先生一口应允，并写了一张合约："无鸡鸭亦可无鱼肉亦可青菜一碟足矣。"富翁一看欣然签了字。哪知吃第一顿饭时教书先生说："你太不守信了，我们不是约定'无鸡，鸭亦可；无鱼，肉亦可；青菜一碟足矣！'的吗？"富翁看着双方都签字的契约，只能瞪眼、叹气、跺脚，一筹莫展。富翁耍聪明自以为要了"白纸黑字"就板上钉钉稳操胜券，殊不知魔高一尺道高一丈，教书先生早就给他这吝啬鬼挖下了坑，而且靠的就是他这"白纸黑字"。因为古代没有现在的标点符号，全凭语义来断句，口头表述就"全凭嘴一张了"。学生听了这个故事后，深深明白标点符号的重要性。这样的导入令学生兴趣盎然，能极大地调动学生学习知识的积极性。

运用故事导入需要注意两点。第一，要用那些和新学内容有共同点的故事或者形成鲜明对照的故事；第二，讲故事应简洁。

3. 巧设疑难导入法

巧设疑难导入法是指教师导入时针对教材的重点、难点，巧妙设疑，把学生带进问题的旋涡，从而激发学生的求解欲望，积极思考问题。

【案例 28】

《美丽的小兴安岭》的导入（第 2 课时）

师：上节课，我们阅读了课文，初步了解了课文的内容，并将课文分为三部分。请同学们说一说，哪句话是文章的中心句？它起了什么作用？

生：课文的第三部分的最后一句：是一座美丽的大花园，也是一座巨大的宝库。

生：这句话概括地揭示了文章的中心，又总结了课文。

师：下面我们就围绕这句话学习本课的重点部分——第二部分。看看小兴安岭究竟美在哪里，从什么地方可以看出它是个巨大的宝库。

4. 题解导入法

"题解"，就是平时所说的"解题"或"破题"。题解导入法，也叫分析课题导入法。指根据题目或利用题目中的关键词语、重点词语提出一系列问题，引出课文的重点、关键，从而激发学生的学习兴趣，促使学生深入学习内容、探求答案的方法。此方法的特点是可以引导学生初步了解课文的主要内容，把握课文中心。如教学《将相和》，某教师板书课题后这样讲解："这是一个有名的历史故事，记载在西汉时候司马迁写的《史记》里。'将'，将领，率领军队的人，这里指赵国的大将军廉颇；'相'，古时辅助国王掌握政权的最高官吏，后来也叫

‘宰相’，这里指蔺相如；‘和’是和好。将相和好，说明他们原来有矛盾。廉颇和蔺相如为什么有矛盾？后来又怎样和好的？我们学了课文就知道。”

5. 介绍说明导入法

介绍说明导入法，指教师在讲解比较著名的作者的作品之前，先从介绍作者或作品的地位或影响入手，导入新课。

【案例29】

《狂人日记》的导入

在中国现代文化史这块星空里，有一颗光彩夺目的巨星，他就是大家所熟知的伟大的思想家、革命家、文学家鲁迅。他所写的《狂人日记》是我国现代文学史上第一篇猛烈抨击“吃人”的封建礼教的白话小说。要知道作者是怎样抨击的，让我们一起来学习这篇小说。

6. 多媒体导入法

多媒体导入法，指运用现代化的录像、投影、课件等融图、文、声、像于一体的技术，创设栩栩如生、形象逼真的画面，激发学生认知思维，使学生产生新奇快乐感觉的方法。已有研究发现，人在学习时，生动、直观的形象，不仅增加了教学的信息容量，提高了单位时间内的学习效益？达到了各学科的融会贯通，而且对于培养学生的观察能力、记忆能力和形象思维能力具有不可估量的价值。在教学“The bedroom”这课时，一张卡通片的bed、一张左右摇摆的desk、一个会说话的lamp都会吸引学生的眼球，使学生耳目一新并积极投入学习活动中去。在教学“can”时，教师可以让学生观看动物园里的动物们玩耍情景的录像并根据片中情景进行解说，“The monkey can fly a kite. The tiger can jump through a ring.”来帮助学生理解“can”的用法，为下一步学习做好准备。在教学《瀑布》时，“观察点不同，看到、听到也不同”，这是本课的教学难点。为了突破这一难点，教师可用多媒体出示几幅不同的画面。

【案例30】

《望庐山瀑布》

在教《望庐山瀑布》时，教师可以先让学生朗读课文，然后播放《望庐山瀑布》的教学录音，让学生对比一下自己的朗读与录音朗读最大的区别；接着将投影片投到屏幕上："日照香炉生紫烟，遥看瀑布挂前川"，先是远景——香炉峰，山峰上白云在阳光照射下，犹如香炉散发着缕缕紫烟；接着拉入全景镜头——一条瀑布从峰顶直挂到山下的潭面上。再用投影呈现近景镜头——瀑布飞流直下，壮观无比。最后投影出从仰视角度摄制的峰顶的瀑布似与天相接的投影片，使"飞流直下三千尺，疑是银河落九天"的联想自然浮现在学生脑际。这样，通过直观形象的电教媒体的恰当演示，使学生很容易地领会了全诗的意境。再次让学生朗读诗歌，要求学生结合本诗的意境进行有感情的朗读，特别要回想刚才所看到的画面，让学生在两次朗读对比中去更深地体会诗歌，就能取得事半功倍的效果了。

7. 活动导入法

为使学生更深刻地感知新材料，教师应设计建立在学生认知结构基础上的、与学生生活相联系的活动。由于学生年级不同、认知能力不同、兴趣各一，教师设计的活动既要符合教学内容，又要考虑到学生兴趣的激发。如给一年级学生讲授《神气的小厨师》一课时，教师事先给学生一个星期的时间观察妈妈做菜的情景。上课的时候，让两位学生到讲台上来边说边用手表演洗菜、切菜、坐锅、炒菜、盛菜、端菜等动作，从而导入新课的学习。

8. 诗、歌、谜语导入法

用与学习内容相关的诗、歌曲或者谜语导入新课，在创设学习情境，使学生感觉轻松、愉悦的同时，激活思维，放飞想象力，为进一步学习做好准备。教学《飞夺泸定桥》时可用《长征组歌》导入。学习《我家跨上了高速公路》时可用歌曲《走进新时代》导入，可使学生与文本产生共鸣，较好地感知文中内容。在教学《青松》时，教师先让学生猜一个谜语："头上千丝发，身上披鳞甲，不怕雪花飘，不怕大风吹。"通过猜谜语，不仅让学生了解了青松的外形特点，而且青松不畏严寒、不怕风吹雪打的坚挺劲直的精神也留在了学生的脑海中。如在学"tea"之前，教师问，"Which letter is a kind of a drink?"（答案字母"T"）这样，学习氛围一下子就营造起来了。又如学习《蜘蛛》一文，不妨直接以文中的一则谜语导入："南阳诸葛亮，稳坐中军帐，摆起八卦阵，单捉飞来将"，这是什么东西？等学生猜中后再问它主要吃什么、怎样吐丝等。把谜语和问题结合起来，激发了学生的好奇心，使他们快速进入积极学习的状态。

9. 古今诗文名句导入法

用言简意赅、富含哲理的名言名句导入新课，会起到凝练情感、激活思维的作用。如毛泽东主席《卜算子 · 咏梅》中的"俏也不争春，只把春来报。待到山花烂漫时，她在丛中笑”；《长歌行·汉乐府》中的“少壮不努力，老大徒伤悲”；北宋苏轼《饮湖上初晴后雨》中的“欲把西湖比西子，淡妆浓抹总相宜”；清代郑板桥《竹石》的“咬定青山不放松，立根原在破岩中，千磨万击还坚劲，任尔东西南北风”等都是学生喜欢的名言佳句，如果在导课时运用得当，有时会使课堂变成巨大的情感场，起到画龙点睛的作用。

教学有法，但无定法，贵在得法。导入的方法和形式多种多样，没有固定的模式。各种导入方法异曲同工，在具体运用时常常是单独使用和交叉使用相结合。教师要从学生实际、教材内容出发，走入学生的内心世界，遵循导入原则，设计出科学合理的导入方法，使学生快速进入新课的学习中。

四、课堂导入技能训练的目标、程序及评价

导入技能是教师在一个新的教学内容或教学活动开始时，应用建立问题情景的教学方式，引起学生注意、激发学生兴趣，明确学习目标，形成学习动机的一类教学行为。

（一）训练目标

（1）了解导入技能的类型，理解导入技能的概念，掌握导入技能的基本程序和方法；

（2）能设计和编制合理的导入教案；

（3）能根据教学任务、教学内容及学生的年龄和心理特点选择恰当的导入类型应用于教学之中；

（4）能按导入的要求对本人或他人的导入技能进行评价。

（二）训练程序

1. 学习导入技能的基本理论

知是行之始，行是知之成，学生要想顺利地导入新课，首先要对导入技能进行详尽的了解。

2. 提供范例

（1）范例的展示一般有三种方式：指导教师亲自示范，学生请指导教师示范或出去见习，多媒体示范课。

（2）小组交流讨论，教师指导。学生观摩导入范例后，学生组成讨论小组进行交流。教师应指导学生从以下五个问题考虑导入的设计质量：

①导入的方式属于什么类型？

②导入与课题内容、教学目标之间的关系如何？

③新旧知识的衔接情况如何，是否衔接自然？

④导入的效果如何，是否在很短的时间内激发了学生对新课的兴趣？

⑤能用其他方式导入吗？（可尝试其他导入设计）

3. 编写教案

备课是上课的基础和保证。因此，教案的编写就显得的至关重要。编写教案时应思考以下五点：

（1）为什么选择这种导入方法？此导入方法与课题内容、目标有何关系？从出发点及效果来看，导入方法的选择应有利于教学目标的实现。

（2）选用此导入方法是如何促进学生学习的？这是导入方法的作用。

（3）选材是否恰当，是否注意了导入技能的执行程序？

（4）能否用多种方法导入？此导入方法是否是自己最擅长、效果又最好的呢？

（5）教案是否紧凑，逻辑是否严密？

4. 课堂导入实训

（1）组成微型课堂。课堂可以由5～8人组成，也可是大班形式。

（2）导入实践。培训学生按照教案和计划进行教学，开始导入实践，时间一般为5～10分钟。上课之前，学生要对导入内容、目标及设计做简短说明，让评价人员预先有一个大致了解，以便更好地记录和评价。导入实践可分为几种组织形式：

①班级训练：由一位同学进行导入，全班分析讨论，群策群力，提高完善。

②小组训练：回放导入的过程，由小组成员通过扮演教研员、教研组长、教导主任、学生家长等角色分析评价，帮助提高。

③个人训练：自己回放导入的过程并反思总结。

④课题组训练：设计同一课题内容的同学组成一组，导入之后，通过回放进行交流讨论，共同提高。

（3）课堂记录。记录与导入同时开始，记录方式一般有两种：声像记录和文字记录。前者更准确、真实、生动、完整，便于反馈和评价。

5. 教学反馈

（1）培训学生首先进行自我分析。自我分析一般应主要把握以下几点：

①导入实践与编写的教案、开始的设计和计划有什么不同？

②在实践过程中发现了什么问题？

③有什么感想和体会？

（2）指导教师和评议组的其他成员要根据观察和记录从不同角度对导入的实践过程进行分析和评价。在评价过程中必须遵循两条原则：第一，严格要求与尊重、鼓励相结合；第二，遵循长善救失、循序渐进原则。以总结优点为主，指出缺点为辅，特别是对于初训学生更应如此，这样可使培训学生树立信心，不断进步。

（三）训练评价

评价方法可采用自评和他评相结合的方法。他评由指导教师和评议组其他人员完成，并认真填写下面的评价量表（见表3-1）。

表3-1 导入技能评价量表

课题名称： 日期： 评价人签字：______

评价项目	评价成绩	参考权重
1. 导入目的明确		20
2. 方法恰当		20
3. 学生注意力集中		15
4. 衔接紧密		15
5. 语言清晰		15
6. 时间安排合理		15
总评 *		
改进意见：		

*A：优秀（85分以上） B：良好（70~85分）
C：合格（60~70分） D：不合格（60分以下）

【导入范例1】

《晏子使楚》

同学们，我们曾经学习过一篇课文《为中华之崛起而读书》这篇课文写了谁？说得好，咱们的周总理从小就有博大胸怀和远大志向。你知道吗？他还是一位出色的外交家。

这是周总理外交生涯中的一个小故事。请大家读一读吧。

读完了？大家能够读懂这位记者的本意是想挖苦周总理：你们中国人怎么连好一点的钢笔都没法生产，还要从我们美国进口？结果周总理说这是朝鲜战场的战利品，反而使这位记者搬起石头砸了自己的脚。

你觉得周总理是一位什么样的外交家？

（是的，他很机智、有口才。）

今天同学们就跟随老师，去见见春秋时期的一位外交家，跟着他去楚国看看，看他是如何和楚王唇枪舌战，斗智斗勇的。

齐读课题《晏子使楚》。

【导入范例2】

Story time：How do you feel

（Grade Six Book One Unint One）

歌曲导入（Song lead-in method）

If you're happy and you know it，clap your hands. If you're happy and you know it，clap your hands. If you're happy and you know it，then your face surely show it. If you're happy and you know it，clap your hands. If you're angry and you know it，stamp your feet. If you're angry and you know it，stamp your feet. If you're angry and you know it，then your face surely show it. If you're angry and you know it，stamp your feet.

【思考与练习】

1. 课堂导入有哪些类型？
2. 课堂导入的常用方法有哪些？
3. 课堂导入时应该注意什么问题？
4. 根据"导入技能评价量表"，测测你的导入技能并提出改进的措施。

【请你来做】

参考前面的"导入举例"，请将下面普通教案改变成导入教案。

《小麻雀》

（教学要点：介绍作者、初读课文、划分段落、分析描写方法）

师：同学们，你们喜欢看电视节目《动物世界》吗？你们都喜欢看什么呢？

生：（介绍自己所喜欢的动物）

师：你们为什么喜欢动物呢？

生：动物是人类的朋友……

师：动物是人类的朋友。在这个星球上动物与人的生活息息相关。从动物身上我们可以学到许多知识。由于人类的原因，一些动物濒临灭绝，许多动物将要离开人类。

你们见过麻雀吗，谁能描述一下麻雀是一种什么样的动物？

生：（略）

师：麻雀是生活在我们身边最常见的一种鸟类，它整天唧唧喳喳，在院子里叫，在林子中唱，在楼群中穿梭，在田野上飞翔。它给人们的生活增添了不少欢乐，给孩子们的童年生活增添了不少情趣。

今天我们要学习老舍先生的一篇文章——《小麻雀》，不过它是一只受了伤的小麻雀，它好可怜啊！那么作者为什么要写这么一只受伤的小麻雀呢？作者对它寄予了怎样的一种思想情感呢？希望同学们带着这个问题学习这篇文章。

师：请同学们回忆一下上学期对老舍的介绍。

生：老舍的代表作有长篇小说《骆驼祥子》，被称为"旧时代的葬歌"；还有《四世同堂》等。老舍的剧本有《龙须沟》《茶馆》等。

师：由于作者大半生生活在一个强暴横行、以强凌弱的旧时代，加上"童年习冻饿，壮年备酸辛"，深感"倘无共产党，荒野鬼为邻"，所以对社会上不幸的人们的命运深为关切，许多作品中都刻画了备受凌辱的小人物的形象。

【请你参考】

师：同学们，请你仔细听一下老师的描述，猜一猜它是哪一种鸟？"它生活在我们身边，整天唧唧喳喳，在院子里叫，在林子中、窗台上唱，在楼群中穿梭，在田野上飞翔。"

生：麻雀。

师：对了，看来同学们对麻雀还是挺熟悉。（板书《小麻雀》）今天我们就一起来学习著名现代作家老舍先生笔下的《小麻雀》。

下面请大家朗读课文，读时注意两点：

1. 在文中找出描写小麻雀外形、动作、眼神的句子。

2. 文章的小麻雀不过是一只受了伤的小麻雀，那么，作者为什么要写这么一只受伤的小麻雀呢？作者对它寄予了怎样的一种思想情感呢？

下面请同学们带着这两个问题学习这篇文章。

【阅读书目】

1. 陈宇赛：《课堂导入与提高课堂效益的关系》，载《新课程（教研）》2010 年第 9 期。

2. 李鹏翔：《教学导入的艺术手法》，载《文学教育（下）》2009 年第 11 期。

3. 吴飞翔：《依"单"入课，预防误导》，载《河南教育（基教版）》2009 年第 2 期。

4. 黄若林：《历奇教育在课堂教学导入中的"首因效应"》，载《广东青年干部学院学报》2010 年第 3 期。

5. 付文雯、王磊：《谈教学导入的创新策略》，载《陶瓷研究与职业教育》2007 年第 2 期。

6. 郭新彬：《思想政治新课程课堂导入探析——基于多媒体教学的运用》，载《教书育人》2011 年第 9 期。

7. 陈仕洪：《课堂导入的三个关键词》，载《河南教育（基教版）》2009 年第 2 期。

8. 李益民：《设置问题情境是课堂导入的主要途径》，载《中学物理教学参考》1997 年第 8 期。

9. 刘小年：《从心理学角度看课堂导入艺术》，载《广西教育》2002 年第 15 期。

10. 魏宏聚、李瑞：《课堂导入环节与情感目标达成的分析》，载《天津师范大学学报（基础教育版）》2011 年第 4 期。

11. 王宝大：《导入技能 · 结束技能》，人民教育出版社 2001 年版。

【相关网站资源介绍】

1. 教学资源网 http：//www. jb1000. com/
2. 小学教师网 http：//www. jy135. com/html/xiaoxue/
3. 中国教育在线网 http：//www. eol. cn/
4. 合肥教研网 http：//jys. hfjy. net. cn/

第四章　教学语言技能

【学习目标】

1. 理解教学语言技能的概念。
2. 了解教学语言的三种形式：教学口语、书面语言和体态语言。
3. 了解教学语言的构成要素。
4. 理解并掌握教学语言的应用原则和具体要求。
5. 进行教学语言技能训练。

【问题导入】

教师传递信息、表达思想、提供指导、培养能力、激发学习情绪等一切教学活动的最基本的行为方式是什么？

【案例引领】

《望庐山瀑布》教学实录[①]

著名特级教师　霍懋征

霍懋征十分重视古诗教学。她教古诗，教得活，教得巧。例如，教学《望庐山瀑布》，她只用了10分钟就圆满地完成了教学任务。让我们来欣赏她这堂课的教学实录。

师：我们学过许多首李白的诗，还能背吗？每人背一首，注意不要重复别人背过的诗。

（学生争着背诵，积极性很高，先后背了《静夜思》《赠汪伦》《早发白帝城》《望天门山》《独坐敬亭山》等。）

师：大家背得很多，也很熟。今天我们再学一首李白的诗。（板书：望庐山瀑布）

［点评：教学新诗不直接揭示课题，而是让学生先背诵学过的诗，然后开始

---

① 语文网 https：//yuwen. chazidian. com/xiangxi－276697/。

新课教学。这样做大有益处：一是新旧联系，衔接自然；二是激发兴趣，增强效果。学生在情趣盎然地背诵李白诗歌的气氛中学习新诗，效果当然不同。学生能一下子背出李白的许多诗，证明霍老师平时多有补充，教得扎实。]

师：谁来讲讲课题的意思？

生："望"是看的意思，题目是说看庐山的瀑布。

师：什么是瀑布？谁看见过？

生：我在泰山上看见过瀑布，它是从高山上直流下来的水，水流得很急，像倒下来似的，远远地看去像一块白布。

师：像一块铺在桌子上的白布吗？

生：像垂挂着的白布。

师：这样说就准确了。说到瀑布就让人很容易想到高山，从高山陡峭的地方，流水倾泻下来，远看像一块白布垂挂在山前。水很急地流下来，可以用"倾泻"这个词。谁如道"瀑"字怎样写？

生："瀑"是左右结构的字，左边三点水，右边是暴雨的"暴"字，合起来念"瀑"（Pù）。

生：把"暴"字加上三点水，就念瀑布的"瀑"。

师：说得对。齐读"瀑布"。

（学生齐读）

师：知道庐山在什么地方吗？

生：庐山在江西省，是个风景很美的地方，很多人都到那里去游览。

[点评：教者板书课题后，引导学生自己领悟题意：先解字，弄清"望"的含义，带出课题的意思；再释词，弄清"瀑布"是什么，就"瀑"正字正音；最后明确庐山的地理位置。这样解题，由字及词及地，次序井然；同时注意联系学生的生活实际，从"瀑布"引出"垂挂""倾泻"，与高山挂起钩来，不仅使学生觉得具体可感，还为下面讲析诗歌作了铺垫，收一举数得之效。]

师：我们一起来学习这首古诗。

（出示幻灯）

望庐山瀑布　　李白

日照香炉生紫烟，遥看瀑布挂前川。

飞流直下三千尺，疑是银河落九天。

师：谁能读一读？

（学生齐读，个别读，教师范读）

师：你们再小声读读，同桌相互议论一下，看能不能理解诗的意思。有什么问题也可以提出来。

生：老师，“银河”是不是神话中说的把牛郎、织女分开的那条河？

生：我奶奶告诉我，“银河”是天上的一条大河。

师：“银河”，民间传说是天上的一条大河，实际上是许许多多的恒星汇集成的。

生：“九天”是什么意思？

生：我知道，“九天”是指很高的天空。

师：古人认为天有九层，这里的“九天”指天的最高层。

[点评：出示幻灯，打出全诗，省时省力，又便于读、议；组织学生读和议时，突出“银河”“九天”，教者肯定正确的认识，纠正错误的看法，使学生对诗句能有准确、深刻的理解，既体现了教学民主，又发挥了教师的主导作用。]

生：“香炉”是烧香的炉子吗？

师：不是，这里的“香炉”指的是香炉峰。这座山峰的样子像香炉，所以叫香炉峰。你们懂得“日照香炉生紫烟”这句诗的意思吗？

(学生没有举手的)

师：这句诗的意思是——太阳照在香炉峰上，峰顶云雾弥漫，蒙蒙的水汽透过阳光，呈现出一片紫色，好像燃起的紫烟萦绕着香炉峰。你们再读一读，仔细体会一下这句话的意思，想象一下高高的香炉峰的美丽景色。谁能讲这首诗？

生：“日照香炉生紫烟”，是太阳照在香炉峰上，峰顶云雾弥漫，阳光透过蒙蒙的水汽，好像燃起了紫烟。“遥看瀑布挂前川”，是远远地看去，瀑布挂在山的前面。“飞流直下三千尺”，是水从三千尺高的山峰上很急地流下来。“疑是银河落九天”，以为是银河从高天上落下来了。

师：你能讲出来，很好！谁有什么意见吗？

生：我给他补充一点，“川”是河的意思，应该说是挂在山前面的河面上。

生：我有一点意见，“三千尺”不一定是个准确的数字，主要是突出山势很高。可以说水从很高的山峰上急流下来。

师：讲得好，谁能再讲一遍？

(学生逐句讲)

[点评：由学生对“香炉”的疑问带出“日照香炉生紫烟”的诗句，理解它是一个难点。在学生没有举手的情况下，教者作了描述性的解释，启发学生体会意思，想象美景，进而让学生讲解全诗，还就“川”和“三千尺”作了辨识，学生不知不觉地进入诗的意境了。这样教学体现了扶放结合的原则。扶，扶在难点上；放，放在自解和讨论上，无形中提高了学生的理解能力和表达水平。]

师：你们再小声读读，仔细体会一下，诗人写这首诗的目的是什么？

生：通过这首诗，诗人歌颂了庐山瀑布的壮丽景色。

生：诗人赞颂了祖国的美丽河山。

生：诗人赞颂庐山瀑布的美景，实际是抒发他热爱祖国河山的感情。

师：说得好！你是从什么地方体会出来的呢?

生：我是读出来的。诗人不仅把峰写得很美，而且把瀑布写得十分壮观，好像是天河掉下来了。

生：诗人借景抒情，把景写得这么美，实际上是抒发他的爱国之情。

生：我觉得这首诗写得好，有静静的香炉峰在紫烟的萦绕之中，又有那白色的瀑布从很高的山峰上倾泻下来，发出哗哗的声响。最后诗人赞叹，这好像是银河掉下来了。

师：分析得很好。确实，这首诗中有静有动，有声有色，有景有情。我们再体会一下，作者写出了红日、青峰、紫烟和白色的瀑布，色彩丰富、鲜明，多么美丽啊！你们在头脑里，定能勾画出一幅绚丽的图画。这首诗，充分表现了庐山瀑布的雄伟壮观，诗人借此抒发了热爱祖国大好河山的感情。你们再小声读几遍，看谁能背下来。

(学生纷纷要求背诵，一般都能当堂背下来)

师：课后把这首诗抄在你们的抄诗本上，便于常常读背。

总评：霍老师教学一首古诗，引导学生温旧出新，扣诗解题，突破难点，启发想象，点明特色，还要求读和背，仅仅花了10分钟。这无疑成为古诗教学的典范了，值得我们仔细揣摩学习。

课堂教学语言是语言在课堂教学领域中的具体运用，是传递教学信息的载体，是课堂教学活动的必备手段，也是教师完成教学任务的主要工具。课堂教学语言体现了教师教学的基本功和基本素养，是课堂教学艺术的一个基本的和重要的组成部分。教师在完成“传道、授业、解惑”的教学任务时离不开这个基本的和有效的工具。教师的课堂教学语言艺术高明，可以使教学效果更上一层楼，反之，会导致教学的失败。没有课堂教学语言，课堂教学活动便无法进行。课堂教学语言不同于日常生活语言，它是教师这一职业所独有的语言。因此，具有区别于其他语言的特殊性。

一、教学语言技能的概念

教学语言是教学信息的载体，是教师完成教学任务的主要工具。教师的教学语言水平是影响学生学习水平和学习能力的重要因素，在传授知识、组织练习、引导学生学习、启发学生思维、实现教学目标等方面具有重要作用。教师的语言修养在极大的程度上决定着学生在课堂上的脑力劳动效率。我们深信，高度的语言修养是合理利用时间的重要条件。

教学语言技能是教师用正确的语言、语义，对教科书内容、问题等进行叙述、说明的行为方式。对教师来说，语言应用能力是教育教学能力的重要组成部分，不仅影响着自己主导作用的有效发挥，还影响着学生的学习效果；不仅关系到知识的传授、学生智慧的启迪和能力的培养，而且还会影响他们非智力因素的培养和发展，是完成教学任务、提高教学效果的关键，因而教师的语言应用能力是教师的基本职业技能之一。

教学语言具有重要作用，主要体现在完成教学任务、培养学生能力和发展教师思维等方面。

(1) 使用准确的教学语言，可以保证准确、清晰地传递教学信息，以完成教育教学任务。这就要求教师具有良好的语言技能。

(2) 使用合适的教学语言，可以使学生的智力得以发展，能力得到培养。这就要求教学语言形象生动，具有启发性。

教学过程是学生发展的过程，学生的身心健康发展要求有一个良好的环境。教学环境应该是愉快和谐、启迪智慧、积极紧张三者的统一。而这正是教师提供的，是教师运用完美的教学语言创设的。

(3) 不断提高教学语言的水平，可以促进教师个人思维发展和能力的提高。语言是思维的工具，语言能力的提高必然会促进思维的发展。

苏霍姆林斯基提请教师关心语言在教学中的作用，“我们开始学习用语言来描述可以看到和可以观察到的东西，然后逐渐转到解释那些用感官不能直接感知的事物和现象有联系的概念。接着，我们转向深入地分析教科书的课文；确定逻辑顺序，找出因果联系、质的联系。”他发现，“备课和对教材的教学论加工——这首先是教师的逻辑思维和语言修养的统一”。这就生动地说明，教师教学语言技能的提高，同其思维发展和能力的提高是辩证统一的。

二、教学语言的形式

课堂教学语言的表达形式多种多样，主要有教学口语、书面语言和体态语言三种，其中教学口语是课堂教学中语言表达的主要形式。

(一) 教学口语

教学口语是教师用于课堂教学的工作用语。它是教师在课堂上根据教学任务，针对特定的学习对象，使用规定的教材，按照一定的方法，在有限的时间内，为达到某种预期效果而使用的语言。这种口语是经过转化的书面语和经过优化的口头语的结合。一方面，它是以有声语言为主，辅之以面部表情、手势、体态，具有口头语的特点。但因为是教学用语，受教学内容和教学任务的约束，比起一般口语来，随意性和灵活性更小，而更规范和更严谨。另一方面，它又吸取书面语言准确、精练、严密的特点，将书面语转化为口头语。教学口语的作用体现在传递知识信息、交流思想情感、开发学生智力、进行教学调度等方面。

教学口语具有规范性、启发性、形象性等特点。规范性是指教师在教学中应尽量使用规范的普通话；启发性是指教师应通过教学口语对学生进行适时的点拨、循循善诱；形象性是指通过教师的口语创造直觉形象，以帮助学生理解抽象事物、概念、定理等。

教学口语表达要讲究声调、音速和节奏。声调要有高有低，起伏得当；音速，要快慢适宜；节奏，是教师内在感情引起的语言的轻重缓急变化决定的，要做到平稳、分明、适度。以音质激发学生的兴趣，以音量拨动学生的心弦，以音速牵动学生的思绪，以音色调节课堂的气氛。

（二）书面语言

教学书面语言是指教师在教学活动中以文字记载下来的供师生“看”的语言。它包括备课的教案、上课时的板书以及课后作业本上的评语。它既是教学中口头语言表达的基础、强调或解释，也是教学意图或教学目标的具体表现，它对教学活动的进行起着积极的作用。

教案是教师为顺利而有效地开展教学活动，根据教学大纲和教科书要求及学生的实际情况，以课时或课题为单位，对教学内容、教学步骤、教学方法等进行具体设计和安排的一种实用性教学文书。教案包括教材简析和学生分析、教学目的、重难点、教学准备、教学过程及练习设计等。在实际教学活动中，教案起着十分重要的作用。编写教案有利于教师弄通教材内容，准确把握教材的重点与难点，进而选择科学、恰当的教学方法，有利于教师科学、合理地支配课堂时间，更好地组织教学活动，提高教学质量，收到预期的教学效果。

板书是课堂教学的重要组成部分，是传递教学信息的有效手段，又是教师在讲解知识过程中的产物，所以板书是一节课的精华所在。教师板书的字体要规范大方、清楚，内容要突出教学重点，简明扼要，一目了然，并与教师的讲授，学生的练习等有机结合起来。

作业评语是教学评价的一种重要形式。学生对于知识点和书面表达的掌握程度要通过作业来练习和检验，教师多使用作业评语可以提高学生的书面理解和表达能力。教学口语转眼即逝，而作业评语却能长久保存。教师在批改作业时所面对的是每一位学生的作业，便于因材施教，个别指导。作业评语可以有效弥补课堂教学的不足，是师生对话的一种方式。

从表达形式看，课堂教学语言属口头语言是毫无疑问的，然而它同时也具有书面语言的性质，因为教师使用的教学语言是事先在教案中写好的。所以课堂教学语言是书面语言和口头语言的统一体，它同时具有书面语言和口头语言的特点。了解了课堂教学语言的含义和性质，教师就应更自觉地对课堂教学语言从书面和口头两个角度去推敲，以使其表达得更准确和更完善。

（三）体态语言

体态语言是运用面部表情、眼神、动作等传达某种特定意义的重要交流辅助手段，体态语言也是教师在教学过程中不可或缺的基本技能。美国心理学家艾伯特·梅拉别恩的研究指出：信息的总效果 = 7% 的文字 + 38% 的音调 + 55% 的面部表情。可见，非言语行为在信息的表达中起着重要的作用。教师在教学中的一言一行都受到学生的关注、被学生模仿，体态语言对教学产生着重要的影响。

面部表情是人内心情感的外部表现，课堂上所有学生的目光都聚焦在教师身上，教师的情感变化直接影响到学生的情绪及学习效果。如果根据面部表情性质来分，大体上可分为肯定的（如喜欢、鼓励等）和否定的（如反感、厌烦等）两类。德国教育学家第斯多惠指出："教学的艺术不在于传授的本领，而在于激励、唤醒、鼓舞。"教师在课堂上应尽量使用肯定的面部表情，这对唤醒学生的学习激情和兴趣，活跃课堂气氛起到显著作用。

"眼睛是心灵的窗户"，人们内心深处的情感都可以通过这个窗户折射出来。赞扬的眼神、不满的眼神、气愤的眼神、信任的眼神，提醒的眼神都会让他们产生不同的感受。例如，上课前，教师进入教室在讲台站定后，用炯炯有神的目光扫视全班一周，可以稳定学生情绪，快速进入学习状态；教学过程中，教师"眼观六路"，用柔和、微笑的目光表示对学生的肯定、鼓励和喜爱，用不满、责备的目光表示对学生的批评和制止。特别是有些胆子小、不爱表现的学生，教师如果能带着真诚的微笑，用和蔼的目光与其交流，对其而言，就是一种默默的鼓励，能够帮其克服胆怯心理，大胆地发表自己的看法，充分地展示自己，提高自己。

教师在课堂上要合理运用自己的肢体动作，即身姿语。注意形体上庄重但不故作姿态，神态上自信但不盛气凌人，潇洒利索、自然得体，是对教师身姿语的基本要求。教师要想吸引学生，必须使头、手、身体、下肢等部位的变化协调一致，使全身动作表现出综合效用。学生回答问题时，教师需要给予鼓励，或点头微笑，或幽默地作出侧耳倾听的姿势；如果他们问题回答得特别好，教师还要竖起大拇指，给予肯定性质的反馈；对于形象思维发展得较好的小学生来说，教师还要多采用直观动作等。端庄大方、稳重亲切的协调体势，不仅富有美感，而且也给教师的教学活动增添了魅力。长期使用同一种体式，不仅会失去这一体式的效用，甚至也会使学生产生厌烦。

三、教学语言的构成要素

教学语言主要由语音、音量、语调、语速、节奏、修辞和语法等要素构成。

（一）语音和吐字

语音是语言的基本结构单位，是信息的载体和符号，有了语音这一载体，才能使得表达信息的符号——语言以声音的形式发出、传送和被感知。在交际中，语音力求清晰、清脆、悦耳，音色圆润。在教学中，要用准确、流畅的普通话，即要用普通话语音来讲话，方言是交流的极大障碍。如有位教师对“多”和“独”的音区别不开，因此在讲“多幕剧”和“独幕剧”的区别时，这位教师若不借助于板书，学生就很难听清楚。

吐字是发音的重要一环，只有通过吐字才能传情达意。讲话含混不清、吐字不清的主要原因是唇、齿、舌在发相应的字音时不到位。这种问题，只要有意识矫正，并且经常练习，是可以解决的。要想使吐字清楚、准确、圆润、流畅、完整，就必须努力锻炼自己的发音器官（唇、齿、舌），使其发音到位。上下颌关节的运动，使口腔能开能合，增加或减少口腔的容积，从而带动齿的运动和舌的活动范围，保证音节的准确形成。为了使字音清晰圆润，要求舌的活动幅度比日常口语发音时要大，因此必须适当打开牙关。舌在发音中是活动最积极、影响最大的器官，在普通话所有音节中，除发唇音的 b、p、m、f 辅音以外，几乎全都要靠舌的积极活动，舌的弹动力强，就会发音清晰准确。唇是字音的出口，对控制吐字的质量有明显的影响。比如，发音时唇向前突出，会使字音包在口中，给人以压抑沉闷的感觉；如果适当把唇收拢使唇齿相依，声音就会明朗许多。为使声音集中，还必须加强唇的收撮力，如果唇的收撮力弱，就容易使声音发散，不清晰。唇在控制普通话的吐字发音中具有特殊意义。同时我们要注意，唇、齿、舌在发音中是一个整体，这三者相互协调才能完成准确、清晰发音的任务。

（二）音量和语调

音量指声音的大小，声音小听不清楚，声音过大没必要，使人听起来感到不舒服、易疲劳。音量应控制在教室安静的情况下最后一排也能听清楚。音量大小和气息控制有关。要达到一定的音量，就要注意深呼吸；讲话时，要注意有控制地用气。注意音量的保持，要把每一句的最后一个字都清清楚楚地送进学生的耳朵，避免听清前半句，听不清后半句。不能先强后弱，越说越没有底气。爆发式的语音激变，会使学生吓一跳，也要防止。

语调是指讲话时声音的高低升降、抑扬顿挫的变化，是增强语言生动性、体现语言情感的主要因素。语调的抑扬顿挫和声音的高低能强化表情达意、增添口语表达的生动性，在教学中具有重要的作用。平淡而低沉的语调易使教室里气氛沉闷，学生振作不起精神，信息接受率低；声音过大，易使学生情绪烦躁或厌倦。要求语调自然、适度、优美，但语调的运用一定要从所表达的内容出发。正确的方法是，在讲解重点、难点和问题的承转处，在叙述概念、定义、公式、定理处，说话要慢些，语调要高些，以引起学生的注意并有思考、记笔记的时间，同时要注意声调高低对关键词的强调作用。语调的情感是随语言的抑扬顿挫而产生的，是教师对教学内容体验的自然流露，不是生硬的外加成分，也不是增加感叹词所能奏效的。

（三）语速和节奏

语速是指讲话的快慢，耳朵有一定的承受力，超载就听不清。电影、电视解说的速度为每分钟 250～300 字，课堂教学的语言速度还要慢一些，以每分钟 200～250 字为宜。教学语言的速度是否科学合理，对学生的学习效果有重要的影响。发送信息的频率太高，即语速太快，会使学生大脑对收取的信息处理不迭，势必会造成信息的遗漏、积压，而导致信息处理的障碍。如果信息发送得太慢，即语速过慢，跟不上学生大脑处理的速度，不仅会浪费许多时间，而且会导致学生的精力涣散。因此，语言速度过快或过慢对学生的学习都会产生不良影响。教师应能根据讲解内容和个人表情达意的需要，运用恰当的语速说话。在应该快速讲说时，不拌嘴，语言流畅；在应该慢说时，不拖沓，声声入耳。

节奏是指讲话时的快慢变化。它和语速有联系但不是一回事，一句话中每个字所占的时间并不一样，句中、句间还有长短不一的停顿。这些音的长短和停顿的长短所构成的快、慢变化，就是节奏。善于调节音程的徐疾变化，形成和谐的节奏，也可以加强语言表达的生动性，使听众不疲劳、不紧张。节奏是教学成功的要素，主要包括语言节奏、内容节奏和时间节奏三种。语言节奏是指语调高低、快慢的变化。例如，讲到重要的地方提高声调放慢速度；讲到快乐的地方自然地露出微笑；讲到愤怒的地方显出激昂的情绪；讲到悲伤的地方声音变得低沉。这种语调高低、速度快慢交叠伴随着情绪的起伏，就形成了一种节奏，这直接影响着学生的情绪和接收信息的效率。内容节奏是指要讲究内容的布局。开头要醒人耳目，一下子把他们带入学习情境，引起兴趣和注意；中间论述要善于变化，使学生的有意注意和无意注意有节奏地交替转换；结尾要有余味，激起继续学习新知识的渴望。时间节奏是指要合理地分配时间。师范院校的实习生或新教师往往不能很好地把握时间节奏，容易出现前松后紧或前紧后松的现象。因此，在课前必须熟悉自己的讲稿，对每个问题大致占多少时间要做到心中有数。

（四）修辞

语言是语音、语义结合的符号系统，词是这一系统中最基本的构成单位，没有词就没有语言。因此，修辞在教学语言中就显得非常重要了。修辞是使语言表达得准确、鲜明、生动、得体的手段，在课堂教学语言中，对词的要求是规范、准确、生动。

一个人只有具备一定词汇量并能正确、熟练的运用于口头表达中，才能具有一定的口语技能。在课堂口语中，对词汇的要求是：

规范：要用普通话的语汇交流。方言有很大的障碍。

准确：表达一个意思，客观事物，要用恰当的词语，不走样。

生动：注意用词形象性、可感性，注意词的感情色彩，能启发想象、联想、激发人的感情。

（五）语法

语法是遣词造句的规则，是某一民族的共同语言在长期发展的历史过程中形成的。按照这一规则进行语言表达，就能被人理解，违反这些规则，就无法进行交流。课堂教学与一般讲演不同，它除了让学生听明白外，还必须使学生理解、掌握，即不但要知其然，还要知其所以然。因此，在教学中教师不仅应注意教材的内在规律，运用逻辑推理的方式进行教学，而且要注意语言的逻辑性。在已知的前提下，根据所学知识进行详细严密的论证，从而得出结论。这样才能使学生思路清晰地寻根求源，一环紧扣一环地剖析事物，从而达到理解、掌握的境界。

四、教学语言的应用原则

教师在教学过程中运用教学语言应遵循以下原则：

（一）精确性和规范性原则

1. 精确性原则

科学知识本身是严密的、系统的，而教学又要求在规定的时间内完成一定的授课任务，这就要求教师的语言在课堂上要做到精确、规范。

教学语言的精确性，首先要求教师对知识的掌握要准确，传授的知识必须准确无误，绝对不允许概念不清的现象出现，否则将会误人子弟。其次，表述要准确，如果用词不当，逻辑混乱，讲话语法不规范，必将大大影响知识信息的有效传递。例如，有个教师在词语教学中解释“外甥”这一词的词义时说：“姐姐出嫁了，生的孩子就是外甥。”那么，一个人的妹妹出嫁后生的孩子叫不叫外甥？是不是只有这样的“孩子”才叫外甥、这样的成人就不叫“外甥”，稍加推敲就可以看出这样的解释语言是不准确的。凭借这样的语言传授给学生的知识是片面的，甚至是错误的。“精”，少而有分量，决不意味着过分浓缩，而是应在学生能接受的情况下做到简洁；“确”是恰切地表达内容。

2. 规范性原则

规范性，就是说教学口语必须语音正确、用词恰当、说话合乎语法、逻辑。教师在教学中所运用的语言要合乎现代汉语的规范和要求，把话讲通。现代汉语是现代汉民族的共同语。即以北京语音为标准音，以北方话为基础方言，以典范的现代白话文著作为语法规范的普通话。普通话是法定的教学语言，在语音方面，声母、韵母、声调的发音及其拼合必须合乎《汉语拼音方案》所规定的标准。在词汇方面使用普通话词汇，一般不用方言和学生不懂的古语词，更不能生造词。语法方面，无论是句子或语段，语序或词语的搭配，都应符合普通话的语法习惯。青少年时代正是学习语言的黄金时代，教师规范化的教学语言必将有利于学生们的语言训练。

（二）学科性和科学性原则

1. 学科性原则

教学语言是学科的教学语言，因此必须应用本学科的专门用语——术语。专业术语是学科范围内的共同语言，不用这些术语，不仅不利于交流，而且往往会产生不严密，甚至可能出现错误。学科性还要求教师运用本学科的教学术语来进行教学，教学术语分别表示不同的特定意义，是教学中的共同语。如语文阅读教学中，分析课文、划分层次、归纳段意、概括中心等。在教学中不注意运用教学术语同样会造成混乱。

2. 科学性原则

科学性，一是用词要准确，二是必须合乎事物自身发展变化的规律，要合乎逻辑。教学语言的科学性是教学内容科学性的重要保证，而教学内容的科学性是教学中第一位的要求。如线段就不是直线，无色就不是白色。

（三）教育性和针对性原则

1. 教育性原则

教师职业本身就使其教学语言具有一定的权威性（民族传统心理和学生学习的需要而产生的尊师心理）教学语言对学生的思想、情感、行为始终产生潜移默化的影响，有时甚至是决定性的影响。年级越低这种影响越大。必须十分清醒认识到这一点，十分注意到教学语言的教育性。教学语言的教育性还表现在组织教学中。教师对学生的尊重、鼓励、爱护的语言对密切师生关系调动学生学习积极性培养学生自尊、自爱的意识以及文明礼貌的语言教育都会起到积极的作用。教学语言的教育性的发挥，在很大程度上取决于教师的言行一致，教师在业务上精益求精，在思想、道德、情操等各方面全面提高自己的修养。教师成为学生的搬运工，其教学语言的教育作用才能得以发挥。

2. 针对性原则

针对性可以从内容和表达两方面来研究。内容必须是学生已有的知识和经验的范围内能够理解的，与学生思想感情相通不能超越学生的认识能力，也不可和学生的兴趣需要相悖。表达深入浅出、通俗易懂、简单明了、生动活泼。那种“你不说我倒还明白，你越说，我越糊涂了”的故弄玄虚、重复啰唆的语言是不允许的。要加强口语的针对性，教师要加强业务修养和语言修养，研究学生，从学生实际出发来选择和组织自己的课堂语言。

（四）简明性和启发性原则

1. 简明性原则

语言不多一听就明白，就表达内容来说一定是经过提炼和认真组织的，使用的词语和句式一定是经过认真推敲、严格选择的。教师口语既要有书面语言的精确，又要有口头语言的明白易懂，顺口悦耳，便于说、学和记笔记。教师上课时如按讲稿一字一句地念，会影响学生的思考，记笔记也不方便，教师在上课时必须考虑语言是否明白易懂，考虑课堂教学的特点和教学效果，文词过雅，组织过严，概念太多，只抽象不具体，只深入不浅出等都会影响讲课语言的明白易懂。

2. 启发性原则

启发性原则，包括启发学生对学习目的的意义的认识激发他们的学习兴趣、热情和求知欲；启发学生联想、想象、分析、归纳、演绎等激发学生积极思考；启发学生情绪审美情趣，丰富学生思想感情。教学语言要体现新旧知识的联系，要尽可能把抽象的概念具体化，使深奥的道理形象化。要能引起学生合乎逻辑地思考问题，这就要求教师的语言必须是逻辑极强的语言。

五、教学语言的具体要求

课堂教学包括导入新课、讲授新课、总结归纳、板书、实验、练习、现代教学手段应用等一系列教学活动。在这些活动中，导入新课、讲授新课、总结归纳活动中，教师的语言技能是非常重要的，它不仅标志着教师的教学质量和水平，而且还影响着学生学习的质量和水平。教师应根据教学语言运用的具体要求开展教学活动。

（一）导入新课的语言要求

教师在导入新课时，要想使第一锤就敲在学生的心灵上，激起他们思想的浪花，像磁石一样把学生牢牢吸引着，就需要教师精心设计导入的语言。

（1）创设情景、引入材料、启发谈话导入新课时，教师的语言应富有感染力。无论是用富有激情的诗歌，还是叙述性事实、情节过程，或介绍地点、环境特征等，教师语言的感情色彩都应该是十分鲜明的。语言既要清晰流畅、条理清楚，又要娓娓动听、形象感人，使每一句话都充满感情和力量。这样的教学语言能拨动学生的心弦，使其产生共鸣，激起强烈的求知欲望。

（2）直观演示、动手操作、借助实例导入新课时，教师的语言应该通俗易懂，富有启发性。无论对实物的演示说明，对操作过程的指导，还是对实例的解释说明，教师都应该选择最恰当的语句，准确、简洁地表达出教学内容，点明直观作用。运用这样的语言才能吸引学生的注意，启发思维，调动起学生的积极性，更好地探求新的知识。

（3）审题入手、类比、联系旧知识导入新课时，教师的语言应该清楚明白，准确严谨，逻辑性强。只有用准确严密的语言提出问题、进行讲解，才能使学生由此及彼、由表及里地去推想，才能温故知新引起联系，使学生正确掌握新课内容，提高课堂教学质量，取得最佳的学习效果。

（4）用巧设悬念的方法导入新课时，教师的语言应该是耐人寻味的。这样的语言会使学生感到新奇，容易引起联想，活跃他们的思维，调动起学习知识的积极性。总之，无论采取什么方法导入新课，教师的语言都要确切恰当，有画龙点睛之妙；也应朴实无华、通俗易懂、有实事求是之意；应该生动活泼、饶有风趣、给人以幽默之感。

（二）讲授新课的语言要求

课堂教学的成败主要取决于讲授的优劣，而讲授的优劣又取决于教师的语言技能。因而讲授的语言技能在课堂教学中就显得十分重要了。但也有人认为："教师的任务就是传授知识，只要能把知识传授出去，学生能听清楚就万事大吉了，还谈什么语言技能。"但在实际工作中，许多课堂教学的失败，并不都是教师知识贫乏或资历较浅造成的，大多数讲授缺乏应有的语言技能。教师在讲授新课时，应从思考学生已掌握的知识及知识本身的内在联系和系统性开始，把学生已知的具体内容纳入教材的未知体系中去，使已知与未知有机地联系起来。因此，此阶段应以讲解为主，辅以各种直观教学手段。其方法，从教材本身的逻辑安排来分，可采用问题探索法、讨论法；从教师的影响程度上分，可采用指导法、自学法等。总体来看，此阶段的教学语言主要体现在逻辑性、透彻性和启发性上。

1. 逻辑性

主要指准确地使用概念，恰当地进行判断，严密地进行推理的特点。但作为口头语言必须简短明快，语气的舒缓或急促，语调的轻重缓急，都应受制于教材本身的逻辑性，依靠语言的逻辑力量。教师在讲授时一定要按照学生的理解水平进行逻辑推理。有些教师的讲授使学生感到高深莫测；而另一些教师的讲授又失之肤浅，叫人难以忍受。要做到讲授深浅适度，教师必须使自己的语言、思想和思维的顺序都与学生的水平相适应。讲授的内容要从具体到抽象，再回到具体，这样可以使一些问题不致悬在空中。教师还要注意教材前后内容的逻辑性，给学生提供必要的背景知识，以便于理解新教材。

2. 透彻性

主要指阐释得透彻、尖锐，引导得玲珑剔透、清澈见底。要做到这一点，教师必须提高自己驾驭教材的能力，能够居高临下，对全课以至整个章节的教材都要有准确的分析，分清教材的主次，把握住重点和难点，把时间用在解决关键问题上，能够做到一通百通。所以好的教师在讲授中只突出几个论点，并围绕这些论点把它说清楚。为了保证教学目标的实现，教师除了必须清晰地阐明每个论点外，还能利用图解、事例及其他教学媒体来帮助说明。最后教师还要在回到他的论点上来，清楚地重申论点，使学生通过最后总结能加深理解并尽可能牢固地掌握教学内容。

3. 启发性

主要指充分激发学生学习的内部诱因，培养学生的认识兴趣和思维能力。具有这种特性的语言，一般使用在课程的起、承、转、合处，或者使用在激励、析疑、鼓励学生质疑和释疑处。就技巧手段而言，多使用设问、反问、比喻、比拟、排比、层递等修辞手法，致力于点拨、点染、引导、引发。实际上，启发性是教学语言的基本特征，应贯穿于讲授的始终。因为要使学生获得牢固的知识，就必须促使学生进行思考，而促使学生进行思考的第一颗火星，就是使学生认识到各种事物和现象之间的那些交接点，认识到各种事实和现象串联起来的那些线索。为此，必须启发，而启发又是靠语言进行的。

（三）总结、归纳的语言要求

总结、归纳是在两种情况下进行的。一种是在某个定理、概念、原理等讲解之后，通过归纳、总结使学生得到一个清晰的结论。在这种情况下，教师的语言主要的分析事实，适当穿插演示，采用的方法多以讲解、直观演示为主。另一种则是在全课结束时先归纳、总结，以使学生掌握全课的脉络、主要内容和概念。然后再根据学生掌握概念的水平和运用概念的能力组织练习。无论哪一种情况下的归纳、总结，教师的语言都应力求体现凝练性、平实性和延伸性。

（1）凝练性。主要指语言简练、简约、要言不烦。此时的讲授应点到为止，用压缩的语言去引导学生对刚刚学过的新内容再进行体会、咀嚼。

（2）平实性。主要指语言的质朴、严谨、实在，以一起促使学生提纲挈领地领会问题的主旨为中心。此时，大可不必渲染、点染和烘托。

（3）延伸性。主要指顺延、伸展、向新的深度和广度掘进。此时，应当运用具有延伸性内涵的语言，刺激学生从自己的精神领域中寻找与课本上所学内容相通的千百个接触点，以这些内容为依据，展开思维的翅膀，向更广阔的大千世界伸展。这也正是我们进行课堂教学的真正目的。

六、教学语言技能的类型

根据教学过程所采用的语言表达方式或程序，教学语言技能的类型可分为以下几种：

（一）说明法

明确对象、简介某概念的含义或知识间的关系；把某个问题的内容、因果关系解释清楚。此法又可细分为注释说明，结构、程序说明，逻辑说明，分类说明，举例说明，图表说明以及附加说明等。在语言表达中经常使用"它的意思是""我们可以把它理解为""它的理由是"等。

说明法，一般适用于初级的、具体的、事实性的知识；有时用于抽象逻辑推理前的必要的知识贮备。

（二）论证法

运用论据（事实、数据、定理和定义等）来证明论题的真实性的论述过程。此法又可细分为归纳论证和演绎论证。常用"由于""因为""根据"等词关联，而在论题（或论点）的前面常使用"所以""因为""总之"等词汇。

（三）推导法

根据已知的公理、定义、定理，经过演算和逻辑推理而得出新的结论的过程。常在已知知识的前面使用"由于""因为""根据"，而在新的知识前面使用"因此""所以"等。

（四）比较法

比较是确定被比较概念之间的异同点。通过比较，可以从共性中寻求规律性，从差异中探索各自的特殊性。

（五）借助法

在教学过程中，用学生熟悉的事物、生动的语句来促进理解和记忆。

1. 比喻法

这是变抽象为具体，变深奥为浅显的方法。借助这一浅近的比喻，做知识填补，以取得学生基础知识与认识水平之间同步，获得“移动”和重新达到“平衡”的认识能力。

2. 拟人法

例如，用拟人法比喻高炉的构造。高炉自上至下各部位的名称是：炉喉、炉身、炉腰、炉腹和炉缸。

（六）联系法

按知识的内在规律，采用由此及彼的联接表述方法。例如，以旧引新、理论联系实际、结构决定性质、性质决定用途、前因后果、宏微结合、以古鉴今以及透过现象提示本质等。

【课堂教学语言范例】

幸福天堂

——特级教师窦桂梅《卖火柴的小女孩》教学实录（节选）

第二课时之二——解读幸福

一、温暖（第一次憧憬）

生：“多么温暖多么明亮的火焰啊，简直像一支小小的蜡烛。这是一道奇异的火光！小女孩觉得自己好像坐在一个大火炉前面，大火炉装着闪亮的铜脚和铜把手，火烧得旺旺的，暖烘烘的，多么舒服啊！”小女孩看到了火炉，她一定感到很温暖。

师：谢谢你让我们分享了小女孩这一刻的温暖。让我们再来读读吧！（板书：温暖）瞧，这一段特别有意思，前后有这样一个巧妙的对应，你发现了吗？

生：开头和结尾的句子：“多么温暖多么明亮的火焰啊，简直像一支小小的蜡烛。火烧得旺旺的，暖烘烘的，多么舒服啊！”

生：开头一个温暖对应后面的“暖烘烘的”；明亮对应后面的“旺旺的”。“多么温暖多么明亮”照应后面的“多么舒服”。

师：多美的对称语言。你看，阅读批注的时候，不仅注意句子对立的一面，还要注意句子照应的一面，体会得会更丰富。再来读出这温暖的感受吧！（女生读第一句话，老师读中间的部分，男生读最后一句话，师生合作完成。）

二、满足（第二次憧憬）

生：“桌上铺着雪白的台布，摆着精致的盘子和碗，肚子里填满了苹果和梅子的烤鹅正冒着香气。更妙的是，这只鹅从盘子里跳下来，背上插着刀和叉，摇摇摆摆地在地板上走着，一直向这个穷苦的小女孩走来。”我仿佛看到了这样的画面。瞧，烤鹅正从盘子里跳下来，太有意思了。

师：瞧瞧安徒生，是太有意思了。把这烤鹅写得就仿佛走到了我们面前，我们仿佛闻到了香气。这里需要注意的是，小女孩那么饥饿，可烤鹅是主动走上来的。那可是肚子里填满了苹果和梅子的烤鹅啊，该怎么从盘子里跳下来，怎么摇摇摆摆地向这个穷苦的小女孩走来呢？用你的朗读告诉我们吧！（学生朗读，配以形体的动作，体会“摇摇摆摆”的样子。）

师：是啊，烤鹅明明是不会动的，可它却从盘子里跳下来，摇摇摆摆走来，多么富有童话趣味！它要带给小女孩什么呢？（直接问刚才朗读的学生。）

生：这只烤鹅要让小女孩把自己吃下去。

生：有了食物，小女孩就不必再忍受饥饿了，而是获得了满足。（让学生批注这个词语，并板书“满足”。）

师：小女孩尽管不再饥饿，也是烤鹅主动奉献自己的身体呀。谢谢你们，让我们分享了小女孩此时的幸福一刻。她好满足哦。继续交流。

三、安宁（第三次憧憬）

生：“这棵圣诞树，比她去年圣诞节透过富商家的玻璃门看到的还要大，还要美。翠绿的树枝上点着几千支明晃晃的蜡烛，许多幅美丽的彩色画片，跟挂在商店橱窗里的一个样，在向她眨眼睛。小女孩向画片伸出手去。”这颗圣诞树太大了，太美了。

师：谢谢你让我们看到了这么大、这么美的圣诞树。那是怎么个大，怎么个美呢？用你的读让我们感受到。

生：比她去年圣诞节透过富商家的玻璃门看到的还要大！（朗读得很美。）

生：翠绿的树枝上点着几千支明晃晃的蜡烛，许多幅美丽的彩色画片，跟挂在商店橱窗里的一个样，在向她眨眼睛。（朗读得很美。）

师：圣诞树上那许许多多美丽的画片，不就是圣诞节时候我们送给别人祝福的贺卡吗？瞧！它们正向小女孩眨眼睛。眼睛可是心灵的窗户，每张画片都写满了祝福，你们就是那一张张的贺卡，你们在向小女孩眨眼睛，想送给小女孩怎样的祝福呢？（找到一个女同学扮演小女孩，进行口语交际）

生：小女孩，现实太残酷了，愿我们的祝福能给你送去一些温暖。

生：小女孩，愿你远离寒冷，不再饥饿，我们会永远陪伴着你。

生：小女孩，你已经承受了那么多的孤独与寂寞，让我来安慰你的心灵吧。

生：小女孩，相信未来，你一定会告别寒冷、告别恐惧，告别痛苦，拥有美

好!(掌声)

生:小女孩,我也希望我们的祝福能给你送去勇气去擦燃下一根火柴。(举手的同学更多了,纷纷急切地想送去自己的祝福)

师:(采访刚才的"小女孩")小女孩,听了他们的祝福,你的感受如何呢?

生:我很感动。我不仅感到了温暖和满足,而且更感受到了他们对我的关爱,此刻我觉得这个世界是多么的温馨、美好。因为有了这么多的祝福,我不再恐惧,而是内心获得了一份安宁。(板书"安宁")

师:多美妙的童话,让我们赋予小女孩这么美好的祝愿,这不就是我们可以批注在旁边的想象吗?

四、疼爱(第四次憧憬)

师:小女孩不仅要获得这些物质上的满足,她还要追求更大的精神上的满足。所以,她第四次、第五次点燃火柴就看到了奶奶。(出示句子,生读)

生:"她在墙上又擦着了一根火柴。这一回,火柴把周围全照亮了。奶奶出现在亮光里,是那么温和,那么慈爱"。这一次小女孩看到了慈爱的奶奶。(板书:慈爱)

师:有了温和慈爱的奶奶,小女孩就不再孤独,她多么高兴啊,可以想象当她见到奶奶的时候,该怎么呼喊——

生:"奶奶!"(学生兴奋地呼喊。)

师:小女孩得到了温暖,不再寒冷,该怎样的呼喊?(指导朗读。)——

生:"奶奶!"(激动的语气。)

师:为了和奶奶一起走,小女孩该怎样请求——

生:"奶奶,啊!请把我带走吧!"(学生恳切地读。)

师:就这样,她向奶奶慢慢地诉说着把她带走的原因——

生:"我知道,火柴一灭,您就会不见的,像那暖和的火炉,喷香的烤鹅,美丽的圣诞树一个样,就会不见的!"

师:此刻,想象看到了奶奶的小女孩的泪,还是伤心的泪吗?

生:不,那是幸福的泪花。

生:可能还带着一点撒娇的语气——(学生完整地把女孩对奶奶说的话朗读了一遍。)

师:如果说原来的"啊"是一种抽泣,那么这里的"啊"应该是怎样的语气?

生:应该是高兴地感叹,或者是舒了一口气。(学生读。)

生:(这里指导出了学生朗读"啊"的不同感叹,体会不同的语境下,不同的语气,就是不同的感情。创造性的朗读,引起听课老师们的掌声。)

师：现在，小女孩好不容易见到了疼爱她的奶奶，难道她仅仅说了这几句话吗？除了说这些，她可能还有更多的话儿想讲给奶奶听，你想怎么说就怎么说吧。

生：奶奶，在这个世界上，我充满了寒冷、饥饿，只要我卖不出火柴，爸爸就会打我。请把我带走吧，我不想要饥饿，也不想要寒冷。

生：奶奶，我知道只有您才能给我温暖，给我慈爱，所以，您就把我带走吧。

生：奶奶，请您把我带走吧。把我带到没有寒冷、没有饥饿、没有恐惧、没有孤独、没有痛苦的地方去吧。

师：亲爱的同学们，其实我们怎么想象、怎么朗读也无法完全再现小女孩当时幸福快乐的时刻，那就让我们把双手放在胸口，静静倾听这心灵的呼唤吧！

生：（配乐静听，课件显示这段文字）"奶奶！请把我带走吧！我知道，火柴一灭，您就会不见的，像那暖和的火炉，喷香的烤鹅，美丽的圣诞树一个样，就会不见的！"（当时情境宁静而感人。）

五、快乐（第五次憧憬）

师：就这样，她的梦想终于实现了。

生："奶奶从来没有像现在这样高大，这样美丽。奶奶把小女孩抱起来，搂在怀里。她们俩在光明和快乐中飞走了，越飞越高，飞到那没有寒冷，没有饥饿，也没有痛苦的地方去了。"（有感情朗读）

师：小女孩飞到那没有寒冷，没有饥饿，没有痛苦的地方去了，她们俩是在光明和快乐中飞走了。（板书：快乐）

点评：特级教师窦桂梅是我国小学语文届的领军人物，其课堂教学语言有着鲜明的艺术特色，具有激励性、情感性、生动性、精练性和文学性，值得每一位师范生认真研究和学习。《卖火柴的小女孩》一课，窦老师的教学特点主要体现在三个方面：（1）超越既往的主题定位，既从现实的角度理解这是一个不幸的故事，也从文化的角度理解这是一个幸福的故事。在尊重儿童独特理解的基础上，让儿童体会到，我们不是一个廉价的同情者，而是一个反思者，能够在小姑娘"幸福"的死去中，我们如何面对苦难，汲取怎样活着的勇气和力量。（2）采用文本细读的方式，教学生如何批注，超越既往的咬文嚼字，读出文字背后的信息，读出文字背后的感受，读出文字背后的思考，从而从多种角度读出故事的不同味道。（3）从童话创作的角度，深入体会经典创作的内涵。通过对小女孩的"小"，发觉对应的自然环境、社会环境、家庭环境中一个个的"大"，以及内心包蕴的物质世界、精神世界追求的"大"，从而体会童话永恒的魅力。

【思考与练习】

1. 什么是课堂教学语言技能？你是怎样理解的？
2. 教学语言具体有哪几种形式？
3. 教学语言的运用对教育教学有何作用？
4. 教学语言的构成要素包括哪几个方面？
5. 教师在教学过程中运用教学语言应遵循哪些原则？
6. 运用课堂教学语言有哪些要求？

【请你来做】

训练项目一：吐字训练

绕口令练习

读下列句子，注意发音清晰，声韵准确，并逐渐加快朗读的速度。

（1）坡上立着一只鹅，坡下就是一条河。宽宽的河，肥肥的鹅，鹅要过河，河要渡鹅，不知是那鹅过河，还是河渡鹅？

（2）山前有个严圆眼，山后有个严眼圆，二人山前来比眼，不知是严圆眼的眼圆，还是严眼圆比严圆眼的眼圆？

（3）哥挎瓜筐过宽沟，过沟筐漏瓜滚沟。隔沟挎筐瓜筐扣，瓜滚筐空哥怪沟。

（4）小郭画了朵红花，小葛画了朵黄花，小郭想拿他的红花换小葛的黄花，小葛把他的黄花换了小郭的红花。

（5）粉红墙上画凤凰，红凤凰，粉凤凰，粉红凤凰，花凤凰。

（6）黑化肥发灰，灰化肥发黑。黑化肥发黑不发灰，灰化肥发灰不发黑。

（7）有个面铺门朝南，门上挂着蓝布棉门帘，摘了蓝布棉门帘，面铺门朝南；挂上蓝布棉门帘，面铺还是门朝南。

（8）石狮寺前有四十四个石狮子，寺前树上结了四十四个涩柿子，四十四个石狮子不吃四十四个涩柿子，四十四个涩柿子倒吃四十四个石狮子。

（9）八百标兵奔北坡，炮兵并排北边跑。炮兵怕把标兵碰，标兵怕碰炮兵炮。八了百了标了兵了奔了北了坡，炮了兵了并了排了北了边了跑。炮了兵了怕了把了标了兵了碰，标了兵了怕了碰了炮了兵了炮。

（10）打南边来了一个喇嘛，手里提着五斤獭（tǎ）犸，打北边来了一个哑巴，腰里别着一个喇叭。提搂獭犸的喇嘛要拿獭犸去换别着喇叭的哑巴的喇叭，别着喇叭的哑巴不愿意拿喇叭去换提搂獭犸的喇嘛的獭犸。

提搂獭犸的喇嘛抡起獭犸就给了别着喇叭的哑巴一獭犸，别着喇叭的哑巴抽出喇叭就给了提搂獭犸的喇嘛一喇叭，也不知是提搂獭犸的喇嘛打了别着喇叭的哑巴，还是别着喇叭的哑巴打了提搂獭犸的喇嘛。

喇嘛炖獭犸，哑巴滴滴答答吹喇叭。

训练项目二：语调训练

1. 把握重音

把握重音的关键是找到重音的确切位置，这就需要明确讲话的重点，弄清话语主旨，真正把握每句话的表意重点——表意的重点词语往往就是重音的位置。

请根据语意读句子：

(1) 今天我来这儿讲课（明天不来）

(2) 今天我来这儿讲课（不是别人来）

(3) 今天我来这儿讲课（明天在别处讲）

(4) 今天我来这儿讲课（不是来聊天）

2. 巧设停顿

停顿是指语言顿挫。它在口语表达中至少有两个作用：首先，停顿起着标点符号的作用，它作为话语中换气的间隙，既是表明上句话的结束，又是下句话的前奏，以此加强语言的清晰度和表现力。其次，停顿能使口语抑扬顿挫，它以间歇的长短、一定时间单位里次数的多少，形成讲话的节奏，给人以韵律美。

请根据语意读句子：

(1) 她/了解我不了解？（问是否了解自己）

(2) 她了解/我不了解。（承认自己不了解）

(3) 她了解/我不了解？（不承认自己不了解）

(4) 她了解我/不了解？（想证实她了不了解）

(5) 她了解我不/了解？（不相信别人了解）

3. 善用语调

语调分为升调、降调、平调和曲调4种。和重音、停顿一样，同一语句由于高低升降的不同，可以表达多种多样的感情和意义。因此，在发音训练中，应有意识地结合4种语调的不同特点进行训练，以使自己的发音具备更强的表现力。

试用不同的语调处理下面的话语：

(1) 你为什么要欺骗我

(2) 这次考试我们班的成绩很好

(3) 同学们，你们做了一件很有意义的事情

(4) 对于这样的事情你必须要搞清楚再下结论

训练项目三：综合训练及教师点评

1. 训练要求

自行选择用于训练的教学片段，将以下几种训练内容融为一体，并在课外进行演练（小组演练或个人演练），每人用 5 分钟左右时间在课堂上表演。

2. 训练内容

（1）口头教学语言（新课导入、提问、讲解、结束语等）

（2）书面教学语言（板书板画等）

（3）形体教学语言（教学仪态、手势等）

3. 教师点评与示范

评价项目	评价成绩	参考权重
1. 普通话发音正确清晰，无方言。		10
2. 吐字清晰，声音洪亮，速度、节奏适当。		10
3. 能用恰当的语言声调、丰富的词汇创设适当的教学情境。		20
4. 语句通顺、简练，语意明确，重点突出。		20
5. 语言条理清楚、层次分明、富有逻辑性。		20
6. 能用生动、形象的语言启发学生的思维。		20
总评：A：优秀（85 分以上）B：良好（70～85 分） C：合格（60～70 分）D：不合格（60 分以下）	总成绩：	

【阅读书目】

1. 吴萍：《新编教师教学技能训练教程》，北京师范大学出版集团 2011 年版。
2. 王悦：《教师体态语言艺术》，红旗出版社 2000 年版。
3. 皮连生：《现代教学设计》第 2 版，首都师范大学出版社 2012 年版。
4. 许迅：《教师语言实践教程》，南京师范大学出版社 2010 年版。
5. 李海涛：《教师语言行为研究》，四川大学出版社 2004 年版。
6. 周小蓬：《语文课堂教学技能训练教程》，北京大学出版社 2010 年版。

【相关网站资源介绍】

语文网 https：//yuwen. chazidian. com/

小学语文资源网 http：//xy. eywedu. com/

小学教育网 http：//www. ok1490. com

小学数学教学网 http：//www. xxsx. cn

小学英语课堂教学技能 http：//www. ecp. com. cn

第五章　课堂提问技能

【学习目标】

1. 分析课堂提问的功能。
2. 理解课堂提问的原则和实施要求。
3. 掌握课堂提问的类型和方法。
4. 能设计不同认知层次的问题。
5. 理解提问技能的评价要点。

【问题导入】

课堂上学生回答问题不正确时，教师该如何反馈？

选择一节自己的教学设计，列举其中属于理解型的问题。

【案例引领】

下面是一位教师教学《小麻雀》的课堂教学实录节选，读后完成下列要求：

(1) 找出教师提出的问题，思考它们在教学过程中的作用。

(2) 提问的哪些原则得到体现？

(3) 你认为整个提问过程是高质量的吗？还能提出修改意见吗？

师：刚才我们知道了“写的什么”，现在来看看作者是“怎么写的”，画出描写小麻雀眼睛的句子吗？谁愿意给我们读读？请一人一句。

生 A：“小黑豆似的眼睛……”

生 B：“它的眼睛现出……”

生 C：“那两颗小黑豆似的眼睛一直在我心里睁着呢。”

生 D：这不是写眼睛的，是写“我”的心情的。

生 E：这也可算是写眼睛的句子，属于虚写。

（几双眼睛一齐转向教师，带着询问，带着希望，希望教师这个审判官能判自己胜诉！教师眯着眼，为难地说：“这还真有些难办，这样吧，咱们暂时先放下，待会儿再讨论，好吗？”学生们又继续读着描写眼睛的句子）

师：奥，共有十几句写眼睛的句子。作者为什么要用这么多句子写眼睛呢？

生：因为从眼睛可以看到心情。

生：鲁迅说过写人最好是写人的眼睛。

生：有位画家说过，眼睛是心灵的窗户。

师：你们的知识面可真宽，那位画家是达·芬奇。既然从眼睛可以看到心情，那么小麻雀的“心情”是怎样的呢？

生：进退两难。

生：委屈、吓呆了。

生：无可奈何

生：求生又求死。

生：最后醒悟了。

师：对。作者除重点写眼睛外，还写了小麻雀“飞、跳、停、贴（着地）、进（烟囱）、出（烟囱）、看、瞟”等动作，这些动作配合眼神，的确表现了小麻雀的“心情”。不过，一只麻雀能有这么复杂、丰富的感情吗？

生：是作者猜的。

生：是作者体会到的。

生：其实是作者赋予它的。

师：这样说来，写小麻雀的心情，实际也是写作者的感情。文中还有没有直接写作者感情的句段？

生：“我想到了……”

生：“可怜这娇养惯了的……”

生：“我想，小鸟至少……”

生：“我没注意……”

师：这些句段里反映出作者怎样的感情？

生：同情。

生：可怜！

【理论学习】

我国古代教育家孔子提出，“学起于思，思源于疑”。在课堂教学中，提问是一种常用的教学方法，对课堂提问的研究可以追溯到2000多年前我国大教育家孔子的“启发式”提问和古希腊哲学家苏格拉底的“产婆术”提问。孔子运用“扣其两端”的追问方法，引导学生从事物的正反两方面去探求知识。苏格拉底运用“精神产婆术”进行教学，通过不断地提问让学生自己发现回答中的缺陷，意识到自己结论的荒谬，通过再思考，最终自己得出正确的结论。在现代课堂上，提问仍然是课堂教学顺利进行和取得良好教学效果的关键因素。课堂提问以基本的“一问一答”训练方式贯穿整个教学过程，通过教师发问、等待、叫答→学生回答→教师反馈完成教学任务。

一、课堂提问的功能

课堂提问是课堂教学中重要的教学行为，“具有激发学生学习兴趣、启发和引导学生思维、调动学生学习积极性、增加师生交流、锻炼学生表达能力、提供教学反馈信息”的作用。

（一）激发学习兴趣，启发学生思维

兴趣是最好的教师。教师立疑激趣，精心设计各种“问题冲突”，如提出使学生感到惊奇、疑惑的问题，或产生障碍、矛盾的问题，吸引学生主动探究、自觉解决问题。美国心理学家布鲁纳曾提到向学生提出挑战性问题，可以引导学生回忆、联系、分析、综合和概括，发展学生智慧。课堂提问是培养学生语言表达能力的重要方式，因为学生在大庭广众之下回答问题，既要条理清晰、有理有据地组织语言，又要清晰地阐明自己的观点，符合逻辑，这并不是容易的事情。

当学生的思维还没有启动的时候，如果教师在课堂教学中精心设计一两个巧妙问题，便会激发他们解决认知冲突的动机，使其思维处于高度自觉和主动状态，从而收到“一石激起千层浪”的效果。

【案例1】

叶圣陶先生的作文教学

叶先生：“你们谁能说说‘飞蛾扑火’这个成语的意思？”

学生1："太简单了，自取灭亡。"

学生2："自不量力。"

学生3："不就是明知山有虎，偏向虎山行的意思吗?"

……

学生们你一言我一语争先恐后地回答。

叶先生微微一笑："大家都说对了。但是，我们能不能从另外一个角度去解释这个成语呢?"

学生们面面相觑、抓耳搔腮。

大师不急不忙："我给大家一个提示，就是从另一个相反的角度去考虑，或者说，换位思考，站在第三立场上思考这个成语。"

还是没有学生举手发言。叶先生耐心地说道："我刚才听见有同学在解释'飞蛾扑火'时，说'明知山有虎，偏向虎山行'。这个解释很好。你们再想想，这只飞蛾明知前方有危险，但还是勇敢地冲上去，这是一种什么精神?"

学生们恍然大悟："啊，'飞蛾扑火'可以理解成'不怕牺牲、舍生取义'。"

叶先生吁了一口气："对，你们真是太聪明了。"

学生们终于找到了感觉："就是从反义的角度考虑考虑啊"，"还可以理解成'追求光明'，是吗?"

叶先生的提问由浅入深，应用逆向思维独辟蹊径，再搭桥铺垫，耐心点拨，激活了学生的思维，激发了学生的创造力。

（二）吸引学生注意，增进情感交流

教学实践证明，教师精心设计的"问题情境"，使学生的注意力迅速集中到特定事物、现象、专题或概念上来，此时大脑形成学习兴奋中心，产生解决问题的自觉意向，学习效率提高。

《义务教育课程标准》（2011 年版）强调要关注学生在学习活动中表现出来的情感态度。课堂提问是师生互动、对话的过程，表达了教师的教学需要以及学生的认知现状、态度和情感，师生的沟通对话由浅入深，由不了解到了解，包含了态度的一致与情感的加深、默契，学生按照"教师期望"达到自我实现。

【案例 2】

《圆的认识》教学片段

教师在教学"圆的认识"时，先让学生用自己的方法画圆，再折圆，引导学生初步认识了圆心和圆的半径。随后，就展开了与学生之间的对话。

学习目标	正确认识圆心和圆的半径	
教师行为	学生行为	提问分析
…… 师：请同学们想一想，议一议，用自己的话说一说，什么是圆的半径？ 师：好样的，你不仅能注意听同学的发言，而且还提出了自己的观点。 师（掩饰住内心的喜悦）：大家觉得他说的怎么样？ 师：同学们的评价真的很有见地，谁能指出这个圆半径的两个端点？	生 1：我认为圆的半径是一条直线。 生 2（立即举手）：我认为他说错了。半径是一条线段，因为它的长度是有限的。 生 3（迫不及待地）：我觉得他的表述不够完整。半径既然是一条线段，如果能指出它的两个端点，这样才更完整。 生 2（心悦诚服地）：我觉得他说得很有道理，线段有两个端点。 生 1（也心悦诚服地）：我认为他考虑得比较全面。 生 4：我想，如果指出半径的两个端点，就更清楚了。 …… 生 5：这个机会让给我。 （这个学生平时不爱发言，在大家的启发下，不由自主地喊出来。） 生 5（一边指着圆的半径一边说）：半径是一条线段，它的一个端点在圆心，另一个端点在圆上。	教师用简洁的提问和引导，让学生在观察、分析、思考的基础上，相互弥补，相互启发，逐渐掌握了圆的半径的本质特点。这一切都是在对话中自然生成的，对学生来讲是鲜活的、深刻的。所以，连平时很少发言的学生，也受到了启发，不由自主地发出了“这个机会让给我”的呼声。

（三）促进双向反馈，达成教学目标

课堂提问是师生互动、促进课堂和谐发展的过程。《学记》中强调教师应做一个“善待问者。”“善待问者，如撞钟。叩之以小者则小鸣，叩之以大者则大鸣。待其从容，然后尽其声。不善答问者反此。”教师应根据学生的问题由易到难进行回答，这才符合学生的愿望。因此，提问、答疑将直接影响课堂教学活动的展开，进而影响教学活动的效果。

课堂提问是为教学目的服务的。教师通过各种方式，不管是语言的明示，还是体态语的暗示，其目的在于引起学生的积极反应，以达到师生高效互动的目的。通过提问，教师能够了解学生原有的知识水平、思维能力，了解学生对知识的理解程度，检查学生对重难点内容的掌握情况，探明学生知识链条上的漏洞和产生错误的原因，反省教学中的不足或错误，并调整后续的教学活动；同时，学生也可以通过答问，从老师那里获得学习状况的反馈信息，改进学习态度、方法和习惯等，使后继学习活动更有成效。师生互动，双向反馈，形成良性循环：设计巧妙的提问→学生积极思考→有效的信息反馈→教师的肯定、鼓励→学生高涨的学习热情→良好的课堂氛围→教学目标的达成。

【案例3】

小学科学《节约用水》

学习目标	学生从哪些方面可以节约用水	
教师行为	学生行为	提问分析
师：在日常生活中，你还看到哪些地方可以节约用水吗？ 师：噢，你能想到喷泉的用水，说明你很注意观察，也说明你认真思考了。你说的有一定道理，如何能够做到既美化环境又节约用水呢？的确，这值得思考。 …… 师：其实，广场喷泉用的水我们不能喝，是污水经过处理后的再生水，再生水也是污水处理厂处理后的达标水，一般为二级处理，再生水虽不能饮用，但它可以用于一些水质要求不高的场合，如冲洗厕所、冲洗汽车、喷洒道路、绿化等。再生水合理回用既能减少水环境污染，又可以缓解水资源紧缺的矛盾。而且，喷泉的水是循环使用的，这种使用水的方式既节约又美化了我们的城市。	学生：广场的喷泉老喷着水，那太浪费了。 学生：就不那么美了。	教师在教学计划中没有涉及再生水的概念，在学生回答问题的时候，发现学生需要知道一些再生水的知识，于是，调整教学，加入了有关再生水的一些知识，让学生懂得合理用水。

二、课堂提问的原则

教师的课堂提问应遵循下列原则：明确教学目标，准确无误，富有启发性，一视同仁且以鼓励性评价为主等。

（一）目的性原则

提出的目的要明确，意图要清楚，提问是为实现教学目标、完成教学任务服务的。课堂提问要有的放矢，紧紧围绕重点，针对难点，扣住疑点，体现强烈的目标意识和明确的思维方向，忌不分主次轻重，为提问而提问。

（二）科学性原则

教师的“问”要融知识性、趣味性与新颖性于一体，教师的“答”要切中要害，精练干脆，准确无误。这要求教师熟练掌握教材内容，明确各章节知识点在整个教材中的地位和作用，熟悉各章节知识间的联系，具有较强的驾驭教材的能力。

（三）启发性原则

课堂教学以发展学生的思维能力为核心目标，教师要精心地创设问题情境，给学生设置悬念，引起学生的好奇，启发学生发现问题、提出问题进而解决问题。

（四）适宜性原则

提问的适宜性，包括“适量”“适度”和“适时”三个方面。适量，指教师所提问题的内容量及数量要符合教学目的及学生的实际。适度，指教师所提问题的难度或深浅度应在学生的“最近发展区”内，也就是说，是学生“跳一跳，够得着”的问题。适时，指提出的时机。孔子说过“不愤不启，不悱不发”，这对我们教师课堂提问的时机具有现实指导意义。当学生处于“愤悱”状态，处于“心求通而未得”“口欲言而未能”时，教师的及时提问和适时点拨，能促使学生积极主动地投入到探索活动中去；反之，学生会对教师的提问不以为然、无动于衷。秉持适宜性原则应注意两个方面：一方面，在教学过程中要恰到好处地掌握提问的频率，问题的设置应疏密相间，要留给学生充分的思考时间和空间；另一方面，问题的难易程度要科学适度，适合学生的认知水平。

（五）鼓励性评价原则

鼓励性评价，是以爱护学生为出发点，教师根据不同层次的学生的特点，找出其优点、长处、闪光点或任何一点点进步，及时给予肯定和表扬，评价公正、合理、符合实际。“鼓励性评价不仅能激发学生的求知欲，充分调动学生的学习积极性，而且能构建良好的师生关系，促进学生主动内化教育要求，增强自我学习的内部动力机制。”

（六）平等性原则

平等性原则，是指教师提问时要面对全体学生，调动每个学生思考问题的积极性，让全体学生参与教学过程，使每一位学生都有回答问题和提出问题的机会，体验参与并感受成功带来的喜悦。另外，教师应“蹲下身来”与学生进行平等地沟通、交流。

三、课堂提问的类型

自20世纪以来，学者们对于提问的类型进行过较多的思考。早期学者们依据提问的形式把提问分为两大系统：开放与封闭和记忆与思索。其中开放性问题是从书本上找不到现成答案，学生根据个人感受和经验而表达不同见解的问题；封闭性问题是指只有一个固定答案，学生从书本中就能直接找到现成答案的简单问题。记忆性问题是学生根据所学知识进行回忆，是最常见的提问类型；而思索性问题则是需要学生运用已有知识去创造新的知识的问题类型。目前比较普遍的划分方法是分为展示性问题（display question）和参考性问题（referential question）。展示性问题指提问者已知道答案，学生可从教材中直接或间接能找到答案、不需要深入思考的问题；而参考性问题指提问者并不知道答案的开放性问题，问题从教材中来，又脱离了教材，需要学生自己思考并发现答案。

课堂提问根据不同的角度，可以表现为不同的类型。

（一）根据提问的认知水平划分的提问类型

2001 年，“布鲁姆教育目标分类”进行了重新修订，对原来分类法的六个维度：知识、理解、应用、分析、综合和评价进行了适当的修改，变成用动词来进行分类，分为记忆、理解、应用、分析、评价和创造六个维度。根据学生回答问题进行的认知过程，按照认知过程的六个维度，可以将课堂提问相应地分为记忆型提问、理解型提问、应用型提问、分析型提问、评价型提问和创新型提问。

根据提问的认知水平不同，提问可分为低级认知提问和高级认知提问两大类。

1. 低级认知提问

低级认知提问是关于记忆方面的知识水平的提问。低级认知提问可分为三种类型：

（1）记忆型提问：记忆型提问要求学生再认或回忆所学知识。这是最低层次的认知加工过程。通过回忆以前学过的字、词、概念、定义、定理、公式和法则等，回答教师的内容，让学生对已经学过的知识予以再现和确认。这种问题常常是本堂课新授内容的基础和预备知识，与新知识有密切的联系，为学习新知识提供条件，起到温故而知新的作用。

在记忆型提问中，教师通常使用的提问动词有说出、写出、辨认、选择、识别等。如有位老师的提问：“同学们，上一节我们学习了朱自清先生的《春》这篇散文，大家还记得文章的思路吗？文章是从哪些角度来描写春天的？用了哪些手法？达到了什么效果？”就起到了很好的复习、巩固、强化的作用。提出记忆型问题时，教师最好能够把问题放在一个有意义的学习情境中提出，如果学生能够在更复杂的认知环境中运用所学知识，就能够很好地再认或回忆这些知识。

（2）理解型提问：理解型提问通常用以检查学生理解概念和规律等的程度。在基础教育目标中，理解是其中最大的一个类目。该类提问要求学生能用自己的语言对事实、研究内容等进行描述，对已学过的知识进行解释和重新组合，对学习材料进行内化处理，推断出结论或给出倾向性的建议等。

在理解型提问中，教师经常使用的关键词是：请你用自己的话叙述、阐述、比较、对照、解释（……的问题）、读（图、表）、转换、预测、推理等。例如，“Can you describe…? Can you retell the story? Can you tell us the main idea of…? What are the differences between…and…?”又如《我的叔叔于勒》中，“这篇文章的主人公是不是于勒？你认为文章的标题和内容是否吻合？”力学中“马拉车向前走，马拉车的力和车拉马的力哪个大?”历史中“你能说明两次国共合作的历史背景有什么不同。”等这些提问能起到澄清学生认识，加深理解的作用。

（3）应用型提问：设置一个新的简单的问题情境或学习任务，让学生运用新获得的知识结合过去学过的知识解决新的问题。这样的提问往往在学习新的概念、定理、公式和法则后进行。应用型提问与理解型提问的区别在于：应用型提问只给问题情境或学习任务，由学生自己去选择所需要的知识概念、规则或原理来解决问题；理解型提问是学生应用所给的知识概念、规则、公式或原理完成任务。

在应用型提问中，教师经常使用的关键词是：发生、应用、运用、解决、执行、实行、施行等。如用千分尺测量一根金属丝的直径。又如物理老师问：船从河里开到海里，是沉下去一些还是浮上来一些，为什么？根据这个原理，同一船只在河运和海运时的载重是否相同？再如，某同学在河边玩耍，看见两女士在河边散步，一位穿高跟鞋，另一位穿平底鞋，尽管她们的身高和体重相近，但她们留在河边湿地的脚印有明显的差异。高跟鞋后跟的印痕窄而深，平底鞋的则宽而浅。此时可对学生提出问题：产生这种差异的原因是什么？两人对地面的压力作用效果用什么物理量表示？该物理量与哪些因素有关？其实质是什么？通过提问帮助学生运用压强的知识解决问题。再如生物老师：“请用根毛吸水的原理来说明盐碱地为什么不利于植物的生长?”，“施肥浓度为什么不宜过高?”“家鸽是鸟，因为它具有鸟类的特征，那么鸡、鸭、猫头鹰是否也是鸟类，也具有鸟类的特征呢?”学生必须运用所学过的知识，对具体的事物特征进行分析才能做出正确的判断。

2. 高级认知提问

高级认知提问是以知识水平为基础的智能与技能提问，是与对教材或问题进行组织（或重新组织）的思维过程相联系的提问。高级认知提问一般分为以下三种类型：

（1）分析型提问。这种提问要求学生把事物的整体分解为部分，把复杂事物分解为简单事物，分清条件与结论，找出条件和结论之间的因果关系。一般是已经有了结果，要求学生找出产生结果的原因，以“为什么”为主要特征。分析型提问对于学生掌握知识和发展思维能力作用重大。语文教学中运用分析型提问，目的在于解决教学重难点。例如讲解《詹天佑》一文后，语文老师可以向学生提出如下问题：本文写詹天佑修筑京张铁路的事迹，描写了他是一个爱国工程师，为什么又用很大篇幅写帝国主义的阻挠和自然条件的恶劣？这与课文表现的主题有什么关系？这样能加深学生的理解。又如有位老师分析胡适的《我的母亲》，他在学生初读文本后提出"在我心目中，我母亲是怎样的一个人?"的问题。以这样一个问题作为主线，既符合一个人初读对文本的第一关注点，也有利于辐射全文。在这条主线下，他又提出"胡适仅仅为了写母亲是怎样的一个人吗?"的问题。答案肯定不是的，因为如果是，就无法解释文本前三段的铺垫了。胡适先生之所以写作前三段，正是为了说明在这个九年里其他都没什么影响，胡适之所以成为后来的胡适，最根本的就是母亲对胡适成长的巨大影响。这样首先辐射到文章的前三段，学生也就明白胡适为什么在母亲出场前大笔墨写作自己的童年生活了。接着上面的问题，又提问"母亲对我成长有什么作用?"文章分别在第四段和第十三段提到"做人的训练"和"极大极深的影响"这两个方面。这样就把"母亲对我的成长有什么作用"这个问题再分成两个子问题：我在母亲的做人训练中感觉到什么和母亲与家人相处对我有什么影响，逐渐就进入了文本的内核了。

在分析型提问中，教师经常使用的关键词有：对比、比较、分析（是什么、为什么、什么关系等)、陈述、找出、得出（结论)、论证、证明等。如一位化学老师在讲二氧化碳的性质时，先讲一个故事：在法国阿尔卑斯山下有一个山洞。有一天，三个探险者带着几条狗进洞，走到深处，几条狗便瘫倒在地，四肢抽搐，相继死去，可奇怪的是人却安然无恙。消息传开，许多好奇者蜂拥而至，屡次试验结果都相同。为此，人们称之为"魔洞"。同学们想知道其中的奥妙吗?通过随下的学习，学生知道了答案，即二氧化碳比空气重，在空气的下层，狗比人矮，所以狗会死而人无恙。由此明确了二氧化碳的一个重要性质。这些问题没有现成的答案，需要学生自己重新组织材料，找出根据，指出原因。这种提问可以帮助学生概括、整理或系统化他们所学的知识。

【案例 4】

《孔乙己》

在教学《孔乙己》时，教师先请学生找出与"手"有关的动词。问题一提出就引起了学生的兴趣，不一会儿学生就找出了很多与"手"有关的动词。接着教师又提出问题：原文在写"手"的动作时用了两个独特的动词，大家能准确找出来吗？最后经过学生激烈的讨论，定为"罩"和"走"。这时，教师又进一步追问：作者是怎样通过对"手"的描写来刻画孔乙己悲惨命运的？从"罩住"到"用手走路"，提示了孔乙己悲惨的一生。这样的描述，作者主要抨击了什么？随着教师的步步追问，学生一步步进入紧张的思索中，思维呈现出积极活跃的状态。课文的重难点在教师引导的过程中，由学生合作探究完成。

【案例 5】

杜甫的《绝句二首》（其一）

迟日江山丽，春风花草香。

泥融飞燕子，沙暖睡鸳鸯。

可提出问题：此诗描绘了怎样的景物？表达了诗人怎样的感情？请简要分析。

通过深入分析可以明确，此诗描绘了一派美丽的初春景象：春天阳光普照，四野青绿，江水映日，春风送来花草的馨香，泥融土湿，燕子正繁忙地衔泥筑巢，日丽沙暖，鸳鸯在沙洲上静睡不动。这是一幅明净绚丽的春景图。表现了诗人结束奔波游离生活后暂时定居草堂的愉悦闲适的心境。

（2）评价型提问。评价型提问指要求学生通过分析、讨论、评论、优选解法等，对事物进行比较、判断和评价的提问。在评价型提问中教师经常使用的动词有批判、判断、评价、分级、评估、证明、辩护等。常用的句式有：你的……标准是什么？哪个更重要？哪个更具有道德性？你同意……吗？为什么？有什么失误或不一致之处？你认为……吗？为什么？你相信……吗？为什么？你觉得……吗？为什么？你喜欢……吗？为什么？你对……有什么看法？比如让学生判断和评价其他学生不同观点和不同解法的对错和优劣，并讲出理由。又如通过《项链》这篇文章的学习，你怎样看待法国各阶层人民的生活？你是赞成这个结论还是反对这个结论？原因是什么？再如“单倍育种和多倍育种与常规育种分别有哪些优点？为什么？”“通过家鸽和蜥蜴血液循环系统的比较，鸟类有哪些比爬行类动物高等的特征？为什么？”在进行这种提问前，应先让学生建立起正确的价值观念、思想观念，或给出判断评价的原则，以作为他们评价的依据。

（3）创新型提问。创新型提问要求学生发现知识之间的内在联系，并能对概念、规则进行重新整合。创新型提问可以激发学生的想象力和发散思维能力，而发散思维是创造性思维的核心。创新型提问的问题往往是开放性的，正确答案不止一个，且通常不大可能事先预知正确答案是什么。问题的答案既能涉及事实之间的基本联系，又能摆脱简单的重复记忆。在创新型提问中教师经常使用的动词是预见、创作、总结、产生、计划、设计、构建、开发、生产、提议、发明、建构等。常用的句式有：假如……会产生什么后果？如果……会出现什么情况？结合……谈……；为了……我们应该……；根据……你能说（想）出……的解决方法，我们应该怎样证明或确定？如在教学《项链》一课时，老师问：假如马蒂尔德没有把项链弄丢，你推测舞会后她的生活会发生变化吗？会有什么变化？又如英语老师问：What good can trees do us？Without trees，what will happen to the world？What should we do to save trees？此类提问可以培养学生的逻辑思维能力、想象力及发散思维能力等。

提问的准确性、适度性和层次性表现出教师对教材的深入研究与对学情的正确掌握程度。教师应根据不同层次的提问选择不同的提问用语，以使提问规范化。例如，知识（回忆）水平的提问要用“说出”“什么是”“是什么”等；理解水平的提问要用“用你自己的话来叙述”“请说明”等；运用水平的提问要用“举例说明”“运用……做……”等；分析水平的提问要用“请分析”“请证明”“为什么”等；综合水平的提问要用“请总结一下××”“综合说明××”等。提问不能模棱两可，不能让人不得要领无法回答。

（二）根据提问在教学中所起的作用划分的提问类型

根据提问在教学中所起的不同作用，提问可划分为以下类型：

1. 引导型提问

教师针对疑难点，进行分层设问，遵循从易到难、由浅入深、自简至繁、由表及里的原则，一步一个台阶把问题引向深入。层层设问，有利于培养学生的逻辑思维能力。在教学人教版小学语文三年级下册《荷花》一文时，一位老师先提出问题：“荷花长得什么样？它是什么形状？有哪些颜色？你知道哪些赞美荷花的诗句？”再引导学生阅读、讨论，使学生了解荷花、荷叶的样子和颜色，从中培养学生欣赏美、感受美的能力，训练学生的观察能力，发展学生的想象能力，培养学生的美好情操，一节课上得顺利高效。

【案例6】

《圆的认识》

一位老师运用多媒体设计了下面一系列问题：

（1）一头小牛被拴在木桩上吃草，这头小牛吃草的最大范围会是一个什么图形？（圆）

（2）如果牛没吃饱，你能帮帮它吗？（放长绳子）

（3）绳子在这里相当于圆的什么？（半径）

（4）如果再放长绳子，所得到的圆会怎样？（增大）

（5）由此可见，圆的大小是由什么决定的？

（6）如果牛还没吃饱，除了放长绳子，你还可以怎样帮它？“移动木桩！”

（7）木桩在这里相当于什么？如果木桩再移动，圆的位置会有变化吗？

（8）圆的位置是由什么决定的？

通过这一系列的提问，让学生弄清了半径决定圆的大小，圆心决定圆的位置的道理。

【案例7】

《苏州园林》

师：“同学们，人们常说‘桂林山水甲天下’，‘上有天堂，下有苏杭’。桂林美在山水，苏州美在园林，苏州园林究竟有什么特点呢？它究竟美在何处呢？下面请同学们阅读《苏州园林》之后，回答老师的问题。”

这样设疑导入，先创设了问题的情景，即先通过介绍“苏州园林美”激发了学生的学习兴趣，接着问“苏州园林美在何处”，明确问题的指向性，又充分调动了学生自主学习的积极性和对问题的探究欲望。

2. 探究型提问

一般用在深入品读文本中，用这类问题引导学生运用已有的知识和原理，采用独立或集体讨论的方式解决问题，其目的是培养学生的创造性思维。如教《荷塘月色》时，教师可设置讨论问题：这篇优美的散文可以分别从作者的行踪、作者的感情变化、作者对景物的描写三种角度来分层划段吗？还有没有其他划分段落的角度或依据？这样的提问只要回答时以文本为依托，有理有据阐述自己的论点即可。这类提问尊重了学生的个性，易激活学生探究学习的心理和独立思考的意向。

【案例8】

《陌上桑》

学习完《陌上桑》进行小结时，我引用《教师用书》中的一段话并结合课本“阅读提示”归纳主题：“这首诗叙述了采桑少妇严词拒绝太守调戏的故事……使君惊艳于罗敷的美丽而提出了无礼的要求，有荒淫之心，是好色之徒，从而揭露了封建统治者腐朽的丑恶灵魂。”话刚说完，一位平时很调皮的学生（生1）在下面咕哝了一句：“少年是淫棍”。

此话一出，全班愕然，随即哄堂大笑，并有不少同学向他投去赞赏的目光。面对突如其来的“怪球”，我稍稍迟疑了一下，便面带微笑，请他把话讲完。“我认为使君并没有您说的那么坏，否则，少年就该是淫棍了。”一石激起千层浪，同学们也都开始议论纷纷，教室气氛异常活跃。我乘势提出两个问题，把这个“球”又踢给学生。

(1) 为什么说使君不是老师所归纳的这种形象？

(2) 少年是淫棍吗？

这时的学生有的思考，有的翻书，有的小声议论。我静静地站在讲台上，欣慰地看着学生们争辩，萌生一种“遥想公瑾当年”的欣喜。学生们开始“带球”了。

生2：使君是让小吏去询问罗敷，比较有分寸，并没有用他的威势强迫罗敷。

生3：马上补充道：书中写道“使君谢罗敷”，一个“谢”字看出他很有礼貌，未见他的无礼、轻薄。

生4：我认为，罗敷在叙述其丈夫时用的是调侃的语气，聪明的使君不会听不出，听后他也没有把罗敷怎样，可见他还是一位正人君子。况且太守没有倚势强迫，罗敷也没有拼死抗争，所以使君也许并无恶意。此时，教室里一片嘈杂，学生争先恐后地举手。学生的探究又深入了一步。

生5：爱美之心，人皆有之。行者、少年、耕者、锄者能欣赏罗敷美貌，而使君就是“好色之徒，有荒淫之心”？

生6：“关关雎鸠，在河之洲”，是不是也属于黄色书籍？

生1：所以我说如果使君的形象是按您归纳的那样，少年就应该是淫棍了，你看他已“脱帽着头了”。

生4：又摸出一本有关古文翻译的书说：“来归相怨怒，但坐观罗敷”，还有一种解释是因为看了美丽的罗敷，回家就嫌弃自己的妻子了，可见他们的德性还不如使君。

生：……

下课铃响了，学生们余味未尽，教室里谈笑声正浓。我也陶醉在被我踢回去的这一“球”上——学生挑战权威，不迷信书本和老师的虎劲，勇于从文本出发深入探究的思维方式，不正是创新型人才所应具备的吗？下次上课就给他们布置另一个任务：找出语文课本中有疑问的地方。

3. 检查型提问

这类提问主要是对学生的学习进行检测，既可用在预习时检查学生是否预习，又可用在赏析课文后检测学生的学习状况，引导学生运用所学知识来解决实际问题，培养学生的创造性思维，从而让学生从课本中跳出来。如人教版新课标教材必修四《Unit 5》一课，涉及有关历史人物和背景知识，教师可让学生就"What do you know about Nelson Mandela?"的问题进行预习。在学习《我有一个梦想》一文前，可以提出："美国黑人生活状况是怎样的?"让学生带着问题去查找资料，这样课前学生对当时美国黑人生活的状况就有了充分的了解，在课上理解作者要求自由民主的梦想及作者对那份演讲的激情也就更容易了。

如《美丽的小兴安岭》文中有这样一句话："春天，树木抽出新的枝条，长出嫩绿的叶子。"教学时可设计这样几个问题：(1)"抽"和"长"有什么不同?(2)把这句话写成"春天，树木长出新的枝条和嫩绿的叶子"行吗?(3)为什么不行?教师抓住一个"抽"字，深挖下去，让学生既理解了"抽"在这里生动形象地反映了"春意盎然，树木长得快"的特征，又体会了用词的准确性。例如教学《泊船瓜州》一诗，为了帮助学生认识王安石精心选词炼字的好处，教师可以提出这样的问题："要冬去春来的情景表达得生动形象，是用'春风又绿江南岸'好，还是用'春风又过江南岸'好?"教师引用原诗句子，就为学生提供了一个进行比较的条件，生对"绿"与"过"加以比较认识，便能体会出王安石精心选词炼字的绝妙。比较提问的特点是提问时，教师为学生提供可供比较的事物，它能够打开学生的思路，帮助学生在比较异同中认识事物。在阅读《茶馆》的部分对话和情节后，可设置以下问题：老舍先生说"茶馆是三教九流会面之处，可以容纳各色人物，一个大茶馆就是一个小社会"，那么这"大茶馆""大"在哪里?这"小社会"又是怎样的?这就对学生的学习情况进行了检测。学完《茶馆》教师可设置这样的问题：比较阅读《茶馆》和《雷雨》在结构上有何异同?通过这类提问，可使学生较好地区分和掌握易混知识点。

又如学了"一次函数、二次函数和三角函数"之后，教师可提出"这些知识在概念和学习方法上有什么联系和区别?"使学生加深对函数的理解。在学生回答的过程中，教师可以依据"反馈"回来的信息，对学生的误解和错误及时给予纠正。

4. 发散型提问

集中一点发问，多点回答，同中求异，既能激发学生围绕一个问题发表意见，又能使全体学生加入答问的行列，甚至形成热烈讨论的气氛。如教《凡卡》可设计这样的问题：作者为什么用凡卡的梦来结尾?问题提出后，学生带着问题阅读、思考，纷纷发表自己的看法：有的说，用梦结尾，说明凡卡要回到爷爷身边只是一个美丽的梦，永远也实现不了；有的说，凡卡的信没贴邮票，也没写清地址，收信人是收不到的，所以他永远也回不到爷爷身边，只能在梦里才能和爷爷团聚；也有的说，用梦来结尾非常含蓄，意味深长，给人留下回味的余地；还有的说，用梦来结尾点明了文章的中心，连一条狗都能在爷爷身边走来走去，而凡卡却永远也回不到爷爷身边，只有在梦中才能享受在爷爷身边的快乐，揭示了旧制度下穷人的孩子连一条狗都不如的悲惨命运，进一步揭露了旧社会的黑暗……一石激起千层浪，这种发散性提问，能很好地调动学生的学习积极性，培养学生思维的广阔性。

【案例9】

《蛇与庄稼》

某地洪水过后，一连几年，不管农民怎样精耕细作，庄稼总是欠收，农民感到十分奇怪。后来有人买了一大批蛇放进田野里，从此，庄稼就丰收了，农民更感到奇怪。想一想，“奇怪”一词各指什么？为什么奇怪？为什么没有蛇庄稼就欠收，有了蛇庄稼就丰收？你觉得奇怪吗？

对上述问题，学生感到既新奇又难解，带着疑问去学习课文，效果不错。

5. 曲折型提问

教师不直接问、正面问，而是拐弯问、迂回问，即“问在此而意在彼”。这样能达到激发学生学习兴趣、启迪学生思维、活跃学习气氛的效果。钱梦龙老师在教《愚公移山》这篇课文时，为了解释“孀妻”“遗男”这两词的含义，别具匠心地发问：“有个孩子想跟老愚公一起去移山，他爸爸肯让他去吗？”学生们一时傻了眼，答不上来，想了一下，才恍然大悟：原来这孩子没有爸爸，他母亲是个寡妇，他应是个孤儿。由于提问方式新颖，引发了学生思考的兴趣，活跃了课堂气氛，从而大大加深了“孀妻”“遗男”两个词在学生头脑中的印象。这个例子堪称曲折型提问的经典。《可爱的草塘》有一句“棒打狍子瓢舀鱼，野鸡飞到饭锅里，”意在说明草塘的物产丰富。如果问“这句话的含义是什么？”很难引起学生的思维兴趣。假如这样设问：对于这句话，老师有些疑问，狍子跑得那么快，用棒子能打到它吗？难道捉鱼那么容易，竟可用瓢舀？野鸡自己飞到饭锅里，更是不可思议呀！所以，老师认为这句话写得不真实，你们同意这样的看法吗？驳倒教师，对学生来说是个极大的诱惑。他们会兴趣盎然、争先恐后地发表自己的意见，从而较好地体会夸张的作用，理解句子的意思。讲《大铁锥传》时，钱梦龙老师从“语类楚声”发问：“大铁锥是哪里人?”课文里没有直接的答案，学生如果不懂“语类楚声”，就无法回答；如果能读懂“语类楚声”，知道“类”是“像”的意思，“楚”指湖南湖北一带，就能回答：“大铁锥大概是湖南湖北一带的人。”“大铁锥是哪里人”这个提问，就比单纯概述小说情节，分析人物形象，探究小说主题有意思多了。因为它大大增加学生思维的容量，学生必须经过一番思考，才能回答问题。它吸引学生探究和发现，激发学生思维的浪花，产生“投石击破水中天”的教学效果。

6. 总结型提问

总结型提问一般用于总结当堂课的教学内容。这类提问教师一定要围绕当堂课训练的重点进行设计，目的是引导学生灵活运用所学知识进行再学习，提高学生的理解总结和归纳概括的能力。如分层讲解完文本，请同学自己概括全文。又如学习“等腰三角形”的概念后，让学生先做这样一道题：“位于海上 A、B 两处的两艘救生船接到 Q 处遇险船只的报警，当时测得∠A = ∠B。如果不考虑风浪因素，这两艘救生船以同样的速度同时出发，能不能同时赶到出事地点?”然后让学生归纳“在一般的三角形中，如果有两个角相等，那么他们所对的边有什么关系”。此类问题有利于学生知识学习的系统化，也有利于学生抽象概括能力的发展。如讲授完《要下雨了》可提问：下雨前，自然界中还有哪些和平时不一样的现象呢？讲授完《曹冲称象》后，可鼓励学生想一想：在今天科学有了极大发展的情况下，还可用哪些方法来称象？这样可引起学生遐想，激发他们追求知识的欲望，使他们的想象能力和创新思维得到发展。

四、课堂提问的方法

教师的课堂提问没有定法，贵在得法。课堂提问不但要问得准，还要问得妙，要能抓住学生，激发学生思考的兴趣，为学生的思维指向导航。下面主要阐述的是四类提问方法：直问、反问、追问和串问。

（一）直问

直问，顾名思义即直接提问，直截了当地问，要求学生当场作答，其主旨在于获得直接的答案。直问是最常用的提问方式，直问可使学生迅速进入思考状态，使教师在发挥主导作用的同时，很好地发挥学生的积极作用。当一些重要问题隐含于内容之中，不易被学生发现时，我们不妨直接提出来，这样既避免了学生不得要领像无头苍蝇似的“乱撞”浪费时间，又教给学生发现问题、解决问题的方法。

【案例 10】

直问与曲问

这又是一节语文课，我正和孩子们一起学习《麻雀》一文，我的任务之一便是引领学生去感受老麻雀为拯救幼子而奋不顾身的伟大精神，感受爱的伟大力量。课文没有直接抒发作者的赞叹之情，而是把情感隐含于字里行间。为了让学生迅速找到研读点，我决定将这一问题直接抛给学生。

当学生了解了三、四自然段的内容后，我问学生："实际上，老麻雀有能力和猎狗一战，并打败猎狗救回自己的孩子吗？"生皆答："不能！"声音响亮而干脆，因为这个问题的结论太过明显了，猎狗一口就可以吃掉老麻雀。我进一步追问："老麻雀是不是不知道猎狗的厉害？"一生答："不是，麻雀肯定怕猎狗。"另一生回答："我从'老麻雀绝望地尖叫'和'浑身发抖'中看出老麻雀是很怕猎狗的。"

我略一停顿，故作不解之状："明知不敌，明知自己拼了命也救不了自己的孩子，那老麻雀为什么还会飞下来，坚决果断得犹如一块石头，勇敢地落在猎狗的面前呢？"

推理和实际情况形成了鲜明的对比，这一矛盾引发了学生的认知冲突：

一生说："老麻雀为了救自己的孩子，它顾不了那么多了。"

一生说："老麻雀为了救自己的孩子，哪怕有万分之一的希望也不放过。"

一生说："老麻雀很爱自己的孩子，它想：猎狗想吃我的孩子，除非先吃了我！"

还有学生答道："明知打不过猎狗，明明怕猎狗，还敢站在猎狗面前保护自己的孩子，这更能说明老麻雀很爱自己的孩子。"

对学生的回答我十分满意，他们已经触摸到问题的本质了，已经感受到老麻雀是因为爱才无惧无畏的。果然，学生轻而易举地理解了"一种伟大的力量"指的就是浓浓的亲子之情。水到而渠成，该是引导学生把文章的思想提炼出来的时候了。

（二）反问

反问即反过来问，答者变成问者，被问者变成了提问者。其特点是以反推正，扩大信息反差，构成突出的问题情境。反问可引起学生内心的认知冲突，能引导学生关注那些容易被忽略的地方。

【案例11】

《狼和小羊》

一位教师执教《狼和小羊》一课，当指导学生朗读到“说着，狼就向小羊扑去”时，一生（举手发言）说：“老师，这句话中的句号该用省略号。”教师不置可否地说：“哦?”学生继续说：“因为我们还不知道羊的命运!”教师鼓励地说：“你的发现真有道理!”学生们纷纷举手，又一生说：“对，可以给我们回想的余地。”“对，这个故事还没完”，教师满脸疑问地问：“真的该用省略号吗?”这时，又有一学生站起来，冷静理智地说：“不对，必须用句号！因为这样善良软弱的小羊的命运是只能被狼吃掉，不可能会有其他结果。”

课堂中教师的反问充分回答了学生的疑问，平中见奇。

（三）追问

所谓追问，是指在某个问题得到学生的回答之后，教师采取递进式提问，即教师顺着学生的思路紧追不舍继续发问。追问的最大优点在于激发学生潜能，激活学生思维。追问是对前次问题的补充和深化，追求的是思维的深度和广度。其表现形式一般是“为什么……”“是不是……”追问间隔时间较短，能保持学生注意的稳定性，刺激学生积极思考。追问有利于教师抓住学生回答过程中的“有利因素”，相机诱导，使学生思维更开阔，获取更多的信息。如在学习 *Who killed Webster* 一文时，教师可先提出三个问题：（1）Who killed Webster?（2）Why did he kill Webster?（3）How did he kill Webster? 这几个问题的提出，能有效地促进学生去分析思考，学生对文章的理解会更快、更准。

【案例12】

《三角形三边关系》

（人教版四年级下册第三章第三节课例片段3）

（在学生初步了解了三角形的定义的基础上，进一步深化理解三角形的组成特性，即“三角形任意两边的和大于第三边”）

师：同学们能不能根据题意画一个草图予以解决，使边的长度尽可能与题意中数值相同。

（大部分同学可以得到周长为23厘米，因为学生习惯画出的是锐角三角形）

追问1：只能这样画吗?

（可能有较多同学又得到周长 19 厘米）

追问 2：如果本题中的 5 厘米换成 4 厘米，这时的周长是多少？

（有的同学会得到 22 厘米或 17 厘米，但也有同学只得到 22 厘米的结果）

追问 3：为什么这里只有一种结果呢？

生：以 4 厘米为腰不能构成三角形。

追问 4：考虑本题时有两种可能，但它的限制条件是什么呢？

生：构成三角形时必须满足条件“任意两边的和大于第三边”。

追问 5：还有没有类似这种有时有两个结果，有时只有一个结果的题目呢？（让学生展开讨论，部分同学可能会想起同样在等腰三角形中的另一个问题“等腰三角形中有一个角为 80°，求另外两个角的度数”）

在这个教学片段中，教师通过不断地追问，由此及彼，恰到好处，不仅使学生深刻地理解了三角形的性质，而且让学生养成了演绎、归纳等数学思维品质。

【案例 13】

毛泽东笔下的秋景与毛泽东其人

有位教师在讲《沁园春·长沙》一诗时，讲到毛泽东笔下的秋景为什么与一般的咏秋词不同，提出：这与什么有关？不少学生说“与一个人的性格、气度有关”，并说毛泽东是个性格开朗的人。按照备课思路，本来问到这里就没打算再问下去。但学生的回答使这位教师意识到这是进一步激发思维的良机，于是继续追问：“是不是性格开朗的人就一定能写出毛泽东笔下秋景的意境？”促使学生进一步思考，认识到毛泽东是一代伟人，有远大的抱负、博大的胸襟、乐观的性格，因而笔下的秋景充满力量，催人奋进。这一追问，收到了较好的效果。

【案例 14】

平行四边形的面积

讲授《平行四边形的面积》一课，绝大部分教师把平行四边形剪、拼成长方形后，就立即引导学生比较平行四边形的底与长方形长、平行四边形的高与长方形宽、平行四边形的面积与长方形面积之间的关系，然后由长方形的面积公式推导出平行四边形的面积公式。

可是，如果教师再追问两个问题：为什么沿着平行四边形的高剪呢？是不是所有的平行四边形都能剪、拼成长方形呢？就突破了传统的教法，更关注学生获取知识的过程与方法。这两问，促使学生将操作与抽象思维结合起来，促使学生知其然更知其所以然，培养了学生的问题意识，同时，还渗透了一个重要的数学思想——归纳法。

（四）串问

串问是教师提出一系列问题，前后问题间紧密衔接，环环相扣。串问有利于学生养成缜密的思维习惯，有利于引导学生进一步探究问题。

【案例15】

等比数列定义引入中的变式问题串

问题1：《庄子》中有这样的论述“一尺之棰，日取其半，万世不竭”。你能用现代语言叙述这段话吗？若把“一尺之棰”看成单位“1”，那么“日取其半”会得到一个怎样的数列？

【设计意图】由“日取其半”发现等比关系。师生活动：教师引导“日取其半”所蕴藏的等比关系，学生写出其数列。

问题2：将一张白纸对折，第二次再对折，依次下去，请你依次写出对折后纸张的厚度。

【设计意图】由“对折”发现等比关系。师生活动：教师让学生动手对折白纸，要求学生根据规律写出数列。

问题3：在计算机病毒传播的例子中，你能写出一个数列描述每一轮被感染的计算机台数吗？

【设计意图】使学生经历发现等比关系，写出等比数列的过程。

师生活动：教师引导学生发现“每一轮感染20台计算机”蕴含的等比关系，学生根据规律写出其数列。

问题4：观察这些数列，分析它们的规律，类比等差数列，说说它们有什么共同特点？

【设计意图】发现等比数列中的等比关系，概括出等比数列的概念。

师生活动：观察所得数列，分组讨论它们的共同特点，类比等差数列归纳出等比数列的定义。

【点评】上述三个变式问题串，足以使学生发现等比关系，总结等比数列概念，而且从社会文化生活中得到的实例，丰富数学的内涵。

五、课堂提问应注意的问题

课堂提问的数量、质量等关系到整堂课的质量。教育家陶行知先生说过："发明万千，起点是问；智者问得巧，愚者问得笨。"教师教学过程中提问水平的高低，直接影响教学的质量和效率。由于提问对促进学生的发展意义重大，所以几乎每位教师的每一节课都离不开提问，但提问应注意以下问题：

（一）精心设计，注意目的性

课堂教学提问不应是随意的，要紧紧围绕课堂教学中心来进行。教师在授课前要精心设计提问内容与形式，所提内容应具有典型性，形式要多种多样，否则就会偏离课堂教学中心，达不到提问应有的效果。

（二）难易适度，注意科学性

提问前，教师既要熟悉教材，又要熟悉学生的实际认知水平和思维能力。教师要把握住提问的难度，找到问题的切入口，使学生跳一跳才回答得出。苏联心理学家维果茨基认为，课堂提问应着眼于学生的"最近发展区"，也就是说在"已知区"与"最近发展区"的结合点上，这个结合点是学生知识的"增长点"，这样有助于对原有认知结构的巩固，也有利于将新知识同化，使认知结构更加完善，并最终使学生认知结构中的"最近发展区"上升为"已知区"。教师的提问对优秀的学生要有提升的空间，对于中等的学生能起到逐步提高的作用，对学习困难的学生要适当减低难度。比如，复述性的问题，尽力留给学习困难的学生；重整、伸展型的提问，要照顾中等的学生，使他们得到锻炼；教师还要为优秀生设计一些创意型问题或评鉴型的问题，使他们能引领课堂教学向纵深发展。难度过大的问题要注意设计铺垫性提问。

【案例16】

二次函数和单调性的复习

在复习二次函数和单调性时，可以提这样的问题：已知 $f(x)=x^2-ax+2$，那么 a 的取值范围是什么？这一设问是在已知区和最近发展区的结合点上，让学生主动地去探索问题。等问题解决了，再进一步问：改函数为 $f(x)=\ln(x^2-ax+2)$ 又如何？学生在新的已知区上又进行新的思考，最终也解决了。接着又再问：如果改已知函数为 $f(x)=\mathrm{Log}_a(x^2-ax+2)$ 又如何？这个问题很难，但由于是在新的已知区和最近发展区的交会点上进行的提问，问题也马上得到了解决，这样的提问深度恰到好处，学生跳一跳能够摘到“桃子”。

（三）新颖别致，注意趣味性

课堂提问时要注意内容的新颖别致，使学生听后产生浓厚的兴趣，继而积极思考。对一些学生熟知的内容，要注意变换角度，使学生听后有新鲜感。下面是中国人民大学附属小学特级教师钱守旺老师的精彩提问。

【案例 17】

《小数的初步认识》

师：你还在哪里见过小数？

生 1：在书上。

生 2：在菜场里的电子秤上。

……（学生异常活跃，教室里十分热闹）

师：你在电视上看到过小数吗？（老师播放录像，一名歌手在参加歌咏比赛，9 位评委在欣赏。歌手演唱结束，9 位评委当场亮分。最后，屏幕上很快出现了一串评委亮分的结果：9.58，9.75，9.60，9.35……）

师：看到过这样的评委打分吗？这是一位小朋友在一次歌咏比赛中的成绩。谁愿意当一回主持人来宣布结果。

生：我来！

（孩子们显得分外激动。）

生 1：九点五十八、九点七十五、九点六十、九点三十五……

生 2：我有不同意见！应该是九点五八、九点七五、九点六零、九点三五……

师：现在出现了两种不同的意见，我们该听谁的？这样吧，我们请真正的主持人来宣布，看看她是怎么宣布的，与我们宣布时有什么不同。（老师接着播放主持人宣布评委亮分的录像片段）

生 1：主持人宣布小数部分只是依次读出数字，像 9.58 读作九点五八，而不是九点五十八。

生 2：这位主持人宣布时声音响亮，充满激情。

师：看来这些结果不但要宣布正确，而且要有情感……

钱老师的提问从学生熟悉的菜市、电视节目等生活情境入手，引领孩子很快进入有趣的数学世界。特别是“谁愿意当一回主持人”的问题设计，更是别出心裁。当学生中出现两种不同的意见时，以“我们该听谁的”之问来破解，并以“他是怎么宣布的”，“与我们宣布时有什么不同”的提问去引导学生自己分析、判断，巧妙地激发了学生浓厚的学习兴趣，使学生的主动性得到了发挥，课堂气氛空前高涨。

（四）循循善诱，注意启发性

启发性是课堂提问的灵魂。缺少启发性的提问是蹩脚的提问，为此要避免那种不分巨细、处处皆问的做法。要尽量避免单纯的判断性提问（如“对不对”“是不是”等），多用疑问性提问，还要注意运用发散性提问，使学生在提问中受到启迪。

（五）因势利导，注意灵活性

课堂教学是千变万化的。学生答问中可能出现答非所问或干脆答不出来的情况，这时教师不可生搬硬套课前设计好的问题，也不能不停地追问学生。教师可根据变化了的情况，进行疏导性提问、铺垫性提问等。如在教《海伦·凯勒》时，当学生明白海伦·凯勒的不幸遭遇后，就应该让学生默读课文，说说海伦·凯勒是怎样面对这一切的？你觉得她是个怎样的人？从哪些句子知道的？这一问，无疑放飞了学生的思维，学生认真地读书，寻求答案。通过学习、思考、讨论，学生很快就明白了：海伦·凯勒是个刻苦学习，不向命运屈服的人。这种课中置疑提问，是针对学生急于知道主人公命运的“愤悱”状态下提出的，学生的情感处于“高原地带”，想不一睹为快都难。

（六）正确评价，注意鼓励性

学生答完问题，教师要给予充分肯定并指出不足，提出期望。教师不能对答错的同学冷眼相待、讽刺挖苦；也不能对答对的同学无原则地赞美。教师应给每个学生以成功的体验，又指明努力的方向。如在某小学的四年级英语课上，年轻女教师带领学生复习“山羊（goat）”“绵羊（sheep）”时，为了让学生区分开两类羊的样子从而更好地记忆，教师说：“同学们，山羊有角，绵羊怎么样？（询问状，稍停顿）绵羊没有角（自问自答）”。接着一位男生说，“可是绵羊也有角!”这位老师以为这位男孩在捣乱，就气愤地对他说：“某某，你下课到我办公室去!”接着她又开始讲课了。绵羊里的公羊是会长角的，显然这位教师是以自己的无知冤枉了学生的有知，伤了学生的面子，同时挫伤了学生质疑问难的学习积极性。

（七）面向全体，注意广泛性

教师提问应面向全体学生。根据教学目的、要求与难易，分层次提问，这样可以促使每一个学生都积极思维，用心回答问题。现在有不少教师总是提问少数"尖子"学生，而对学困生，总是怕他们答不出、答不准确而避开他们，这就使大部分学生在教师提问、学生回答时消极等待，甚至把自己当作局外人，最终导致他们的思维能力越来越差。因此，教师在提问时可采取"八面骚扰法"，尽量提问到所有的学生并且让旁听的学生能注意倾听别人的发言。有经验的教师常这样说："现在请×××同学来回答，其他同学注意听他们回答得对不对，然后说说自己的看法。"这就照顾到了大多数学生，使回答的、旁听的都能积极动脑。

（八）因材施问，注意针对性

课堂提问时要考虑学生的年龄、性格、知识基础与能力水平。不同的年级要采取不同的提问形式。即使是同一年级的学生，所提问的内容和方式也应有所区别。若提问难度过大，学生总是答不上来，长此以往，学生就会觉得无助，就不愿动脑思考了；反之若不加思考就回答出问题，学生也不会感兴趣。因此，教师应注意提问层次和梯度，为学生设计既具有挑战性又具有现实可能性的问题。

1. 提问要与全班大多数学生的智力和知识发展水平相适应

课堂提问要面向全体，照顾大多数，设计课堂提问时要难易适中，不能过难，只面向少数尖子生；也不能过易，连后进生不动脑筋都能回答。提问要与全班大多数学生的智力和知识发展水平相适应，并关照不同智力与知识水平学生的差异性需求。设问应在"最近发展区"。复习旧知识时，应问在后进生易获成功处；传授新知识时，应问在知识迁移处；巩固练习时，应问在后进生易错处。有的教师提出，课堂提问应注意广度，挖掘深度，设置坡度，力求精度。这些都不失为掌握提问分寸的好方法，值得借鉴。

2. 能从整体上实现课堂三维目标

提问能直接、迅速地引导学生进入问题的思维情境之中，并有助于实现教学过程中的各项具体目标，进而从整体上实现知识与技能、过程与方法和情感、态度与价值观这三维目标的有机结合。

3. 最好能"一石多鸟"，有助于多个问题的连环解决

提问用语精确，意思清楚，并且能"一石数鸟"，一个问题的解决有助于多个问题的连环解决。

下面来比较一下《狼牙山五壮士》的三个教学设计方案。

方案问题及评价	方案一	方案二	方案三
问题	1. 哪些词语或句子特别触动你的心？ 2. 这句话为什么能触动你的心？ 3. 假如你聚焦到某个词，最先映入你眼帘的会是哪个？ 4. 谁来解释这个词语的意思？ 5. 这个词用在这里，你有什么感受？谁来发表高见？ 6. 五壮士的哪个举动深深地烙印在你的脑海里？烙印在你脑海里的是什么？ 7. 读完课文后，哪一处最震撼你的心？	1. 狼牙山五壮士是一群怎么样的人？	1. “五壮士”壮在哪里？ 2. 作者是怎么写出“壮”的？
评价	设计问题过碎，有关人、事、物、时间、地点的具体问题比较多，学生只能一个一个地回答，思维受束缚，阅读能力难提高。	问题太简单，过于笼统。	提出了针对课文核心内容（英雄品质）和人物言行的问题，有助于学生自学能力和阅读能力的提高。

六、提问技能训练程序及活动

（一）提问技能训练程序

1. 知识准备

需要学生事先学习课堂提问的相关理论，做好知识铺垫。

2. 研究范例

提供关于课堂提问的典型案例，同学们先分组讨论，然后再选出代表展示，大家点评。

3. 教学实践

（1）问题设计；（2）小组互阅；（3）独自讲练；（4）课堂试讲；（5）课堂实践。

（二）提问技能训练活动

1. 活动要求

选择自己熟悉的一节课为内容，设计约 10 分钟的微型教学。要求在教案中详细写出提问的具体内容、正确答案和预想的学生的可能回答。

2. 活动方式

活动 1：认识提问的类型，找一份包含多种课堂提问的教案或教学实况录像，辨认其包括哪些类型的提问，并分析其提问技能的运用情况。

活动 2：低级认知提问训练。根据低级认知提问所包括的提问类型的特点，找一段内容与之相适应的教材，让学生进行设计，而后在小组内进行实践活动。

活动3：高级认知提问训练（同活动二）。

活动4：提问技能综合训练。核查学生对提问技能掌握的程度和运用的能力。

3. 活动内容

以6~10人为一个小组，其中一位同学扮演教师角色，其他扮演学生角色进行训练。

教师角色：向学生提问后，教师通过启发、鼓励、提示、探询等方式引导学生回答，并对回答进行评价。

学生角色：对教师提出的问题作出如下反应，训练教师的课堂提问应变能力：

（1）学生没有任何表示，看教师如何处理沉默；

（2）学生不会答，看教师如何重复或重述问题；

（3）学生不明白问题，看教师如何解释题意；

（4）学生支吾以对，看教师如何启发诱导；

（5）学生的回答一部分正确一部分似是而非，看教师如何提示和探询；

（6）学生迅速作出反应，要求回答问题，答案完全正确，看教师如何评价和鼓励。

课堂提问技能评价量表

课题名称：__________ 日期：__________ 评价人签字：__________

评价项目	评价成绩	权重
1. 提问目的明确，紧密结合教学		12
2. 问题有启发性，指引学生学习		10
3. 问题的设计包含多种水平		12
4. 把握提问时机促进思维发展		10
5. 问题表述清晰，语言简明易懂		8
6. 有适当停顿，给予思考时间		8
7. 提示恰当，帮助学生思考		12
8. 提问面广，照顾到各类学生		8
9. 对答案能分析评价，强化学习		12
10. 鼓励学生参与教学回答问题		8
总评*：		
改进意见：		

*A：优秀（85分以上）；B：良好（70~85分）；C：合格（60~70分）；D：不合格。

课堂提问技能评价表（分类）

姓名	教学内容	班级	时间					总评
			评分					得分
一级目标	二级目标兼评分要素		5	4	3	2	1	
A 导学目标	A_1．呈现的学习材料适合学生现有的学习水平							
	A_2．所呈现的信息材料有助于学习目标的实现							
	A_3．能帮助学生构建合理的知识框架							
	A_4．能引发学生主动比较、思考新旧知识之间的关系							
B 导思目标	B_1．设计的问题有助于引导学生的思考							
	B_2．注意师生之间多次质疑、交流、评价							
	B_3．能合理利用反馈、调控的教学手段							
	B_4．注意引导学生掌握学习方法，培养思维品质							
C 导做目标	C_1．呈现的材料便于学生操作							
	C_2．学生主动参与面广							
	C_3．问题有针对性，能激发学生思考							
	C_4．问题有层次性，适合不同水平学生的要求							
D 认知培养目标	D_1．能提供知识获得的科学途径和策略							
	D_2．能有助于学生促进知识间的迁移							
	D_3．帮助学生建立良好的认知结构							
	D_4．各层次学生都在原有水平上得到提高							
E 元认知培养目标	E_1．能促使学生有计划地学习，并合理确定自己的学习目标、方法							
	E_2．让学生学会正确评价学习的态度、方法、过程、结果							
	E_3．使学生学会总结经验并引导其纠正不足							
	E_4．促使学生评价和调节学习目标、方法与学习策略							

【课堂提问范例】

《狼牙山五壮士》

师：课前，请同学们搜集抗日战争时期可歌可泣的抗敌故事，下面我们一起交流一下。你们了解了哪些抗日英雄和他们的壮举?

生：抗日英雄杨靖宇、抗日英雄赵一曼、抗日英雄王二小。

师：你们还了解了日本在中国犯下的哪些滔天罪行?

生：南京大屠杀、“三光”政策、细菌战……

师：同学们搜集的材料很丰富，通过这些材料，我们了解“卢沟桥事变”是日本全面侵华战争的开始。从此，中华民族进行了长达八年的抗战。八年抗战中，中华大地涌现了无数临危不惧、视死如归的革命英雄。今天我们一起学习一篇描写抗日英雄的文章——《狼牙山五壮士》。

师；齐读课题《狼牙山五壮士》。

师：与全国的抗日战争一样，晋察冀抗日根据地的军民也在极其困难的情况下，与敌人进行着你死我活的殊死战斗。《狼牙山五壮士》就是他们中映现出来的一个英雄群体。

师：请同学们默读课文，看看这篇文章是按什么顺序来写的，看看文章可以分为哪几部分?并用小标题进行概括。

师：可以探讨了吗?

生：这篇文章分为五部分。

师：(出示课件) 是的，课文按照事情发展顺序记叙，可分为五部分。用小标题概括为：接受任务→痛击敌人→引上绝路→顶峰歼敌→跳下悬崖。

师：理清了写作顺序，现在，让我们回归课本，第一自然段写战士们接受了阻击敌人，掩护部队转移的任务。现在，看看课文第二段，五位战士是怎样阻击敌人、歼灭敌人的?作者又是怎样塑造人物形象的?带着这两个问题品读第二段，一边读一边勾画出描写战士们的句子，圈出让你印象深的词语。小组讨论一下，说说你的感受。

师：你说，通过文中写的“战士们为了拖住敌人，一边痛击敌人，一边把敌人引上狼牙山。”让你感受到，战斗很激烈，体会得不错！那五位壮士是如何在这激烈的战斗中歼灭敌人的?咱们来看看文中是怎么写的?

马宝玉沉着地指挥战斗，让敌人走近了才下命令狠狠地打。

师：马宝玉很冷静?你从哪个字看出来的?不错，就是这个“才”字。一个“才”字，把马宝玉的沉着冷静，表现得淋漓尽致。

葛振林打一枪就大吼一声，好像细小的枪口喷不完他的满腔怒火

你说，大吼一声体现出他对敌人的仇恨！能来读读吗?葛振林打一枪就大吼一声。读得真有激情！

胡德林和胡福才这两个小战士把脸绷得紧紧的，全神贯注地瞄准敌人射击。

生1:(你体会到了)"把脸绷得紧紧的"指小战士的表情凝重而紧张。咱们来看看是这样吗?(出示叔侄两人照片)没错。"绷得紧紧的"与"全神贯注"表现出了战士歼敌的全力以赴。

师:这就是对人物的神态描写。(教师板书)

(学生找)现在,谁想来说说你的发现?

战士宋学义扔手榴弹总要把胳膊抡一个圈,好使出浑身力气。

生2:"抡一个圈"表现出了他的英勇顽强。

师:体会的不错,这就是对战士的动作描写。(教师板书)

师:现在,谁能试着来读读这四句话。

师:体会的不错,你读出了战士英勇杀敌的气势。我们仿佛看到了枪林弹雨、硝烟弥漫中,战士们正在殊死搏斗的场景。

师:顺利完成任务的五位战士可以转移,他们又做了什么?完成了从战士到壮士的升华?作者通过他们的哪些表现,来描写他们的壮士品质的?带着这些问题品读第三段。

师:这位同学举手,你有什么问题吗?

生:这段话中的"绝路"是什么意思?为什么班长明知道是绝路还要往前走?

师:对,读书要善于提出问题,善于思考,这样才能会学习。

师:为什么是"绝路"呢?大家请看:这就是狼牙山顶峰,绝路是指无路可走,那为什么说它是一条绝路呢?请用课文中一句话来回答。

生:齐读:"另一条路是通向狼牙山的顶峰棋盘陀,那儿三面都是悬崖绝壁。"

师:那儿三面都是悬崖绝壁,如此危险,怎能不是绝路啊!

师:班长明明知道这是条绝路,为什么还要选择走这条路呢?请你用课本上的一句话来回答。

生:齐读:为了不让敌人发现群众和连队主力。(课件出示)

师:为了不让敌人发现群众和连队主力,班长马宝玉毅然选择了这条"绝路",你从哪看出来的?

生:"走"字。(教师范读)

师:一个"走"字掷地有声,"走"字说明了什么?对!说明了班长态度之坚定,决定之果断。所以班长是怎么说的?对,就是"斩钉截铁"地说。

师:"斩钉截铁"又说明了什么?说明班长的态度坚定、毫不犹豫。

师:谁来试着读读这句话?

师:你觉得他读得怎么样?不够有气势,你能再来读读吗?读得铿锵有力,尤其是这个"走"字。

师：(范读) 为了不让敌人发现群众和连队主力，班长马宝玉斩钉截铁地说了一声："走"。

师：谁能再来读读？读得饱含深情，我们感受到了班长斩钉截铁的态度和气势！

师："走"字就是对壮士的语言描写。(教师板书)

师：同样的，战士们也"热血沸腾"，紧跟在班长后面。

师："热血沸腾"说明了什么？

生：说明战士们明白他的意思，心甘情愿、义无反顾地跟着他。

师：谁能读读这句话？真不错！我感受到了班长的这份坚定和战士们的热血沸腾！

师：让我们一起像他这样，也带着感情读读这一句。

师：这段写壮士们把敌人引向绝路，也使自己走入了绝路，表现了他们怎样的壮士品质？

生：说的真不错！义无反顾、心甘情愿与敌人同归于尽。

师：对，体现了五位战士视死如归的品质。

师：很多战争题材文章都特别重视对英雄人物的塑造与刻画。第四、第五自然段详写了五位壮士奋勇杀敌，子弹打光了就用石头砸，最后到达顶峰，英勇跳崖。用语言、动作，还有他们英勇跳崖的行为来表现出他们的壮士品质，完成了从战士到壮士的升华。他们是当之无愧的壮士!!!

【思考与练习】

1. 常用的课堂提问类型有哪些？
2. 课堂提问的方法有哪些？
3. 课堂提问应注意什么问题？

【请你来做】

请分析《时分秒（一）》中教师的提问类型及方法。

【例】时分秒（一）

年级：三年级

教师：教师 G

时间：2009 年 11 月 20 日上午第一节

一、引入新课

1. 师：这是什么声音？

生：这是钟表行走的声音。

2. 师：你真聪明，人们把这种声音比作时间的脚步声，同学们说像吗？(像)

3. 师：这匆匆忙忙的时间的脚步声，是谁发出的呢？

生：秒针

4. 师：对啦，老师这里有一个钟表，钟面上有我们的两个老朋友。一个是时针爷爷，一个是分针哥哥，现在这个时钟能告诉我们时间吗？

生：不能，因为它只有时针和分针，不完整。

5. 师：钟面上应该还有什么呢？

生：秒针

6. 师：我们可以给秒针起个名字，叫什么呢？

生：秒针妹妹（秒针弟弟）

7. 师：除了秒针妹妹（弟弟），钟面上还有什么呢？

生：(数字、大格、小格)

8. 师：老师这里还有一个钟表，这是什么钟表呢？(电子钟、电子表)

9. 师：谁会看电子表呢？

生：××时××分××秒。

师：我们今天来学习时分秒（板书：时分秒）

10. 师：分针走 1 小格是（　）分，走一圈是（　）分，时针走一大格是（　）？

二、新授

11. 师：这是多长时间？

生：这是 1 秒

12. 师：这是多长时间？

生：这是 10 秒、30 秒……

13. 师：原来啊，原来啊，分针哥哥走 1 分，秒针弟弟就走 60 秒。有谁知道时针爷爷走 1 时，秒针弟弟走多少呢。

生：时针爷爷走 1 时，秒针弟弟走 3600 秒。

14. 师：为什么呢，能说说你的想法吗？

生：……

三、课堂练习

15. 师：同学们真聪明，知道那么多的时间知识，现在我们一起来做些练习好吗？(好)

16. 师：看来这些练习对同学们来说太容易了，你们愿意接受更艰巨的挑战吗？

四、体验1秒的价值

17. 师：同学们，我们今天一起学习了那么多的时间知识，并且用这些知识解决了很多问题。那么，有谁知道有关时间的名言呢？

生：……

18. 师：听了同学们这么精彩的朗读时间名言，让老师心里产生了很多的感受。时间不会因为我们做任何事停下它的脚步，当我们听到"嘀嗒"一声的时候，又1秒过去了，再也回不来了，同学们说，时间走的快不快啊？(快)。时间走的真快呀，当人们说起时间的时候，总会用这些词语来形容它，这些词语你们认识吗？

19. 师：同学们，你们想知道1秒能做些什么吗？(想)

20. 师：1秒能做什么？

生：……

总结感悟

师：这节课你们有什么收获，有什么感受呢？

【请你参考】

时分秒（一）

（1）教师提问问题类型统计。

项目＼类型	记忆性问题	理解性问题	应用性问题	评价性问题	创造性问题
问题思维水平	7	4	5	2	1
百分比	31. 8	8. 2	18. 7	2. 1	22. 5

（2）教师提问方法统计。

提问的方法	直问	反问	追问
提问次数	9	0	2

【阅读书目】

1. 孙保华：《追求理想的课堂提问》，载《教学与管理》2009 年第 7 期。

2. 屠亚斐：《矫治教师课堂提问行为，提高课堂提问的有效性》，载《新课程研究》2009 年第 6 期。

3. 张艳红：《注重课堂提问——提高教学效率》，载《中国校外教育》2008 年第 3 期。

4. 苏小霞：《提高课堂提问有效性的探究》，载《教材教法》2008 年第 2 期。

5. 黄战鹏：《语文教学课堂提问类型探究》，载《学周刊》2013 年第 11 期。

6. 李丽新：《有效课堂提问的方法之探究》，载《吉林建筑工程学院学报》2012 年第 3 期。

7. 杨中全等：《课堂提问的几种方式》，载《小学教学研究》1996 年第 9 期。

8. 颜晓雯：《对外汉语初级课堂提问案例分析》，苏州大学硕士论文，2014 年。

【相关网站资源介绍】

1. 教学资源网 http：//www. jb1000. com/

2. 小学教师网 http：//www. jy135. com/html/xiaoxue/

3. 中国教育在线网 http：//www. eol. cn/

4. 合肥教研网 http：//jys. hfjy. net. cn/

第六章　课堂变化技能

【学习目标】

1. 理解课堂变化技能的概念。
2. 知道课堂变化技能的特点和要求。
3. 掌握课堂技能变化的内容。
4. 熟悉并掌握处理偶发事件的技能。

【问题导入】

不少师范生包括一些在职教师分不清课堂变化与课堂应变有什么异同，你觉得课堂变化与课堂应变是一回事吗？

你认为课堂变化技能都包括哪些方面？

【案例引领】

案例一： 于漪老师执教《记一辆纺车》一文，先问学生："同学们喜不喜欢这篇文章？"于老师原以为学生们都会喜欢散文，谁知学生异口同声答道："不喜欢。"于漪老师机智应变，让学生谈谈不喜欢此文的原因。有的学生认为这篇文章的文体不清楚，弄不清到底是说明文还是记叙文；有的学生说，如果是散文的话，应该有文采，这篇文章没有文采，所以不喜欢。对此，于漪老师说道："这篇文章与过去的散文既有相同之处，又有不同之处。过去我们学的《荔枝蜜》、《茶花赋》是抒情文，托物言志、借景抒情。今天我们学的这篇是回忆性的叙事散文，推敲推敲，你们就会喜欢了。"

【点评】学生实话实说，确实令人尴尬，但是于老师没有强迫同学去喜欢，而是让学生畅谈不喜欢的原因，既满足了学生表达的需求，又掌握了学生的心理，这一应变为课堂教学成功奠定了良好的基础。接着于老师便根据学生不喜欢文章的原因，因势利导地将散文的有关知识传授给学生，引起学生对该文本的关注，产生解决问题的动力，从而化消极因素为积极因素。

案例二：某教师在分析《六国论》论述的六国破灭的原因时，把"贿赂"这个词念成了"yòu lù"，马上就有一个学生当即纠正错误。该老师毫不掩饰，难为情地自嘲一笑，并且用夸张的语气严肃地自我批评："对啊，不是 yòu lù，是 huìlù。"然后补充说，"我们做学生的年代，贿赂还是个生僻词呢，我相信同学们不仅会以老师为前车之鉴，做学问一定要扎扎实实，避免犯诸如读半边字之类的错误，而且今后也会严格自律，不会因贿赂而一失足成千古恨，是吗?"

【评语】对一个语文老师而言，被学生指出教学中的基础错误肯定是十分被动而难堪的，此时，该教师有三种选择：一是装聋作哑，来个有意忽视；二是强词夺理，以"贿"这个字可能有多种读法来掩饰自己的错误；三是直面错误，勇于承认，当即改正。如果采取前两种方法，可以在课堂上压住学生，但不能令人信服，学生将会从心底瞧不起老师。采取第三种方法，虽然会有阵痛，但能赢得学生的信任。该教师不但正确地采取了解决方法，而且趁机融入思想教育，在点燃学生智慧火花的同时还散播了扎扎实实做学问的科学态度。

【理论学习】

有人说："兴趣是学习之母，变化是兴趣之母。"尤其是对于小学生来说，由于注意的发展水平较低，富有变化的课堂对他们来说才有吸引力。所谓变化，就是变换对学生的刺激，引起学生注意的有效方法。这种变化，对于学生而言，就是变换对学生的刺激方式，引起学生的注意，把无意注意转化为有意注意，并保证注意的稳定性，实现高效的课堂学习；对教师而言，是教学修养、教学风格、驾驭课堂能力等教师综合教学能力的体现，是形成教师个人教学风格的重要因素。

一、课堂变化技能概述

（一）课堂变化技能的概念

课堂变化技能是指在课堂教学过程中，教师运用教态的变化、语言的变化、信息传输媒介的变化以及师生之间相互作用方式的变化等，引起学生的注意，激发并保持学生的学习兴趣、促进学生的有效学习，维持正常教学秩序的教学行为方式。是教师必备的教学艺术和技巧。

课堂变化技能可分为有计划、可预见性的和无计划、突发性的两种。有计划、可预见变化技能的运用是教师教学能力的综合体现；无计划、突发性变化技能的运用是教师教育机智的体现，是教师长期从教实践智慧的积累。

（二）课堂变化技能的理论依据

1. 人脑科学的研究理论

大脑的神经活动是学生学习的生理基础。脑科学的研究表明，大脑的兴奋度与所接收刺激的时间、类型、强度有关。“当大脑神经受到同样强度刺激物的持续作用，神经兴奋会减弱，甚至进入抑制状态；但当变换刺激方式、刺激强度时，神经兴奋可得以保持甚至加强。”① 所以在教学过程中，教学变化技能的体现就是改变对大脑刺激的时间、类型、强度，使学生大脑保持兴奋状态，将无意注意转化为有意注意，积极地参与课堂学习。

人的大脑有左右半球之分，两半球具有不同的功能。左半球专管对语言的处理和语法表达，如词语、句法、学习记忆等。而空间技巧与右半球相关，如对三维形状的感知、空间定位等。在课堂教学中，教师有意地改变教学方式、信息传递方式，能够有效促进大脑两半球的结合使用，开发大脑潜力。

2. 有关“注意”的相关理论

（1）注意的稳定性和注意的转移

注意的稳定性又称注意的持久性，是指注意在同一对象或活动上所能维持的时间。影响注意的稳定性的因素有注意对象的特点、主体的状态、个体差异等。当注意的对象是具有变化性的、丰富多彩的内容时，注意的稳定性就越能够得到保持；而对于静止不变、单调乏味的内容，注意则难以稳定。注意的稳定性与人的身体状况、积极性和兴趣有关。当人在精力充沛、身心愉悦的情况下，注意就容易保持稳定。若对某种事物有极大的兴趣，则注意的稳定性就会明显提高。

---

① 刘洋洋：《初中数学教师课堂教学变化技能及其对学生课堂参与影响的研究》，海南师范大学硕士论文，2014年。

“注意稳定性的个体差异与其神经活动特点有关，神经活动强的人，即使有干扰刺激时，注意也不容易分散；而神经活动弱的人，则容易分散。”①

注意的转移是指人根据新任务的需要主动地把注意力从一个对象转移到另一个对象，或从一个活动转向另一种活动。影响注意转移的因素有三个方面。其一，先前注意的紧张度影响注意转移的快慢和难易程度。先前注意的紧张度高，注意的转移就困难和缓慢；反之，先前注意的紧张度低，注意的转移就容易和迅速。其二，新的注意对象是否符合个人的需要和兴趣。当新的注意对象符合个人的需要和兴趣，则注意的转移就越容易和迅速；反之，就越困难和缓慢。其三，与个体的个性特点有关。高级神经活动灵活性高的人，注意力转移容易和迅速；反之注意转移就困难和缓慢。

注意的稳定性和注意的转移彼此之间是相互联系的。在课堂教学中，变化技能的使用就是为了加强注意的稳定性和促进注意的合理转移。例如，教学变化技巧的使用就能够使注意对象变得更加丰富多彩，对学生具有吸引力，也能提高学生的学习兴趣，使学生注意力的稳定性得到加强，同时实现注意的转移，以此来维系注意的稳定性。

（2）有意注意与无意注意

有意注意是指有预定目的、必要时还需一定意志努力的注意。它与人们对于活动的目的和任务的理解有关。当目的明确、任务清楚时，人们完成任务的愿望就越强烈，就越能引起和保持有意注意。

无意注意是指一种没有预定目的、也不需要意志努力的注意。② 比如，上课时，听到窗外有声音，则不由自主地向窗外看。无意注意的产生与两方面有关，一是刺激物本身的特点，二是人的主体状态。当刺激物是新奇的、变化的、强烈的，刺激就更容易引起人的注意；反之，就不易引起注意。当事物符合人的直接兴趣，或是人们所期待的、关注的事物时，无意注意则容易被引起。

无意注意与有意注意是两种不同性质的注意，但在学习和各种实践活动中既是相互联系的，又能够相互转换和交替。两种注意的相互交替，使注意能长时间地保持集中。在教学中，若学生长时间依靠有意注意来学习，使大脑皮层一直处于兴奋状态，则容易产生疲劳和精力涣散。没有无意注意的参加，学生很难维持长时间的学习。但若只有无意注意的参加，也很难实现长时间的学习。因为一堂课上不可能时时刻刻都让学生充满兴趣，也不可能所有知识都可以轻而易举地学会和掌握。还

---

① 包兴敏、白冬青、王晓茜：《教师教育心理学》，清华大学出版社 2015 年版。

② 邵光华：《小学课堂教学技能训练》，高等教育出版社 2011 年版。

有些部分是需要意志的努力，通过有意注意的参与，完成学习任务。

所以，在教学过程中，教师就要把握注意的规律，善于引导学生的两种注意有节奏地交替轮换。例如，在一堂课上，上课的前几分钟，学生的注意还可能停留在课间活动有趣的事物上，这时就要通过组织教学来引起学生对本节课的有意注意，强调这节课的学习目标和学习内容。一旦学生的注意稳定了，教师就应该通过生动的语言、直观的教具、形象的课件等手段，引发学生对教学内容产生兴趣，从而引起无意注意。① 之后，教师再根据由浅入深、由具体到抽象的教学原则进行教学，让学生掌握学习内容的重难点，学生再次进入有意注意。在教学过程中，通过变换教学方式、引用新的例子或道具来再次实现有意注意到无意注意的过渡。这样，在课堂中让学生无意注意和有意注意的进行交替和轮流，使学生较长时间保持注意的稳定，又减少学生学习的疲劳，增强学习效果。显而易见，若要实现有意注意与无意注意的合理转化，离不开教师对于教学变化技巧的使用。

二、课堂变化技能的特点与功能

了解课堂变化技能的特点与功能，有助于根据不同情况灵活掌握并运用变化技能。

（一）课堂变化技能的特点

1. 刺激性

学生较长时间在同一教学方式、同一课堂氛围和同一教学媒体中学习，他们的思维、注意程度和反应程度都会进入不佳状态。这时，改变教学方式和教学媒体、活跃课堂氛围，可以对学生的大脑产生新的刺激，使学生的注意力得到保持。这是变化技能刺激性的表现。

2. 强化性

教育理论和实践表明，任何单一的感官很难完成一节课信息的全面接受。通过使用不同感官接受教学信息，既能够起到强化记忆的作用也能够减轻学生的疲劳程度。变化技能的使用，就是利用学生多个感官的共用来传递教学信息。这样学生对于信息的接受就有重叠性，也在无形中使教学信息得到强化。

3. 激发性

学生在课堂上的情绪变化与教师的一言一行有极大的关系。教师的一个眼神、一个表情、一个手势等微妙的变化对学生内心的好恶、心境和态度产生极大

① 包兴敏、白冬青、王晓茜：《教师教育心理学》，清华大学出版社 2015 年版。

的暗示性和感染力。例如，在课堂上，教师始终保持微笑的状态，能够拉近与学生心与心的距离，留下平易近人、和蔼可亲的好印象；若教师向正在窃窃私语的学生投了一个严厉冷峻的眼神，则代表老师的对于这种违纪行为的批评。

教师运用教学变化技能来营造宽松愉悦的学习氛围，激发学生的学习兴趣，并保持一定的学习热情，体现了激发性特点。激发性与刺激性不同，刺激性强调情绪变化的短暂性，是一时的情绪改变，是重新引起学生的注意力；这里提到的激发性，情绪情感变化的持续性，使学生保持对学习的兴趣和热情，并能够长时间投入学习活动中。

（二）课堂变化技能的功能

1. 引起注意，培养兴趣

小学生注意的特点是：发展水平较低，注意的稳定性不高；有意注意正在发展，无意注意仍在起着重要的作用。教学变化技能的使用，能帮助学生进行有意注意和无意注意的转换，保持注意的稳定性。例如，教师通过教学媒体的转换、师生交流方式的变化，可使学生的无意注意始终跟着教师的教学进程走，然后运用教学内容的展开、启发思维的提问等方式将学生的无意注意转化为有意注意，进而提高学生对学习内容的兴趣和热情，培养学生的求知欲。

【案例1】

三年级数学“分数的初步认识”[①]

教学中，教师先发给学生每人一张大小不同的长方形纸片，让学生用折叠的方法表示出它的$\frac{1}{2}$?。针对学生不同的折法，教师接下去是这样处理的：第一步，教师各选一种有代表性的折法在全班讲评，说明它们的折法不同，但都是对的，每一份表示的都是长方形的$\frac{1}{2}$?，强调“平均分”；第二步，教师针对折得不对的情况（常见错误是不平均分）一一进行纠正，指出错误的原因；第三步，选出折法相同、但纸的大小不同的两三名同学，请他们站起来高举纸片，展示他们的折法和结果，他们的折法正确，但折出的大小不同，尽管如此，他们都能表示出一张纸的$\frac{1}{2}$?，突出单位“1”。

---

① 刘娟娟：《小学数学教学技能》，华东师范大学出版社 2011 年版。

在此案例中，教师通过让学生亲自动手折纸来认识分数$\frac{1}{2}$?，并通过变化教学方式，促进师生之间、生生之间的交流。让学生在探求答案的过程中体会求知的乐趣，进而对所学学科产生兴趣。

2. 活跃气氛，减轻疲劳

教师运用变化技能可以使课堂变得充满生气，既能显示出教师的学识和能力，又能体现诲人不倦的师德，还有利于师生间的感情交流，实现良性互动，有助于形成生动、愉快、和谐的课堂气氛。

课堂气氛是影响学生学习效率的重要因素。课堂气氛的好坏直接影响到学生的情绪状况，进而会影响到学生的学习热情和学习兴趣。而有无学习热情和兴趣又直接影响着学生的学习效率。课堂气氛活跃，学生与教师之间就会产生密切、频繁的互动，学生就不会感到压抑和沉重，这对于发挥学生的聪明才智有极大的作用。由于在学习过程中，需要学生全方位地投入，大脑积极思考，各种感官高速运作，极容易进入低迷状态，产生疲倦，这就更需要设置活跃的课堂氛围来减轻学生的疲劳，使学生实现高效学习。

3. 面向全体，促进参与

由于学生在知识基础、认识水平和学习能力上都存在着差异，不同的学生对各种信息传递方式的接受程度也是不同的。教师应该注意到这种差异，既做到面向全体，又做到因材施教。而教学变化技能的使用，能够解决全体特征和个别差异之间的矛盾，通过改变信息的传输方式、教学媒体或师生之间的互相作用，给各个层次的学生提供主动参与教学活动的机会。例如，在教学过程中要做到教学媒体的多样性，黑板、投影和学具等相结合，实现既有集体活动又有个别活动，以照顾不同水平学生的信息接受能力，最大限度地实现全体参与。

【案例2】

平行四边形的面积推导①

第一步，出示小黑板，黑板上画上小方格，每个交点处钉上钉子，用皮筋加在钉子上形成一个平行四边形。请同学先找出平行四边形的底和高，然后用数方格的方法求出平行四边形的面积。

第二步，给每个学生发一张平行四边形的纸，请学生动手，每人先在纸上画

---

① 孙文杰：《小学数学微格教学教程》，科学出版社1999年版。

出平行四边形的高，然后用尺子量出平行四边形的底和高各是多少，最后让学生求平行四边形的面积。画高、量线段的过程教师都进行讲评。求面积的方法最容易想到的是画小方格，也可能有人想到割补法。教师可以让学生适当地发表意见。

第三步，提问：回忆长方形的面积 = 长 × 宽；正方形面积 = 边长 × 边长。教师提示：平行四边形面积的计算也要推导出公式，由于我们已经学过长方形面积公式，想办法把平行四边形转化成长方形。

第四步，学生动手把平行四边形沿它的高剪开，然后拼成一个长方形。

第五步，教师通过幻灯片演示把平行四边形转化成长方形的过程。比较平行四边形的底和高与长方形的长和宽的关系；通过比较再得出平行四边形和长方形面积相等的结论。最后应用长方形面积公式推导出：平行四边形面积 = 底 × 高。

第六步，进一步给出平行四边形面积公式的字母表达式，并把公式写在黑板上。

第七步，利用网格小黑板做练习。每组选三个学生到黑板前边来做练习。第一个学生用皮筋在钉子上挂出平行四边形；第二个学生找出这个平行四边形的底和高的长；第三个学生应用公式计算出这个平行四边形的面积。

在此教学案例中，互动方式有讲解、提问、学生动手操作和小黑板演示；所用的教学媒体有电脑、投影、小黑板和学具（白纸）；活动方式有个别活动和小组活动。在此过程中，能够充分照顾到基础较差的学生，让他们从做中学；也能让基础好的学生不感到枯燥无味，将面向全体和因材施教结合起来。

4. 加强记忆，启发思维

从教学变化技能的强化性特点可以看出，教学变化技能有强化记忆的功能。在课堂教学过程中运用变化技能，恰当的变换教学媒体和教学方式，通过多种感官的协作传递教学信息，可以加深印象，增强记忆，同时可以从多种角度帮助学生理解知识，启发学生思维。

【案例 3】

《白杨》的幻灯片的设计

这节课，为了让学生感知“不管遇到风沙还是雨雪，不管遇到干旱还是洪水，它总是那么直，那么坚强，不软弱，不动摇”这句话，老师设计了一张复合幻灯片，固定片为一行高大挺秀的白杨树，其他四张活动底片分别画出风沙、雨雪、干旱和洪水。教到“不管遇到风沙”时，幻灯片上打出白杨在风沙中如城墙

一般傲然挺立的伟岸身影；教到“不管遇到雨雪”时，幻灯片上打出白杨在风雪中如青松般挺拔高洁的身姿……①

在此案例中，教师将语言和幻灯片画面相结合，体现了视听觉的统一，更形象地展现了白杨在风吹雨打中的形象，有利于学生理解白杨不畏恶劣条件、坚强不屈的精神。文字、语言和画面三种媒介的整合，无形中强化了学生对学习内容的记忆和理解。

三、课堂变化技能的要求与类型

课堂教学技能的变化不在于多样、复杂，而在于真正能够服务于教学，有利于师生互动、知识的动态生成。教师在课堂上运用变化技能时应该关注学生的能力和兴趣、教学内容及任务的特点，在了解和研究学生的基础上，恰当地选用变化技能，促进学生的学习。

（一）课堂变化技能的要求

1. 科学性原则

教师在课堂上运用变化技能就像演员的艺术表演一样，所不同的是教师受教学目标和教学任务的约束更强，不能像演员那样为了追求艺术效果而改变情节，而是要严格遵循科学性原则，不能出现科学性错误，否则将误导学生，达不到应有的课堂教学效果。

2. 目标性原则

课堂上的“变”不是随心所欲的即兴表演，而是需要服务于教学实际、达成一定的教学目标。要针对具体的目标去设计变化的内容和形式。在课前进行教学设计时，就要充分考虑每种变化技能所要达到的目的，做好充分准备。上课过程中，则要根据实际课堂的进展而采用合情合理的变化手段。

3. 针对性原则

苏联著名教育家马卡连柯说过：“教育技巧的必要特征之一就是要有随机应变的能力，有了这种品质，教师才能避免刻板公式，才能估量此时此地的情况和特点，从而找到适当手段。”② 要想成为一名好教师，就必须了解学生，充分地做好学情分析，根据学生的认识水平、能力、兴趣以及教学内容和学习任务的特点，有针对性地选择恰当的变化方式。课堂变化技能的方式不是死板的、单一

---

① 廖圣河：《语文微格教学》，中国林业出版社 2009 年版。

② 宋德如、李宗胜：《直面课堂尴尬——教育机智的表现及其培养》，载《教育探索》2001 年第 12 期。

的，而是需要教师根据实际的、生动的教学情境随时变化，有针对性地解决各教学环节中的问题。

4. 适度性原则

课堂变化技能的选用切忌夸张、喧宾夺主。教师应该根据课堂的实际情况选择，注意分寸，适度运用。频繁地变化课堂教学技能，不一定对学生的学习起到积极的作用。因此教师在教态的变化上、教学媒体的选用上以及师生之间的相互作用上，都需要注意“度”。

5. 灵活性原则

一堂好课离不开教师的事先计划，教师应根据班级的学习情况、学生的个性差异，做好充分的准备。但是，课堂是动态的，是以学生为主体的，不是一成不变的。因此，教师需要根据课上的具体情况，及时、灵活、自然地运用变化技能，帮助学生理解知识或解决疑难。例如，在教态的变化上，教师应根据学生的上课状态灵活切换手势和位置，以免学生的注意力分散，影响课堂教学的效果。

（二）课堂变化技能的内容

按照《高等师范学校学生的教师职业技能训练大纲（试行）》的要求，课堂变化技能主要包括动作的变化、表情的变化、眼神的变化、声调的变化等。

1. 动作的变化

这里主要从教师课堂教学中的肢体动作来分析，肢体的动作变化主要指身体位置以及手势的变化。

（1）身体位置的变化。教师的身体位置在课堂教学中起重要作用。在教师讲课时，身体位置通常有两种移动情况：一种是教师在讲台上适当地移动，在移动中讲授知识、组织学生答题、巩固知识点；一种是教师在小组讨论、学生活动时，在学生中间走动，缩小师生之间的空间距离，增加亲近感，有利于及时了解学生在学习中遇到的问题，及时指导学生的学习活动。但是在教师走动时，要注意动作的轻盈、自然，不要随意地说话，分散学生的注意力。

这里，重点谈一下教师的站姿。教师如果挺胸抬头、身体挺拔，会给学生精神饱满、健康向上的印象，学生自然会受到感染，精神振奋。与之相反，如果教师含胸曲背、随意晃荡，学生就会感到老师无精打采或态度不认真，就有可能昏昏欲睡、东倒西歪。

教师的基本站姿：

教师的基本站姿对不同性别教师的要求略有不同，对男教师的要求是稳健，对女教师的要求则是优美。男教师在站立时，一般应双脚平行，并要注意其分开的幅度。这种幅度一般应当以不超过肩部为宜，最好间距为一脚之宽。要全身正直，双肩展开，头部抬起，双臂自然下垂伸直，双手贴放于大腿两侧，双脚不能动来动去。如果站立时间过久，可以将左脚或右脚交替后撤一步，使得身体的重心分别落在另一只脚上。但是上身仍须直挺，伸出的脚不可伸得太远，双腿不可叉开过大，变换不可过于频繁。女教师在站立时，则应当挺胸，收颌，双手自然下垂、叠放或相握于腹前，双腿基本并拢、不宜叉开。也可将重心置于某一脚上，双腿一直一斜。或者，双脚脚跟并拢，脚尖分开，张开的脚尖大致相距 10 厘米，其张角约为 45 度，呈现“V”形。女教师还要切记，千万不能正面面对他人双腿叉开而立。

学生回答问题时，教师身体应微微前倾，这种姿势表明对学生说的话感兴趣，也表明教师的注意力都集中在学生身上，没有走神，增加了亲切感。应避免两种错误的站姿：第一种是自己板书，背对学生，给学生一种不礼貌的感觉，学生也不能从教师的表情中判断自己的回答是否正确，是否需要继续回答；第二种是双手放在裤袋里或两手反在背后，一副师道尊严、居高临下的姿态，没有一点亲切感。

教师的站姿禁忌：

①忌长时间手撑桌面。老师可以用手撑住桌沿，把重心移到某只脚上，但不能长时间手撑桌面，免得学生认为您疲惫不堪，影响听课情绪。

②忌身体不稳。在擦黑板时，教师的站立要稳，不能全身猛烈抖动，左右摇晃，此举会破坏教师的课堂形象。

③忌位置固定不变。教师讲课的站位不能呆板地固定在一点上，应适当地移动位置，或到学生座位行间进行巡视。

④忌侧身而站。心理学研究表明，侧身而站和面向黑板而站说明教师的心理是封闭的，不利于阐述教学内容，而且给学生留下缺乏修养的印象。

⑤忌站时重心移动太快。站时重心忽左忽右，会给人信心不足、情绪紧张、焦虑的感觉。面对学生站稳，表明教师准备充足，有信心上好这堂课，有能力控制整个教学局面。

⑥忌把双手交叉抱在胸前或背在身后。这些动作会给学生一种傲慢的感觉。

⑦忌呆板。教师的站并非对所有学生都是一样的，如对于低年级的学生，为了亲近学生，更多时候需要走到学生中间，蹲下身来，摸摸学生的脑袋，夸赞学生的某些回答等。

（2）手势的变化。美国学者布罗斯纳安认为“手势实际上是体态语的核心”。古罗马政治家西塞罗曾说过：“一切心理活动都伴有指手画脚等动作。手势恰如人体的一种语言，这种语言甚至连野蛮人都能理解。”法国大画家德拉克洛瓦也曾指出：“手应当像脸一样富有表情。”他们的话从不同侧面指出了手势的重要性。通常情况下，人们通过手的接触或手的动作可以解读出对方的心理活动或心理状态，同时还可将自己的意图传达给对方。

手势是教师教学活动中常用的一种肢体语言表达方式，形象、生动、活泼的手势是课堂有声语言的重要辅助手段。教师借助于手势可以强调某些言语信息，可以体现自己的某些态度和情感，可以增强自己言语的说服力，使非言语与言语相得益彰。例如教师在向学生提问时，可以不说“请举手”，而是自己做个举手的动作，学生就会心领神会地举起手来；在请学生回答问题时，可以不说“请某某说”，而是把手伸在所要请的学生面前，手心向上抬起做出热情邀请的动作，学生会会意并乐意站起回答教师提出的问题；当学生能正确回答问题时，教师伸出大拇指，表示称赞学生回答正确；当学生回答错时，教师温和地摸摸学生的头，意思是说：“好好努力，下次你一定行。”总之，随着教师手势的一起一落、一挥一晃，带动的是整个课堂的气氛，让课堂不显得呆板单一，使学生不因索然寡味而情绪低落。

一般来说，教师的手势可分为演示性手势、指示性手势、指挥性手势以及形象性手势四种。四种手势在课堂教学活动中的应用并不是固定的，而是要教师根据课堂的实际情况灵活选用，具有直接、生动、形象的作用。

演示性手势通常用于演示教学内容、词汇意思等。例如学习 clean 一词，教师可作出 clean the blackboard，clean the desk，clean the window 等一系列动作，用来揭示词义。①

指示性手势通常用于课堂的集体教学中。例如在小学语文的生字教学中，教师用手势指着黑板上的字带领学生一遍遍地朗读，及时纠正学生的错误读音。

指挥性手势通常用于教师指挥学生的活动中，比较典型的是音乐活动中的“柯尔文手势”。“柯尔文手势”是柯达伊音乐教学法中的一个组成部分，这种手势是 19 世纪 70 年代由优翰·柯尔文（John Curwen，1816～1880）首创的，所以称之为“柯尔文手势”。它借助七种不同手势和在身体前方不同的高低位置来代表七个不同的唱名，在空间把所唱音的高低关系体现出来，使抽象的音高关系变得直观、形象。它是教师和儿童之间进行音高、音准交流的一个身体语言形式，甚至可以指挥儿童进行歌唱。②

---

① 董克胜、丁晓辉：《浅谈教师变化技能在中学英语课堂教学中的应用》，载《白城师范高等专科学校学报》2001 年第 3 期。

② 尚学钰：《音乐课堂教学变化技能探讨》，载《大众文艺（理论）》2009 年第 6 期。

形象性手势通常用于课堂教学活动中形象的指代。例如在小学数学1～10以内的识数教学活动中，可以利用不同的手势表示不同的数目，形象直观，加深学生的学习印象。

当然，教师的手势若运用不当也会起到相反的作用。在实际教学中我们会发现，有的教师的手势是掌心朝下平行移动，覆盖全班学生。这种手势表现出的是教师的一种强势，没有把学生放在平等对话的地位上。有的教师手势杂乱，甚至让人眼花缭乱。过于杂乱的手势传递的信息往往是不一致的，有时也会转移学生的注意力。也有的教师在课堂上基本没有手势，这也不甚恰当。①

2. 表情的变化

教师表情的变化是课堂变化技能中最直观、生动的变化方式，有利于调整学生的课堂学习状态。教师好的表情能传达真挚和温暖，使学生如沐浴春风，增强学生的自信心，提高自我表现能力，表现出良好行为；相反，教师面部显露出不耐烦、厌恶和嫌弃的表情时，会降低学生的学习欲，打击学生的信心，导致不良行为的发生。因此，即使教师个人在生活上有烦恼或不幸的事，也要注意掩饰，不能让学生有所察觉。

在学生正确回答问题、坐姿端正、遵守课堂纪律等行为表现中，教师可以通过微笑、和蔼的表情给予赞扬和肯定。在学生违反课堂纪律、打断教师讲课等行为时，教师可以通过严肃、专注的表情给予反馈，使学生及时认识到自己的错误，回归课堂学习。

小学语文课文的特点是题材生动，贴近学生生活，能启迪学生思考。在语文课堂上，教师表情要根据学生的年龄特点，随着课堂情况和教学内容的变化而变化。

【案例4】

教学《触摸春天》表情的运用②

学习四年级的《触摸春天》这篇课文时，我边配乐朗读课文，边做出文中安静（盲童的名字）的表情，让学生被安静的表情所感染，使学生拥有自己的表情，并让学生带着各自的表情和感受去学习课文。很快，学生就能感受主人公安静的内心世界，感受一个盲童对生命的热爱，进而懂得人必须珍爱生命、热爱生活的道理。

① http：//blog. 163. com/dsqzl%40126/blog/static/1623419282011414523194 72/.

② 百度文库：https：//wenku. baidu. com/view/c4e8047a01f69e31433294fe. html。

3. 眼神的变化

人们常说，某人有一双“会说话”的眼睛，还有“眼睛是心灵的窗户”的说法。课堂教学中，教师的眼神运用恰当，常常起到“此时无声胜有声”的作用。个别学生淘气影响课堂纪律了，如果当众批评，势必打断我们本来流利顺畅的教学活动，分散其他人的注意力，可能使整个课堂教学组织纪律更为混乱。此时，我们可以递一个责备的眼神过去，让他明白老师的不满，愧意顿生而有所收敛；对于问题回答得漂亮的学生，赞叹嘉许的目光配以微笑，自然有魔力般的作用——使学生信心倍增，从而对学习产生更浓厚的兴趣；用亲切柔和的目光扫视全班同学，既能看清课堂全景，又仿佛告诉学生：“我在注意并关心着你们每一个人。”这使学生不至于产生被忽略的沮丧感……用眼睛“说话”，是最常用，也是最重要的肢体语言方式，灵活恰当地运用各种眼神，能有效加强师生之间的沟通与交流。

小学语文课堂教学中，教师要善用眼睛去认真观察每个学生，善用眼神，给予学生鼓励和赞许的目光，激起学生学习的热情和回答问题的勇气，让学生在轻松、愉快、自信的氛围中学习语文，提高人文素养。

【案例5】

《军犬黑子》教学中眼神的运用①

在学习六年级的《军犬黑子》这篇课文后，同学们纷纷道出各自的感受，表示为黑子的事情伤心难过，这时我发现后排角落有一个学生小心地举起了手，我眼睛一亮，马上让他发言，他站起来小声地说了声：“老师，我觉得文中的训导员是个不合格的训导员。”很多孩子都愣住了，这时，我立即给了他一个赞许的目光，同时鼓励道：“好，这位同学提出了与大家不同的观点，那么让我们来听听他的理由，好吗?”，这带给他极大的勇气，他说：“黑子聪明，连续轻而易举地找到了‘小偷’，黑子对训导员很忠诚，但训导员却拿黑子对他的信赖开玩笑，使黑子失去对所有人的信赖，最后黑子退役。”这时我不禁大叫“好”，全班应声掌声四起，这带给他多大的成就感呀。我接着说：“同学们，大自然中的万物，只要是有生命的，它们都和人一样有感情，有思想，有自尊，当它们对我们人类充满信赖和忠诚的时候，作为人，我们应该细心呵护和真诚回报这份信赖和忠诚。”课堂一下活跃起来了，孩子们都纷纷讨论关于忠诚、信赖和尊严的问题，

---

① 百度文库：https：//wenku. baidu. com/view/c4e8047a01f69e31433294fe. html。

他们的感悟在讨论交流中不断深化，思想道德进入了一个新的台阶。我想，如果我没能及时目光扫视教室的每个角落，或许就不会发现这位同学，如果没有教师鼓励的眼神，就不会有这位学生的自信谈吐的勇气。所以，在课堂中，教师要善用眼神的交流，激励学生大胆讨论交流，使主题深化，使文本价值得到真正的释放，直至熏陶心灵。

4. 声调的变化

在课堂教学中，语音的节奏、音高、音量、力度的变化是教师促进师生互动、知识生成的一种重要技能。

在实际教学中，关于教师的声调运用往往存在三种情况。一是高声调教学，即整堂课教师声音始终特别高（有的是原声有的是借助扩音器），大嗓门声震四壁，甚至隔壁、走廊都能听得清。这主要是由于教师错误的认识和习惯，生怕声调低音量小，学生听不清或者难以集中注意力听讲。其实，嗓门太大也影响教学效果，因为总是高声调说话，缺乏声调的变化，久而久之就会引起学生听觉疲劳，甚至厌烦、反感。况且高声调教学对教师自身的健康也非常不利，容易导致声带疲劳，进而引起咽炎等疾病。二是低声调教学，表现为声调低且声音小。这种情况可能导致教室后面的学生听不清，让学生提不起精神，昏昏沉沉，其效果自然好不了。三是平声调教学，即在课堂教学中单纯一种声调教学，声调高低无变化，一堂课几乎一个声调，一种语气，该强调处不强调，当突出处不突出。快慢不分，急缓不明，强弱不当。有的声调无抑扬顿挫，无节奏变化。这无疑会使课堂缺少生机，死气沉沉。①

根据经验，教师课堂教学中声调的变化主要表现在以下三个方面：②

（1）声调高低的变化。一般情况下，教师讲授重点、难点时，声调应该高一些，讲非重点、难点时声调适当低一些。讲解概念、定理等重要内容时声调要高一些。从整节课来看，教师的声调总是由低到高再由高到低，错落有致。可以表述为：低→高→低→高→低→高。因为上课初期，学生易集中精力，教师的声调就可以适当低些。讲了一段时间后，学生会有些疲倦，这时教师适当提高声调可以较好地集中学生的注意力。等学生对高声习惯了，再一改低声调，同样会收到意想不到的效果。

（2）声调的轻重缓急变化。声调的轻重缓急变化虽然比较复杂，但只要灵活

① 百度文库：https：//wenku. baidu. com/view/e3a547a658f5f61fb73666b4. html。

② 刘子琴、陈玉国：《教师要注意运用好声调艺术》，载《读写算·教研版》2014 年第 17 期。

运用易见成效。

在实际教学中，有的教师由于性子慢，因此讲话慢、讲课的节奏也慢，这种情况若持续的话会让学生提不起精神。而有的教师性子急，说话快，一句接一句就像连珠炮，学生的思维根本跟不上。所以教师要注意声调的轻重缓急，根据不同教学内容的变化而相应变化。

一般来说，从课文内容上看，讲授重点难点时，节奏宜缓而重，讲授非重点难点时则宜快而轻。理科、定理、公式宜慢而重，文科上的概念、规律、议论、抒情也应慢而重，其他内容相对快而轻。这样就可以较好地吸引学生的注意力，提高课堂教学效率。从形式上看，一般也应是先慢后快，先轻后重。可以表述为：慢→快→慢→……轻→重→轻→……

（3）声调的情感色彩变化。教师在实施授课、对话、互动、范读等教学行为时，除了讲究声调的高低、轻重、缓急之外，必然带上爱憎喜怒的思想情感。尤其是文科课程的教学，教师不但要把握课文内容，更要理解文本蕴含的思想情感。首先要和文本中的故事人物进行心灵的对话，体会其喜怒哀乐，并把切身感受传达给学生。为此，有必要增强声音的情感色彩，还要考虑音色的变化，包括恰当地运用反问句、设问句、感叹句等加强语气，还可以加入必要的叹词。

【案例6】

人教版课标本第十一册课文《只有一个地球》结课①

当老师引导学生历数了人们不加节制地随意毁坏地球的行为时，教师（缓慢而沉痛地诉说）“不光是这些啊！”“请看屏幕——这是一天中发生在地球母亲身上的事啊！——这就是贪婪、无知、蠢货的人们犯下的滔天罪行。同学们，让我们像作者那样，向他们强烈抗议，最深切地呼喊——（师生共同呼喊）‘只有一个地球，——让地球更好地造福我们子孙吧！’”。

这里，老师饱含深情的诉说与富有激情的呼唤、朗读，激发了学生的共鸣，同时也润物细无声地进行了思想品德教育。

四、处理偶发事件的技能

处理偶发事件是教师课堂教学中需具备的重要技能。偶发事件又称突发事

① 刘子琴、陈玉国：《教师要注意运用好声调艺术》，载《读写算·教研版》2014 年第 17 期。

件、意外事件，是指在课堂教学中发生的、事先难以预料但必须迅速作出处理的事件。这也是教师教育智慧的一种表现。叶澜老师曾说过："教师的教育智慧集中表现在教育、教学实践中：他具有敏锐感受、准确判断生成和变动过程中可能出现的新情势和新问题的能力；具有把握教育时机、转化教育矛盾和冲突的机智；具有根据对象实际和面临的情景及时做出决策和选择、调节教育行为的魄力；具有使学生积极投入学校生活，热爱学习和创造，愿意与他人进行心灵对话的魅力。"[①] 这里主要就课堂教学偶发事件的特点、类型及处理技巧加以分析。

（一）课堂偶发事件的特点

偶发事件的表现形式多种多样，从性质上讲，有的是积极性的，有的是消极性的；从动机上讲，有的是有意的，有的是无意的。偶发事件涉及范围相当广泛，总的来说呈现如下几个特点。

（1）突发性。尽管偶发事件大都有一定的先兆，但因它的发生常和自然、社会的重大事件、师生家庭的重大变化及本人的意外遭遇联系在一起，因此，往往出乎人们的意料。

（2）潜在性。偶发事件具有较大的隐蔽性、潜在性。这类事件发生在什么时间、怎样的场合、发生在谁的身上以及发生的性质程度都是难以预料的。

（3）冲击性。偶发事件的发生及其发展趋势往往会冲击人们的心灵，令人难以忘怀。对个人来讲，或许会对他的思想品德和个性才能的发展产生深远的影响。对班集体来讲，偶发事件会产生振荡效应，有时会冲击大多数人的思想，甚至改变人们的观念。

（4）紧迫性。偶发事件发生突然，有时来势凶猛，影响面广，这就要求教师迅速而正确地作出判断，对积极的偶发事件要因势利导，及时强化其良性作用，对消极的或有伤害性的偶发事件要采取紧急措施，防止事态扩大产生不良结果。

（二）课堂偶发事件的类型

课堂教学中经常遇到的偶发事件主要有以下几种类型。

1. 教学疑难型

教师在上课时难免会遇到下述情况：学生提出的问题答不出来；学生故意提出一些不该提的问题为难教师；或学生在回答问题时答非所问，引得全班哄堂大笑；或者学生间打闹、嬉戏。

2. 教学失误型

教师上课有时会出现口误，如有个英语老师曾出现的口误是"有些美国人放

---

① 陈春霞：《浅谈教育机智》，载《现代教育科学》2008 年第 4 期。

假去农村，养养蔬菜种种奶牛什么的”；也可能会出现讲解错误、板书错误、实验操作失误或忘拿教具等。例如，科学老师在进行演示实验时，由于一时疏忽导致实验结果与事先的讲授不一致，引起课堂的骚动。

3. 外部干扰型

教师正在专心上课，学生在聚精会神地听讲，突然室外有人大声争吵，且声音越来越大，越来越近；或者，夏季里天气阴沉，一会儿突然下起冰雹，打得教室玻璃啪啪作响，学生都扭头看冰雹，无心听课；或几只麻雀飞到教室窗台上，“唧唧喳喳”地叫个不停，吸引了学生的注意力，等等。

4. 学习困扰型

教师对某些教学内容准备不充分、讲解不到位，导致学生听不明白而走神；或者，由于小学生注意力集中的时间较短，教师讲了一段时间后就开始思想开小差甚至打瞌睡。

5. 师生冲突型

有时，学生在课堂上出现了严重的违纪行为，且不听从教师的教育，甚至与教师产生冲突；或者学生之间产生矛盾，教师无法调和，已严重影响到正常教学的进行。

6. 细节难堪型

教师上课时由于粗心或者意外情况，出现诸如衣扣扣错、衣领掖到脖子里、衣角掖到腰带里、袜子穿反以及意外滑倒等情况时，往往会引发学生哄堂大笑，也令教师本人非常难堪。

（三）课堂偶发事件的处理技巧

1. 坦诚相待

课堂教学中教师若遇到来自学生的不能回答的问题，先是不要急着解释，也不要不懂装懂，只要坦诚相待，学生还是能够理解老师的。例如，一教师在讲解孟浩然的《春晓》时，先板书：“春眠不觉晓，处处闻啼鸟。夜来风雨声，花落知多少?”然后请学生们就诗的意境、写作手法、用词等方面提出自己的看法。一学生问：“既然‘不觉晓’了，为什么还能‘闻啼鸟’呢?”教师回答：“这写的是清晨睡醒时的情景。”另一学生问：“都睡着了，怎能听见‘风雨声’呢?”该教师正色道：“孟浩然是我国唐朝的伟大诗人，他的《春晓》流传至今，哪会有错？坐下!”接着教室里是一片嬉笑声。① 这位老师想这样不懂装懂地蒙混过

① 宋德如、李宗胜：《直面课堂尴尬——教育机智的表现及其培养》，载《教育探索》2001 年第 12 期，第 35～36 页。

关，是不会让学生服气的。再来看另一位老师的做法，某语文老师教《木兰诗》一课时，有学生突然问："老师，古代女子都是小脚、裹脚，木兰从军十余年，为什么没被'战友'发现呢？"这个问题是教师预设中未曾想到的，且富有新意，但很难回答，敷衍也不行，训斥也不对，课堂一时陷入了沉寂。该教师于是坦诚地说："同学们，这个问题很好，老师一时答不上来，让老师抽点时间，去找到答案后，再告诉同学们好吗？"教师的宽容、歉意赢得了一片热烈的掌声。

2. 巧妙反问

偶发事件有许多是这样的：课堂上，学生忽然提出一些难题或怪题，或追问一时遗忘的问题。遇到这类情况，教师可以不必急于回答，而是巧妙地反过来把问题抛给学生思考，把直接解答的机会变为启发学生思考的最佳契机，最后再综合学生的解答而得出结论。有位教师上《朱德的扁担》一课，正讲到高潮时，忽然一个学生问道："老师，那时人们很穷，读不上书，怎么认识'朱德记'三个字呢？"这个精细的问题，也许教科书的编者也没有想到，这位老师没有丝毫准备，他机敏地将问题抛给学生："是呀！谁来回答这个问题？"多巧妙的语言！好一个"是呀！"有惊讶，有肯定，有赞赏，更有对全班学生思维的激发。全班学生都随着老师的反问陷入了沉思，同时也为教师赢得了思考的时间。

3. 转移话题

有的学生在课堂上会连续提出一些与教学联系不大或毫无关系的问题，要"打破砂锅问到底"，如果教师围着学生的问题逐一回答，往往会影响正常教学，弄不好会出现僵局，所以教师应该掌握主动权，适放适收，待机转移话题。一次，一位教师教课文《画鸡蛋》，指导学生观察插图时，有个学生问："达·芬奇和他的老师为什么留着长头发，而我们却不留？"老师说："每个民族有自己的风俗习惯，我们的习惯就跟他们的不一样。我们要学习他们什么呢？是他们的专心学习的精神。"这里，教师用转移话题的方法，不具体地回答他们留长发而我们不能留的原因，而转移为要学习他们专心学习的精神，圆满地解决了很难正面回答的问题。

4. 勇于认错

教师在讲课过程中出现口误、笔误等情况有时是难免的，有的老师会碍于情面，将错就错。若是如此，当时不一定被学生发现，但事后一旦被发现，教师的威信就会受到极大影响。因此，遇到这种情况，教师本人只要发现错了就一定要勇敢承认错误，并想办法尽快弥补。例如，化学教学中，老师误把"油脂"写成"油酯"，当发现自己的笔误而学生却没有发现时，立即对学生说："你们好好想一想，老师刚才写得对吗？能不能把'油脂'写成'油酯'呢？'脂'和'酯'

有何联系?"学生听后开始重新审视和思考,发现了错误,进行了辨析,他们对"脂"和"酯"有了更深的理解。

5. 因势利导

我们知道,当学生的思维朝着一定方向发展时,要它立即改变方向是不容易的,只有顺势引导才能取得较好的效果。当课堂教学出现意料不到的情况、且偏离原有的教学轨道时,可以采取因势利导的处理技巧。所谓因势利导,就是指顺着学生心理、思想行为的发展趋势,加以有效地引导。学生的发展趋势,既有向坏的方面转化的可能,也易于按照人们的期望发展,而教师的"利导"就是基于这种好的发展趋势之上的点拨、引导。在这里,"势"是施教的基础和前提,"导"才是施教的重点和中心。例如特级教师于漪上课时,几只蝴蝶飞进了教室,吸引了学生们的注意力。她首先让学生把蝴蝶赶走,然后让学生以蝴蝶飞进教室为题打一词牌名,学生们不得其解时,老师给出了答案:"'蝶恋花'啊,因为你们都是祖国的花朵!"在会意的笑声中,老师又开始了她的讲课,前后只耽误了两分钟课堂就恢复了正常。又如老师正讲课,外面突然放起鞭炮,老师马上停止了讲课,让学生先做练习题,五分钟后鞭炮声停了,学生的题目也做完了。

6. 借题发挥

是指把课堂中的偶发事件巧妙地融进自己的教学中,借题发挥做"文章"。一位教师也碰到过麻雀飞进教室的情况,他借"不速之客"麻雀的出现,给大家讲"麻雀的冤案"故事:"20 世纪五六十年代,我国曾经把麻雀与苍蝇、蚊子一起列入害虫名单,在全国开展消灭麻雀的运动,理由是麻雀偷吃掉大量的粮食。但事后实践表明,麻雀蒙受了冤屈,因为麻雀对人类的益处远远大于它对人类的危害。"之后,他又以此为题,分析消灭麻雀会破坏生态平衡。这样一来,学生们反应十分热烈,思路非常活跃。这位教师巧妙地借麻雀的出现,引导学生复习巩固了所学知识,在不影响教学进度的情况下,根据情况对教学内容做了适当的调整。但老师必须注意,借题发挥要围绕所学知识,让学生有所收获,禁止天南海北闲谈,否则就成了浪费学生时间的一种渎职行为。

7. 停顿休整

当学生精神疲劳、无法集中精力学习时,教师可暂时停下来,让学生闭目养神休息 1 分钟,或做个小游戏,或讲个幽默风趣的小故事……待学生精力恢复、注意力集中时再讲课,效率会大大提高。夏天下午上课,学生一般没有精神,老师上课前先用 2 分钟讲一个笑话,学生哈哈一笑,精神头来了,听讲效果也好了,虽然耽误了 2 分钟,但整节课效率提高了,并且学生会逐渐喜欢上你的课。

8. 巧妙暗示、个别提醒、重点提问

这些方法多用在那些上课注意力不集中、思想开小差的学生身上。当偶发事件发生时，教师可视情况用语言、眼神、手势等作暗示。如果暗示不起作用，教师可换用个别提醒法，可以边讲课边走到该生身边，或轻轻地摸摸他的头（男教师注意），或轻轻地敲敲他的书本和课桌。如果以上两种方法都不见效，可以尝试重点提问法，通过个别提问，强迫学生把注意力转移过来。

9. 暂时搁置（冷处理）

这种处理就是对教室中发生的偶发事件采取淡化的方法，暂时“搁置”起来；或是稍作处理，留待以后再从容解决。这种方法多用在课堂教学中个别学生发生了较严重的违纪行为时，或者学生之间、学生与教师之间发生争执产生了对立时。偶发事件出现后，学生多半头脑发热，情绪不稳，很难心平气和地接受教育，有时甚至会产生严重的逆反情绪，使局面难以收拾；而教师也容易心理失衡，缺乏充分的心理准备和冷静的分析，带着火气训斥学生，如此“热处理”很容易造成师生对立，弄得老师自己下不了台。有的老师气得一走了之，或者声明某学生不向老师道歉不到该班上课等。一位教师上课时，看见同桌的小王和小张在打架，你推我拉，互不相让。这位教师没有慌张，也没有大声训斥学生，而是微笑着说：“怎么啦，你们俩都已经是高年级学生了，有了小矛盾还不会处理？双方冷静一下，相信你们能够自己解决的。”随着教师的话语，学生们松了一口气，小王和小张也松开了手，一场“龙虎斗”就这样得到了平息。这种方法既避免了事态的激化，又没有浪费教学时间，体现了这位教师的现代教学意识。

10. 幽默圆场

当偶发事件发生、课堂上出现僵局时，教师的幽默语言能起到很好的缓和气氛的作用。一位小学算术教师走上讲台，同学们忽然大笑起来，他莫名其妙。坐在前面的一位女生小声对他说：“老师，您的扣子扣错了。”这时，这位老师自己一打量，发现第四颗扣子扣在第五个扣眼里，难怪学生如此大笑，不是让老师难堪吗？但这位老师很幽默，他煞有介事地说：“老师想心事了，匆匆忙忙赶着与你们——来——相——会（似唱）。不过，这也没什么好笑的，昨天我们有的同学做练习时，运用算术公式就是这样张冠李戴的。”这位老师幽默、自嘲的语言既为自己解了围，又批评了学生不认真做作业的错误，还活跃了课堂的气氛，这种机智才能确实令人敬佩。当然，运用幽默自嘲的语言必须注意分寸，不能伤害学生的自尊心、降低教师的威信。

【课堂教学变化技能范例】

于漪老师执教《白杨礼赞》片段[①]

于漪老师在教《白杨礼赞》这篇课文时，一个女生突然站起来问道："茅盾讲白杨树怎么美好，我看不见得。楠木是贵重木材，白杨怎么比楠木好？"对于学生的突发奇问，于漪老师并没有给予立即的回答，而是说道："你敢于发表这样的意见，那是非常好的。你继续学下去，就会明白其中的道理的。"学完课文那位同学终于明白了寓情于景，课文中运用的是象征手法。

在这一意外事件处理上，于漪老师表现出了高超的应变技能，既保护了学生思维的积极性，又保证了教学程序的正常进行，最重要的是利用这一波澜激起了全班学生积极探索问题答案的兴趣，使得整堂课都在浓厚的课堂学习气氛中进行，学生的突发提问反而成为提高教学效果的催化剂。正如一位教育工作者对课堂教学的描述：课堂教学不是一潭死水，它应当像大海，永远变幻，就是在宁谧的时候，也孕育着丰富多姿的波澜。教师理应成为扬起大帆在大海中激昂前进的舵手。

【思考与练习】

1. 什么是课堂教学变化技能？课堂教学变化技能的特点有哪些？
2. 课堂教学变化技能的原则有哪些？
3. 课堂教学变化技能的内容主要有哪些？
4. 如何在处理偶发事件时熟练运用变化技能？

【请你来做】

请看下面的案例[②]：

某教师执教《愚公移山》一文，当教师大赞愚公精神时，有学生提出疑问："愚公率领'荷担者三夫'，以微薄的人力去搬'方七百里，高万仞'的太行、王屋，这举动果真明智、果真值得歌颂，而这样的'愚公精神'果真值得学习吗？"一石激起千层浪，一个学生的质疑引来诸多学生的附和。

问题：当遇到这种情况时，你会如何处理？

【请你参考】

案例中的这位教师沉默片刻后说："刚才这位同学的质疑是老师没有想到的，

---

①② 蔡伟：《语文课堂教学技能训练》，华东师范大学出版社 2009 年版。

一直以来也没有学生这样问过我，但显然，这个问题引起了在座不少同学的共鸣。因此，老师不能回避，支持愚公的同学也要勇敢面对。这样吧，下面的时间我们先相互讨论一下，接着自由发言，然后支持派与反对派各选出三名代表到讲台上展开一个小辩论。大家同意吗?”

可以说，当学生质疑时，有多少双眼睛在盯着这位老师，此时，他有三种处理方法：一是不予理睬，继续上自己的课；二是给予否定甚至严厉的批评，告诫学生不要胡思乱想；三是尊重学生的意见，把学生的质疑引入课堂教学中成为课堂教学的生成性内容。显然，前两种处理方法会严重损害学生的自信心与自尊心，会使学生对教师产生不信任感同时也使教师丧失了一次很好的锻炼机会。而第三种做法虽然破坏了教师预设的课堂结构，不能完成预期的目标，但教师遵循了课堂教学师生互动的原则，挣脱了传统语文教学的束缚，使学生由原来的被动接受变为探究性的学习。这样的教学真正体现了教学相长，增进了师生沟通，提高了教师在学生中的威望。

【阅读书目】

1. 包兴敏、白冬青、王晓茜：《教师教育心理学》，清华大学出版社 2015 年版。

2. 邵光华：《小学课堂教学技能训练》，高等教育出版社 2011 年版。

3. 刘娟娟：《小学数学教学技能》，华东师范大学 2011 年版。

4. 孙文杰：《小学数学微格教学教程》，科学出版社 1999 年版。

5. 廖圣河：《语文微格教学》，中国林业出版社 2009 年版。

6. 蔡伟：《语文课堂教学技能训练》，华东师范大学出版社 2009 年版。

【相关网站资源介绍】

中学资源网 http：//www. zx98. com/zxzyw/ja/xx6/201311/20305. html

莲山课件 http：//web. 5ykj. com/yingp/3887. htm

第七章　教学媒体选用技能

【学习目标】

1. 熟悉教学媒体的概念、常见类型及功能。
2. 掌握选择教学媒体的依据。
3. 掌握制作多媒体课件的原则、流程以及微课的制作方法。

【问题导入】

在日常教学中你是如何确定某一节课该用什么类型的教学媒体的？

在制作多媒体课件时你会考虑哪些因素？

【案例引领】

《北京亮起来了》教学案例①

[设计理念]

现代课堂教学中，适时地运用教学媒体可以提高学生的兴趣，有助于学生更好地学习掌握知识。南方地区农村的孩子去过北京的不多，但仅通过语言让学生

① 吴莉莉：《适时运用电教媒体，让兴趣贯穿学习中——〈北京亮起来了〉教学案例》，载《中国信息技术教育》2009年第18期，第36页（有改动）。

去领悟北京壮丽的风光比较困难，这就需要我们借助教学媒体的图、影、声等来创设富有渲染力的情景，激发学生丰富的情感，利用教学媒体的资料，使学生见其物、闻其声、观其色，有身临其境的感觉。

[教学流程及设计意图]

1. 创设情景，激发兴趣

(谈话导入)

师：同学们，你们对北京了解多少，大家来谈谈北京好吗？

(学生纷纷作答，但没有学生去过北京)

师：同学们都没去过北京，那今天老师就要当导游带你们去北京看看。(学生们听了兴奋不已) 现在让我们一同欣赏北京的风光吧。

(运用多媒体，配乐播放北京风光视频)

师：欣赏完北京风光，你们想说什么呢？(学生谈感受)

师：多美的景色啊！刚才我们看到的是北京白天的风光，你们想进一步感受北京夜景的美吗？今天我们就来学习一篇专写北京夜景的课文。(板书课题，齐读课题)

设计意图：让学生观看多媒体视频，可以直观感受北京的风光，从而让学生进入优美的情境，激发其学习的兴趣，巧妙地引入新课。

2. 初读课文，整体感知

师：老师读课文，同学们思考，北京的夜晚是怎样的，可用文中的词语表述。(师配乐范读课文)

生：……

师：接下来我们一起来看看北京的夜景。

师：有这样一句话叫“百闻不如一见”。同学们，让我们用眼睛、用心灵去感受北京夜景的美吧！你们看……(配乐观看北京夜景视频)

师：你们感受到北京夜景最大的特点是什么？(指名学生回答)

设计意图：运用多媒体，观看北京夜景图，让北京亮丽的夜景深深地印在学生的心里，并在此基础上谈感受，为学习课文作了很好的铺垫。

3. 图文对照，读中感悟

(1) 学习第一自然段。

(教师指名读第一自然段，其余学生观看相关夜景图片，感受“灯的海洋，光的世界”。)

(2) 学习第二自然段。

师：现在，轻声读第二自然段，看看分别写了哪儿的美景？

(指名回答，出示长安街、天安门城楼、广场四周的夜景图片及相应的句子。)

师：这里的夜景很美。请同学们选择自己最喜欢的句子读一读，画出不理解的词语或句子，再结合图理解词或句子的意思。

……

(3) 学习三到六自然段。

师：今天，我们跟随作者欣赏了北京的夜景，感受到了北京的辉煌、亮丽，此时你们的心情怎样？

(引导学生自主选择学习内容和学习伙伴，图文结合，自读自悟，感受北京夜景的美。利用精美图片理解词句含义，避免了枯燥说教。)

4. 齐唱歌曲，升华主题

师：我骄傲，我自豪，因为我生活在富饶美丽的中国。同学们，让我们齐唱一曲《我爱北京天安门》。

(用歌声激发学生爱祖国、爱首都之情，把教学推向高潮。)

【点评】

农村低年级的孩子对北京了解比较少。案例从利用多媒体播放北京白天的风光，来引起学生学习的兴趣，通过图文并茂的短片了解北京白天的繁华，从而激发学生想进一步学习的兴趣，达到了教师事先的设计意图。教学媒体的使用让教师讲课不再空洞乏味，让学生在兴趣中学习知识，把枯燥的文字转化成了有生命的语言。

【理论学习】

随着教育技术的飞速发展和学校物质条件的不断提升，教学媒体作为课堂教学的重要手段和媒介，在小学课堂教学中的使用次数越来越多，使用范围越来越广，教学媒体的选用技能也逐渐成为教师专业发展过程中不可缺少的一项技能。

一、教学媒体概述

这里主要分析教学媒体的概念、基本特征、常见类型及其功能。

(一) 教学媒体的概念

教学媒体属于媒体的下位概念，因此厘清教学媒体的含义之前首先要了解什么是媒体。媒，本义是为男女说合婚事的中间人（拓展意义为在两者中间进行联络或起作用的人和事物），体就是载体，媒体也就是在两者之间起联系作用的载体。媒体一词是英文“Media”的译名，意思是两者之间。在大众传播领域，媒体指在信息源和受信者之间承载和传递信息的媒介和工具。媒体通常分为硬件和软件两类：硬件是能够传递信息的设备和机器，如电视机、录像机、收音机、无线电台、幻灯机、投影仪、照相机等；软件是指能够储存信息的纸、光盘、磁带、胶片、硬盘等。硬件和软件相辅相成，需要配套使用，这样才会在最大程度上将信息储存和传送。在信息社会里，媒体已经成为各种通信工具、宣传工具、教育工具的总称。

在教与学的活动过程中所采用的媒体称为教学媒体，它是指在传播知识、技能和情感的过程中，储存和传递教学信息的载体和工具。媒体能成为教学媒体需要满足两个条件：第一，媒体储存和传递的是教学信息，这些信息需要由教育者根据教学对象和教学目标精心筛选；第二，必须是运用到教学活动过程中的媒体，其他媒体虽然也可以储存和传播教学信息，但脱离了教与学的场域就不成为教学媒体。

随着科学技术的迅速发展，产生了一批新型教学媒体，即现代教学媒体。现代教学媒体是相对于传统教学媒体而言的，传统教学媒体主要包括教科书、粉笔、黑板、挂图、标本、仪器等，现代教学媒体主要包括幻灯、投影、电影、录音、电视、语言实验室、电子计算机等。一般认为，使用时需要电源的教学媒体就称为现代教学媒体。现代教学媒体都与“电”有密切的关联，所以又称为电化教育媒体。本章所阐述的教学媒体主要是指现代教学媒体。

（二）教学媒体的基本特征

1. 一般媒体的特征

一般的媒体具有固定性、扩散性、重复性、工具性、组合性等特征。

（1）固定性：指媒体可以以各种方式将信息记录、存储并固定下来。

（2）扩散性：指媒体可以将各种符号形态的信息传送到其他地方，并在扩大的范围内再现。

（3）重复性：指媒体可以重复使用，还可复制，在不同时间和不同地点使用。

（4）工具性：媒体是人们获得信息、传递信息的工具。

（5）组合性：指若干媒体可以组合在一起，多种功能共同发挥作用。

2. 教学媒体的特征

教学媒体除了具有一般媒体的特性外，还有其特殊性。①

---

① 百度文库：https：//wenku. baidu. com/view/644af66b7e21af45b307a814. html。

（1）表现性：也称为表现力，指教学媒体表现事物的空间、时间和运动特征的能力。空间特征：指事物的形状、大小、距离、方位等；时间特征：指事物出现的先后顺序、持续时间、出现频率、节奏快慢等；运动特征：指事物的运动形式、空间位移、形状变换等。

（2）重现性：也称为重现力，指教学媒体不受时间、空间限制，把储存的信息内容重新再现的能力。

（3）接触性：又称为接触面，指教学媒体把信息同时传递到学生的范围的大小。

（4）参与性：指教学媒体在发挥作用时学生参与活动的机会。模型、录音、录像、计算机等媒体提供学生自己动手操作的可能，使学生可能随时中断使用而进行提问、思考、讨论等其他学习活动，行为参与的机会较多；电影、电视、无线电广播、多媒体计算机等媒体有较强的感染力，刺激学生的情绪反应较为强烈，容易诱发学生在感情上的参与。

（三）教学媒体的常见类型

随着科学技术的发展，教学媒体的种类越来越多，新型教学媒体层出不穷。由于不同研究者着眼点不同，对于教学媒体的分类也不尽相同。

《美国大百科全书》将教学媒体分为印刷材料，如书本、杂志等；图示媒介，如地图或投影显示等；照片媒介，如照片、幻灯片、电影等；电子媒介，包括录音、录像设备等。

我国不少学者也对教学媒体进行了分类。著名教育心理学家冯忠良依据教学媒体所负载的信息特征把教学传媒分为非言语系统传媒、模象系统传媒、动作及表情系统传媒、言语系统传媒、书面言语系统传播媒体。另一位著名心理学家邵瑞珍依据教学媒体所作用的感官通道，把教学传媒分为非投影视觉辅助、投影视觉辅助、听觉辅助、视听辅助。下面，我们单就教学媒体中的辅助媒体作一简单介绍。①

1. 非投影类的视觉辅助媒体

这类教学媒体包括实物、模型、图表资料以及用于视觉呈现的设施——黑板，及其改进后的呈现板（如磁力板、多目的板）。

实物媒体能够将要学习的东西活生生地呈现在学生面前，帮助学生理解，加深学生的印象。但有时获得实物媒体需要花费很大的代价，且有时实物也不能提供对事物本质的认识。

---

① 吴萍：《新编教师教学技能训练教程》，北京师范大学出版社 2011 年版，第 181 ~ 221 页。

模型是实物的一种三维代表物，它可以比实物大、比实物小、与实物一样大。能够表现实物的一定特性，且比较经济，还可以根据需要突出实物的某些性质，使学习者获得对实物内在本质的更加深刻的认识。

图表资料是一种经过特殊设计的二维的非照片类的教学媒体，它的特点是可以将所要传达的信息及其相互关系以简明扼要的方式呈现出来，有助于学习者把握结构、加深理解、增强记忆。

黑板是讲授式教学中最常使用的教学媒体。在授课过程中，它可以用于支持语言交流活动，非常适合用于描述教学的内容。但它最大的缺点就是需要使用者花费大量的时间去书写，且当教师背对学生书写时，容易失去对学生应有的控制，且无法看到学生对板书内容的反应，影响教学效果。

2. 投影类视觉辅助媒体

这类教学媒体主要包括投影器和各类幻灯机，是通过光和各种放大设备将信息投射到一个平面上以便于学习者观察学习的教学辅助设施。

投影器是目前课堂教学中最为广泛使用的视觉辅助设备。它的优点是：教师可以事先把许多重要的内容写在透明胶片上，因而可以大大节省上课时板书的时间；教师使用投影器时，可以始终面对学生，保持相互之间的交流；投影器可以投射各种类型的透明胶片，并且可以在胶片上加上各种强调记号，便于教师进行教学；投影器操作简便，投影胶片容易制作，便于贮存。但是投影无法对印刷资料和其他的非投影材料进行投影，有时使用起来不太方便，而且投影成像的扭曲也常常发生。

幻灯机与幻灯片配合使用的投影类视觉辅助媒体的特点是：成像清晰，便于观察；幻灯片尺寸小，易存放；自动化程度较投影器高，可以进行远距离遥控；如果需要，还可与录音机配套使用，给幻灯片配上同步的解释。但幻灯机使用时必须使周围环境暗下来，影响了师生之间的信息交流，且幻灯片的制作相对投影胶片更难，不便于教师根据教学需要及时制作使用。

3. 听觉辅助媒体

这类教学媒体主要有录音机、收音机、激光唱片等。其中最主要的是录音机。录音机可以储存和重放听觉材料，为教学提供必要的说明和支持；在语言学习中可以用于矫正和训练发音和会话；且造价便宜，录音磁带可以反复使用，经济方便。使用录音机进行教学最大的困难在于教师无法有效地控制磁带播放位置和调整磁带播放速度，从而导致教学时间的浪费，降低教学效率。录音机在使用时不宜单独使用，而应该与其他视觉辅助媒体配合使用，这样可以避免学生因长时间没有刺激而产生厌倦。

4. 动态辅助媒体

这类教学媒体主要包括录像、电影、电视等。这种媒体在教学活动中的优越性为：擅长描述动态概念（如匀速直线运动）和操作过程（如化学、生物的试验操作过程）；可以为学生观察无法直接观察的动态的宏观、微观现象（如天体运动、核反应）或危险性较大的活动（如地震、战争）提供方便；其图像和声音资料可以反复播放，从而为学生动作技能的学习提供反复观察、模仿、练习的机会；这类媒体还能够通过真实的剧情使学习者获得对历史、文化的理解以及情感上的教育。但这类媒体在教学中使用最大的障碍是制作技术较难，花费较大，因而使用范围有限。

5. 多媒体辅助系统

多媒体系统是各种媒体结合起来使用，综合两个以上媒体而形成的教学辅助设备。它既可能是由传统的视听媒体组成的多媒体装备，也可以是综合了文本、图像、声音、录像等的电脑多媒体系统。电脑多媒体系统除了可以为学习者参与学习提供丰富的视听等外，还可以为学习者提供更好的个人控制学习系统，使学习过程变得富有个性，在实现教学活动个性化、民主化方面拥有明显的优势。它的不足之处是软硬件花费比较昂贵，这在很大程度上阻碍了它在教学中的使用。

（四）教学媒体的功能

1. 教学媒体的一般功能

第一，有助于提高教学信息的传递效率。教学媒体的不断发展使教学信息的传递效率不断提高，在过去，教师书写板书消耗了一部分的教学时间，而如今教师可以用投影仪、幻灯机呈现重点内容，也可以仅轻轻点下鼠标就将教学内容瞬间投射到屏幕上，大幅度地节省了教学时间，提高了信息的传递效率。此外，教学媒体可以更好地将知识以学生喜闻乐见的形式呈现，能够全面展现事物的静态和动态特征，促进学生对知识的理解，从而提高教学质量。

【案例1】

小学语文写字教学中教学媒体的运用

合理适时地运用多媒体课件，可使教学节奏加快，腾出更多的时间进行语言文字训练，从而使课堂容量加大；同时也能使训练的形式灵活多样，面向全体学生，提高训练效果。比如写字，针对学生的字写得不规范、错别字较多的情况，多媒体可用于加强字形教学与书写指导：运用多媒体课件展示典型的例字，引导学生观察评析，并运用其动画功能，让不到位的笔画延伸舒展，让安顿不当的字的部件移动挪让，让比例失调的部位或缩或伸，直到符合规范。运用多媒体课件展示有代表性的错别字，集体修改，并运用其动画功能显示这一修改过程，可以强化纠错力度。一位教师在纠正错字“浇”时，运用多媒体课件的动画功能，设计了用一根大棒去敲击那多余的一点，连击三下，才终于将多余的一点击飞了。这不是一般的纠错，它形象地显示了错别字的顽固性，并启示学生，纠正错别字要有决心、有信心。这一精心设计的教学情境，无疑会使学生难以忘怀，其效果是对学生错一罚十、罚百一类的惩罚性练习所无法比拟的。可见，恰当地运用多媒体课件于书写训练，能使枯燥无味甚至是苦不堪言的机械重复抄练变得生动活泼、充满童趣，教学效率大大提高。

第二，能够激发学生的学习兴趣。教学媒体具有处理文本、图像、动画、声音和视频的综合能力，具有很强的表现力和感染力。丰富多变的色彩、生动有趣的画面、调皮可爱的音乐，往往能让学生感到惊讶、诧异，进而产生浓厚的兴趣。

【案例2】

《池塘边上的叫声》[①]

在低年级的语文教学中，认字识词是一个重要的教学环节。如果单纯地出示生字生词让学生读，会显得非常单调乏味，学生的学习积极性也会不高。在《池塘边上的叫声》一课中，教师也像往常一样出示了“识词”课件，但与众不同的是，一打开课件，课文中的主人公青蛙边蹦边说：“小朋友，我是你的好朋友小青蛙，我有几个词语不认识，想请你帮帮我，行吗？我会请你去听听池塘边有哪些故事。”话音刚落，学生们纷纷地轻声读起来，随即小手如雨后春笋一个个竖起来，这一环节的达成度比往常高了许多，学生们的学习兴趣被充分地激发起来。通过视觉听觉的冲击，课文还未正式开始学习，学生主动学习的激情已被有效的多媒体课件“动”了起来，起到了事半功倍的效果。

第三，有利于个性化教学的实施。计算机的运用可以为教师的个性化教学提供设备支持，教师在计算机软件的帮助下可以通过教学管理系统掌握每位学生的

① 《浅谈小学语文教学中多媒体课件运用策略》，http：//blog.sina.com.cn/s/blog_4ae1d10701014z4w.html。

学习动态，进而实现个别辅导。此外，个别化学习软件可以根据学生的特点设置学习任务，学生可以根据自己的学习情况决定自己的学习进度和难度。

第四，有利于实现资源共享。不仅教师的教学资源可以分享给学生，学生之间也可以通过教学媒体分享自己的观点、资料等。例如，学生的优秀作业可以通过幻灯机向全班同学展示，学生制作的 PPT、拍摄的小短片也可以通过计算机供大家一起观看。

2. 不同教学媒体的具体功能

我们知道，教学媒体具有很多功能，但不等于说使用了教学媒体就一定能发挥它们应有的作用。使用教学媒体的意义并不在于教学媒体本身，而在于如何使用这些教学媒体上，恰当地应用可以发挥教学媒体的作用提高教学效果，而滥用不但不能收到良好的教学效果有时还会产生反作用。因此我们在选用教学媒体之前，就应充分考虑到教学媒体所能达到的效能。不同的教学媒体在不同学科的教学中具有不同的作用，下面进行举例说明。

第一，灵活运用幻灯片（如 PPT、Focusky）等课件，可以使教学内容变抽象为具体。在小学语文教学中，由于学生的具体形象思维仍占主导地位，如果单靠语言文字进行教学，势必会受到学生知识、阅历、经历等的限制。若借助多样化的幻灯片课件，就能把教学内容更加形象生动地表现出来，就更容易被学生所理解和接受。

【案例 3】

执教《圆明园的毁灭》一课教学课件的运用①

教学《圆明园的毁灭》时，上课伊始，呈现在学生面前的是一幅烈火燃烧下的“圆明园的毁灭”课题图，只见有着辉煌建筑的背景图上的“圆明园的毁灭”这五个大字的每一笔都腾起熊熊烈火，似乎要把一切烧成灰烬，大火燃烧在圆明园，更燃烧在学生们的心田。目睹此景，学生禁不住发问：圆明园是一处怎样的景观呢？为什么会被烈火焚烧？谁点燃的这可恶的烈火？带着这一连串的问题，学习兴趣陡然高涨。教学变“要我知”为“我要知”，充分体现出学生学习的主动性。

在教授“圆明园辉煌景观”一段时，我依据学生的需要和课文的讲述，依次

① 《论多媒体辅助教学在小学语文教学中的应用》，瑞文网：https：//www. ruiwen. com/xiao/news/9385. htm。

出现总的园林介绍图——长春园、万春园、绮春园这“圆明园三园”呈“品”字的形状，以及周围“众星拱月”般的小园林，再加上如梦如幻的古筝曲，使学生仿佛置身在辉煌的圆明园的上空，禁不住要亲临胜地，一饱眼福。接着，我又出示了平湖秋月、安澜园、蓬莱瑶台、武陵春色以及西洋楼等景点图，那美不胜收、引人入胜的仙境足以使学生留恋赞美，也使他们的想象更加美妙、丰富。这样，学生通过课件演示，冲破了时间和空间的限制，边听边看，音画同步，音形结合，激发起对祖国灿烂文化的热爱，增强民族自豪感。同样，在理解第五自然段的时候，我为学生播放了英、法联军疯狂掠夺、毁坏、焚烧圆明园的电影片段，使他们亲眼目睹侵略者的强盗行径，从而从内心产生对侵略者的无比仇恨。由此，在圆明园的辉煌与毁灭，在情感的爱与恨的对比中理解了课文的内容，顺利实现了教学目标，完成了教学任务。

第二，在外语教学中利用录音机等听觉媒体，可以提高学生的听力，加强语感能力。英语教学非常注重培养学生的听说读写能力，仅仅凭口头讲授是不够的，而且，有时老师的发音也不一定准确，学生通过听外语的录音资料，可以自己纠正错误的发音，在提高听力的同时，加强语感能力。

第三，利用视频等形式再现历史的真实场景，创造优化的教学情境，使学生真切地了解到过去发生的历史重大事件。例如：教学小学语文课文《草船借箭》时，让学生观看电视连续剧《三国演义》的相关片段，学生观其境、闻其声、触景生情，学习的积极性、主动性被充分调动了起来，从而能够更好、更快、更准地把握教学中的重点和难点，课堂教学气氛达到了最佳状态。

第四，运用多媒体教学，视听结合、图文并茂，增强感知效果。多媒体教学还可以创设生动形象的教学情景，能够综合利用视、听觉，使学生感受到语言和音像的不断冲击，使学生身临其境，高度参与，提高他们的学习兴趣，激发他们的创造热情，实现学与教的互动。多媒体教学能营造自主学习的机会，培养思维的独创性，学生可以根据自己的能力、兴趣选择适合自己学习的内容，安排学习进程，独立地解决各种问题，从而培养自己思维的独创性。如：识记一个单词、理解或背诵课文、表演对话等都可以引导学生利用计算机多媒体网络的优势进行人与机、生与生、师与生等方式的交互。

【案例4】

执教《春雨的色彩》一课教学媒体的作用

某老师在执教《春雨的色彩》一课中，为了激发学生对春天的喜爱、对春雨的感悟，在导入中设计了视频播放，让学生看着优美的春雨图，听着淅淅沥沥的小雨沙沙地下着，一群可爱的小鸟唧唧喳喳地叫着，让孩子们一下子就走进了课文，联想到小鸟们都在争论着一个有趣的问题，直奔课文主题，很多枝节都在一幅幅美丽的画面与音乐声中感悟明了，有的孩子还兴奋地跟着音乐一起合着节拍唱起了《小雨沙沙》，课堂的气氛很自然地被调动起来，学生的情绪也随着这一幅幅美丽的画面与动听的歌声进入文本，和小鸟一起争论春雨的色彩。这便是多媒体的巧妙应用，它带给孩子的不是一个优秀的老师的一节优秀的课所能达到的。

二、教学媒体的选择与运用

（一）教学媒体的选择

不同的教学媒体适用于不同的情况，我们要根据教学的实际需要选用最恰当的教学媒体。选择教学媒体主要应依据以下几方面。

1. 依据教学目标

教学目标影响教学媒体类型和内容的选择。一门课程的每个单元、每个课题都有一定的教学目标，即具体的教学要求，比如要使学生知道某个概念，或明白某种原理，或掌握某项技能等。为达到不同的教学目标，需选择不同的媒体去传输教学信息。以外语教学为例，让学生知道各种语法规则与使学生能就某个题材进行会话是两种不同的教学目标。前者往往通过教师讲解，辅之以板书或投影材料，使学生在井井有条的内容安排中形成清晰的语法概念；后者往往采用角色扮演并辅之以教学视频，使学生在情景交融的沟通条件下掌握正确的言语技能。但假如是为了纠正学生的外语发音，则最好采用录音录像媒体了。

2. 依据教学内容

各门学科的内容不同，适用的教学媒体会有所区别；即使在同一门学科中，因每一章、每一节的内容不同，也需选用不同的教学媒体。如在小学语文的教学中，散文和小说题材的课文最好能借助关于人物的动画或视频等媒体来教学，使学生深切感受人物的鲜活形象。在科学课的教学中，在呈现宏观或者微观事物时，也需要借助视频等教学媒体来缩小或放大教学内容所涉及的方面，以加深学生对所学内容的理解。在历史题材内容的教学中，需要借助教学媒体呈现过去的历史场景，使学生仿佛穿越到了过去，使学生有身临其境的感觉，以加深他们对课文中的人物、景象和情节的理解和体会。

3. 根据教学对象

不同年龄阶段的学生身心发展水平是不同的，他们在理解能力、接受能力等方面都存在着差异。因此，在对教学媒体进行选择时，应考虑学生的年龄特点和心理接受能力等。比如，小学生的认知特点是以直观形象思维为主，形象记忆比逻辑记忆发达，而且小学生的注意力不易集中。对于他们来讲，教学应主要以使用幻灯、图片、电影和录像等媒体为主。幻灯和图片尽量力求生动、形象突出，并且每节课使用的片数不宜太多。使用录像和电影也宜选用短片，动画镜头可以多一些。随着年级的升高，学生的概括和抽象的能力逐步提高，感知的经验也逐渐丰富起来，注意力持续集中的时间延长，为他们选用的教学媒体就可以广泛一些，同一种媒体连续使用的时间也可长些。

4. 依据教学条件

教学中能否选用某种媒体，还要看当时当地的具体条件，其中包括资源状况、经济能力、师生技能、使用环境、管理水平等因素。录像教学具有视听结合、文理皆适的优点，但符合特定课题需要的录像片是不是随手可得呢？语言实验室是一种极其有效的外语教学媒体，但并非每个学校都有能力置备，因陋就简采用录音机代替也是可以的。使用计算机辅助教学前景被看好，但除了需要资金购买计算机，还得培训使用人员。若教室不具备遮光设备，连“价廉物美”的投影、幻灯都用不上。有的单位管理混乱，结果使不少已经置备的现代化教学媒体也无法选用。

5. 依据教学媒体自身的特性

不同的教学媒体有不同的功能和特性，只有正确选择和使用才能扬长避短，发挥它们的最大效用。一般来说，幻灯、投影的最大特点是能以静止的方式表现事物的特性，让学生详细地观察放大的清晰图像或事物的细节。计算机辅助教学软件具有高速、准确、储藏量大，能模拟逼真的现场、事物发生的进程，且动静结合、表现力强等的特性。在选择媒体时，要针对媒体的特性优先考虑最能表现教学内容特点的媒体。

6. 依据经济因素

媒体的选择还受经济因素所制约，即媒体花费的代价。一般来说，教学媒体的选择与组合要符合低成本、高效能的原则。如果是在黑板上简单写几句话就可以说明和解决的问题，就不必一定要用电子教学媒体来呈现。黑板等传统的教学媒体并不是一无是处，在选择教学媒体时也要将传统的教学媒体列为思考的对象。从经济实用角度考虑教学媒体的选择，是我国当前教学媒体设计必须考虑的一个重要问题，那种不切实际一味追求教学媒体的现代化，而不考虑经济实用原则的做法是不可取的。

（二）教学媒体的运用

运用教学媒体的时机①。教学媒体的运用毕竟只是一种教学的辅助手段，因此运用时必须注意运用的时机，而不同的运用时机所起的作用是不同的。

（1）讲前先示。在课堂教学开始时出示教学媒体，可以吸引学生的注意力，使学生调整自己的状态，更好更快地进入学习的状态，从而提高学生学习的效率。

（2）创设情境时出示。课堂上有时需要创设情境，通过创设问题情境来激发学生的兴趣和求知欲。如小学数学课在教学“长方形的面积计算”时，利用教学媒体显示画面有方格的长方形，可以用数方格的方法知道它的面积；然后隐去方格线，可以用面积单位去量的方法知道它的面积；再显现缺了一角的长方形玻璃，问“怎样知道这块缺了一角的长方形玻璃原来的面积呢？我们还能用刚才的方法知道吗？”运用教学媒体创设问题情境，将知识或需要思考的问题寓于所创设的情境之中，从而使学生的注意、记忆、思维凝聚在一起，以实现学生无意注意向有意注意的转换，从而使教学顺利进行。

（3）兴趣激发时出示。兴趣是最好的老师，学生在带着兴趣学习和探究知识时，往往能够更自主地学习，并更深刻地了解知识。因此，在课堂教学中需要激发学生的兴趣，以更好地帮助学生理解和把握知识。在兴趣激发时，恰当地使用教学媒体，不仅可以吸引学生的注意力，而且由于教学媒体本身包含着音频、图像等多种可以引起学生兴趣的材料，能更好地激发学生的兴趣，促进学生的学习。

（4）呈现重难点时出示。每堂课都会有明确的教学目标以及这堂课所对应的重点和难点。在呈现教学重点时，通过合适的教学媒体的选择，更好地突出教学的重点，加深学生对本节课知识点的把握和记忆；教学难点方面，通过教学媒体可以多方面、多角度、更生动更全面地将教学难点加以分析讲解，更便于学生理解。

（5）讲后总结时。每节课结束后一般都要对本节课所讲内容进行回顾与总结，这时，通过多媒体课件等教学媒体对整节课的内容加以梳理，使知识体系更有逻辑性、层次性，也使学生对整节课的内容把握更加清晰，更容易内化和吸收。

（三）教学媒体的局限

教学媒体的运用对教学有明显的帮助，如果恰到好处地应用到相应的教学情

---

① 王源：《从学生学习心理的角度探讨现代教学媒体的最佳作用时机》，载《内蒙古科技与经济》2004 年第 19 期，第 126 ~ 127 页。

景中，就会事半功倍。但是，这并不是说要最大限度地使用教学媒体，也不要因为一种媒体用起来比较方便就经常使用，因为教学媒体也有其自身的局限。

1. 限制了学生思维想象的空间

多媒体辅助教学有其独特的优势，可以为各科教学带来形象、直观、生动的“画面感”，但是什么事情都有其适合的情形，不是所有的教学内容都适合多媒体的“形象、生动”。新课程标准指出，语文教学的重要任务之一就是培养学生的形象思维能力，即“由近及远，以所见知所不见”的想象能力。文字的描述在学生个体头脑中所形成的印象，是图片、视频、动画等直观手段所无法替代的，这就是为什么我们在看根据原著改编的电视剧、电影时，都会有一种不能穷尽的感觉。中国文字、语言历史悠久、博大精深，能给学生无限的想象空间，语文教学的重点也就是让学生理解和感悟这一点。在教学中，语文教师应设法引导学生想象课文的意境，感悟文章的深意，然后在头脑中进行第二次创造，这样就会使学生形成自己的认识，从而培养了学生的形象思维能力。

2. 淡化了课堂上师生情感的交流

多媒体作为教学的第三方引入课堂，或多或少地阻碍了课堂上教师与学生之间的情感交流。课堂的魅力在于，它永远是在变化的。教学中，教师根据学生的神态、肢体等表情可以收到学生对于教学内容的反馈，然后及时调整教学方式、教学内容，以获得最佳的教学效果。这种情感交流是特别宝贵的，是必不可少的。而多媒体的引入，隔开了教师的视野，限制了教师的行动，因此也就阻碍了师生之间的情感交流。

3. 易让使用者产生依赖心理

教学媒体的使用确实给教师们上课带来了很大的便利，使教师不用书写复杂的板书，甚至不用书写内容繁多的教案，只靠演示幻灯片等方式就能把课讲下来，完成教学任务。正因如此，有不少教师就养成了过分依赖教学媒体的习惯，很少甚至没有板书，不下功夫书写教案，教学基本功大大减弱。要知道，教学媒体只是对课堂教学的一种辅助，不能过分依赖教学媒体的演示进行教学。

4. 易重现代教学媒体忽视传统教学媒体

有的教师过分夸大现代教学媒体的作用，认为只要把音像、投影、计算机引入课堂，用于教学过程中，教学的一切问题便解决了，认为越是“精、新”的先进媒体，就越能提高教学效率及质量，结果把传统教学媒体（如板画、挂图、模型、实验等）赶出了课堂教与学的舞台。本该师生可以共同完成的板书板画用投影片来代替，本该看得到摸得着的实物模型等用实物投影仪来代替，不仅减少了学生直观感知的机会，也在一定程度了剥夺了学生动手实操的机会，教学效果自然会大打折扣。

5. 易使教师疏于新技术的学习

我们知道，教学设计本身是对教学资源的再创造、对教学内容的再创新，要求高、难度大、费时又费力；而发达的互联网为我们提供了若干便利条件，各种各样的教学信息应有尽有。于是，有的教师不努力学习新的教学技术，而是走“捷径”，实行“拿来主义”，直接从网上下载有关教学课件等信息，生搬硬用现成的电教教材及资源，甚至不管“拿来”的教学软件的质量如何。结果，操作不熟练、“卡壳”现象屡见不鲜；声音或图像模糊引起课堂秩序混乱的也有；多媒体信息简单重复课本，严重影响学生的学习热情。如此种种，大大降低了先进媒体在教学活动过程中的价值。

三、多媒体课件的制作

（一）多媒体课件的常见类型

根据课件的功能可以将多媒体课件分为以下几类。

1. 课堂演示型

课堂演示型课件供教师在课堂教学中使用，由教师操控，帮助教师将知识内容逐一呈现给学生，包括创设情境、提出问题、解决问题、归纳要点、巩固练习等，形成一套完整的教学环节。课堂演示型课件多为线性课件，循序渐进地帮助学生理解、获取、内化知识。

2. 自主学习型

自主学习型由学生自己操作进行个别化学习，课件会充当教师的职能对学生进行学习指导并提供帮助。学生可以利用自主学习型课件进行课前预习，在课上遇到的重难点也可以通过课件进行再学习以深化知识。

3. 模拟实验型

模拟实验型课件会将自然界与社会中的一些现象进行模拟，学生在观看课件时仿佛进入真实的场景之中，近距离观摩事物的发展状态，从中发现、总结事物发展运动的规律，认识本质，从而获得知识。

4. 教学游戏型

恰当的游戏不仅能够活跃课堂气氛，吸引学生的注意力，还能寓教于乐，让学生从游戏中学到知识，教学游戏型课件便提供了一个在教室中进行游戏的便捷途径。除了趣味性以外，游戏的目标及规则设定需要在课件设计时着重考虑。

5. 协作交流型

协作交流型课件需要在网络环境下使用，教师可以通过课件讲解知识、传达指令、评价学生作品，学生能够用课件向全班同学和老师表述自己的观点，同时，学生之间也可以通过课件相互讨论交换意见。

6. 资料工具型

学生利用资料工具型课件可以进行信息检索来获取学习资料，例如查阅电子辞典、查看系统归纳总结的知识点以及浏览课程相关内容等。资料工具型课件为学生的信息检索提供了便捷，并规范和净化了检索内容，避免了不当信息对学生产生不良影响。

（二）多媒体课件的制作原则

1. 教学性原则

尽管多媒体课件也有娱乐性等功能，但应用多媒体课件的主要目的是优化课堂教学结构，提高课堂教学效率。所以首先要关心利用课件进行教学是否有必要，制作课件时应该将内容与形式相统一，课件内容要紧密结合教材，反映课标中的教学重难点。具体应注意以下几点：

（1）选取那些常规方法演示或不易演示、演示观察不清的内容。

（2）选取课堂上用常规手段不能很好解决的问题，也就是解决教学重点、难点问题。

（3）能通过提供与教学相关的媒体信息，创造良好的教学环境（情景）、资源环境，扩大学生的知识面、信息源。

2. 科学性原则

一方面，课件的设计应该符合小学生的认知发展规律，根据学生的年龄特点以及已有的知识结构合理设计课件内容，以学生为本；另一方面，秉着实事求是的原则，课件中的内容要符合事实，不可肆意歪曲事实内容，知识的表达要准确无误，语句通顺，内容组织合理，逻辑性强，尤其在数学、自然等学科上，要坚持科学精神。具体应考虑以下几点：

（1）模拟原理要正确，要反映主要的机制，细节可以淡化。

（2）要尊重事实，允许必要夸张。

（3）显示的文字、符号、公式、图表及概念、规律的表述力求准确无误，语言配音也要准确，但个别的字符错误不宜指责为科学性错误。

3. 可操作性原则

课堂的教学时间是有限的，不能使教师和学生把宝贵的时间浪费在课件的调试和控制上，也不能把课件变成电影片，一放到底。因此课件操作起来应该简单易行，操作界面不宜太过复杂，切换快速便捷，页面跳转流畅，在运行过程中过渡自然，视频音频能够顺畅播放，课件应该具有较高的稳定性，不易出现故障问题。课件应具备以下特点：

（1）安装要方便，可以自由复制到硬盘上。

（2）良好的操作界面。在课件的操作界面上设置寓意明确的按钮和图标，最好支持鼠标，尽量避免复杂的键盘操作，避免层次太多的交互菜单。要设置好各部分内容之间的转移控制，可以方便地前翻、后翻、跳跃。

（3）交互应答。对于学生课堂自学为主课件，要对学生的输入做即时应答，并允许学生自由选择训练次数，训练难度；对于演示型课件，可以现场输入数据改变进程。

（4）误操作处理。如果教师执行了误操作，可以方便退出，或重新切入，避免死机现象，提高课件的可靠性。

4. 简约性原则

课件的展示是通过计算机屏幕、大屏幕电视或大屏幕投影实现的，学生接受信息的主要渠道是视觉刺激，因此投影的画面应符合学生的视觉心理。画面的布局要突出重点，注意色彩的对比、线条的粗细、字符的大小，以保证全班的学生都能充分感知对象。内容的切入和退出最好采用淡入和淡出，避免花哨的动作。要注意以下几点：

（1）画面布局突出对象，同一画面对象不易多，运动的对象一般不要超过两个，对象的图形要简约化，避免单纯的“求真实”倾向。

（2）同一画面色彩数量不易多，以不超过四种为益。避免对表现内容无益的花边、彩框。

（3）减少文字数量，过多的文字阅读不但容易使人疲劳，而且干扰学生对物理过程的感知。

（4）不必作华丽的片头（相当电影的序幕），内容的跳入转出采用淡入淡出，避免多余动作（如文字一个一个地蹦到屏幕上，对象转几圈再定位等）。

（5）尽量少用音响，除非必要的物理现象的拟音，现象的描述和规律的陈述不要以声音信号的形式出现。

5. 艺术性原则

具有较高的艺术性的课件是好的内容与美的形式的统一，美的形式能激发学生的兴趣，更好地表现内容。这样的课件不但能获得良好的教学效果，而且使人赏心悦目，其表现有：

（1）展示的对象结构对称，色彩柔和，搭配合理，有审美性。

（2）在不违反简约性原则下，使对象更加逼真，如采用3D效果。

（3）对象的连续运动流畅，无拖沓、跳跃的感觉。

(4) 必要的配音且音色优美。

艺术性和简约性统一又矛盾，简约本身就是一种美，而过于求美又破坏简约。制作课件时要把握好度，要处理好两者的关系。

(三) 制作流程

完整的多媒体课件制作要经过选择教学主题，确定教学目标→原型开发→编写脚本→制作素材→确定制作平台→制作合成→应用和完善等流程。

1. 选择教学主题，确定教学目标

并不是所有的学科内容都适合用多媒体课件进行呈现，同一学科中，也不是所有的教学内容都需要制作课件，因此，要对需要做课件的内容加以选择。在制作课件前，教师要充分做好选题论证工作，尽量避免不必要的投入。要选择那些学生难以理解、教师不易讲解清楚的重点和难点问题，特别是那些不宜用语言和板书表达的、能充分发挥图像和动画效果的内容，对于那些课堂上较易讲解的内容就完全没必要采用多媒体课件的方式。

2. 原型开发

在开始制作多媒体课件之前，选择一个相对完整的教学单元，设计制作出这个教学单元的课件原型，通过原型设计，确定多媒体课件的总体风格、界面风格、导航风格、素材的规格以及编写稿本的要求和内容。

3. 编写脚本

教师在制作多媒体课件前应撰写出一份完整的教案，在教案的基础上再编写脚本。脚本要考虑教学内容的选择、讲解词的配合、结构的布局、视听形象的表现、人机界面的形式、时间的控制等，编写出讲解的文稿，所使用的文字、图形表格、图片、动画视频、音频、解说等，还要写出页与页之间相连接的交互方式等具体内容。

4. 素材制作

媒体素材设计就是设计和构思为了表达学习内容所需要的各种媒体，如文本、图像、声音、动画、视频和虚拟现实等。素材制作应该注意如下几个方面。

(1) 对文字的设计。多媒体课件中包含了大量的文字信息，是学生获取知识的重要来源。设计时要做到：①文字内容要简洁、突出重点。文字内容应尽量简明扼要，以提纲式为主。有些实在舍不去的文字材料，如名词解释、数据资料、图表等，可采用热字、热区交互形式提供，阅读完后自行消失。②文字内容要逐步引入。对于一屏文字资料，应该随着讲课过程逐步显示，这样有利于学生抓住重点；引入时可采用多种多样的动画效果，也可伴有清脆悦耳的音响效果，以引起学生的注意。③要采用合适的字体、字号与字型。文字内容的字号要尽量大，选择的字体要醒目，一般宜采用宋体、楷体、黑体和隶书。对于关键性的标题、结论、总结等，要用不同的字体、字号、字形和颜色加以区别。④文字和背景的颜色搭配要合理。文字和背景颜色搭配的原则一是醒目、易读，二是要避免视觉疲劳。一般文字颜色以亮色为主，背景颜色以暗色为主。

（2）对声音的设计。多媒体课件中的声音主要指音乐和音响效果。插入恰当的音乐和音响效果，可以更好地表达教学内容，同时吸引学生注意力，激发学习兴趣。一段舒缓的背景音乐，可以调节课堂的紧张气氛，有利于学生思考问题。

设计时应注意：①音乐的节奏要与教学内容相符。重点内容处要选择舒缓、节奏较慢的音乐，以增强感染力，过渡性内容选择轻快的音乐；②音乐和音响效果不能用得过多，用得过度反而是一种干扰信息，效果适得其反；③背景音乐要舒缓，否则会喧宾夺主；④要设定背景音乐的开关按钮或菜单，便于教师控制。

（3）对于图形、图像、动画、视频的设计。多媒体课件中，图形、图像、动画、视频图像占较大比重，设计得好，可以起到事半功倍的教学效果。因此设计时应注意：①图的内容便于观察，图形、图像等画面设计要清楚，尽量放在屏幕的视觉中心，便于学生观察。②复杂图像要逐步显示。对于复杂的图，如果一下子显示全貌，会导致学生抓不住重点，也不便于教师讲解。应随着教师讲解，分步显示图形，直到最后显示出全图。③对于动画和视频图像，应具有重复演示功能。对于动画和视频图像，学生可能一次没看清，最好设计重复播放按钮，教师可以根据教学实际重复播放。

5. 确定制作平台

不同的制作平台具有不同的特点，教师应该根据自己的计算机水平、搜集到的素材类型、课件的开发要求以及教室计算机的兼容度等选择制作平台，常见的制作平台包括 PowerPoint、Authorware、Flash、Director、Frontpage、Focusky 等。

6. 制作合成

通过软件平台将脚本与素材合成是多媒体课件制作的最后一步，教师可以根据需要将课件分成不同的模块进行制作，编辑之后安排各模块的先后顺序，也可以根据教学需要在各模块之间增加链接，使各模块相互联系配合，最终整合成完整的多媒体课件。

7. 应用和完善

课件制作完成后，教师就可以在课堂教学中使用了。除自己在教学中使用外，同时还可以进行交流、推广或发行。教师在实际教学中使用课件后，可能会发现这样或那样的不足，因此课件投入使用后并不是万事大吉了，还需要不断地收集课件在教学应用中的反馈信息，不断地对课件进行修改、完善与升级，使之更加适合教学的要求，达到实用好用之目的。

【案例5】

《圆明园的毁灭》一课教学课件的制作①

我在教授《圆明园的毁灭》一课时，由于圆明园当年的美丽景观都已消失，无法再现，所以为了制作一个合理、有效、完美的课件，我查阅了大量有关1860年鸦片战争的资料和介绍圆明园的文字记载，了解了当时的历史情况。又借来了电影《圆明园的毁灭》，反复观看，从中截选了大量反映圆明园景色的画面和英、法联军火烧圆明园的片断。教学环节中有一段配乐欣赏，我找来了一些悦耳动听、有艺术表现力的古典乐曲，以求使它和画面相辅相成，和谐统一。最后，我还从历史课本中扫描了圆明园遗址，看了雷峰夕照、平湖秋月、狮子林等景点的介绍……这些材料的收集，不仅为制作课件做了充分的准备，还使我更进一步加深了对课文的理解，把握了教学的总体走向。

在制作《圆明园的毁灭》课件时，我选择了符合课文内容的景物画面，剪辑了电影片段，录制了《春江花月夜》《渔舟唱晚》等旋律优美的古筝曲等，使课件形、声、色之间协调，形成最佳组合的整体效应。在整个筛选的过程中，我结合课文内容，经过优化组合，去粗取精、汰劣择优，确定了本课所需的材料，明确了教学目标和线索，起到了纲举目张的作用。

（四）多媒体课件制作平台简介

这里介绍几种常用的制作多媒体课件的软件。

1. PowerPoint

PowerPoint简称PPT，是微软公司出品的一款制作多媒体课件的软件，是办公软件系列（Office）的重要组件之一（还有Excel、Word等），其格式后缀名为ppt、pptx，也可以保存为pdf、图片等格式。该软件的优点是制作方便，可以插入数据、图表、音频、视频、动画，兼容性强，上手容易，功能强大，而且软件自带模板。制作的课件可以广泛地在课堂上、会议场所、网上等播放，也可将演示文稿打印成一页一页的幻灯片，使用幻灯片机或投影仪播放，是教师课堂教学

① 《论多媒体辅助教学在小学语文教学中的应用》，瑞文网：https：//www.ruiwen.com/xiao/news/9385.htm。

中应用最广泛的一种课件形式。由于 Office 软件具有一定的普遍性，所以 PowerPoint 课件的使用一般也不需要进行打包等处理，只是易机使用时需要注意超链接以及音、视频文件的路径就行了。

PPT 制作方法简介：

（1）新建 PPT 文件。安装好 Office PowerPoint 软件后，就可以打开程序创建 PPT 文件了。打开 PPT 方式有几种，点击开始—所有程序—Microsoft Office - Microsoft PowerPoint 2010，或者直接在桌面上点击右键—新建—Microsoft PowerPoint 2010，在桌面上就会出现新建的文件了。

可以先给文件重命名，再打开文件。点击“开始”—“新建幻灯片”，然后在下拉“Office 主题”菜单中选择需要的一个幻灯片，选择空白幻灯片比较好编辑些。

（2）选择模板、版式。在新建的空白幻灯片页面中，点击工具栏的“设计”选择所需的模板（模板的颜色可调）；点击工具栏的“版式”选择要用的版式；其他的以此类推。

（3）图片的插入。操作步骤：点击工具栏中的“插入”，出现的下拉菜单中选择“图片”，弹出插入图片的窗口，浏览找到相应的图片并将其导入。插入成功后，图片显示在相应幻灯片上，可以点选图片后，通过鼠标拖动图片边上的小方点或小圆点，来调整图片的大小。

（4）文字的插入。操作步骤：可以在幻灯片上直接添加文字；也可以点击“插入”，在下拉菜单中选择“文本框”里的“横排文本框”或“垂直文本框”，鼠标在幻灯片上某一位置点击一下，就会出现输入框了，在里面输入相应文字即可。选中文字会在旁边出现一个文字设置栏，可以设置文字的颜色、字体、大小等。

（5）幻灯片的切换。可以设置幻灯片与幻灯片期间的转换/切换效果。操作步骤：点击工具栏中的“切换”，在下拉菜单中的效果设置处，点击向下的箭头，就会下拉出很多的切换效果样式来。选择一个喜欢的样式，选择后会自动预览一次。在“效果选项”下拉菜单中，可以对选择的切换效果进一步设置。

Office PowerPoint 2010 版幻灯片切换效果有很多，分细微型和华丽型，各自又有 10 多种具体切换方式。在切换过程中，还可以设置一个声音效果。点击工具栏“声音”的向下三角按钮，可展开多种待选的声音，如爆炸、抽气、打字机、风铃等按钮。点击“选择”的时候，会发出相应的声音可试听。

（6）动画特效。动画特效就是可以设置进场、出场、强调、路径等动态效果。点击“动画”，下拉菜单中选择“动画窗格”，PPT 界面右边会出现一个动画窗格的编辑栏。在幻灯片上选中某一元件如图片、文字等，再点击“动画”—“添加动画”的倒三角，下拉出现各种特效。选择一个喜欢的特效即可，Office PowerPoint 2010 版支持制作动态特效。

（7）保存 PPT。保存 PPT 有几种方式，可以直接点击 PPT 界面左上角的“保存”按键，即马上保存；或者点击“文件”下拉菜单中，左上方的“保存”或“另存为”。

（8）PPT 转视频。如果将制作好的 PPT 转换为视频文件，可以上传网络，上传手机，刻录光盘等，用途很多，方便观看。基本操作为：①添加 PPT 文件，PPT 版本不限；②幻灯片预览；③自定义，可以添加背景音乐、水印，切换时间设置等；④输出格式，几乎支持所有现主流格式的导出；⑤输出路径；⑥最后，开始 PPT 转换视频。

其中的输出格式有很多，如：rmvb、3gp、mp4、avi、flv、f4v、mpg、vob、dat、wmv、asf、mkv、dv、mov、ts、webm 等视频文件，编辑转换为手机、iPod、iPhone、PSP、iPad、MP4 机等移动设备支持的音视频格式，支持高清格式输出。

2. Authorware

Authorware 是 Macromedia 公司推出的一种多媒体开发工具，由于它具有强大的创作能力、简便的用户界面及良好的可扩展性，所以深受广大用户的欢迎，成为应用最广泛的多媒体开发工具之一。广泛用于多媒体光盘制作等领域，教师用该软件来进行课件制作的人数也占较大比例。此软件的主要特点是：Authorware 是基于图标（Icon）和流线（Line）的多媒体创作工具，具有丰富的交互方式及大量的系统变量的函数、跨平台的体系结构、高效的多媒体集成环境和标准的应用程序接口，能够将图形、声音、图像和动画有机地组合起来，形成一套完善的多媒体系统，它能使普通用户（即使不具备高水平编程能力）创作出高质量的多媒体应用软件，而交互作用的控制是 Authorware 强大功能的最集中的体现，也是多媒体创作的核心，是计算机区别于其他媒体的最显著的特征。Authorware 提供了按钮交互、热区交互、热对象交互、目标区域交互、下拉菜单交互、文本输入响应交互、按键响应交互、条件响应交互、重试限制响应交互、时间限制交互和事件交互 11 种交互类型，几乎能跟踪用户可能的所有操作。只有了解和掌握这些交互方式，才能制作出高水平的多媒体作品。其不足就是做起动画来比较困难，而且打包后的文件比较大，不利于传播。

Authorware 的主要特点：

（1）面向对象的可视化编程。这是 Authorware 区别于其他软件的一大特色，它提供直观的图标流程控制界面，利用对各种图标逻辑结构的布局，来实现整个应用系统的制作。它一改传统的编程方式，采用鼠标对图标的拖放来替代复杂的编程语言。

（2）丰富的人机交互方式。提供11种内置的用户交互和响应方式及相关的函数、变量。人机交互是评估课件优劣的重要尺度。

（3）丰富的媒体素材的使用方法。Authorware具有一定的绘图功能，能方便地编辑各种图形，能多样化地处理文字。Authorware为多媒体作品制作提供了集成环境，能直接使用其他软件制作的文字、图形、图像、声音和数字电影等多媒体信息。对多媒体素材文件的保存采用三种方式，即：保存在Authorware内部文件中；保存在库文件中；保存在外部文件中，以链接或直接调用的方式使用，还可以按指定的URL地址进行访问。

（4）强大的数据处理能力。利用系统提供的丰富的函数和变量来实现对用户的响应，允许用户自己定义变量和函数。

3. Flash

Flash又被称为闪客，是由Macromedia公司推出的交互式矢量图和Web动画的标准，由Adobe公司收购。它是一种集动画创作与应用程序开发于一身的创作软件，包含丰富的视频、声音、图形和动画，可用来创建演示文稿、应用程序和其他允许用户交互的内容。使用Flash能创作出既漂亮又可改变尺寸的导航界面以及其他奇特的效果。也可以通过添加图片、声音、视频和特殊效果，构建包含丰富媒体的Flash应用程序。

Flash课件的特点是：

第一，利用Flash制作的动画是矢量，不论你把它放大多少倍，都不会失真，保证了画面的亮丽、清晰。

第二，利用Flash生成的文件可以有载入保护功能设置，可防范他人任意修改，使作者对完整的作品拥有完全的“版权”。

第三，利用Flash生成的动画播放文件（＊.swf）都非常小巧，一个精美的课件也就10~20KB，大的、复杂的也就500KB左右。也就是说一张软盘上足够装载下好几份“电影动画”，这可是其他软件所不能相比的了。

第四，Flash对声音的设置处理也很独到，读入＊.wav声音在生成的Flash动画播放文件时，文件就被压缩到了原文件的1/10大小。

第五，Flash的绘画功能美妙至极，方便至极，比起Windows中的画图板来说，功能强了不知多少倍。绘画工具齐全，色彩任意设计，还有线、圆形渐层色可设定，这样可在二维页面上创作有立体感的图片。

2017年7月26日Adobe宣布，一度被用于为线上大多数媒体内容提供支持的、几乎可以说是无处不在的 Flash 技术将于 2020 年底退役。

Adobe 与其合作伙伴苹果公司、微软、Alphabet 旗下谷歌部门、Facebook 和 Mozilla 称，在未来 3 年时间里，这些公司将分阶段停止为 Flash 提供技术支持。在 2020 年过后，Adobe 将停止为 Flash 发布更新，网络浏览器将不再支持该技术。这些公司正在鼓励开发者为其软件改用现代编程标准。

4. Focusky 动画演示大师

Focusky 动画演示大师是一款新型的演示文稿制作软件，简单易操作的软件设计特点让用户能更快地制作出有多媒体元素的动画演示文稿。Focusky 最明显的优点就是能缩放演示文稿，让观众的注意力从整体到局部，再从局部到整体，并做出 3D 的效果。旋转移动使演讲更生动有趣，带入感更强。Focusky 简单易用，提供大量在线模板以便用户能迅速开始制作多媒体演示文稿，还可以通过拖拽来添加物体，改变物体位置来让制作变得更简单。Focusky 还支持导入 PowerPoint 文件，以便于更迅速地开始制作演示文档。用 Focusky 做好后的演示文稿还可以导出为离线可看的格式，例如视频（.mp4），网页（.html），Windows 应用程序（＊.exe），Mac App（＊.app，苹果电脑直接点击可打开）和压缩文件（＊.zip）。无须再下载其他的软件便可离线演示多媒体文档。

功能简介：

（1）快速简单的操作体验。Focusky 比 PPT 还要简单，所有操作即点即得，在漫无边界的画布上，拖曳移动也非常方便。

（2）软件自带精美的模板。Focusky 提供许多精美的模板，替换成自己的内容就可以用了，可以快速地制作出好看的多媒体幻灯片。

（3）3D 演示特效打破常规。传统的 PPT 只是一张接一张播放，而 Focusky 打破常规，模仿视频的转场特效，加入生动的 3D 镜头缩放、旋转和平移特效，像一部 3D 动画电影，给听众视觉带来强烈冲击力。

（4）思维导图式的体验。自由路径编辑功能让制作者轻易创建出思维导图风格的幻灯片演示文稿，以逻辑思维组织路线，引导听众跟随作者思维去发现、思考。

（5）多语言支持。Focusky 完美支持中文，除此以外还支持输入其他语言，如英语、日语、韩语、法语、阿拉伯语等。

（6）多种输出格式。Focusky 支持多种输出格式，如 HTML 网页版、＊.EXE、视频等，可以上传网站空间在线浏览，或者在 Windows 和电脑上进行本地离线浏览。

四、微课的开发与制作

(一) 微课的源起

微课的兴起与发展源于在线教育的蓬勃发展与微时代的到来。随着网络技术的迅猛发展，学习已经不再局限于传统的学校以及传统的课堂，而是成为一种可随时、随地发生的终生行为。近几年涌现出了一批以在线学习视频为主的混合式学习模式，比如可汗学院、翻转课堂、大规模网络公开课（MOOC），同时由Twitter引发的微博、微广告、微电影、微信等“微”形式如火如荼地发展，更多人有了碎片化学习的需求，希望学习内容短小精悍，微课因此应运而生。

在国外，微课程的发展可以追溯到20世纪90年代。1993年，美国北爱荷华大学的勒鲁瓦·A. 麦克劳（LeRoy A. McGrew）在化学教育中提出60秒课程（60 – Second Course）的设计思想，他将概念、讲解和举例浓缩到60秒的时间内，用于有机化学知识的普及。① 1995年，英国纳皮尔大学的T. P. Kee在化学教育中提出一分钟演讲（One Minute Lecture），让学生将演讲精练到一分钟，并同时具备良好的逻辑和一定数量的例子，以便快速掌握众多学科知识的核心概念。② 2007年，孟加拉裔美国人萨尔曼·可汗成立了一家教育性非营利组织——“可汗学院”（Khan Academy）网站，用视频讲解不同科目的内容，并解答网友提出的问题。2008年，美国墨西哥州圣胡安学院的彭罗斯（David Penrose）综合了以往短小课程设计的思想，明确提出了微课（Micro-lecture）的理念。③

在我国，正式出现“微课”的概念是在2011年④，之后，随着翻转课堂和可汗学院在全球的流行而逐渐成为我国教育界关注的热门话题。人们发现，随着手机以及平板电脑、MP4播放器等现代信息手段的普及，学生可以随时随地地复习及预习新课程；教师也可以改变传统的教学模式，将上课讲授的关键内容（教材的重点、难点、易错点）制作成微视频（5～10分钟时长）让学生自主学习，上课则通过不同形式帮助学生解决不懂的问题。这种新型教学模式极大地激起了

---

① McGrew, L. A. A 60 – Second Course in Organic Chemistry [J]. *Journal of Chemistry Education*, 1993, (7): 543 – 544.

② Kee, T. P. The One Minute Lecture [J]. *Education in Chemistry*, 1995, (32): 100 – 101.

③ Shieh, D. These Lectures Are Gone in 60 Seconds [J]. *Chronicle of Higher Education*, 2009, (26): 1 – 13.

④ 胡铁生:《“微课”：区域教育信息资源发展的新趋势》，载《中国电化教育》2011年第10期，第61～65页。

教育改革者的浓厚兴趣。从2012年下半年以来，随着翻转课堂、可汗学院和大规模网络公开课（MOOC）的传播，这种录制教师上课的“微视频”和“学生课前自主预习、课中教师辅导疑难”的“微课程”开始在国内流行。近年来，在高校及中小学举办的全国微课教学比赛进一步推动了微课的发展。

（二）微课的含义

各种研究显示，对于“微课”目前尚无一致的说法，下述定义可供参考。

我国较早研究微课的上海师范大学黎加厚教授认为：“微课程是指在10分钟以内，教学目标明确，教学内容短小，能集中说明一个问题的小课程。”①

华南师范大学的焦建利教授认为：“微课是以阐释某一知识点为目标，以短小精悍的在线视频为表现形式，以学习或教学应用为目的的在线教学视频”。

维基百科将“微课”界定为：“微课（Micro-lecture）是运用建构主义方法，以利于在线学习和移动学习的方式呈现的实际教学内容。”

百度百科中，微课是指“以视频为主要载体，记录教师在课堂内外教育教学过程中围绕某个知识点（重点难点、疑点）或教学环节而开展的精彩教与学活动全过程。”

360百科对微课的解释是：“微课是指运用信息技术按照认知规律，呈现碎片化学习内容、过程及扩展素材的结构化数字资源。”

在2013年举行的“全国高校微课教学比赛”的官方文件中，将“微课”界定为：“微课是指以视频为主要载体记录教师围绕某个知识点或教学环节开展的简短、完整的教学活动。”

也有学者认为：微课中的“微”指的是课程时间短、包含内容少，可以让学生在较短的时间里学习一个知识点或者解决一个问题、掌握一项技能等；微课中的“课”可以理解为讲课，也可以理解为课程，所以微课又可以称为微课程。②

微课的核心组成内容是课堂教学视频（课例片段），同时还包含与该教学主题相关的教学设计、素材课件、教学反思、练习测试及学生反馈、教师点评等辅助性教学资源，它们以一定的组织关系和呈现方式共同营造了一个半结构化、主题式的资源单元应用小环境。因此，微课既是有别于传统单一资源类型的教学课例、教学课件、教学设计、教学反思等教学资源，又是在其基础上继承和发展起来的一种新型教学资源。

---

① 黎加厚：《微课的含义与发展》，载《中小学信息技术教育》2013年第4期，第15~16页。

② 孟祥增、刘瑞梅、王广新：《微课设计与制作的理论与实践》，载《远程教育杂志》2014年第6期，第24~32页。

"微课"的核心组成内容是课堂教学视频（课例片段），同时还包含与该教学主题相关的教学设计、素材课件、教学反思、练习测试及学生反馈、教师点评等辅助性教学资源，它们以一定的组织关系和呈现方式共同"营造"了一个半结构化、主题式的资源单元应用"小环境"。因此，"微课"既有别于传统单一资源类型的教学课例、教学课件、教学设计、教学反思等教学资源，又是在其基础上继承和发展起来的一种新型教学资源。

（三）微课的基本特征

1. 教学时间短

从时长方面来看，微课的教学时间一般都比较短。根据中小学生的认知特点和学习规律，"微课"的时长一般为 5 ~ 8 分钟，一般不超过 10 分钟。因此，相对于传统的 40 分钟或 45 分钟的一节课的教学课例来说，"微课"可以称之为"课例片段"或"微课例"。

2. 容量小

从大小上来说，"微课"视频及配套辅助资源的总容量一般在几十兆左右，视频格式须是支持网络在线播放的流媒体格式（如 rm、wmv、flv、asf 等）。师生可流畅地在线观摩课例，查看教案、课件等辅助资源；也可灵活方便地将其下载保存到终端设备（如笔记本电脑、手机、MP4 等）上，以实现移动学习、"泛在学习"①，非常适合于教师的观摩、评课、反思和研究。

3. 内容精简

微课主要集中讲解或讨论某一知识点、技能点，或是反映课堂中某个教学环节、教学主题的教与学活动，相对于传统一节课要完成的复杂众多的教学内容，"微课"的内容更加精简，因此又可以称为"微课堂"。

4. 主题明确

一个微课就一个主题，或者说一个微课一个事；研究的问题来源于教育教学具体实践中的具体问题：或是生活思考、或是教学反思、或是难点突破、或是重点强调、或是学习策略、教学方法、教育教学观点等具体的、真实的、自己或与同伴可以解决的问题。

5. 适用范围广

针对不同的课程，有不同的微课；针对不同的知识点，有不同的微课；针对

① 泛在学习（U-learning）又名无缝学习、普适学习、无处不在的学习等，是指每时每刻的沟通、无处不在的学习，是一种任何人可以在任何地方、任何时刻获取所需的任何信息的方式。泛在学习是数字学习（E-learning）的延伸，克服了数字学习的缺陷或限制。由于移动通信技术的进步，移动学习（M - Learning）逐渐引入泛在学习体系。

相同的知识点，也会有不同的微课。因此，微课的适用范围具有广泛性。

（四）微课的常见类型

1. 按照课堂教学方法来分类

根据李秉德教授对我国中小学教学活动中常用的教学方法的分类总结，同时也为便于一线教师对微课分类的理解和实践开发的可操作性，微课划分为11类，分别为讲授类、问答类、启发类、讨论类、演示类、练习类、实验类、表演类、自主学习类、合作学习类、探究学习类。具体如表7－1所示。

表7－1 微课的分类及适用范围

分类依据	常用教学方法	微课类型	适用范围
以语言传递信息为主的方法	讲授法	讲授类	适用于教师运用口头语言向学生传授知识（如描绘情境、叙述事实、解释概念、论证原理和阐明规律）。这是中小学最常见、最主要的一种微课类型。
	谈话法（问答法）	问答类	适用于教师按一定的教学要求向学生提出问题，要求学生回答，并通过问答的形式来引导学生获取或巩固检查知识。
	启发法	启发类	适用于教师在教学过程中根据教学任务和学习的客观规律，从学生的实际出发，采用多种方式，以启发学生的思维为核心，调动学生的学习主动性和积极性，促使他们生动活泼地学习。
	讨论法	讨论类	适用于在教师指导下，由全班或小组围绕某一种中心问题通过发表各自意见和看法，共同研讨，相互启发，集思广益地进行学习。
以直接感知为主的方法	演示法	演示类	适用于教师在课堂教学时，把实物或直观教具展示给学生看，或者作示范性的实验，或通过现代教学手段，通过实际观察获得感性知识以说明和印证所传授知识。
以实际训练为主的方法	练习法	练习类	适用于学生在教师的指导下，依靠自觉的控制和校正，反复地完成一定动作或活动方式，借以形成技能、技巧或行为习惯。尤其适合工具性学科（如语文、外语、数学等）和技能性学科（如体育、音乐、美术等）。

续表

分类依据	常用教学方法	微课类型	适用范围
以实际训练为主的方法	实验法	实验类	适用于学生在教师的指导下，使用一定的设备和材料，通过控制条件的操作过程，引起实验对象的某些变化，从观察这些现象的变化中获取新知识或验证知识。在物理、化学、生物、地理和自然常识等学科的教学中，实验类微课较为常见。
以欣赏活动为主的教学方法	表演法	表演类	适用于在教师的引导下，组织学生对教学内容进行戏剧化的模仿表演和再现，以达到学习交流和娱乐的目的，促进审美感受和提高学习兴趣。一般分为教师的示范表演和学生的自我表演两种。
以引导探究为主的方法	自主学习法	自主学习类	适用于以学生作为学习的主体，通过学生独立的分析、探索、实践、质疑、创造等方法来实现学习目标。
	合作学习法	合作学习类	合作学习（collaborative learning）是一种通过小组或团队的形式组织学生进行学习的一种策略。
	探究学习法	探究学习类	适用于学生在主动参与的前提下，根据自己的猜想或假设，运用科学的方法对问题进行研究，在研究过程中获得创新实践能力、获得思维发展，自主构建知识体系的一种学习方式。

资料来源：https：//wenku. baidu. com/view/b3b114a2a6c30c2258019e55. html。

需要注意的是，一节微课作品一般只对应于某一种微课类型，但也可以同时属于两种或两种以上的微课类型的组合（如提问讲授类、合作探究类等），其分类不是唯一的，应该保留一定的开放性。同时，由于现代教育教学理论的不断发展，教学方法和手段的不断创新，微课类型也不是一成不变的，需要教师在教学实践中不断发展和完善。

2. 按课堂教学主要环节（进程）来分类

微课类型可分为课前复习类、新课导入类、知识理解类、练习巩固类、小结拓展类。

课前复习类，顾名思义，就是帮助学习者在学习新课之前，对之前所学习过的知识通过短小精悍的微课课程进行复习。

新课程导入类，即在学习新课时，通过创设一个情境，或是通过一个学生感兴趣的话题等先引起学生对新课程的兴趣，帮助学生更好地学习新课程新知识。

知识理解类，即聚焦于对于某一知识点的讲解与阐释，旨在帮助学习者理解和掌握某一具体的知识点。

练习巩固类，即在知识教学结束后，用所学知识来解答一些练习题以达到巩固知识的目的的微课程。

小结拓展类，即在阶段性的学习结束之后，对之前的所学的知识进行总结，并在此基础上进行知识拓展，以辅助学生巩固学习成果。

3. 按照微课的展示类型进行分类

可以分为可汗学院式、课堂实拍式、录播教室拍摄式、访谈式、讨论式、讲坛式、PPT动画式、录屏式、实景拍摄式、二维或三维动画式、虚拟抠像式等。

4. 按照课程开发进行分类

实拍视频、动画视频、屏幕录制、后期编辑等。

（五）微课的制作

1. 微课的教学设计

要在短短的10分钟以内的时间里讲清楚、讲透彻一个知识点，微课的教学设计就显得非常重要。微课的教学设计甚至比普通课程的教学设计更难，设计的优劣直接决定着微课的质量。

微课的教学设计首先要以“微课程”的全局观点来划分知识点。为了表示课程中知识点的关系，可以采用概念图的方式进行分析。概念图（concept map）是一种用节点代表概念、连线表示概念间关系的图示法（见图7－1）。每两个概念之间的关系通过连接线和连接线上的词表示。概念图的目的是反映知识元素的组织，因此有助于理解与进行有意义的学习。

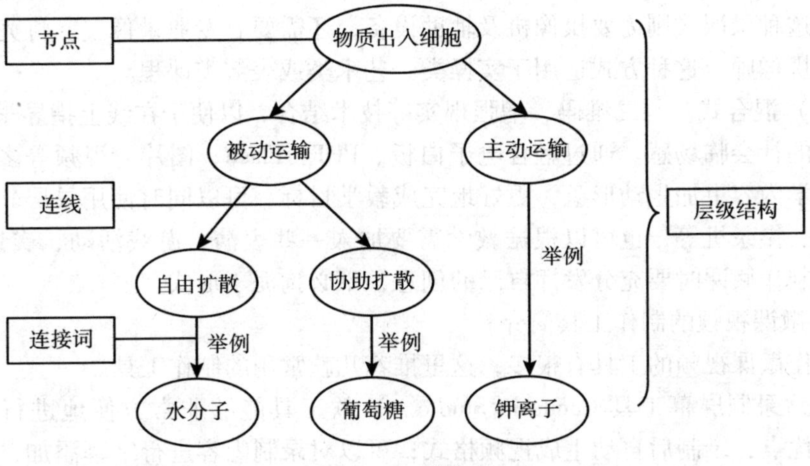

图7－1 概念图

概念图是盛行于欧美各个国家的一种教学策略，它以直观形象的方式表达知识结构，能有效呈现思考过程及知识联系，引导学生进行知识构建，加深对知识的理解，从而提高学习效率。

2. 微课视频的制作

这里介绍目前比较常见的四种制作方法。①

（1）可汗学院式。即电子黑板系统（包括手写板、画图软件）结合录屏软件。教师在电子触控板上选取各种颜色的画笔，像在真实课堂上一样，一边讲解，一边在电子黑板上演示，通过录屏软件制作成10分钟左右的微视频。教师不出现在视频中，视频呈现的是在黑板上用彩色笔演示的过程。主要适合录制利用手写笔记讲解的课程，如数学公式的推导过程等。

（2）录屏式。即使用一些录屏软件制作微视频。比如应用在iPad上的制作微课视频软件ShowMe、EduCreations、Explain Everything和Ask3等。iPad的屏幕就是电子黑板，教师可以边讲解边做板书，电子板上的内容和教师的声音就同时被记录下来。Ask3还可以创建班级，学生只要输入班级编号就可以学习微课。EduCreations还推出了PC版，只要一台电脑，不需要任何成本就可以完成微课视频制作。

（3）录课式。就是将老师的正常讲课录制下来，后期剪辑制作成10分钟左右的微课视频。具体来说，就是使用摄像机或者录播教室，全程录制教师授课过程，再根据知识点多少剪辑成一个或者多个微课视频。同时教案、课件、试题也都做相应的“微”处理。相比较而言，前面两种录制方式教师个人就能独立完成，而这种录课式则需要摄像机及辅助设备，还需要有专业录像室、灯光设备甚至专业摄像师。这种方式适用于实操类、艺术类或表演类课程。

（4）混合式。与二维码、增强现实等技术结合，以便于在线上指导学生，增加学生的社会临场感。通过融合电子白板、PPT、Flash、图片、视频等多种元素来使教学内容更加生动形象，更好地完成教学目标。可以同时使用录屏软件、摄录教室、摄录机等，也可以根据教学需要加入一些表演、游戏活动、实景拍摄，教师在制作微课时要充分发挥自己的创意，不必拘泥于形式。

3. 微课视频的制作工具简介

制作微课视频的工具有很多，这里推荐几款常用的制作工具。

（1）录制屏幕工具Camtasia Studio。这款工具能够非常方便地进行录制屏幕，其优点：录制后自动生成视频格式；可以对录制内容进行字幕添加；可以进

① 李婉嘉、徐晶：《微课开发与应用研究》，载《软件导刊》2013年第11期，第85~87页。

行局部录制屏幕；录制后的视频可以自动追踪鼠标进行局部放大；软件很小，安装方便。

（2）PPT 自带录制功能。使用 PPT 自带功能进行录制，其优点：画面非常清晰；可以充分运用好演示时候的荧光笔；可以添加丰富的图片资源；可以制作简单的动画演示效果。

（3）添置手写板。使用手写板是为了大量书写能够清晰地记录下来。毕竟用鼠标写字是比较不方便的。手写板的优点：书写方便，可以记录各种笔画。

（4）使用 iPad。iPad 是最方便强大的录制微课程工具。使用里面的软件 ShowMe 或是 Explain Everything，就可以非常方便地进行微课程录制，录制好的微课程已经是视频格式了，直接发送到邮箱就可以了。其优点：非常适合手写；简单到不能再简单，边画边说的过程全部自动记录；视频导出方便。

（5）使用手机。手机也是录制微课程非常方便的工具，而且还可以保留纸和笔讲解题目的习惯，只需要旁边放一部手机，固定好后自动录像就可以了。手机的最大好处在于每个人都有，而且还可以拍摄各种实验操作，甚至是运动技能教程都可以用手机解决。其优点：试用场景广泛，包括各种实验操作，运动技能讲解；记录方便（建议找个支架固定）。

这五款制作微课视频的工具非常实用。一线教师可以根据自己的情况进行选择，适合的才是最好的。

4. 微课视频的制作注意事项

参照黎加厚教授在《微课的含义与发展》一文中提出的建议，归纳整理如下：

（1）时刻谨记微课视频的用户是学生。

（2）一个微课视频只说一个知识点。

（3）尽量控制在 10 分钟以内。

（4）不要轻易跳过教学步骤，即使很简单、很容易的内容。

（5）要给学生提供提示性信息（例如：用颜色线标识，屏幕侧边列出关键词，用符号图形标注等）。

（6）微课视频是整个教学组织中的一个环节，要与其他教学活动环境配合，记住：在微课视频中适当位置设置暂停，或者后续活动的提示，便于学生浏览微课视频时转入相关的学习活动，让学生在学习单统一调度下学习微课程。

（7）微课视频应有恰当的提问，问题的设计要恰当安排基本问题、单元问题和核心问题，灵活使用多样化的提问策略促进学生思考。

（8）每一个微课视频结束时要有一个简短的总结，概括要点，帮助学习者梳理思路，强调重点和难点。

(9) 对一些重要的基本概念，要说清楚是什么，还要说清楚不是什么，让学生明确基本概念和原理；对于关键技能的教学，要清楚地说明应该如何做，不应该如何做。

(10) 用字幕方式补充微课视频不容易说清楚的部分，注意：只须呈现关键词语，不必像电视剧一样将所有的台词都打出字幕，这会增加学生的阅读认知负荷。

(11) 教师要培养学生养成良好的自主学习的习惯（例如，要根据学习单的指导来看视频，看完视频以后要回到学习单来讨论、练习），要告诉学生使用微课程的技巧（例如，遇到没有听懂的地方可以暂停重听）。

(12) 在学习单上将微课视频和相关的资源与活动超链接起来，方便学生在学习单的统一调度下跳转学习。

(13) 一门课程开始的时候，要清楚地介绍这个课程的评价方法和考试方式，引导学生根据教学目标学习。

(14) 开始时，要介绍主讲老师本人的情况，让学生了解教师。

(15) 注意研究借鉴可汗在讲与你的类似课程时所采用的教学方法。

(16) 留心学习其他领域的设计经验，注意借鉴、模仿与创造，例如，从电影、电视、广告等大众媒体中找到可以借鉴的创意。

(17) 有关微课视频制作的操作技术细节（很多时候，细节往往影响了微课程的使用效果）：鼠标不要在屏幕上乱晃；字体和背景的颜色要搭配好；讲解课程时，鼠标在屏幕上的速度不要太快；画面要简洁，与教学内容无关的图标、背景、教师人头像等，都要删除；录制视频的环境要安静、不要有噪声。

（六）微课的评价

综合网络课程评价体系和目前微课大赛所采用的评价标准，主要应从教学设计、教学内容、技术支持、效果效益这四个方面来评价。在课程设计中适当选用文字、数字、图像、音频、视频、动画等媒体形式来表现课程内容，并能够设计自测和及时评价功能，及时反馈学习情况。在网络上搭建微课讨论平台，提供师生、生生交互写作的机会，具备讨论、答疑、作业发布、协作编辑等功能。在教学内容方面首先定位目标学习者，保证课程对象明确、科学严谨、讲解生动。教师应提供与课程相关的资源作为课后拓展，提高微学习的效果。在技术方面，微课要在电脑、平板、手机中都能够运行，才能做到随时随地、高效便捷地学习。课程大小要便于传输、共享，课程格式要能够在各种平台打开。在效果效益方面，微课的点击人数、网络评价、学生反馈都是重要的评价指标。同时，微课要能够重复使用，延长微课寿命，最大限度地发挥作用。

【教学媒体选用范例】

北师大版六年级上册数学《圆的认识》教学媒体选择与设计①

一、教学目标分析

（一）知识与技能

1. 理解掌握圆的定义；
2. 能够列举生活中是圆形或像圆形的物体；
3. 理解圆、圆心、直径、半径的定义；
4. 掌握圆规画圆的方法。能熟练画出规定半径的圆。

（二）过程与方法

1. 初步能够从数学角度去观察事物，把握生活中不同形状物体的区别原则；
2. 经历将实际问题抽象为模型的过程，初步体会圆是刻画现实世界的有效教学模型和数学建模思想。

（三）情感态度价值观

1. 通过设置丰富的问题情境，鼓励学生从多角度思考、探索、交流，激发学生的好奇心和主动学习的欲望；
2. 对数学中几何的相关知识感兴趣，能够提高学生的空间想象力，为以后的几何学习打好基础。

二、学习者分析

（一）认知能力

1. 学生特别喜欢研究几何图形；
2. 学生具有抽象思维，能够由平面上画出的图形联想到生活中的实例；
3. 学生自主学习能力比其他同级学生强；
4. 学生具有一定的分析、概括和归纳能力。

（二）学习动机分析

1. 对几何图形的奇形怪状有强烈的好奇心，极力想知道图形的画法、应用等；
2. 对几何在生活中的应用很感兴趣；
3. 注重纵向比较，具有好胜心；
4. 完成生活中图形数学化及几何的应用具有一种成就感；

---

① 陶红平、肖凤艳：《教学媒体的选择与设计——以〈圆的认识〉为例》，载《软件导刊·教育技术》2011 年第 5 期，第 19～21 页（有改动）。

5. 想得到别人的鼓励和赞赏。

（三）学习风格分析

喜欢通过动觉、视觉等多种刺激同时存在的学习；喜欢约束少的学习环境。喜欢数学生活化，希望多一些实践活动；具有一定的自制力，能应对枯燥的数学知识的学习；喜欢运用网络进行学习。

三、教学策略分析

集体授课＋课堂训练。集体授课运用讲授法和模范示范法，运用讲授法是为了让学生理解掌握圆的定义、能够列举生活中是圆形或像圆形的物体。课堂训练主要运用示范模仿法和训练实践法，示范模仿和训练实践的目标都是让学生掌握并熟练用圆规画圆的方法。

四、现有媒体条件

学校现有的媒体条件为：现有实物、模型、图片、黑板、录音、电视、投影、幻灯、计算机和网络等10种教学媒体。

五、提出媒体要求

根据以上情况综合描述对媒体的要求为：能够满足课堂讲授的基本要求；能较好地吸引学生注意力，调动学生积极思考，分析生活中的实例；能较好地展示生活中圆的实例；使用简单，能满足小学教师的基本要求；费用低，容易实现。

六、根据媒体描述列出备选媒体种类

备选媒体种类为实物、模型、图片、黑板、幻灯、计算机。

七、作出最佳媒体选择

（一）分析备选媒体的教学功能

备选媒体的教学功能分析表如表7－2所示。

表7－2　　媒体功能分析

	实物	模型	图片	黑板	幻灯	计算机
呈现刺激	Y	Y	Y	Y	Y	Y
引导注意和其他活动	N	N	N	N	N	Y
提供所期望行为的示范	Li	Li	Li	Li	Li	Y
提供外部刺激	Li	Li	Li	Li	Li	Y

续表

	实物	模型	图片	黑板	幻灯	计算机
指导思维	N	N	N	N	N	Y
产生迁移	Li	Li	Li	Li	Li	Li
评定成绩	N	N	N	N	N	Y
提供反馈	N	N	N	N	Li	Y

注：Y—有此功能；N—无此功能；Li—功能有限。

（二）分析备选媒体的使用代价

备选媒体的使用代价如表7－3所示。

表7－3　媒体使用代价分析

实际因素备选媒体	挂图	黑板	计算机	网络
能否得到	能	能	能	能
制作成本	低	无	较低	较低
准备时间	短	短	较长	长
技能要求	低	低	高	高
设施要求	低	低	较高	较高
维护要求	低	低	较高	低
学生心态	较好	好	较好	较好
教师心态	好	好	好	好

（三）应用算法型来选择教学媒体

通过模糊的数量计算，确定媒体的成本与收益之间关系。一般原则是要低成本高收益，即收益大于成本。教学媒体选择步骤与方法如下：

功能（静止图片）｛功能（静止图片）
——选择图片
代价（图片）　代价（幻灯）

功能（呈现刺激）｝功能（呈现刺激）
——选择模型
代价（实物）　代价（模型）

功能（提供所期望行为的示范）｝功能（提供所期望行为的示范）
——选择黑板
代价（计算机）　代价（黑板）

八、阐明媒体运用的设想

根据上一步得出的媒体类型，对这些媒体作相关的教学设计，具体参照表7-4。

表7-4 媒体使用分析

课题名称	知识点	目标水平	媒体要点内容	使用时间	资料来源	媒体在教学中的作用	媒体使用方式
圆	1. 什么是圆	掌握	图片	上课前1~5分钟	网上下载打印	呈现刺激，引入主题	教师展示
			模型	5~7分钟	教学器材	引导学生联想生活中的圆的实例，加深对圆的理解	教师展示
			黑板	7~12分钟	各个教室都有配备	圆的定义	教师展示
	2. 圆的各部分名称：圆心、直径、半径	理解掌握	模型	12~20分钟	教学器材	初步认识与区分圆心、直径、半径的概念	教师展示
			黑板	20~25分钟	各个教室都有配备	能熟练找出圆的圆心、直径、半径。能说出它们之间的联系	教师展示
	3. 圆的画法	熟练	黑板	25~45分钟	各个教室都有配备	教师示范用圆规画圆，学生模仿。然后教师提供练习题，学生练习，教师考查学生练习成果	教师展示

【附录】

教学媒体选择分析表模板

知识点	学习目标	媒体类型	媒体内容要点	教学作用	使用方式	所得结论	占用时间	媒体来源
……								

续表

①媒体在教学中的作用分为：A. 提供事实，建立经验；B 创设情境，引发动机；C. 举例验证，建立概念；D. 提供示范，正确操作；E. 呈现过程，形成表象；F. 演绎原理，启发思维；G. 设难置疑，引起思辨；H. 展示事例，开阔视野；I. 欣赏审美，陶冶情操；J. 归纳总结，复习巩固；K. 其他。
②媒体的使用方式包括：A. 设疑—播放—讲解；B. 设疑—播放—讨论；C. 讲解—播放—概括；D. 讲解—播放—举例；E. 播放—提问—讲解；F. 播放—讨论—总结；G. 边播放、边讲解；H. 其他。

【思考与练习】

1. 什么是教学媒体？教学媒体有哪些功能？
2. 选择教学媒体的依据有哪些？
3. 制作多媒体课件应遵循哪些原则？制作流程有哪些？
4. 微课的基本特征有哪些？如何制作微课视频？

【请你来做】

请为人教版小学五年级上册第十五课课文《落花生》选择适合的教学媒体。

15　落花生

我们家的后园有半亩空地。母亲说："让它荒着怪可惜的，你们那么爱吃花生，就开辟出来种花生吧。"我们姐弟几个都很高兴，买种、翻地、播种、浇水，没过几个月，居然收获了。

母亲说："今晚我们过一个收获节，请你们的父亲也来尝尝我们的新花生，好不好？"母亲把花生做成了好几样食品，还吩咐就在后园的茅亭里过这个节。

那晚上天色不大好。可是父亲也来了，实在很难得。

父亲说："你们爱吃花生吗？"

我们争着答应："爱！"

"谁能把花生的好处说出来？"

姐姐说："花生的味儿美。"

哥哥说："花生可以榨油。"

我说："花生的价钱便宜，谁都可以买来吃，都喜欢吃。这就是它的好处。"

父亲说："花生的好处很多，有一样最可贵：它的果实埋在地里，不像桃子、石榴、苹果那样，把鲜红嫩绿的果实高高地挂在枝头上，使人一见就生爱慕之心。你们看它矮矮地长在地上，等到成熟了，也不能立刻分辨出来它有没有果实，必须挖起来才知道。"

我们都说是，母亲也点点头。

父亲接下去说："所以你们要像花生，它虽然不好看，可是很有用。"

我说："那么，人要做有用的人，不要做只讲体面，而对别人没有好处的人。"

父亲说："对。这是我对你们的希望。"

我们谈到深夜才散。花生做的食品都吃完了，父亲的话深深地印在我的心上。

【请你参考】

小学语文五年级上册第15课《落花生》教学媒体选择分析表①

	媒体类型	媒体内容要点	教学作用	使用方式	所得结论	占用时间	媒体来源
教学媒体选择	图片	《落花生》及其资料	B	H	激发学生学习兴趣	2′	下载
	图片	花生果实与其他水果果实	I	F	营造情景	2′	自制
	实物	苹果、石榴、桃子、花生	G	B	通过表演理解"实用""爱慕""鲜红嫩绿"的意思	2′	自备
	图片	背面附字、词	A	E	帮助识字	5′	自制
	课件	课文内容分步出现	J	D	指导朗读	6′	自制
	课件	找课文重点句	G	B	指导读中找	3′	自制
	课件	课文重点段空	J	E	指导填，感悟语言	8′	自制
	图片	花生各种食品	F	C	帮助理解花生的朴实无华	2′	自制
	课件	小结	J	E	对新知识的巩固	5′	自制
	课件	拓展练习	J	H	赞美具有花生品质的人	5′	自制

①媒体在教学中的作用分为：A. 提供事实，建立经验；B. 创设情境，引发动机；C. 举例验证，建立概念；D. 提供示范，正确操作；E. 呈现过程，形成表象；F. 演绎原理，启发思维；G. 设难置疑，引起思辨；H. 展示事例，开阔视野；I. 欣赏审美，陶冶情操；J. 归纳总结，复习巩固；K. 其他。

②媒体的使用方式包括：A. 设疑—播放—讲解；B. 设疑—播放—讨论；C. 讲解—播放—概括；D. 讲解—播放—举例；E. 播放—提问—讲解；F. 播放—讨论—总结；G. 边播放、边讲解；H. 其他。

【阅读书目】

1. 王宗海、肖晓燕：《小学语文教学技能》，华东师范大学出版社2011年版。

2. 周静：《媒体运用技能训练》，天津教育出版社2010年版。

① 资料来源：https://wenku.baidu.com/view/bbc0e808bed5b9f3f90f1ce7.html。

3. 杨梅玲、毕晓白：《大学课堂教学设计》，清华大学出版社 2015 年版。
4. 王玉辉、王雅萍：《语文课程与教学论》，北京师范大学出版社 2012 年版。
5. 吴萍：《新编教师教学技能训练教程》，北京师范大学出版社 2011 年版。
6. 蔡伟：《语文课堂教学技能训练》，华东师范大学出版社 2009 年版。

【相关网站资源介绍】

中国电化教育 http：//www. webcet. cn/

中央电化教育馆 http：//www. ncet. edu. cn/

中国威客网 http：//dasai. cnweike. cn/index. php？ r = matchV4/design/index

第八章　课堂结束技能

【学习目标】

1. 了解课堂结束的基本类型。
2. 理解课堂结束的原则。
3. 掌握课堂结束的方法和策略。

【问题导入】

什么是课堂结束？与课堂导入不同，课堂结束在教学中有何功能？

课堂结束有哪些不同的类型，在教学实施过程中应该注意哪些问题？

【案例引领】

《难忘的一课》（人教版第9册）教学片段[①]

著名特级教师　窦桂梅

完成对课文的重点研读后，在悠扬婉转的《思乡曲》中，师生共同深情朗诵

① 语文课堂，http：//www. ywkt. com/ArticleShow. asp？ArticleId = 17803。

台湾著名诗人余光中的《乡愁四韵》——

小时候，乡愁是一张小小的邮票/我在这头/母亲在那头/长大后/乡愁是一张窄窄的船票/我在这头，大陆在那头/后来呀/乡愁是一方矮矮的坟墓/我在外头/母亲在里头/而现在/乡愁是一湾浅浅的海峡/我在这头，大陆在那头/

（教师已泣不成声，学生也眼含热泪，纷纷在《思乡曲》奏响时朗诵起了这首诗，全场一片压抑）

师：看得出，此时此刻，同学的心已经沸腾，还有什么可以表达我们那份心情呢？心里就会涌出一句话——

生：我是中国人，我爱中国。

师：放声朗诵，来表达你此时的心情吧！

生：（情感饱满，读这句话）

师：下面就请拿起你那颤抖的笔，再写一写这句话，你抒写的是你的心情，这份情，这份爱，并将这句话永远地镌刻在你心灵的深处。

生：（一个个凝神静气地、庄严地、神圣地、含着热泪写这句话）

师：想读就读吧！

生：我是中国人，我爱中国！

生：我是中国人，我爱中国！

师：语气不同，但感受和认识是深刻的！

师：同学们，这堂课，我们在文中表达的情感中走了一趟。相信你一定记住了“我是中国人，我爱中国”这句话。世界上什么都可以选择，唯独不能选择的是你的母亲、你的祖国。也许母亲丑陋但你绝不能嫌弃，因为母亲的周身血液化作了喂养你的甘甜乳汁；祖国贫穷，儿女绝不嫌弃，因为祖国的周身细胞铸造了你做人的灵魂之躯。是呀！我们的国家并不富强，需要发展，虽然面临眼前腐败的现象、下岗分流，我们要以积极的态度正视它，改变她，因为你是她的孩子。现在出国留学已成热门，不过有一天，一旦你身在国外，请别忘了，窦老师和你们上的这堂课。更不能忘了，这堂课里你记住的“我是中国人，我爱中国！”请再读这句话。

生：（铿锵有力地读）

师：现在回过头来看看课文为什么要详写“上课”及“参观小礼堂”的情景？

生：这两部分最能突出文章要表达的思想感情，给我们留下的印象深刻。

生：这两部分详写，是课文重点内容。其他内容，对升华文章作用不大，可以略写。

师：请翻到读写例话——“详写和略写”，读一读最后一句话。

生：我们在读书和写作的时候，要抓住文章详写的部分，深入体会和重点描绘，才能更好地感受和表达出文章内涵。

师：可以说，这是一堂人生感悟课，当然可以成为——

生：《难忘的一课》！（教师在课题后边加上叹号）（在掌声与回味中课堂教学结束）

板书：

《难忘的一课》

"我是中国人，我爱中国！"

【点评】此案例处处闪现诗意，处处充满灵性，处处涌动激情。教学中，教师把文本所蕴含的情感进行了恰到好处的加工、提炼，收到了以情动情、以情促知的效果。课虽然结束了，但孩子们在经历了这样一次刻骨铭心的情感体验之后，他们那颗被点燃、被激活的心上一定会深深地烙上鲜红的"中国印"。

【理论学习】

课堂教学不仅需要一个良好的开端，也需要一个完美的结局。不良的开端会给学生留下不好的印象从而影响整堂课的教学。不好的结尾同样会破坏前面的所有努力。小学生注意力分散、有意注意时间短，所以一节课的最后几分钟往往是学生们最疲劳、注意力最分散、学习效果最差的时候。这时候，如果能精心设计一个新颖有趣、耐人寻味的课堂结尾，不仅能巩固新知识，调节疲劳、保持学习兴趣，还能进一步激起学生探索求知的欲望，活跃思维，在愉快的气氛中把课堂教学推向新的高潮。

一、课堂结束技能概述

我们将课堂教学的结尾叫作结束，是教学过程中的一个重要环节，是课堂教学中的有机组成部分。结束从表面上看，是课堂教学的终结，但从本质上看，它是本堂课的一个总结、升华和延伸，是后续课程的基础和准备。

（一）课堂结束技能的内涵

课堂结束是教师完成一项教学任务时，通过重复强调、概括总结、实践活动等，对所教的知识或技能进行及时的系统化巩固和应用，使新知识稳固地纳入学生的认知结构中去的一类教学行为。

（二）课堂结束技能的作用

1. 总结归纳，强调重点和关键

结束时将课堂内容简明、扼要、有条理地进行归纳总结，帮助学生厘清知识脉络、厘清纷乱的思绪，促进学生对知识的理解和记忆。

一堂课的教学不可能使每一位学生都掌握全部内容，把教学内容完全搞通弄懂。因此在结束时，教师对教学内容进行总结和归纳，使学生对教学内容建立完整的印象，进行有针对性地巩固所学知识，对重点、关键问题进行深化和升华，从而突破教学重点、难点。

研究表明，下课前几分钟学生的注意力经过了发散期之后进入反弹期。教师应抓住注意力的反弹期进行总结概括，使学生及时回顾所学内容。

教育心理学的研究表明，课堂及时回忆要比 6 小时以后回忆的效率高出 4 倍。

【案例 1】

“三角形面积计算”课堂结束①

师：通过这节课的学习，同学们学到了哪些主要知识？

生 1：三角形面积计算公式。

生 2：三角形的面积等于底乘高除以 2，可以写成 s = 1/2ah。

师：我们是怎么推出三角形面积计算公式的，谁能用简练的语言来概括？

生 3：我们把三角形转化成平行四边形。

生 4：我们用旋转、平移的方法把两个完全相同的三角形转化成一个平行四边形。

师：说得真好！老师把同学们的收获概括如下，请看屏幕（PPT 呈现如下）。

> ➤ 数学知识：三角形的面积 = 底 × 高 ÷ 2
>
> $$s = \frac{1}{2}ah$$
>
> ➤ 数学思想：转化
>
> ➤ 数学方法：旋转、平移

师：我们用旋转、平移的方法，把三角形转化成已经学过的平行四边形，推导了三角形面积计算公式。这种转化的数学思想可以帮助我们找到解决问题的方

① 肖春梅、唐剑岚：《曲终收拨当心画余音绕梁久不绝——数学课堂结束原则及其策略》，载《教育与教学研究》2016 年第 30 期，第 11 页。

向，希望同学们今后用这种方法解决更多的数学问题。

【点评】

在以上案例中，教师首先引导学生回顾本节课的主要知识点“三角形面积计算公式”，再进一步追问“怎么推出”，进而促使学生梳理、总结蕴含在数学知识中的思想（转化）以及方法（旋转、平移），最后用精练的语言呈现知识要点和思想方法。这样的课堂结束，能帮助学生强化记忆，深化理解，逐步掌握学习数学的基本方法。

2. 前后联系，使新知识纳入原有知识结构

叶圣陶说：“结尾是文章完了的地方，但结尾最忌的却是真的完了。”同样，结束是课堂教学结束的地方，但结束最忌的也是真的结束了。教学中教师既要注意一节课内各环节之间过渡语的运作，也要注意在单元与单元、课文与课文、一节课与一节课之间内容的过渡。任何一个学科的知识都是一个整体，任何一节或一个教学内容都与前后知识具有紧密的联系。只有认识这些联系才能使知识形成系统，才能把新学的知识纳入认知的结构之中，即进行知识意义的建构。同时又对后面的课有个交待或对后续的学习有个指导，使上下课时之间上下勾连、前延后续，起到承上启下的作用。

【案例 2】

在讲授氧化还原反应后，教师提出问题，引导学生进行总结：

教师：通过刚才的学习，我们认识了一种新的化学反应类型——氧化还原反应。现在我们来回顾一下这节课的要点。谁先来回答下氧化还原的实质是什么？

学生：……

［板书］化合价升高，失电子，发生氧化反应，是还原剂

化合价降低，得电子，发生还原反应，是氧化剂

教师：这就是我们这节课学到的关于氧化还原反应的主要规律。之前，我们已经学习过了四种反应类型：化合反应、分解反应、置换反应、复分解反应。请同学们根据这节课所学的规律回去思考一下这些反应类型与氧化还原反应的联系。

【点评】

通过布置课后思考，把本节课的知识，与先前学习的四种化学反应联系在了一起，使新知识纳入原有知识体系之中。

结束时，要把知识与实践联系起来，向生产、生活和社会实际拓展，使教学

更有深度，更有启发性和感染力；要给学生以启发引导，促进学生思维发展。

3. 拓展延伸，促进思维发展

课堂是有限的，在教学的过程中为突出重点往往紧扣知识点进行学习，学生所学的知识具有一定的局限性。结束时把知识与现象、实践联系起来，把书本上的知识向学生的生活实际、社会实际拓展，就会促进学生思维的发展，不会钻牛角尖走进死胡同。好的结束，使教学更有深度，更有启发性和感染力，可以给学生以启发引导，让他们的思维进入积极状态，主动地求索知识的真谛。

【案例 3】

《花种》（人教版第 5 册）教学片段

浙江省杭州市安吉路实验学校　傅旭英

师：同学们，学了这篇课文后，你们还想知道什么问题？

生：我想知道是不是所有的睡莲都是在早晨开花。

生：我想知道昙花开放的时间为什么这么短。

生：我想知道外公养的杜鹃花是什么时候开花的。

师：真有意思！这些问题我们现在都不知道。怎么办呢？

生：上网查资料。

生：向别人请教。

生：到图书馆查找相关书籍。

生：每天观察。

师：好，研究这些问题需要耐心、细心。边观察，边研究，边记录，你们一定会有更多的发现。课后，老师还希望你们能据此制作一个完整漂亮的大花钟。

【点评】

该课堂结束以学生原有知识经验为基础，为学生提供多样化学习资源，创设生动有趣的自主学习环境，启发了学生的思维。

4. 获得反馈，巩固学习

在一个内容或一节课结束的时候，通过提问、练习或实践活动可以检查学生的学习效果。这个过程，既是教师获得反馈的过程，也是巩固学生学习、巩固所学知识的过程，更能使学生的情感、态度得到升华。在这个过程中，可以了解学生对知识思维加工的程度，掌握学生思维的进程，通过调节圆满完成教学任务。

【案例 4】

“圆柱的认识”课堂结束①

师：同学们，通过本节课的学习，你学会了什么，能与大家分享吗？

生 1：我知道了圆柱有两个底面，有一个侧面。

生 2：圆柱的侧面沿着高展开是一个长方形。

生 3：我们的生活中有许多物体是圆柱体，如蛋糕盒、笔筒。

生 4：圆柱的高有无数条。

师：大家都有自己的收获。只要你善于总结，善于发现，你会有更多的收获，因为数学就在我们身边。老师把同学们的收获进行整理，请大家看屏幕(PPT 呈现如下)

- 圆柱
  - 面
    - 底面　面积相等的圆
    - 侧面 $\xrightarrow[\text{展开}]{\text{沿高}}$ 长方形
  - 高　无数条且相等
  - 生活应用：蛋糕盒、笔筒……

【点评】

这个案例中，教师提出开放性问题，让学生交流分享，教师顺势梳理总结，找出本节课的知识点：“圆柱的底面、侧面、高”；理清贯穿本节课的主线：“圆柱的面→圆柱的高→圆柱的侧面展开”；构“面”：廓清本节课的知识结构，沟通了“圆柱底面”与“圆”、“圆柱侧面”与“长方形”之间的关系以及圆柱与生活的联系。这样的课堂结束不仅有利于学生把新知识纳入原有的认知结构，而且使学生感受到数学的应用价值，逐步引导学生掌握建构式学习方法。

（三）结束技能的构成要素

结束技能的核心是对新知识的深度加工，包括对新知识的浓缩提炼和揭示新旧知识的关系以实现知识系统化。教师要引导学生概括要点、明确结论，这是结束技能关键的要素。同时教师在进入总结阶段的时候应适当强调，以唤起学生注意力，为学生主动参与总结提供心理准备。

---

① 肖春梅、唐剑岚：《曲终收拨当心画余音绕梁久不绝——数学课堂结束原则及其策略》，载《教育与教学研究》2016 年第 30 期。

教学结束时回顾思路与方法，恰当安排练习、巩固应用、适当拓展延伸也是十分必要的。所以结束技能的构成要素主要有以下几个方面。

1. 提供心理准备

教师应该向学生明确教学已经进入总结阶段，唤起学生的有意注意，为学生主动参与总结提供心理准备。教师往往通过语言直接向学生说明总结阶段的到来，并告知通过什么方式总结。

2. 概括要点，明确结论

概括要点就是指从新知识中筛选出对形成完整学科知识结构至关重要的信息，以及解决问题时经常应用的重要信息。用简约、强调的语言加以概括，以突出重点、便于记忆。

明确结论虽然也包含着强调重点、淡化过程的含义，但它更是指用肯定的语言揭示新知识和已有知识的联系与区别，从知识结构的角度给出明确的结论。

3. 回顾思路与方法

回顾解决问题的思路与方法，并不是全面再现全部过程，而是要求对思路与方法做出学生能够理解和便于接受的简明的概括，抓住重点和关键，每次突出一两个问题，以利于掌握、迁移和运用。

4. 组织练习，巩固应用

教师组织学生练习，可使学生及时结合具体问题情境运用新知识，加强对新知识的记忆、巩固和深化。组织练习，使学生通过边练习、边总结的过程，巩固运用知识和归纳整理知识，促进新知识教学目标的实现。

组织练习应该目的明确、层次清晰。明确目的是指练习的内容紧密围绕重点和关键做少而精的安排，教师要结合每一个问题对照新知识的重点或新旧知识的联系与区别加以指点，帮助学生切实理解知识要点和重要结论。

5. 拓展延伸

引导学生通过对结论条件的讨论评价，使学习拓宽、引申和提高。为了开阔学生的思路把所学知识与生活、社会实际联系起来，认识知识的价值或把前后知识联系起来形成系统等，把学习内容扩展开来，学到活的知识。

二、课堂结束的基本类型

（一）总结回顾型

总结回顾式结束是在课堂教学行将结束时，教师、学生或师生共同用准确简练、总结性的语言，提纲挈领地将本节课的重点、难点、知识结构、基本原理等进行梳理和概括，从而结束课堂教学的一种方式。目的是审视教学目标的落实与完成情况，巩固所学知识，强化记忆效果，总结学习方法，养成良好的学习习惯。

【案例5】

《家是什么》（沪教版第6册）教学片段

浙江省杭州市崇文实验学校　虞大明

课堂导入：

师：问你们一个非常简单的问题。同学们，你们有家吗？

生：（齐）有。

师：那谁能介绍一下自己的家？

生：我家面积很大，我很喜欢。

生：我家的阳台上养了很多花草，闻起来很香。

师：同学们一说起自己的家，个个滔滔不绝。看得出来，大家都非常喜欢自己的家。那你们知道家究竟是什么吗？

课堂结束：

师：同学们，刚开始上课的时候，老师请三位同学介绍了他们的家。学了这篇课文后，相信大家对家又有了新的理解。如果虞老师让你再次介绍你的家，你会怎么介绍？

生：我的家有三十多位亲人，我们互相关心、爱护，我们都很开心。

生：我家是一个充满亲情的地方。当我生病时，爸爸妈妈会无微不至地关心我；当爸爸下班回家时，妈妈会送上一杯热茶，我还会帮爸爸捶背。

生：我的家也是一个充满温馨的地方，虽然我家只有四口人，但我们在吃饭时，说说笑笑，有话好好说！

师：真好，大家都有一个真正的家！虞老师真诚地祝愿所有在场的人，都能永远拥有一个真正充满亲情的幸福的家！

【点评】

案例中，虞老师在课堂结束时让学生再说说自己的家，以呼应开头，强化感悟。这时，我们欣喜地看到了学生的发展。学生课始介绍“家”，关注的只是“面积大”“布置漂亮”“花草又多又香”，唯独没有关注到家里的人。可课堂结束时学生介绍的“家”，关注的则是温馨的亲情。这样前后呼应式的结束方式有利于学生理解文章的主旨和意义，也使教学系统完整，浑然一体。

（二）深入挖掘型

深入挖掘型的结束，是指通过书面练习、问题讨论、深化理解等方式，让学生进一步理解和掌握知识点之间的联系，目的是挖掘教材潜在的教学因素，升华教学主题，开发学生的学习潜力，将学习活动引向深入。

【案例6】

在学习《分解质因数》的结课时可以设计这样的问题：

（1）请举出几个互质数的例子。

（2）把下列合数表示成几个质数相加的形式。

20 =（　）+（　）+（　）　　　　35 =（　）+（　）+（　）

（3）把下列合数分解为质因数。

12 =（　）×（　）×（　）　　　　143 =（　）×（　）×（　）

【点评】

让学生通过思考这些看似简单，实则有一定挑战性的练习题，使学生加深理解了“分解质因数”的本质特点，并体会到了数学学习的趣味性。

（三）拓展延伸型

拓展延伸是将教学内容向社会实际、生活实际、学科发展前沿开拓延伸，以使学生了解学习的价值，拓展学生的知识面，引起学生更浓厚的学习、研究兴趣，使学生建构自己的知识网络。

【案例7】

《珍珠鸟》（人教版第9册）教学片段

浙江省杭州市崇文实验学校　虞大明

师：动物是人类的朋友，你若是关爱它们、呵护它们，它们就会信任你，也就会创造出一个又一个美好的境界。下面这些图片，一定会让你再次明白这个道理。

师：还记得这堂课开始的时候老师呈现的那段文字吗？生活就是一本书，一本无字之书，一本智慧之书；每个人都要学会读好这本书。老师建议大家抽空去读读这些文章，相信你会学到许多读好生活之书的本领。

课件呈现：

《匆匆》——朱自清

《真理诞生于100个问号之后》——叶永烈

《最后一头战象》——沈石溪

《怀念母亲》——季羡林

【点评】

一篇篇课文，只是一个个例子。因此，一篇文章的教学终结，应当是孩子们崭新的相关性阅读活动的开始。正如虞老师所提出的，阅读教学当有三重境界：其一，由篇及章（读好几篇文章）；其二，由章及本（读好一本书）；其三，由本及人（读好一段人生）。如此，让“阅读”之火，从课堂开始“燎原”，方能真正地让孩子们“善读”。

三、课堂结束的原则

课堂结束是一项融“时间因素”与“技术因素”于一体的技术性很强的教学活动。课堂结束技能是教师顺利且有效地结束课堂教学的行为方式，掌握课堂结束技能对教学具有重要的作用，同时操作这一技能也需要遵循一定的原则。

（一）总结性原则

这条原则要求教师对讲授的新知识要做到及时总结和复习巩固。心理学研究表明，记忆是一个不断巩固的过程，要完成这个过程，需要对所学知识及时归纳，概括总结，使学生获得规律的东西，以加深理解和记忆。

【案例8】

如在教学《詹天佑》一课结束时可以设计这样的结束方式：

师：同学们，詹天佑有这样一段名言：“各出所学，各尽所知，使祖国富强，不受外辱，是以立于地球之上。”詹天佑主持修筑京张铁路的伟大壮举，实现了自己的诺言，有力地回击了帝国主义，他不愧为一名杰出的爱国工程师。他为我国铁路修筑史写下了光辉的一页。敬爱的周总理称他为“中国人的光荣”。让我们怀着崇敬的心情，用自豪的语气齐颂：“詹天佑——中国人的光荣。”

生齐颂：“詹天佑——中国人的光荣。”

这种设计采用借鉴总结方式结束教学，不仅可以更深刻地对课文思想内容进行总结，而且可以拓宽学生的知识视野。

（二）针对性原则

这条原则要求教师在教学结束时的总结要紧扣教学目标，抓住教学重点，针对学生实际，使所做的总结有利于学生回忆、检索和运用。如一位教师在教学拼音“ɑ”的结束时这样设计：

【案例9】

教师：同学们，我们这节课学了“ɑ”的哪几点知识？

生：……

教师：同学们说得好。这节课我们学会了“ɑ”的发音。学了“ɑ”的三点知识：一是发音的口型，发“ɑ”音的时候嘴要张大；二是学了“ɑ”的声调，“ɑ”有四声——“āáǎà”；三是学了“ɑ”的写法，ɑ写在四线格的中格，两笔写成。

（三）系统性原则

这条原则要求教师在教学结束时应概括本课的知识结构，深化重要事实、概念和规律，使之经过加工而形成系统的、有效的知识网络，帮助学生把零散的、孤立的知识进行归纳，使学生了解概念、规律的来龙去脉。

（四）实践性原则

这条原则要求教师在教学结束时要安排恰当的学生实践活动，如练习、问答、对话、小结和实验等，从而将理论与实践联系起来。如教《趵突泉》，讲读课文完后可以这样设计：

【案例10】

教师小结：“趵突泉真是美丽极了，所以它吸引了历代文人墨客，乃至帝皇将相前往观赏。可是，现在的趵突泉没有课文所写的那样美丽了。因为《趵突泉》是老舍1932年写的，半个多世纪过去了，由于过量开采地下水，地下水降低了，美丽的趵突泉水流小了很多，有的小泉也干涸了，真是可惜啊！由此可见，祖国的名山名水需要我们好好地保护，我们身边的一草一木也需要好好地保护，希望你们从小树立环保意识，把我们美丽的家园建设得更加美好。”

教师布置活动：“请同学们以小组为单位，设计一个以环保为主题的活动方案。”

（五）迁移性原则

这条原则要求教师在教学结束时，要引导学生根据课堂教学的内容，通过联系实际或创设情境，对所学的知识进行迁移教学，使其形成灵活的学习技巧和能力。

（六）刺激性原则

这条原则要求教师在教学结束时，设计一些比较有兴趣的教学形式，使学生在生动活泼的教学形式中既加深对所学的知识的理解和运用，又保持积极的学习兴趣。

四、课堂结束的方法和策略

教师除掌握课堂结束的原则，还应重点掌握结课的方法。清代的沈祥龙在《论词随笔》中说："结有数法：或拍合，或宕开，或醒明本旨，或转出别意，或就眼前指点，或于题外借形。不外辞意俱尽，辞尽意不尽，意尽辞不尽三者而已。"① 由创作理论推及到结课技巧，结课的方法也应是千姿百态、灵活多样的。下面介绍几种常见的结课方法。

（一）课堂结束的方法

1. 归纳法

归纳法是教师引领学生以准确简练的语言对课堂教授的知识进行归纳、概括、总结，梳理讲授内容，理清知识脉络，突出重点和难点，归纳出一般的规律、系统的知识结构等的方法。它可以在一节课结束时进行，也可以在有联系的几节课结束后进行。

【案例 11】

例如，教师在总结平行四边形的判定方法这节课的时候，可以带着学生概括一下这节课所学习的几种判定方法来进行结束，即：

(1) 根据平行四边形的定义而来：两组对边分别平行的四边形是平行四边形。

(2) 对边分别相等的四边形是平行四边形。

(3) 一组对边且相等的四边形是平行四边形。

(4) 对角线互相平分的四边形是平行四边形。

2. 质疑结束法

质疑结束法是指在课堂教学活动结束时，让学生结合本节课的学习内容提出自己在学习中还没有弄懂的问题，由学生讨论或教师讲解，从而解决学习中的疑难。这种方法能准确掌握反馈信息，及时查漏补缺，使教学工作不留后遗症，还

① （清）沈祥龙：《论词随笔》。

能培养学生质疑问难的能力和创造思维能力。

【案例 12】

例如，在讲完椭圆的标准方程第一课时可以设计如下，由学生总结出：

（1）推导椭圆的标准方程的方法。

（2）椭圆两种标准方程的比较。

（3）椭圆的标准方程的简单应用。教师播放彗星图片，提出课外延伸问题，让学生通过上网或者到图书馆查阅有关彗星的资料并试着回答：为什么有的彗星经过若干年后能够再次光临地球，而有的彗星却和地球只有一面之缘呢？那么这个问题我们下节课再来解答。

3. 延伸结束法

延伸结束法是指在课堂教学结束时，教师利用教学的某些契机，把课堂结尾作为联系课内外的纽带，把课堂教学向课外延伸的课堂结束方法。这种方法推动第二课堂的开展，能开拓学生的视野，丰富学生的知识，激发学生的学习兴趣，甚至会影响到日后学生职业的选择，决定他们的终身事业。

【案例 13】

如一位教师在教学《猎人海力布》结束时这样设计：

生：老师，文中的鸟儿怎么知道“今天晚上，这里的大山崩塌，大地要被洪水淹没”呢？

师：这个问题提得好。的确，大自然中，许多动物都有这种能力。比如，下雨前，蚯蚓滚沙，蚂蟥浮到水面上来。然而，他们为什么知道呢？同学们可以抽时间，课外阅读《十万个为什么》一类的科普书籍。但是，自然界的奥秘还有很多很多，我希望有志于这方面的同学长大后进一步探索生物世界的奥秘，为人类做出贡献。

4. 趣味游戏法

这种方法是根据儿童喜欢做游戏的心理特点，把游戏与课堂教学结合起来，通过游戏使学生的身心得到放松、浓厚的兴趣得以保持，让学生在兴趣盎然中结束新课。

【案例 14】

如在教学"约数和倍数"时，可以设计"找朋友，离教室"这样的结尾：教师出示带有数字的卡片说："同学们要与我出示的这些数字'找朋友'。如果你的座位号是卡片上数的倍数，你就找到了'朋友'并可以离开教室了。在离开以前，你要走上讲台，为你的座位号再找出两个'朋友'并大声说出来，才能走出教室。这两个'朋友'，一个是它的约数，一个是它的倍数。"学生顿时倍添兴趣。

5. 复述结束法①

在教师的教学活动结束时，要求学生对本节课所学内容通过板书或提纲进行复述，这种方法称之为复述结束法。这种方法能加深学生对所学内容的理解，也能提高学生的说话能力。

【案例 15】

如一位教师在教学《我的战友邱少云》结束时这样设计：

师：今天，我们学完了《我的战友邱少云》这篇课文，请同学们思考一下，根据老师的板书，把课文复述一遍。

附：板书设计

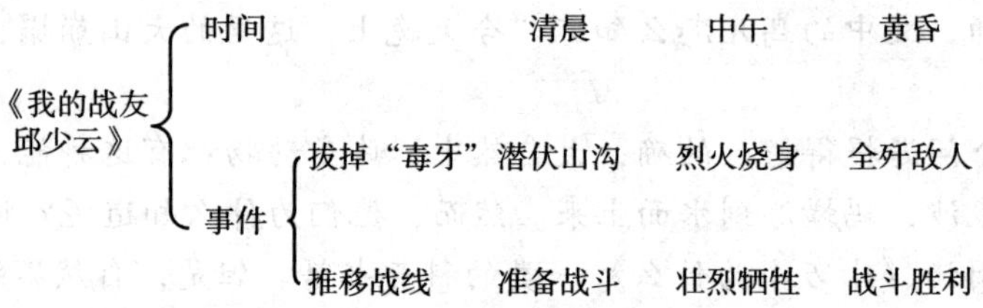

6. 鉴赏结束法

鉴赏结束法是指教师在教学活动结束时，组织学生对课文或某些片段进行品味赏析，这种方法是根据课文中语言的描述去再造想象的方法。这种方法能加深学生对课文的理解，使学生获得更加深刻的感受，获得思想情感上的陶冶和艺术鉴赏上的愉悦。

① 百度文库，http：//wenku. baidu. com/view/a0b9f16fb84ae45c3b358cab. html。

【案例 16】

如一位教师在教学《十里长街送总理》结束时这样设计：

师：同学们，《十里长街送总理》这篇课文学完了。现在请同学们看看课文，一边想象课文中所描述的场面和情景，一边带着感情把课文朗读一遍。读的时候，注意读出那种悲痛、怀念的感情。（生：有感情地朗读课文）

7. 练习法

练习法是教师通过让学生完成练习、作业的方式结束课堂教学的方法，这是最简单最常用的一种结课方式。教师通过精心设计的练习题，趁热打铁，既使学生所学基础知识、基本技能得到巩固和运用，又使课堂教学效果得到及时的反馈。

【案例 17】

例如，在教“最大公约数”一课时可以设计这样一道趣味习题结束课堂教学：“猜电话号码游戏：王老师家的电话号码是一个七位数，从高位到低位依次是：①最小的合数；②最小的自然数；③最小的既是奇数又是素数；④既是偶数又是素数；⑤只有三个约数的偶数；⑥既是 5 的倍数，又是 5 的约数；⑦6 和 12 的最大公约数。你能说出王老师家的电话号码吗？”

8. 画龙点睛法

画龙点睛法是教学结束时，在学生对教材进行了认真研读，对一些问题作了深入思考的基础上，教师对教学内容直接或间接的说明、点拨，以表现、揭示主题的结课方法。

【案例 18】

《宋庆龄故居的樟树》（苏教版第 8 册）教学片段

江苏省徐州市铜山区马坡中心小学　樊庆侠

师：通过刚才的学习，我们来梳理一下学习方法，送你们几个词。第一个词是“联系”——对前三节反复出现的“两棵树”，我们通过上下联系，发现它们同中有异，这是阅读的智慧；第二个词是“推敲”，扣住“蓬蓬勃勃”这个关键词细细品味，我们读出了丰富的内容，这也是阅读的智慧；第三个词是“联想”，我们由树联想人，进一步体会到作者表面是写树，其实是在写人，这更是一种阅读的智慧。"联系、推敲、联想"，只要我们长期坚持，一定会越读越有趣，越读越聪明！

学生在教师的总结中，领悟了读书方法，明白了读书要学会联系、推敲、联想。有些课文学习时，教师可先详细讲述，尽情铺陈，然后用一两句话点明重点、要旨，使教学精辟得神，犹如画龙先不点睛，而后"点之则飞去矣"。这样，"一石击破水中天"，学生会有所顿悟；或"牵一发而动全身"，这样的结题，起到了画龙点睛的效果。

9. 表演结束法

这是指在课堂教学活动结束时，教师组织学生或分角色朗读，或将语文课文内容编成文艺节目的形式进行表演的办法。这种方法既能加深对课文内容的理解，也能提高学生的语言表达能力，还能激发学生的学习兴趣，培养学生的表演能力。

【案例19】

如一位教师在教学《会摇尾巴的狼》结束时这样设计：

师：这节课，我们学完了《会摇尾巴的狼》这篇课文。剩下的时间，我们采取分角色朗读的方式，把课文读一遍。谁来读狼说的那一部分？谁来读羊说的那一部分？（指定学生）好，其余的同学集体朗读课文中叙述部分的文字。

生：角色朗读。

10. 迁移结束法。这是指课堂教学结束时，教师以教材知识为出发点，启发引导学生把学到的知识用于实践或其他方面的方法。这种方法既能使学生把知识学得扎实灵活，又能培养学生的迁移能力，从而形成创造思维能力。

【案例20】

如一位教师在教学《蛇与庄稼》结束时这样设计：

师：今天我们学完了《蛇与庄稼》这篇课文。这篇课文着重谈了事物之间的联系，有简单的联系，也有复杂的联系。在我们的生活中，这种联系处处存在。请同学们各举出三种复杂联系的例子。

生：在作业本上举例。

师：抽学生举例，总结。

除了以上结课方法，另外还有活动操作法、设疑启发法等结课方法，这里不再一一列举。结课的方法虽然很多，但归纳起来主要有两类，即封闭型结课和开放型结课。封闭型结课的目的是巩固学生所学的知识，把学生的注意力集中到课程的要点上，这种方法是对教学内容的归纳总结，对结论和要点的进一步明确和强调，并尽可能的引出新问题，把学生学到的知识应用到解决新问题中去。开放型结课是在一个与其他学科生活现象或后续课程联系比较密切的教学内容完成后，结课不仅限于对教学内容要点的复习巩固，而是把所学的知识向其他方面延伸，以拓宽学生的知识面，引起更浓厚的学习兴趣，或把前后知识联系起来，使学生的知识系统化。在实际教学中具体采用什么方式结课受着多种因素的制约，如教材与所承担的教学任务、不同年级学生的不同学习心理特征、教师自身的教学风格及教学手段的运用能力等。这些教学因素必须要协调统一，才能设计出最佳的教学结束方式。

（二）课堂结束的策略

1. 水到渠成，过渡自然

课堂教学的结束是一堂课结束的自然体现，不是硬加上去的。因而课堂教学时，要依照课前的设计，导入、讲授要严格按照计划进行，并有意识地照顾到课堂教学的结果，有目的地调节课堂教学节奏，使课堂教学结课时做到水到渠成，自然妥帖。要避免出现两种现象，一是课堂教学节奏过快，结束时留的时间过多，学生无事可做，教师只好胡乱布置一些杂事，搪塞过去完事；二是课堂讲授内容过多，这边打了下课铃，那边还在讲着课，然而时间不饶人，最后只好三两句话仓促结束，学生既无法回顾当堂所学的知识，更无法消化。这两种做法都是不好的。正确的做法一般是在打下课铃前二三分钟结束讲课，然后带领学生回顾一下当堂所学的内容，布置课下作业。如果作业需当堂完成，结课的时间就要提前一些，当然这要因结课的方法不同而不同。

2. 结构完整，首尾照应

结束语要和前面的教学内容保持脉络贯通，保证教学结构的完整性。要注意前后联系、首尾照应。好的结束恰似一条金线，引领学生将零散的知识串联起来，形成完整的知识结构。结束过程与导入过程首尾呼应，前后一致，使整节课浑然一体。导入时提出的问题如果在教学过程中没有明确回答，就应该在结束时讨论，使之明确。切忌乱设悬念，搅乱学生的思维。

3. 语言精练，紧扣中心

教学结束要简洁明快，干净利落。结束的语言不可冗长，不能拖泥带水，要少而精，高度浓缩，起到画龙点睛、提炼主题、提升认识、升华情感的作用。总结归纳部分要紧扣教学目标，提示知识结构和重点。结束的过程在一节课中所占时间较短，因此要求归纳总结简明扼要，不是简单地重复一遍黑板上的大小标题，而是对重点、要点的升华。

4. 内外沟通，立意开拓

结束时对有些内容要拓展延伸，不能只局限于课堂本身，把课内外沟通，进一步启发学生思维，把学生引导到更广阔的生活世界、知识世界里去学习。指导学生进行开拓，引导学生在更广阔的空间里拓宽知识面、增强各种能力，给学生留有思考的余地与活动的空间。课堂结束既成为课堂学习的指导，也成为课外学习的指导，成为推动学生走向更广阔天地的推动力。

5. 画龙点睛，突破时空

一条龙画完了，最后是“点睛之笔”，最后这一笔点好了，整条龙才活灵活现。课堂教学的结尾也是整堂课的“点睛之笔”，是很重要的。正像演戏很讲究演透而不演绝，只有演透，思想内容才能发挥得淋漓尽致，人物的性格、情感才能刻画得尽其精妙，但若一演绝，就断送了艺术。因为有余味正是艺术的魅力所在。课堂教学艺术也是一样，不能讲绝，讲绝就失去了“启发”想象的效果，这就要求教师的教学以“不全”求“全”，在有限中追求无限，突破课堂教学的时空局限。即在一堂课结束时，注意浓郁的色彩、艺术的含蓄，使学生感到“言已尽而意无穷”，课后引起咀嚼回味，展开丰富想象。特级教师于漪的经验是，“用点睛之笔，把文章的精髓鲜明地凸显在学生眼前。”唯其如此，教学才能收到画龙点睛、突破时空的艺术效果。

（三）课堂结束要注意的问题

1. 忌虎头蛇尾

要避免课上到哪儿算哪儿，临近结束，看到时间不多了，就紧急刹车，马上结课，草率收尾。不能既没有梳理总结，也没有回顾练习，应该留有余地，让人回味。由于课堂教学节奏过快，留给结束的时间过多，结束就信口开河、胡拉乱扯，也是不可取的。

2. 忌淡而无味

平淡无奇的结课，达不到启发思维、回味无穷的境界，很容易使学生在平淡中淡忘所学的内容。结课要成为学生学习的“强心剂”而不是成为“催眠剂”。

3. 忌前后矛盾

要注意所讲授内容的前后联系，避免在结课时出现前后矛盾。包括：结束与导入提出的问题相矛盾；结束与讲授内容相矛盾；教师所表达的观点与教材观点相矛盾等。

4. 忌延时拖堂

结束时，通过一节课的学习，学生已疲劳，如果拖堂容易使学生产生逆反心理。大部分学生不喜欢教师拖堂，甚至怨恨教师拖堂。拖堂是不符合学生心理的，会造成学生思维惰性、心理疲劳等消极影响。结束时绝不要拖泥带水，费力不讨好，要干净利落。

【教学结束范例】

《江雪》教学片段①

浙江省杭州市西湖小学　郑雪琴

老师：看来大家的理解都不相同。那么，究竟哪一种比较符合作者的心境呢？刚才有同学说了解诗人的生平和时代背景对理解古诗是很有用的。那就让我们看一看柳宗元的简介。

（课件出示柳宗元生平简介。）

老师：现在你们比较赞同哪一种理解？或者有什么新的看法？

学生1：现在，我知道了这是柳宗元在被贬永州时写这一首诗的。

学生2：我感受到，诗人是在借这个“蓑笠翁”表达自己孤傲的心情。

老师：作者那种孤傲的心境与此情此景一起，构成了一幅生动的画面。

（课件展示动画与音乐）

（画外音：此时，群山覆盖着白雪，江面飘洒着雪花，蓑笠翁好像也成了白雪世界里的一座雕塑。雪花一朵一朵，轻轻地飘下来，好像怕惊扰了这位钓鱼的老翁。）

老师：现在你就是孤傲的柳宗元，你能把自己的心情通过朗读表现出来吗？

（指名读）

老师：你看他一脸严肃，心里一定是有什么不痛快。

（再指名读）

老师：你看他抬着头，似乎有一股傲气。

老师：能背出来吗？

（三个学生分别背）

老师小结：刚才我们运用注释，通过朗读，特别是借助诗人的简介充分地理解了诗意。

---

① 百度文库，https：//wenku. baidu. com/view/604204fdf705cc1755270990. html。

老师：接下来我们学习另外一首古诗。这首诗又给我们勾画了一幅怎样画面？反映了作者怎样的心情呢？希望你运用上一首诗学到的办法，自己来学懂这首诗。如果有什么需要老师帮助的，可以提出来。

题秋江独钓图

（清）王士祯

一蓑一笠一扁舟，
一丈丝纶一寸钩。
一曲高歌一壶酒，
一人独钓一江秋。

（学生自学，老师巡视，根据学生要求提供王士祯的生平简介。）

老师：现在我相信每一个同学心中都有一幅画面。谁来用语言为大家勾画这一幅《秋江独钓图》？

（指名两个学生说）

老师课件出示简图。这符合你心中的那一幅图吗？

学生1：加一筐鱼。

学生2：最好在船上放一壶酒。

学生3：在江边添上一些落叶。

学生4：再画上几笔火红火红的枫叶。

老师：看来每一个的理解不同，心中画出的图景也不同，所以想象也是体会诗意的一种好办法。

老师：那么，这一首诗与《江雪》有什么相同点，又有什么不同？我们四人小组来研究一下，看看一共可以列出多少条。讨论以后，请小组派代表发言。

学生代表1：相同点：都在江上；都是一个人；都是一个披蓑戴笠的老翁；都在钓鱼。不同点：一个是江雪独钓，一个是秋江独钓。

老师：地点相同、人物相同、事件也相同，但是时间不一样。还有补充吗？

学生代表2：一个是“天寒地冻”，一个是“秋意正浓”。

老师：也就是景色也不一样。

学生代表3：心情更不一样，一个是苦闷的，一个是怡然自得的。

老师：你的发言真有水平。你是怎么知道王士祯是怡然自得的？

学生：从诗句中可以看出——“一曲高歌一壶酒”，也就是一边唱歌一边喝酒，能不高兴吗？

学生：从诗人的简介中也可以了解。当时王士祯是刑部尚书，而柳宗元却被贬永州。可以说一个是官场得意，一个是官场失意。

老师：人生经历不同，心境也不同。

学生：我感受到虽然都是独钓，但是他们表达的却不一样，前一首诗有一种“傲气”，后一首诗有一种“霸气”。

老师：你体会得更深了。这两首诗虽然描写的都是在钓鱼的景象，但是心境不同：一个是借钓鱼表现高傲的骨气；一个是借钓鱼欣赏优美的秋景，这真是各有所得。

学生带着不同的感受读自己喜爱的诗。

老师：我国古代描写钓鱼的诗词还有很多。你们看，老师从网上下载了那么多的资料。这些诗人，除了钓鱼，还有一些什么样的心情呢？请同学们到他们的诗中去寻找答案。

【点评】

此案例是在教学《江雪》的课堂结束环节进行延伸拓展学习，推出清代诗人王士祯的《题秋江独钓图》，让学生比较阅读。这种同一题材不同意境的作品阅读，不仅拓展了学生的视野，而且让学生学会运用比较的方法，更加深入地感悟作品的人文内涵，起到了一举多得的作用。

【思考与练习】

1. 简述课堂教学结束的原则。
2. 课堂教学结束都有哪些类型？
3. 课堂教学结束的方法都有哪些？

【请你来做】

1. 下面是都德的著名小说《最后一课》的三则结课教例，请仔细体会三则教例的特色，对它们作出评析。

[教例1]

钱梦龙老师在教授都德的《最后一课》时，课文讲完后，钱老师结合课文中的语句顺势点拨：“韩麦尔先生说‘亡了国当了奴隶的人民只要牢牢记住他们的语言，就好像拿着一把打开监狱大门的钥匙’，今天的我们完全不存在亡国当奴隶的问题，拿了这把钥匙又有什么用呢？”同学们几乎齐声叫起来：“打开知识的宝库的大门！这是一把金钥匙”，课在余韵悠悠中结束，学生仍沉浸在顿悟的兴奋中。

[教例 2]

有位老师在执教的《最后一课》时。她是这样结课的：

师：普鲁士侵略者为什么不让阿尔萨斯和洛林地区的人民学法语了？

生：因为语言是民族的标志和象征，是联系人民思想的纽带，它能使人们不忘自己的祖国，团结起来和侵略者斗争，求得民族的解放。

生：普鲁士侵略者想让当地人民永远忘记自己的祖国，他们好永远统治这些地方，禁止阿尔萨斯和洛林地区的人民学习自己祖国的语言，妄图用这种阴险，删除爱国情感。受到韩麦尔先生以及小镇上居民的沉痛心情的感染。

师：小弗郎士在文中有何作用？毒辣的手段奴役法国人民。

(补充资料：在我们国家也同样出现过这样文化侵略的现象，日本占领了我国的东北三省后，为了奴役中国人民，日本人在东北强制中国人学习日语，给中国人灌输自己是日本统治下的满洲人的思想，想从思想上彻底地奴役中国人，把中国人变为他们的奴隶。当然日本人的阴险目的并没有得逞，否则今天我们就不能够在这明亮的教室里学习自己祖国的语言。)

师：如今，随着时代的需要学外语变成一种潮流，同学们如何看待学外语这个问题？(学习外语同样是为了爱国，知己知彼，方能百战不殆)

师：如果这最后一节法语课结束前韩麦尔先生让听课的人各讲一两句话，请你选择一个人物，根据他的个性，以他的身份写出要说的话。

师：通过今天的学习，你有什么收获？

生：学习了这篇小说，我们明白了热爱祖国就应该热爱祖国的语言文字。今天我们有不少既热爱祖国又认真学好语文的好同学，但是也有个别人嘴里喊着爱国，心里也想爱国，却并没有认真学好语文的同学。既然懂了这个道理，今后希望大家以更积极的热情投入我们祖国的语言文字——汉语的学习中去。

[教例 3]

有位教师教都德的短篇小说《最后一课》，当课堂接近尾声时，他提出了最后一个问题——

师：屋顶上鸽子咕咕咕咕地低声叫着，我心里想："他们该不会强迫这些鸽子也用德国话唱歌吧?"请问，这一句话有什么深刻的含义？

生：(学生纷纷举手，一位平时像小弗朗士一样调皮的男孩站起来。)这是对德国侵略者的控诉和讽刺，因为柏林已经来了命令，阿尔萨斯和洛林的学校明天开始只许教德语。可是，阿尔萨斯和洛林是法国的土地。

师：(热情地表扬了这位学生)你讲得大好了。

(教师觉得学生已经很好地理解了《最后一课》的主题，再去总结全文，概

括中心思想，已经没有必要。于是，教师深情地朗诵起来）

忽然教堂的钟声敲了十二下。祈祷的钟声也响了。窗外又传来普鲁士士兵的号声——他们已经收操了。韩麦尔先生站起来，脸色惨白，我觉得他从来没有这么高大。“我的朋友啊”，他说，“我——我——”但是他哽住了，他说不下去了。(沉默。)教师咬住了，读不下去了。教室里鸦雀无声。教师仿佛就是韩麦尔先生，进入了角色，拿起一支红粉笔，转身朝向黑板，使出全身力量，奋笔疾书：

法兰西万岁！

正在这时，下课铃响了。同学们深情地注视着教师，教师做了个手势，于是班长喊道：“起立。”同学们“刷”地站了起来，向教师表示了前所未有的敬意……

2. 请根据语文课程标准的基本理念评述下面《见孟子》一课的课堂结束。

师：确实，在现实生活中也常出现这样的情况，有时明明真理在握，却让对方难以接受，这就需要讲究说理艺术。孟子“欲擒故纵”的方法就是很值得借鉴的一种方法。下面请同学们一起把课文朗读一遍，让我们再体会一下孟子的论辩艺术。(学生读完，下课铃响)

师：课后请同学们联系生活实际，自拟话题，模仿孟子的这种说理艺术，写一段文字。下课。

【请你参考】

1. 教例1中采用的是画龙点睛式的结课方法，教学结束简洁明快，干净利落，语言精练，紧扣中心，起到了画龙点睛、提炼主题、提升认识、升华情感的作用。教例2中老师采用的是质疑和拓展延伸的方法，通过抛出几个问题，启发学生思维，从而把课内外沟通，把学生引导到更广阔的生活世界、知识世界中去学习。教例3中老师则采用了表演结束的方法，老师通过角色式的朗读将学生引入情境，起到了此时无声胜有声的效果。

2. 该老师在课堂结束的时候用精练的语言提炼主题，起到了画龙点睛的效果。同时，坚持开放有活力的语文的课堂理念，将语文课堂与现实生活进行有效结合，将课堂内外进行拓展延伸，让学生联系生活实际进行写作练习，将阅读与写作联系起来，并最终落实到了语言文字训练上，很好地体现了语文课程标准的基本理念。

【阅读书目】

1. 蔡伟：《语文课堂教学技能训练》，华东师范大学出版社2009年版。
2. 缪旭芳：《小学语文教学技能实训教程》，江苏大学出版社2013年版。

3. 陈德明:《数学课堂总结的五种形式》,载《江西教育》1999 年第 7 ~ 8 期。

4. 陈美勇、黄旭才:《不应遗憾的结尾——小议课堂教学总结艺术》,载《广西教育》2002 年第 8 期。

5. 林万新:《中小学教师课堂教学技能训练丛书 · 结束技能训练》,天津教育出版社 2010 年版。

6. 吕映:《小学语文教学技能实训》,浙江大学出版社 2013 年版。

【相关网站资源介绍】

小学教育网 http://www.ok1490.com

小学科学课教育资源网 http://zjhyxjs.7i24.com

小学数学教学网 http://www.xxsx.cn

小学英语课堂教学技能 http://www.ecp.com.cn

百度文库 http://wenku.baidu.com/view/5b843f260722192e4536f690.html

第九章　教学反思技能

【学习目标】

1. 了解教学反思的概念。
2. 了解教学反思的类型和特点。
3. 掌握教学反思的方法。

【问题导入】

思考和反思是人们在生活中常用的一对概念，二者有什么区别？

你认为如何进行教学反思？请自选最近的一次课，进行教学反思，写一篇教学反思记录。

【案例引领】

数学习题课的教学反思

在学生学完“两角和与差的三角函数”之后、学习“二倍角公式”之前的一节习题课上，老师在黑板上写出要做的习题：

例 1，已知 $\sin\alpha=3/5$，$\alpha\in(0,\ 2\pi)$，$\tan(\alpha-\beta)=1/2$，求 $\tan\beta$ 和 $\tan(2\alpha-\beta)$

题目刚一出来老师就提示：利用转化思想，将未知角设法用已知角来表示。

学生按照老师的提示写出了 $(\alpha-\beta)-\alpha$；还有学生写出了 $(\alpha-\beta)+\beta$；学生没能够写出老师要的答案 $\beta=\alpha-(\alpha-\beta)$，因为学生还没有一点自己的思考，也没有真正领悟老师的意图，哪些角是已知角，哪些角是未知角，学生都还没有分清，再加上换角方法本来就不容易为学生接受，整体代换的思想是个难点，在思考过程中有学生在下面轻声说："将 $\tan(\alpha-\beta)$ 展开"，可惜老师只顾着自己的想法，没有能听到学生的心声。

老师继续：$\tan\beta=\tan[\alpha-(\alpha-\beta)]=[\tan\alpha-\tan(\alpha-\beta)]/[1+\tan\alpha\tan(\alpha-\beta)]$ 只要利用条件求出 $\tan\alpha$ 即可。

学生们普遍觉得老师的方法很巧妙，让人赞叹。但大部分学生都认为很难如此思考，而且相当一部分学生自始至终一直困惑不解："为什么非得这样思考呢？"

【点评】

老师的自己的思路很清晰，就是要把所求的角 β，设法利用已知条件中的角 α 和角 $\alpha-\beta$，这是一种解题的技巧，体现的是整体代换的思想，不符合学生的思维习惯，仅仅是老师的单方面的想象，学生没有此方面的经验积累，一下子是想不出来的，学生的思维能力到不了这个认知水平，不如让学生从最容易的思路，逐一试探。在教师没有提供思路和答案前，一定会有学生提出解题方法：$\tan(\alpha-\beta)=1/2$ 展开得 $\tan(\alpha-\beta)=[\tan\alpha-\tan\beta]/[1+\tan\alpha\tan\beta]=1/2$，由已知条件 $\sin\alpha=3/5$，$\alpha\in(0, 2\pi)$，可以求出 $\tan\alpha$ 的值，代入上式通过解方程可求得 $\tan\beta$。$\tan(2\alpha-\beta)=\tan[\alpha+(\alpha-\beta)]$。这是一种很直接的解题方法，由已知条件研究出结论。在学生积极思考过程中，一定会有学生想出老师的解题思路，通过换角的方法来求解，老师可以借此机会引导学生，让学生享受到学习数学带来的乐趣。即使没有学生想到，老师也可以启发引导，分析所求角 β 与已知条件 α、$\alpha-\beta$ 之间的关系，这个启发引导必须在学生自己思考的基础上，让学生学会思考，学到研究解决问题方法是最重要的。

不愤不启，不悱不发，教师在学生没有充分思考之前，教师不要上来就提供解题思路和方法。教师要学生换位思考，站在学生角度思考问题，假设自己也是一块"白板"，在这种头脑一片空白的状态下，应该做什么尝试，把所有学生所有可能的思考情况都考虑清楚，然后因势利导，相机启发。

【理论学习】

一、教学反思概述

教学反思是影响教师专业发展的重要因素，是教师成熟程度的重要指标。教师从走上岗位的一刻起就应该重视教学反思，锻炼教学反思能力，提升教学反思水平。

（一）教学反思的概念

反思也是一种思考，只是与一般的思考不同。一般的思考是朝向工作对象的思考，如教师对班级状况的了解、对学生成绩波动原因的分析；反思则是对思考或思考主体的思考，其指向对象是主体自身及其活动结果，是二阶思考。

教学反思是教师以自己的教学活动过程为思考对象，对自己的某种教学理念、教学行为、决策以及教学结果进行审视和分析的活动。① 它是一种通过提高参与者的自我觉察水平来促进教学能力发展进而提高教学水平的途径。

深刻理解教学反思的内涵须明确以下两点：

一是教学反思主要反思课堂之内的教学活动，但也不仅仅限于课堂之内。因为“台上一刻钟，台下十年功”，教师在课堂教学上的表现是教师在课堂之外修炼的结果。

二是教学反思不能仅仅就事论事，仅仅反思教学行为是不够的，思想决定行为，行为背后的理论、理念也是反思的内容。

（二）教学反思的特点

反思可能是有效的，也可能是无效的。有效的课堂教学反思具备以下特点：

1. 有效的反思是自觉的反思

有效的反思首先是自觉的，而不是自发的。一个处于自发教学状态中的教师，其教学思想是没有经过仔细慎思的，其教学行为是没有经过仔细审视的，这样的教师即使有较高的才分，也只可能成为一个合格的教师，永远不能成为一名优秀的教师。

2. 有效的反思是主动的反思

有效的课堂教学反思是主动而不是被动的和被迫的。人在被动或被迫环境下思维处于受动和受压抑的状态，闪光的灵感和睿智的思想是不会降临的；命令或任务的催逼只能把大多数人赶进形式主义的窠臼里，所得到的多数是雷同的“思想垃圾”，反思没有实质意义。

3. 有效的反思是基于问题的反思

问题是反思的前提，没有问题就没有反思。有效的反思不是课后例行公事般地回忆上课情况，而是通过反思从教学行为中发现问题并解决问题，这也是反思最终目的所在。

---

① 夏惠贤：《论教师的专业发展》，载《外国教育资料》2000年第9期。

提出问题的能力是教师的重要素质。优秀的教师都有很强的问题意识，他们对课堂教学有高度的敏感性和洞察力，能从大家都司空见惯、习以为常的教育实践中提出有价值的问题。

4. 有效的反思是深度的反思

反思是对过去教学经历的再认识，这种认识不是肤浅的认知，不是重复的认知，因为反思的价值取决于反思的深度，没有深度的反思是没有价值的。

敷衍地回顾，机械地回头，是没有价值的；有效的反思是一种研究，是一种探索，是思有所得，日有所获。它深入内心，触及灵魂，重塑教育教学观念，从而彻底改善教师的教学行为。

（三）有效课堂教学反思的作用

第一，课堂教学反思有助于发现课堂教学问题。课堂教学过程中教师的首要关注点是学生，往往无暇去关注教学本身，即使发现问题也来不及进行深入的思考。课堂教学反思一则可以继续思考已发现的问题，二则可以发现教学过程尚未意识到的问题。

第二，课堂教学反思有助于总结经验，升华理论。反思可以帮助教师梳理经验，挖掘其中蕴含的原理，使经验升华为理论。教师这种通过教学实践反思得到的理论是实践知识，这是教师经过亲身检验、真正信奉的知识，它直接决定着教师的实际教学行为。

第三，课堂教学反思有助于教师理性教学。教师的教育教学实践是否合乎教育理论、合乎教育规律，是否科学有效，既需要别人的评价，也需要不断自我反思。教师通过对各种教育现象进行反思，通过实践与理论的契合，通过与教育目标的对比，努力追求其实践的合理性，可以使教师从冲动的或例行的行为中解放出来，以审慎的方式行动，不断解决教育教学问题，更好地完成教育教学任务。

第四，课堂教学反思有助于教师专业发展。反思可以提高教师的问题意识和教育研究能力，使教师能独立解决教育教学问题，进而提高专业自主性。有效的反思可以加快教师专业化过程。叶澜教授说：一个教师写一辈子教案不一定成为名师，如果一个教师写三年反思可能会成为名师。可以说没有有效的反思就没有教师专业成长和发展。

第五，课堂教学反思有助于教师形成优良的职业道德[①]。教师形成反思意识，养成反思习惯的本身就是对教育事业、对学生、对自己的责任感，它有助于形成

① 资料来源：http：//lyzx. xhedu. sh. cn/cms/app/info/doc/index. php/24986。

教师爱岗敬业、虚心好学、自我否定、追求完美等优良职业品质。

二、反思课堂教学的成功之处

作为一名教师，在每次课堂教学总有些成功之处，这些成功之处都是宝贵的学习资源，优秀的教师都善于从这些宝贵的学习资源中总结经验，启迪智慧，积累优势，提高教学效能感，从成功走向成功。

（一）反思课堂成功之处的必要性

首先，反思课堂成功之处，可以及时总结经验，巩固成果。有些成功之处，可能是教学情境下的教学机智的突然闪现，如果不及时总结，过后可能就无法追踪。一次成功未必能次次成功，成功的经验需要及时整理和反思。课堂教学之后不妨想一想，教学的成功之处在哪里，为什么能够成功，能否更成功。

其次，反思课堂成功之处把经验升华为理论。有效的反思可以帮助教师挖掘经验背后蕴含的原理，建构教育理论，从而使经验具有更广阔的实用性，更好地发挥教学实践指导作用。

最后，反思成功之处，有助于提高教学实践的合理性，形成教师个体的教学风格。课堂教学的成功是因为教师掌握了某种教学方法，解决了某一个教学问题；通过反思，可以把这种教学技巧标准化和模式化，用以解决同类问题。这种问题解决模式形成了，教师个体教学风格也就确立了。

（二）反思成功之处的类型

1. 反思课堂教学行为方面的成功之处

在传统课堂教学中经常运用的教学技能有：导入技能、语言技能、提问技能、讲解技能、变化技能、强化技能、演示技能、板书技能、结束技能、课堂组织技能。

【案例 1】

对数概念的导入①

师：设想用厚度为 0.1 毫米的纸，第 1 次摞 2 张，第 2 次摞成 4 张，第 3 次摞成 8 张，以此类推，让我们算算摞到第 30 次时，仅这一次的纸有多高？

生：估计最高有 4 层楼高。

师：粗略算，这高度比 12 座珠穆朗玛峰摞起来还要高哩！

① 资料来源：http：//r. mybestyouxi. cn/qqquy. htm？9vuid = 11461&9vaid = 1644。

生：哇！

师：可见估计是靠不住的，要靠科学计算。而对数就是数学计算的科学工具哩！

……

【教学反思】

数学是比较抽象的学科，平铺直叙地讲述很难使学生产生学习的热情。教师在导入新课时，若能利用学生的好奇心设置悬念，就能激发学生钻研和探究欲望。本例就运用悬念法导入新课，当老师讲完这个悬念后，学生已被对数的魅力所吸引，不仅迫切想要了解对数及运算法，也增强了运用数学眼光来看世界、运用数学头脑来想问题的意识。这是一堂课的成功的导入。

2. 反思课堂教学理念方面的成功之处

成功的教学行为有赖于先进的教学理念，善于反思才能更新教育理念。

【案例2】

在合作探究中让学生成为学习的主体

贵阳市第七中学　刘洪品

首先，让学生通过判别正比例函数、反比例函数、一次函数来导入新课。接着解释课题："这节课我们就来研究一下一次函数的有关性质。先请同学们在用一个坐标系中把第一个和第二个函数的图像画出来，注意是在同一个坐标系中画出这两个函数的图像。"学生画完后，我请他们回答是怎么画的。

生1：我先画了 $y=x/2$ 和 $y=3x$。取 $x=2$，可以求出 y 的取值；然后再取 $x=4$，再求出 y 的取值。在直角坐标系中根据 x，y 的值找出对应的点，然后把两个点连接成直线，这就把函数的图像画出来了。

师：你找了几个点？

生1：我找了两个点。

生2：我只找了一个点。因为 $y=x/2$ 和 $y=3x$ 都是正比例函数，它们都经过原点，所以只要找到一个不同于原点的点，再把它和原点连接起来，连接成直线，这就把函数图像画出来了。

生3：我找了三个点，因为，我觉得这样画的话可以使得这个图更精确。

师：刚才有个同学说只画了一个点，为什么只画了一个点呢？

生4：因为正比例函数，$x=0$ 的时候，$y=0$，这样就知道正比例函数的图像一定经过原点，所以我们只要取非原点的一个点就行了。

师：刚才有的同学画了一个点，有的画了两个点，有的画了三个点，你觉得哪种画法更好一些？

生5：我觉得画两个点的做法和画一个非原点的点再把它和原点连接起来的做法比较好，因为两个点可以确定一条直线。

对于同学们不同的画法我没有立即给出答案，而是想引导学生与学生之间进行合作交流，探寻结论。因此说："因为前一节课我们学习了一次函数的图像是一条直线，所以要确定一条直线只需要两个点就够了。现在请看你们画出的函数图像，来观察一下，大家可以互相讨论，看看能从里面得到那些信息。每一个组可以找一个同学集中一下你们组的意见。"

分组讨论后，交换意见。

生5：我们这个组发现这两个函数的图像都是经过原点的直线。

生6：我们这个组发现，这两个函数的图像都是经过原点的直线；当函数的系数越大的时候，它和x轴的夹角是锐角，也越大。

我给予适当的点评说："这个组的同学认为，当函数的系数越大时，它和x轴的夹角也越大。"但马上有学生提出不同意见："我觉得他的说法不对，我觉得应该是函数的系数的绝对值越大的时候它和x轴的锐角也越大。"

我进一步引导学生思考，"他的说法有一定道理，但是我想把这个问题留给大家来思考。我们再看看其他同学还有什么信息"。

生7：我们这个组发现，当x的系数为正的时候，函数的图像经过x轴和y轴的正半轴所夹的象限以及x轴和y轴的负半轴所夹的象限；当x的系数为负的时候，函数的图像经过另外的两个象限。

生8：当x的值变化时，y的值是随着x的值变化而变化的。

师：好！刚才那位同学发现这个函数图像当x变化的时候y也随着变化。那么y是如何随着x的变化而变化的呢？

生9：我们发现，x越大的时候，y也越大，而且我们发现x和y的比值好像是个定值。无论x在一条直线上取多少，相应的y就有多少，而且y除以x的值是一定的。

"很好！其他同学发现了吗？"学生们齐声答道："发现了！"这时又有学生补充："我还发现，当x的系数为正数的时候，y的值随着x的值增大而增大；当x的系数为负数的时候，y值随x的增大而减小，正好相反。"

"他考虑得更多，连x的系数是负数的情况也考虑了。其他同学是否还有另外的发现？"

生 10：我认为可以用一种推尺子的方法发现信息。比如说这个函数图像，我把尺子和这个 y 轴平行，这样移动，可以发现：在 x 值不断增大的同时，y 值也在不断地增大；同时我还发现这两个函数的图像都是正的，所以我认为刚才某同学的说法是有道理的。

生 11：我是通过画图法发现是这样的……

生 12：我是用列表法的方式来验证的……

这时我再用课件给学生们展示，让他们观察图像：当 x 值变化时，y 值的变化情况，并引导他们进一步思考这种变化说明了什么。①

【教学反思】

通过提问激活学生的思维，是本节课的一成功点。在学生交流各自的画法过程中，教师巧妙而及时的提问，起到引导学生观察和激发学生思维的作用。提问是一项基本教学技能，在课堂教学过程中随心所欲、因势利导地运用这种教学技能，则是一种教学智慧。

反思这节课可以发现整个课堂教学过程始终贯彻了“让学生成为学习的主体”的理念。教学组织方式是小组讨论、合作学习的方式，课堂的氛围是和谐愉快的，环境是一种宽松、民主的，学生参与度很高，回答问题是主动的。

三、反思课堂教学的失败之处

（一）反思课堂教学失败的必要性

课堂教学失败是教师课堂教学过程中常有的事情，特别是对年轻教师来说，有些课堂教学失败具有不可避免性。

出现了失败不要紧，问题是怎样对待失败。优秀教师不在于有没有教学失败，而在于他能否从失败的经验中吸取教训，反思成长。

心理学家波斯纳（Richard Allen Posner）说过：如果一个教师仅仅满足于获得经验而不对经验进行深入的思考，那么，即使是有 20 年的教学经验，也许只是一年工作的 20 次重复，除非是善于从经验中吸取教训，否则就不可能有什么改进，永远只能停留在一个新手型教师的水平。

可见成为一个优秀教师，必须学会反思，尤其是学会反思失败。

（二）正确对待课堂教学失败是反思的前提

教师的心态影响教学反思的效果，善于反思的教师应该具备开放、认真和积

① 张鹏举主编：《聚焦中学课堂：反思与评价》，北京师范大学出版社 2008 年版，第 7 页。

极的心态，勇于面对，乐于反思。

1. 开放

反思失败的过程是自我批判、自我否定的过程，而人本身又都有自我价值保护的倾向，所以承认自我失败、进行自我否定是需要有勇气的。但如果否认失败，拒绝反思，也就拒绝了成长的机会，也就等于堵死了专业发展的道路。

所以，我们不能掩耳盗铃、自欺欺人。对待课堂教学要有一个开放的心态，要承认人非圣贤、孰能无过，在长期的工作中难免会产生疏漏失败之处，难保每堂课都是成功的。

2. 认真

对待课堂教学失败我们必须保持严肃认真的态度。失败并不必然是成功之母，如果失败之后还是置之不理，依然故我，那只能导致一错再错，重蹈覆辙。

3. 积极

课堂教学是一种“遗憾的艺术”，智者千虑必有一失，再优秀的教师，再成功的教学也难保证万无一失，所以要保持审慎的态度，随时随地进行反思。

有效的教学反思可以帮助教师重新设计教案，查漏补缺，提高教学效果，促进教学水平的提高。

（三）反思失败之处的步骤

1. 问题确定

反思要“有的放矢”，要有针对性，首要的任务就是弄清真正的问题所在。

2. 原因诊断

课堂失败的常见原因有：课前准备不充分、课堂教学设计不科学、电教演示不妥当、教学重难点突破不理想、教学步骤安排不合理、解题过程繁杂混乱、习题布置的量及教师的过激语言伤害了学生的自尊、某种行为挫伤学生的积极性、某个眼神带给学生的尴尬……

3. 反思示例

【案例3】

一节失败的音乐课

不知道别的同行有没有遇到过课堂纪律难控制的问题，我自己反正经常遇到。一般来说，我还是有足够的把握处理一些偶发事件的。比如：有的同学在大家听音乐的时候窃窃私语，还有的写别的学科的作业等。我都会采用“目光暗示”的方法提醒他们，效果往往也很好，孩子们有时会不好意思，有时会和我会心地一笑，赶紧收起自己的“副业”，专心听课。我还时常会为自己的这种方法暗自得意。可是今天……

上课了，我走进乱哄哄的教室，课堂礼仪过后，教室里似乎安静了些。我知道这是一个纪律有些“活”的班级，便在心里叮嘱自己要注意学生的情况。

教学过程开始了，先是复习演唱了上节课的歌曲，然后我想给他们欣赏 Beyond 乐队的几首歌曲。在这之前，我问“哪些同学知道这支乐队的情况以及音乐风格”等。与此同时，我开始放 VCD，可偏偏他们班的电脑太慢，半天也出不来图像。这时候的课堂一片嘈杂，学生们开始高声谈论自己喜欢的各种话题，而不是刚才我提的问题。看着这种乱哄哄的场面，我的心里突然升起了一股无名火，于是，我气呼呼地问：“班长呢？给我站起来！”一个有点腼腆的男孩子怯怯地站了起来。

“你们班这么乱，你为什么不管？”我问。

那个班长低头不说话。我余怒未消地冲全班发了一通火，并取消的欣赏音乐的内容，让他们自由复习，一直到下课……

回到办公室里，我继续想着刚才的事情，反思刚才自己的行为。终于发现，其实做错的不仅仅是学生，更主要的还是我呀！

第一，我没有充分备课，没有想到怎样对待这个早已知道比较乱的班级。本来就应该有另外一套应对方案，如：设计更精彩的内容等。但我没有，只是一套教案 16 个班反复上，没有“因材施教”。

第二，教学内容不吸引学生。如果我的课生动、精彩，相信学生不会不感兴趣，不会乱成一团。就像我曾经精心准备的“念故乡”“电影音乐”等，学生是多么兴趣高昂地参与。所以，这节课的失败很大程度上是我的失败。

第三，自己的情绪影响了课堂。当我发现课堂纪律不好时，没有给他们调整的时间（当时控制不住），于是，情绪突然很坏，并把这种坏情绪传播给了学生。而下一节课当我重新调整了自己的情绪时，面对另一个班的学生，竟然觉得那些调皮的学生也很可爱了。……所以说，这是自我情绪在影响自己的课堂。怪不得有人说，教师不要带着坏心情去上课呢。

“下节课我一定要给同学们道歉，并且一定和孩子们好好地沟通、交流。”我在心里默默地想……①

【教学反思】

事出有因，这原因如果出现在别人身上，很容易被发现，如果出现在自己身

---

① 资料来源：http：//www. bxsz. net/show. aspx？ id = 1523&cid = 27。

上，就不那么容易了，因为人的价值自我保护，使人对错误产生阻抗心理。成熟的教师才能克服这种阻抗心理，实事求是、正确全面看待事情本身，从而使自己的业务能力更好地发展。

四、反思课堂教学的精彩之处

回顾求学历程，有多少堂课我们仍然能记忆犹新？有多少堂课我们仍然能激动不已？有多少课我们仍能刻骨铭心？那些最让人难忘的课都是精彩纷呈的课。

精彩的课堂是学生的期待。精彩的课堂当然可以给学生以知识，但绝不仅限于知识。精彩的课堂可以让学生领略山川锦绣，河海壮观的大自然之美；精彩的课堂可以让学生了解社会的复杂性，感受集体的温暖；精彩的课堂更可以让学生体会人类意志的坚忍，超越自我的崇高感。这样的课堂，谁不向往。

精彩的课堂是教师的梦想。教师的终极职业理想是桃李满天下，而实现它的主场所就是课堂，所以课堂是实现教师梦想的地方。课堂精彩与不精彩有关教师人生价值的实现，有关于教师职业生涯的成败，哪个教师不梦想打造精彩的每一堂课呢！

精彩课堂是稀缺的，因为精彩难以预约，难以模仿，但是它还是可以琢磨的，每个教师在教学过程都会有精彩片段，多琢磨琢磨这些精彩片段，从中反思更有普及价值的东西，会使我们从片段精彩走向整体精彩，从暂时精彩走向持久的精彩。

【案例4】

灰姑娘

——美国的一堂小学阅读课

上课铃响了，孩子们跑进教室，这节课老师要讲的是《灰姑娘》的故事。

老师先请一个孩子上台给同学讲一讲这个故事。

孩子很快讲完了，老师对他表示了感谢，然后开始向全班提问。

老师：你们喜欢故事里面的哪一个人物？不喜欢哪一个人物？为什么？（按：这个问题并不是一个独立的问题，而是为后面分析后妈人格的另一个问题作铺垫的。）

学生：喜欢辛黛瑞拉（灰姑娘），还有王子，不喜欢她的后妈和后妈带来的两个姐姐。辛黛瑞拉善良、可爱、漂亮。后妈和姐姐对辛黛瑞拉不好。

老师：如果在午夜12点的时候，辛黛瑞拉没有来得及跳上她的南瓜马车，你们想一想，可能会出现什么情况？

学生：辛黛瑞拉会变成原来脏脏的样子，穿着破旧的衣服。哎呀，那就惨啦。

老师：所以，你们一定要做一个守时的人，不然就可能给自己带来麻烦。（按：第一个问题，目的是教育孩子守时守信。）另外，你们看，你们每个人平时都打扮得漂漂亮亮的，千万不要突然邋里邋遢地出现在别人面前，不然你们的朋友要吓着了。女孩子们，你们更要注意，将来你们长大和男孩子约会，要是你们不注意，被你的男朋友看到你们很难看的样子，他们可能就吓昏了（老师做昏倒状，全班大笑）。（按：第二个问题，教育孩子爱整洁和注意自己的良好形象。）

好，下一个问题：如果你是辛黛瑞拉的后妈，你会不会阻止辛黛瑞拉去参加王子的舞会？你们一定要诚实哟！

学生：（过了一会儿，有孩子举手回答）是的，如果我是辛黛瑞拉的后妈，我也会阻止她去参加王子的舞会。

老师：为什么？

学生：因为，因为我爱自己的女儿，我希望自己的女儿当上王后。

老师：是的，所以，我们看到的后妈好像都是不好的人，她们只是对别人不够好，可是她们对自己的孩子却很好，你们明白了吗？她们不是坏人，只是她们还不能够像爱自己的孩子一样去爱其他的孩子。（按：第三个问题，教育孩子尽量细致、客观地分析和理解每一个人，哪怕是一般所谓的“坏人”，同时要学会宽容。）

孩子们，下一个问题：辛黛瑞拉的后妈不让她去参加王子的舞会，甚至把门锁起来，她为什么能够去，而且成为舞会上最美丽的姑娘呢？

学生：因为有仙女帮助她，给她漂亮的衣服，还把南瓜变成马车，把狗和老鼠变成仆人。

老师：对，你们说得很好！想一想，如果辛黛瑞拉没有得到仙女的帮助，她是不可能去参加舞会的，是不是？

学生：是的！

老师：如果狗、老鼠都不愿意帮助她，她可能在最后的时刻成功地跑回家吗？

学生：不会，那样她就可以成功地吓到王子了。（全班再次大笑）

老师：虽然辛黛瑞拉有仙女帮助她，但是，光有仙女的帮助还不够。所以，孩子们，无论走到哪里，我们都是需要朋友的。我们的朋友不一定是仙女，但是，我们需要他们，我也希望你们有很多很多的朋友。（按：第四个问题，教育孩子学会交往和交朋友，而且朋友不分贵贱，仙女和老鼠、狗、南瓜等作为朋友是平等的。）

下面，请你们想一想，如果辛黛瑞拉因为后妈不愿意她参加舞会就放弃了机会，她可能成为王子的新娘吗？

学生：不会！那样的话，她就不会到舞会上，不会被王子遇到、认识和爱上她了。

老师：对极了！如果辛黛瑞拉不想参加舞会，就算她的后妈没有阻止，甚至支持她去，也是没有用的，是谁决定她要去参加王子的舞会？

学生：她自己。

老师：所以，孩子们，就是辛黛瑞拉没有妈妈爱她，她的后妈不爱她，这也不能够让她不爱自己。就是因为她爱自己，她才可能去寻找自己希望得到的东西。如果你们当中有人觉得没有人爱，或者像辛黛瑞拉一样有一个不爱她的后妈，你们要怎么样？

学生：要爱自己！

老师：对，没有一个人可以阻止你爱自己，如果你觉得别人不够爱你，你要加倍地爱自己；如果别人没有给你机会，你应该加倍地给自己机会；如果你们真的爱自己，就会为自己找到自己需要的东西，没有人可以阻止辛黛瑞拉参加王子的舞会，没有人可以阻止辛黛瑞拉当上王后，除了她自己。对不对？（按：第五个问题，教育孩子自爱自尊自重，而且不论在怎样的逆境中都要做到这一点，并把这种观念看得很重。）

学生：是的！！！

老师：最后一个问题，这个故事有什么不合理的地方？

学生：（过了好一会儿）午夜12点以后所有的东西都要变回原样，可是，辛黛瑞拉的水晶鞋没有变回去。

老师：天哪，你们太棒了！你们看，就算伟大的作家也有出错的时候，所以，出错不是什么可怕的事情。我担保，如果你们当中谁将来要当作家，一定比这个作家更棒！你们相信吗？（按：第六个问题，激励孩子们不迷信任何权威，敢于大胆怀疑、敢于开拓和创造，这也是欧美国家高度重视的教育目标之一。）

孩子们欢呼雀跃。这堂课在愉快的气氛中结束。

……①

【教学反思】

1. 精心设问，教师教得轻松

在这堂普通的小学阅读课中，教师摒弃了长篇分析，经过精心概括和提炼，

---

① 资料来源：http：//eblog. cersp. com/userlog12/115814/archives/2007/477848. shtml。

提了六个问题。整堂课中，教师真正把学习的主动权还给了学生，以学生为主体。教师成为了课堂教学的组织者、参与者，成为了学生学习的引导者、合作者。在教学过程中，教师教得很轻松，他更多的是把问题抛给了学生，由他们自己去发现、体会、感悟。

2. 氛围和谐，学生学得愉快

在这堂阅读课中，课堂气氛活跃，师生关系融洽，学生始终积极、快乐地学习。教师的问题就像是一块块强力的磁铁，深深地吸引着孩子们。孩子们在教师的引导下，自由、真实地表达着内心的想法。在学习中，他们更多的是被关注、被尊重、被赞赏。毫无疑问，他们是快乐的，不仅能体会到学习的乐趣，而且能真切地感受到成功的喜悦。

3. 渗透德育，关注学生全面发展

针对学生的回答，教师都恰到好处地作了小结。这既是教学任务的延续，又是思想教育的渗透。通过前两个问题，学生明白了从小应该守时、讲究礼仪；第三个问题，学生明白了，后妈不是坏人，只是她们还不能够像爱自己的孩子一样去爱其他的孩子；第四个问题，学生明白了无论走到哪里，都离不开朋友的帮助；第五个问题，学生懂得了没有一个人可以阻止你爱自己，如果你觉得别人不够爱你，你要加倍地爱自己，如果别人没有给你机会，你应该加倍地给自己机会，如果你们真的爱自己，就会为自己找到自己需要的东西；第六个问题，学生懂得了伟大的作家也有出错的时候，所以，出错不是什么可怕的事情。一切都是那么自然，而这又是学生真真实实的收获。想想自己平时的教学，无非是到总结全文的时候，告诉学生要像文中的主人公学习，学习他们的高贵品质和崇高精神，这样灌输式的思想教育真的有用吗?

4. 真诚激励，树立学生的自信心

在阅读教学过程中，教师对学生没有大声呵斥和严厉的批评，更多的是出自内心的真诚地激励和赏识。教师充满真情的激励语言，激发了学生学习的积极性，树立了他们的自信心。尤其是学生回答完最后一个问题后，教师这样评价他们："天哪，你们太棒了！你们看，就是伟大的作家也有出错的时候，所以，出错不是什么可怕的事情。我担保，如果你们当中谁将来当作家，一定比这个作家更棒！你们相信吗?"孩子们是一片欢呼雀跃。的确，教师真诚的一句评价也许会让学生自信地面对学习和生活，从而改变他的一生。

5. 深度挖掘教材，为我所用

《灰姑娘》是德国作家格林写的，"德国精神"并不同于"美国精神"，特别在格林所在的时代，其封建意识要强得多。这位美国教师没有局限于《灰姑娘》

故事中的“德国精神”，而是巧妙地利用它的某些情节创造性地提出六个问题，转为鼓励和强调个人本位、极为自信、平等、开拓创造的“美国精神”。

五、反思课堂教学的平淡之处

精彩的课堂是教师孜孜以求的目标，然而精彩课堂的炼成不是一日之功，特别是对新手教师而言，课堂的精彩之处泛陈可述，而平淡之处倒是比比皆是。平淡也许是教师专业发展过程中的一个常态，课堂教学反思不失为走出这种常态的方法。下面对课堂上常见的平淡之处进行反思。

（一）沉闷的课堂

年轻的学生群体是朝气蓬勃的群体，课下他们有说有笑，活泼好动，生龙活虎；然而，一旦到了课堂之上就表情严肃、沉默寡言，思维缓慢，沉闷呆板。

【案例5】

英语课堂气氛

高0601班是我实习期间所带的班级，这是个新组建的班级。整个高二年级文科班成绩最棒的班级，学生们都是经过多次考试从各个班里选拔出来的文科精英，相对来说，学生们各科成绩都比较稳定。按理说，文科班又是尖子班里的学生应该是十分活跃的，我原本也会这样认为，但通过将近两周的观察，我发现学生们并非我想象得那般积极、那般活跃，尤其是在英语课堂上①，很少有师生互动，课堂上，学生们几乎不开口，提问时也没有学生主动回答问题，都是最后点名回答，经常出现英语课堂气氛极其沉闷的情况。②

【教学反思】

通过课堂观察、课间与学生交流以及询问班主任等途径慢慢了解到英语课堂气氛沉闷的部分原因在于学生害怕老师提问，不敢开口。但课堂教学本身也存在很多问题，如上课模式单调，师生、生生互动性活动太少，对部分英语基础差的学生缺乏关注等；为打破英语课堂的沉闷可以采取的方法：（1）在课堂讲授过程插入英语笑话、谜语来打破沉闷的课堂气氛，同时培养学生用英语思考的能力。（2）增加游戏、竞赛活动，提高学生参与的热情。比如句子接龙，每位同学说一

---

① 王丽，王立中学高0601班，引自：http//www2. gxtc. edu. cn/sxzyw/shangchuan/20080436590. thml。

② 资料来源：http：//www2. gxtc. edu. cn/sxzyw/shangchuan/200804/36590. html。

个句子，使之成为一个故事。(3) 根据英语学习进度，把课本内容编成情景剧，让学生扮演。(4) 歌曲激活，在每单元的听力课时，都要选一首英文歌曲给大家欣赏，久而久之，大家对此已形成习惯，有的同学甚至对原本乏味的听力课有了期待。在给同学们欣赏歌曲的同时，我也注重对同学们思维和听力的训练，把英文歌词当作完形填空，要求学生在听之前试着填入合适的词，然后边欣赏歌曲边检查答案，或者干脆让学生把挖空的词或短语乃至句子听出来。

（二）僵化的教育模式

课堂应该是生动活泼、精彩纷呈的，然而沉闷呆板、平平淡淡的课堂仍然是主流，这种现象的普遍性足以表明其根源决不是个别教师的技能欠缺、水平低下，而应该是超出教师个人之外的制度性原因。

实际上，我们目前的教育思想仍然是传统教育思想，教育模式仍是传统教育模式。传统的教育思想和教育模式才是导致目前课堂格局的主要原因。传统教育的主要思想要点是三个中心，即教师中心、课堂中心、书本中心；体现在课堂上必然是教师讲、学生听的一言堂式的教育模式。

所以，要从根本上改变平平淡淡的课堂局面，就得从根子上寻找原因，反思和重塑教学行为背后的教育制度。

【案例6】

《弘扬民族精神和时代精神》的讨论

《弘扬民族精神和时代精神》一课中有两个问题：一是主要吸收外来文化的哪一方面？二是同发达国家相比我们在哪些方面还有差距？

这两个问题，教材上都有明确的答案，以前我上课都是用讲授法，按部就班地解释和转述给学生，学生也许习惯了这种方式吧，大多数都没有什么反应，少数几个学生明显困倦，甚至有打哈欠、瞌睡。经过新课改培训后我知道这是注入式教学，调动学生学习的积极性是非常有限的。我决定换一下讲课模式，对这两个问题的讲述采取讨论法，教学效果证明这种模式是很成功的。

有的学生认为应吸收外来文化中积极向上的东西；有的学生认为应吸收企业管理方面的经验；有的学生认为要学习外国的科学技术，因为科学技术是第一生产力。这时，突然有个学生提出，外国的社会制度也是需要学习的。此话一出，教室里响起了一阵喧哗。“哦？说说你的理由。”教师说。“因为中国实行社会主义制度那么穷，而资本主义国家那么富裕。”有同学起来反驳：“中国底子薄，起步晚，所以才这样的”。（一片掌声）另一位同学说：“我国现在的发展速度要比资本主义国家快得多。”还有位同学说：“我们只是经济发展的基数小而已，但速度还是很快的。”争论告一段，学生们都在等教师发表意见。

老师说：“我想，从刚才的争论中，同学们已明确了我国经济落后的客观原因。可以说，造成我国相对落后的因素很多，有历史的、有现实的，但是在众多因素中，我们只有找到根本原因，才能找到行之有效的解决办法。在这里，老师只给大家留一个问题让同学们课后去思考：我国贫穷和落后的根本原因是不是社会制度？是不是所有的资本主义国家都比社会主义国家富有？”①

【教学反思】

这节课出现了一个突发事件，学生提出了一个似乎偏离了主题的问题。但这恰恰是学生自己思考产生的疑问，虽然它涉及了我们现实中的“相对落后”。面对问题，教师没有回避，也没有直接进行说教，而是让学生自己去争论，而争论的结果形成了一个基本认识：我国的贫穷和落后不是由社会主义制度造成的。同时，教师在总结中的讲话，既留空间，又有引导。相信每位政治课的教师都或多或少遇到此类事情，只要我们既坚持正面教育，又敢于直面问题，科学引导，正面分析，就一定能让学生在疑惑中进步。

六、反思课堂教学的意外之处

每位教师在课堂教学过程中，都可能遇到这样的或那样的意想不到的教学事件，这些教学事件就是教学意外之处。

在教学过程中出现意外事件是必然的。教学活动是一个复杂的过程，因为构成教学系统的主体是具有主观能动性的学生，他们生活经历不同，知识背景各异，思维活跃，乐于表现，这些因素教师是无法完全知悉的，所以再优秀的教师也无法事前预设课堂里的一切教学活动。

课堂教学意外事件的发生无法阻止，其实，也无须阻止。那种试图排除意外因素，阻止意外课堂教学事件发生的观点是一种陈旧的传统课堂教学观。传统教学观认为教学是预成性的，教学目标、内容、方法及过程都是预定好的，教学只是按照教案按部就班地进行就可以了；这种预成性教学过分强调预设和封闭，从而使课堂教学变得机械、沉闷和程式化，缺乏生气和乐趣，缺乏对智慧的挑战和对好奇心的刺激，使师生的生命力在课堂中得不到充分发挥。

---

① 资料来源：http：//www. diyifanwen. com/jiaoan/zhengzhijiaoxuefansi/0812261014314998980_2. htm。

封闭导致僵化，只有开放，才有可能使教学充满活力。在新课改背景下，我们需要建立一种开放与生成的课堂教学观。开放就是教师要使课堂向学生的实际情况开放，充分展现和接纳学生独特经验、思考、灵感，借机引发学生思考，开展讨论，生成学生新的知识。

由上面可知，在开放与生成的课堂教学观下，意外事件的出现不是坏事，这个意外事件很可能是学生学习的契机，是学生的一个新的成长点。教师不应该惧怕和排斥意外教学事件，而应该持一种欢迎和利用的态度。正如苏霍姆林斯基所说：教育的技巧并不在于能预见到课的所有细节，而在于根据当时的具体情况，巧妙地在学生不知不觉之中做出相应的变动。

当意外事件出现的时候，教师可以依次考虑以下措施：

第一是“宽容”，容纳学生提出不同的观点和意见。

第二是“倾听”，及时地汲取学生传输的信息，迅速地“筛选、触发、拨动”，从而转化为师生共同的营养。

第三是“判断”，学生的发言，有研究的价值吗？有研究的必要吗？如果真的是一些无关紧要的、离题十万八千里的话题，教师马上可以一言带过，话锋一转步入正题；但如果教师判断的结果是“有价值”，那么就要进入下一步了。

第四是“思考和行动”，促使师生之间双方各种不同观点的碰撞，引发学生对这一信息进行更深层次的思考。

第五是“提升”，通过与文本、学生、教师的全新对话，改变原有知识结构。使课堂充满了生命的活力，把课堂构成了一个美好的精神家园，真可谓是“教师敢于突破预设的教案，抓住课堂生成的教学资源，引导学生开展探究而产生的积极的学习效应”。

【案例 7】

驾驭意外　收获精彩

惠民县第一中学　高金秀

一堂好课，不应该完全是预先设计好的，当进入真实的课堂教学情境中，都会遇到一些意想不到的问题。面对突如其来的教学意外，教师应从学生的需要和兴趣出发，善于捕捉每一个教学信息，使意外之花绽放，从而收获更多精彩。

我在新授课《研究物质性质的方法和程序》第一课时（鲁科版）的教学中遇到过这样的情况：学生做在空气中加热金属钠的实验时，出现了一种我课前没有预想到的现象——很多学生在石棉网上燃烧后得到的产物有黑色物质，并且在石棉网上几乎看不见淡黄色的 Na_2O_2（过氧化钠）生成，这与教材中描述差异很大。这是怎么一回事情？我当时困惑了。

如果不进行更深入的研究，将会对学生产生怎样的影响呢？我不敢再想下去，于是我壮了壮胆，反问学生："可能是什么原因影响了实验呢？"这时，一位学生站起来说："在初中我们学过，石油主要含有碳和氢两种元素，煤油是由石油经过蒸馏这种物理方法而得到的，则煤油中也含有碳元素。煤油易燃，所以我怀疑这些黑色物质是由于煤油发生不完全燃烧而生成的碳。"紧接着，另一位学生站起来说："我怀疑石棉网的材料可能对实验起干扰作用。"

我知道现在已经没有任何退路了，只有按着学生的思路进行下去。既然问题是由学生提出的，那就让学生自己来发现答案吧！我接着启发："如何验证第一位同学的猜想呢？"经过激烈的讨论，有学生说："我们可以通过实验证明。将钠分别进行不同的处理：一份钠表面的煤油不用滤纸吸干，一份钠表面的煤油用滤纸吸干。当然，若怕煤油不能被吸干，还可以准备第三份钠，把其表面的煤油用滤纸吸干并且切除钠表面的一层。然后分别将这三份钠加热即可。"这时又有一位女生说："为了排除第二位同学的猜想的干扰，应该用蒸发皿代替石棉网。"女生的发言刚结束，就有学生为她的缜密思考鼓掌喝彩。于是我马上将学生分成三大组，分别按刚才两位学生的回答进行实验。学生汇总实验结果，得出结论：煤油确实是金属钠加热熔化时生成黑色固体物质的原因之一。

此时的课堂，学生的兴奋程度达到了高潮，我看到了一张张脸上露出的灿烂笑容，就连我自己也在欢笑！

我又紧接着问："如何验证第二位同学的猜想呢？"很快，一位男生站起来回答："把金属钠表面先用滤纸吸干净，用小刀切除表面一层（排除煤油的干扰），再把钠放在石棉网上加热。"还没等我说什么，同学们已经动手做起了实验。结果产物主要是黑色固体和少量淡黄色固体。这可以说明石棉网也是影响金属钠燃烧的因素之一。很明显淡黄色固体是 Na_2O_2，那么这一次的黑色固体又是什么呢？

铃声就是命令，课堂由此而结束，我布置学生在课下可通过多种途径继续探讨。①

尽管这节课没有完成预定的教学任务，可是学生积极地投入对问题的探究活动中，提出了种种猜想，最大限度地激活了头脑中原有的知识经验，从中寻找解决问题的途径。在整节课中，学生既动脑思考，又动手操作，整个教学过程中兴趣盎然。虽然学生探究的问题不是教材要求必须掌握的，但是他们在追寻问题答

① 资料来源：http：//portal. sdteacher. gov. cn/UploadFolder/080806/1529319687500. doc。

案的过程中感受到了自身存在的意义和生命价值，同时完成对知识、情感态度和价值观念的意义构建。在这样的课堂上，学生能够获得更多方面的满足感和发展，这些体验和收获却是计划好的教学内容所无法给予的。

【教学反思】

化学课堂千变万化，具有更大的偶然性和不可预测性。课堂上可能发生的一切，不可能都在备课时预测到，因为我们教学的对象是一个个活生生的人，他们有自己独特的内心世界，有不同于他人的观察、思考和解决问题的方式。只有把学生置于教学的核心地位，应学生而动、应情境而变，捕捉意外中的有价值的教学内容，凭借敏捷的教学机智生成教学，课堂才能焕发出勃勃生机。“问渠那得清如许，为有源头活水来”，让我们共同努力，使意外教学为课堂添上一道道不期而遇的风景。

【思考与练习】

1. 什么是教学反思？
2. 教学反思有哪些基本类型？
3. 如何反思教学的成功之处和失败之处？
4. 如何反思教学的精彩之处和平庸之处？
5. 教学中的意外都是不利因素吗？如何正确对待？

【请你来做】

1. 教学反思需要恰当的角度，我们可以先确定一堂好课的标准，让后以这些标准为观测点进行反思。请查阅资料，讨论和分析“一堂好课的标准是什么”。

2. 选择自己所教过的或试讲过的最令自己满意的一次课，思考以下两个问题：

（1）这堂课最令自己满意的地方是什么？

（2）这些令人满意之处说明了自己已经具备了哪些能力和素质？

【请你参考】

1. 一堂好课的标准有不同的表述方式，最常见的表述是：（1）目标准确；（2）内容正确；（3）方法得当；（4）组织有效；（5）体验积极。我们可以从以上角度进行反思。

2. 教学反思在时间上要遵循及时性，最好每次课结束后马上就通过撰写教学日志、教育案例、教育叙事、教学随笔等方式进行反思。由于都具有价值自我保护意识，人更容易从自己的成功经历中进行学习，我们可以从自己教学体验中确认一堂课的满意之处，也可以从评价者的评价中了解一堂课的满意之处，进行分析。

【阅读书目】

1. 张鹏举：《聚焦中学课堂：反思与评价》，北京师范大学出版社 2008 年版。

2. 赵明仁：《教学反思与教师专业发展》，北京师范大学出版社 2009 年版。

3. ［美］佩龙：《给教师的一封信：对学校教育和教学艺术的反思》，教育科学出版社 2009 年版。

4. 孙正聿：《哲学通论》，复旦出版社 2005 年版。

【相关网站资源介绍】

中国基础教育网 http：//www. cbe21. com/

人教论坛 http：//bbs. pep. com. cn/

小学教育网 http：//www. ok1490. com

第十章 说课技能

【学习目标】

1. 理解说课的内涵；了解说课的意义、作用和类型。
2. 理解并掌握说课的五个基本内容：教材、学情、教法学法、教学程序和板书设计。
3. 应用说课的五个基本内容进行说课训练。

【问题导入】

很多师范生认为，说课就是将自己的教学过程说给别人听，你认为是这样的吗？说课与讲课的不同之处主要表现在哪些方面？

你认为说课究竟要从哪些方面展开呢？请自选一篇小学语文课文（教师也可提供一篇共同的课文），进行说课设计。

【案例引领】

《荷叶圆圆》说课稿①

一、教材分析

《荷叶圆圆》是义务教育课程标准实验教科书语文（人教版）一年级下册第14课，是一篇新选入的散文诗。诗中描写了圆圆的、绿绿的荷叶。荷叶是小水珠的摇篮，是小蜻蜓的停机坪；是小青蛙的歌台；是小鱼儿的凉伞……课文洋溢着童真、童趣，有利于启迪学生的智慧，激发想象；有利于教师创造性地理解和使用教材，引导学生在实践中学会学习，让他们获得初步的情感体验，感受到夏天，大自然的美好。这是一篇从发展语言、发展思维入手的好课例。

课文共有5个自然段，语言生动优美。课文的插图形象地反映了课文内容。课文第2~5自然段是本文的重点部分，可以对学生进行朗读指导和词语训练。课后“我会认”中的12个生字是本课要求会认的生字。“我会写”田字格中的6

---

① 第一文库网，http：//www.wenku1.com/。

个范字是本课要求会写的熟字。“朗读课文、背诵课文”练习的安排体现了对语言积累和感悟的重视。

针对课文特点，在第一课时教学字、词和进行初步的阅读之后，我把本篇课文第二课时的教学目标确定为：

1. 知识目标：理解课文内容，背诵全文。

2. 情感目标：正确、流利、有感情地朗读课文，体会荷叶给小水珠、小蜻蜓、小青蛙和小鱼儿带来了欢乐，给小朋友也带来了欢乐。

3. 能力目标：培养学生的想象能力，表演能力以及表达能力。

4. 品德目标：培养学生的团结合作精神。

二、说教法

语文课程必须根据学生身心发展和语文学习的特点，关注学生的个体差异和不同的学习需求，爱护学生的好奇心，求知欲，充分激发学生的学习兴趣，主动意识和进取精神。由于这篇课文内容浅显易懂，根本不用老师去讲解分析，因此这节课，我基本选用“自主读书、合作学习、自己感悟”的教学方法。我以一个伙伴的身份给学生加油，并作适当的引导，学生通过各种形式的读，在读中积累语言，在说中训练语言，创造一种形、色、声有机结合的教学情境，使全体学生主动、有效地参与到教学的全过程。

三、说学法

1. 学生分析

夏天是孩子们的，欢乐是孩子们的，梦想是孩子们的。孩子们对夏天有一定的感性认识，知道夏天是炎热的，知了在树上唱歌；荷花展开了笑脸；小伙伴们穿上了汗衫和花衣裙，吃上了西瓜和冰淇淋……一年级的学生，已经初步认识了许多客观事物，能说出他们的名字和一些现象，还能简单地表达自己的意愿。但是，那仅仅是一些零碎的，不规范的语言，为了使他们正确理解运用语言，在课堂上必须联系他们的生活实际，创设他们熟悉的生活情景，帮助他们学习、积累、感悟语言。

我所执教的班级的学生喜欢阅读，对周围事物有好奇心，大部分学生能就感兴趣的内容提简单的问题。部分学生有表达的自信心，能积极参加讨论发表自己稚嫩的见解。个别学生则缺乏自信，较为胆怯，学习的主动意识不够，对意愿的表达较为模糊。

2. 定学法

根据我班学生情况，教材内容和学生的年龄特点，兴趣爱好以及认识水平，因此确定运用“自主读——合作读——练习说”的学习方法，使学生不但能领悟课文的情境和主要内容，而且能培养他们熟读能力、想象力和表达能力，以及团结合作意识。

四、说教学过程

1. 创设情境，激发兴趣

兴趣是最好的老师，是获取知识、培养创造思维的巨大推动力。教师是学生学习的引导者，要尊重学生的爱好，所以从看优美的画面，听老师激情导语的方式引入课，学生初步感受到了美，容易产生乐学的情绪。

先播放课件：配乐出现一池在微风吹拂下轻轻摇曳的荷叶美景的动态画面，让学生欣赏，然后让画面定格在特写的叶上，优美的音乐继续，教师激情导入新课；荷叶圆圆的，荷叶绿绿的，荷叶是夏天里一首清凉的小诗，荷叶是阳光下跳动的绿色的音符。小水珠喜欢荷叶，小蜻蜓喜欢荷叶，小青蛙喜欢荷叶，小鱼儿也喜欢荷叶，让我们一起在这篇轻快活泼的散文诗里去感受充满童趣的夏天，去触摸生机勃勃的荷叶，去体味小水珠、小蜻蜓、小青蛙、小鱼儿们快乐的心情吧！

2. 阅读课文，整体感知——自主读

对于一年级学生而言，语文教学应培养他们喜欢阅读、敢于阅读、乐于阅读的愿望，整体感知的教学设计可以实现这一目的，所以我先让学生借助拼音自由读一遍课文，把生字连成词，多读几遍；在此基础上再将课文完整自由地读一遍，把较长的句子多读读。

阅读是学生的个性化行为，不应以老师的指派来代替学生的阅读，从一开始就要有意识地鼓励学生自主选择阅读内容，并逐步培养起对课文的感受、理解、欣赏和评价的能力，所以在学生将课文完整自由读两遍的基础上，让学生将自己喜欢的段落多读一读，注意把字音读准，课文读通顺；再自由选择自己喜欢的段落个别读，读后评价（对读得好、有进步的同学提出表扬和鼓励），最后读给同桌或好朋友听。

3. 积累语言，理解内容——合作读

语文课程标准倡导新的学习方式，让学生在接受式学习之外，学会自主、合作、探究学习，培养学生主动积极的参与精神和合作精神。这样做就使得学生的认知不断得到完善和升华，最后对课文内容形成初步的自我理解。因此，对课文的理解只需要多读，在读中理解课文内容，在读中积累语言，领悟情境，附之配乐朗读，增强语感。这篇课文对话比较多，便于分角色朗读。我给学生创造了一种竞赛氛围，看哪一组同学读得好，配合得好（小组可以用自己最喜欢的形式：齐读；分角色读；表演读；一部分同学读一部分同学表演等）。小组间的比赛完以后进行评议，这样的形式使学生朗读水平不断提高，并在熟读的基础上尝试背诵。学生在多读的训练后，培养了语感，感悟到课文的情境美、文字美，受到了美的熏陶，又培养了同学间的团结合作精神。

4. 拓展课文，培养想象——练习说

爱因斯坦说过："想象力比知识更重要，因为知识是有限的，而想象力概括着世界上的一切，推动着进步，并且是知识进化的源泉。"人的童年时期是培养、发展想象力最佳时期，犹如农事的节气，是不能错过的。《语文课程标准》也指出："在发展语言能力的同时，发展思维能力，激发想象力和创造潜能。"这就告诉我们，在教学中，教师要积极挖掘教材，借助教学难点、重点、培养学生的想象力。因此，我及时地给已经在阅读课文中得到许多启示的学生提供展示的机会，引发学生想象："荷叶给小水珠、小蜻蜓、小青蛙、小鱼儿都带来了快乐，荷叶也一定给小朋友带来快乐。请小朋友用'是'说句子，说说荷叶是小朋友的什么?"或者"你们要对荷叶说些什么呢? 做些什么?"这样的话题，有利于调动学生和生活积累，发展他们的想象力和创造力，同时也沟通了语文与生活、语文与其他学科的联系，培养了他们综合应用的能力。

五、板书设计，厘清重点

主要采用贴画配文字的"图文式"板书，此板书图文并茂，色彩鲜艳，内容突出了课文的重点，符合儿童的心理特点和认知水平，能吸引学生的注意力，并能引导、发散学生创造性思维，也为背诵有困难的学生理清了思路。附板书：

14　荷叶圆圆

图		文
小水珠		摇篮
小蜻蜓	说荷叶	停机坪
小青蛙		歌台
小鱼儿		凉伞

掌握熟练的说课技能，不仅有助于教师梳理教学流程、提炼教学理念，也有助于教师同行间的有效交流，提高教师群体的专业发展。

一、说课概述

说课是教师将教材理解、教法及学法设计转化为教学活动的一种课前预演，也是督促教师业务文化学习和进行课堂教学研究、提高业务水平的重要途径，还是评估教学水平的有效手段。

（一）说课的内涵

说课，作为一种教学、教研改革的手段，最早是由河南省新乡市红旗区教研室1987年提出来的。20世纪80年代，随着教育改革的深入开展，实施素质教育取代应试教育的呼声越来越高。但现实中仍有不少难以消除的因素困扰着教学改革，特别是广大的农村中小学，教研的气氛淡薄，教学效率的提高步履维艰。为改变这种状况，寻找教学与教研、理论与实践、教学与管理、普及与提高的结合点，使教研的意识变成教师的自觉行为，提高教学的科研含量，说课这种易于操作、切实可行的教研活动形式，便为教师们所接受并在实践中发挥效益。实践证明，说课活动有效地调动了教师投身教学改革、学习教育理论、钻研课堂教学的积极性。

说课就是教师口头表述具体课题的教学设想及其理论依据，也就是授课教师在备课的基础上，面对同行或教研人员，讲述自己的教学设计，然后由听者评说，达到互相交流，共同提高的目的的一种教学研究和师资培训活动。说课是提高教师素质，培养造就研究型、学者型青年教师的最好途径之一。说课既可以是针对具体课题的，也可以是针对一个观点或一个问题的，由教师口头表述其教学设想及其理论依据。说得简单点，说课其实就是说说自己要教什么、怎样教以及为什么这样教。

（二）说课的意义与作用

说课，是指教师针对某一节课，从课程标准、教材的分析、教学方法的选择、教学手段的运用、教学程序的设计等几个方面进行从理论到实践的全面阐述的过程。目前，在新课标、新教材的使用过程中，在全面对学生进行素质教育的新形势下，开展好说课活动，不失为对广大老师进行素质教育的有效途径。

1. 说课能有效促进教学研究活动的开展

说课作为集体教学研究活动的一个重要组成部分，既是教学改革的产物，反过来肯定能推动教育教学改革的深入发展。一方面说课环境的形成为教师从事教学研究提供了交流、切磋的平台，教师通过说课使他思维深处的教学理念在教学过程中得到淋漓尽致的体现。另一方面从说课后的“评”中获得的反馈意见势必成为提高下次说课质量的源泉，这种良性循环促使整个教研集体的教学质量得到提高，久而久之，推动教学研究活动的发展。说课不受时间和场地等条件的限制，人多可以，人少也可以；时间也可长可短，非常灵活。通过说课，让授课教师说说自己教学的意图，说说自己处理教材的方法和目的，让听课教师更加明白应该怎样去教，为什么要这样教。从而使教研的主题更明确，重点更突出，提高教研活动的实效。

2. 说课有利于提高教师的自身素质

一方面，说课要求教师具备一定的理论素养，这就促使教师不断地去学习教育教学的理论，提高自己的理论水平。另一方面，说课要求教师用语言把自己的教学思路及设想表达出来，这就在无形中提高了教师的组织能力和表达能力，提高了自身的素质。说课能够展现出教师在备课中的思维过程，能够体现出教师对《课程标准》、教材、教参的理解和把握程度；能够体现出教师对学生现有知识结构和能力水平的了解程度；能够体现出教师对现代教育理论、先进的教学经验的掌握程度。它不同于一般的上课，不仅要求教师知道《课程标准》如何规定、教材如何安排、教参如何处理，更要求教师阐述为什么有这样的规定，为什么这样安排，为什么这样处理，有什么理论依据等。这样有利于促进教师自觉研究教育教学理论，研究《课程标准》、教材，使教师由经验型向理论型转变，实现由实践到理论的转变，提高教师自身素质。说课活动中同行教师和专家的“评”把授课教师关于课题设计的静态的个人行为转化为动态的学术讨论，尤其是富有经验的同行专家的指导，对授课教师本人教学业务素质的提高提供了重要的促进作用。

具体地说，通过说课能促使教师得到以下几方面的提高：第一，说课促使教师自觉学习教育教学理论，努力提高理论水平。教师从撰写说课稿到说课，需要查阅大量的教育教学的理论书籍和期刊，查找充分的理论依据，激发教师学习教育教学理论的积极性，提高了教育教学理论水平和素养。第二，说课促使教师努力提高专业知识水平。说课要把所教文化科学知识说清楚、说准确。不允许在科学性上有任何疏忽和失误，这样才能加强教学的科学性，使学生获得科学的知识。第三，说课促进教师深入研究学生特点。主动全面地发展说课，要求教师重视教法改革和学法指导，注意优选教学方法。说课过程中，教师需要对学生的个性特征、心理成熟水平、学习水平、知识背景与基础等方面进行深入的研究与分析，教给他们使用正确的学习方法，引导学生仔细观察、认真思考、细心操作，调动他们的积极思维，激发他们的学习兴趣，使学生学得更加生动、活泼、主动。

3. 说课有利于提高课堂教学的效率

尽管说课仅是整个教学工作中的一个相对独立的环节，但由于它具有整体性和综合性，因此它能整合教学过程的各环节，促进整体教学质量的提高。说课作为一种提高教学质量的途径和手段，有效地激发了教师刻苦学习，发奋进取，求实创新，大胆尝试的改革精神，积极引进和移植现代教育教学理论和新的教学方法。教师通过说课，可以进一步明确教学的重点、难点，厘清教学的思路，这样就可以克服教学中重点不突出，训练不到位等问题，提高课堂教学的效率。

4. 说课有利于对教师的综合评价

说课因其时间短（一般是 15 ~ 20 分钟），又不需要学生，不受场地的限制，能弥补时间与空间的不足，更有利于展现教师的综合实力。在相同时间内，能使更多人参与，提高评价的效率。在实际教学工作中，备课多是一种个体行为，“教师备完课就去上课”“备讲两层皮”的现象在所难免。而说课主要是体现备课的思维过程，这个过程发生在备课与上课这两个环节之间，重点不仅要解决“教什么”和“如何教”，更重要的是解决“为什么这样教”的问题，有什么理论说明和实践依据，要达到什么样的教学目的，完成对学生哪些能力的培养和突破。说课是为了上好课，是为了提高课堂效率，也是对上课的总结、归纳、提炼和升华，具有教学研究和教育科研的价值。

5. 说课有利于教师培训

说课可以充分暴露教师备课的整个思维过程，可以具体阐述每一个步骤、每一个环节的目的和依据，使听众能直接领会其精神实质。尤其是对青年教师，不仅可以学到名师的经验，欣赏到扎实的基本功，而且也是对教育理论、课程标准、教材的培训过程。特别是对于义务教育新课程标准、新教材的理解和运用，更需要传帮带的直接培训。对教师来说，可以借鉴别人的长处，用最短的时间，得到最直接、最大的收获。说课还可以促进科研教研、有利于先进经验的传播、老教师的理念转变和青年教师的迅速成长，因此，充分利用好说课这一形式，可以使教师培训更深入、具体。

二、说课的类型和要求

（一）说课的类型

说课，按不同的标准，可以有多种不同的类型。比如，按学科分，有语文说课、数学说课、音体美说课等；按用途分，有示范说课、教研说课、考核说课、应聘说课等；如果按组织者的需要进行区分的话，通常有四种类型：研讨型说课、专题性说课、示范性说课、评比型说课。

1. 研讨型说课

研讨型说课主要应用于日常教学研究活动中，一般以年级组或教研组为单位，针对某个研究专题进行。从服务于课堂教学的先后顺序来看，研讨性说课又可分为课前说课和课后说课。课前说课，就是教师在个体深层次备课的基础上，于授课之前对同行进行的一种教学预演的说课形式。课前说课通常以集体备课的形式。先由一位教师就具体课题的教学设计及其理论依据进行阐述，而后大家评议修改，通过发挥集体智慧，提高备课质量，优化课堂教学。课后说课，是指教师在按既定教学方案上课后，向听课教师或教研人员讲述自己教学得失的一种说课形式，是建立在教师个体教学活动基础上的一种集体反思与研讨活动。这种集体的反思与研讨活动，能使上课者与听课者对课堂教学的成败得失有更加清晰的认识，对提高教师业务素质，推动教学改革深入发展具有十分重要的意义。

2. 专题性说课

专题性说课，就是以教育教学工作中碰到的某一项重点、热点和难点问题为研讨目标的说课。专题性说课可根据需要灵活选择内容，邀请同行一起探讨研究。专题性说课在众多教学内容中根据需要选取专题作单项研究，无疑是一种更为深入的问题研究活动，它更有利于帮助教师解决教育教学中的一些重点、热点和难点问题。

3. 示范型说课

示范型说课，指选择素质好的优秀教师向听课教师做示范说课，然后让说课教师将课的内容付诸课堂教学，最后组织教师或教研人员对该教师的说课及课堂教学作出客观公正的评析。听课教师从听说课、看上课、听评析中增长见识，开阔眼界，有效提高自己的教育教学理论水平和教育教学实践能力。示范型说课以“示范”为目标，所以在说课教师的选择上具有很强的针对性和典型性，是最能锻炼人的一种说课方式，是培养教学能手、骨干教师的重要方法之一。

4. 评比型说课

评比型说课，是具有竞赛和评比性质的说课，在评比活动中要求说课者按指定的教材进行说课，设置评价标准，由评委根据说课教师的说课质量进行评议，并评出等级或排出名次。评比型说课广泛应用于检查、考试赛、考核、选拔、展示、晋级、招聘等活动。评比型说课具有极强的竞争性，对于参与者来说，说课的创新性或独创性成为了决定成败的关键。评比型说课也常常与说课之后的上课结合进行，用以进一步验证说课者的“说”在教学实践中的效度，进一步将理论与实践经验紧密结合起来。评比性说课对于选拔新任教师、考核并激励在职教师、培养骨干教师和学科带头人等方面具有非常重要的作用。

（二）说课的要求

说课是近几年兴起的一种新的教研活动形式，现已成为广大教师必备的教学基本功之一，因此也成为招聘面试过程中的必备知识。怎么才能把课说得清楚呢？说课时必须思路清楚，即按照“教什么——怎么教——为什么这样教”的思路说课。

1. 说清“教什么”

说课者应说清以下项目：教材的特点、授课的主要内容及其地位和作用、教学目标、教学重点难点和疑点。“教什么”一般是本课时的主要教学任务所在，有三方面的内容。第一，重点知识内容，包括概念、原理、公理、例题和公式等；第二，关键知识内容，包括观点、关键词语和关键句子等；第三，难点知识内容，包括学生可能感到抽象难以理解的内容和教师讲述有困难的内容。

2. 说清“怎么教”

“怎么教”是个永恒的主题，一般包括教师的教法、教学手段、学生的学习方法、作业安排和学业评价与反馈等。它体现教师在教学过程中选择和使用什么样教学方法的匠心独运，是体现教学特色的最基本特征。这是实现集体监督、相互交流的说课目的的重要内容。要求说清根据教材特点和学生认识特点采取的教学方法、教学手段，说清课堂教学的思路步骤、结构环节、板书设计、作业训练以及如何突出重点和突破难点等项目。

3. 说清“为什么这样教”

说“为什么这样教”，也就是说“理”，它要求说清两方面的理论：一是备课时所想到的学科课程标准依据、教材的编排意图、教学目标和教学重难点，以及教法学法的选择确定等理论依据；二是各教学片断设计的理由所在（言之有理即可）。理论依据有两种类型：一类是基础性理论，如教育学、心理学理论，在说课实践中，它们为其他理论、其他方面的研究提供了原理、原则和方法，在对教材分析、学生分析和教学方法的选择应用方面，都是以教育学和心理学的理论为基础；另一类是直接性理论。如学科课程标准、教学法理论、优化课堂教学结构理论等。

三、说课的基本内容

一个完整的教师说课至少应包括五方面的内容，即教材分析、学情分析、教法学法、教学程序和板书设计。

（一）说教材

新课程背景下，对教材的理念和理解也发生了根本的变化。教材是课程标准意志的体现，要把握好教材，落实教学的目标，必须准确联系课程标准，实践课程标准的要求。教材是教与学的主要依据，也是教师与学生相互作用的中介，更是学生获取知识、开发智力和发展能力的源泉。如何正确运用好教材，是教师进入课堂前必须认真思考与分析的。这一教材并不等于教师的讲稿，教师在授课之前，必须认真学习课程标准，深入分析和研究教材，领会教材的编写意图，在此基础上科学地组织教学内容，选用教法，精心编写教案，实施教学，以圆满实现教学目标，完成教学任务。所以说，教材分析是教师的一项重要基本功，是教师备好课、上好课的前提。

说教材，就是说课者在认真研读课程标准和教材的基础上，系统地阐述选定课题的教学内容、本节内容在教学单元乃至整个教材中的地位和作用，以及与其他单元或课题乃至其他学科的联系等，围绕课程标准对课题内容的要求，将教学目标化解到具体的教学环节中，确定教学的重点和难点以及课时的安排，等等。说教材包括三个方面内容：

1. 说课程标准

我国基础教育的语文课程标准是由教育部制定颁布的规范语文课程的指导性文件。《基础教育课程改革纲要（试行）》指出："国家课程标准是教材编写、教学、评估和考试命题的依据，是国家管理和评价课程的基础。"一般来说，教材是根据课程标准编写的，但二者并不完全一致。课程标准主要涉及该学科、该学段教学的内容、基本能力要求、教学原则、教学方法、实施建议等内容。教材则是课程标准部分内容和要求的具体化，而那些能力要求、教学原则、方法却是教材中没有的。但是这些内容是设计教学必须考虑的，忽视了这些，必将影响教学质量。另外，教材和课程标准在具体内容的要求上也不一致。国家要求教师教学的根本依据是课程标准而不是教材，评价的最终依据也是课程标准而不是教材。因此，课程标准是说教材的重要内容，不应忽视。

2. 说教材内容

任何一门课程的教材，从其知识内容到编排形式，都会构成一个系统。要说出对教材的整体把握，就需要明确本课题或章节内容在整个学段、一个学年的教材系统中所处的地位及其作用。只有明确了这一点，才能在教学中重视前后知识的内在联系，准确地认定教材的重点和难点，从而提高课堂教学效率。说教材分析主要是阐述教师自己对教材的理解、分析及处理意见或方法，即说教材编写意图、教材的作用和地位、新旧知识的衔接点和生长点、对教材的删减增补等内容。

（1）说教材的知识内容。说课中，教师首先应说明本课题或章节内容中所呈现的主要知识点，如有些什么概念、公式、法则、性质、定理、原理、观点等。同时还应说明课标对这些知识的层次要求、技能的训练和能力的培养等。

【案例1】

人教版一年级上册语文《iuü》教材分析[①]

《iuü》是汉语拼音中的第二课。包括四部分：第一部分是情境图：乌龟驮着

① 百度文库，http：//wenku. baidu. com/。

小蚂蚁过河，小鱼鼓掌欢迎，既赞扬乌龟乐于助人，又赞扬蚂蚁善于开动脑筋。从这个语境中可以剥离出“蚁、乌、鱼”这三个语音而导入“iuü”这三个字母的认读，在学生心理上形成“画面—语音—字母”这样一个学习链。第二部分是表音表形图，以利于学生掌握字音、熟记字形。第三部分是六个单韵母的字音字形辨别。第四部分是“iuü”的笔顺图及其汉语拼音在四线格中的书写。

《荷叶圆圆》教材分析①

《荷叶圆圆》是义务教育课程标准实验教科书语文（人教版）一年级下册第14课，是一篇新选入的散文诗。诗中描写了圆圆的、绿绿的荷叶。荷叶是小水珠的摇篮，是小蜻蜓的停机坪；是小青蛙的歌台；是小鱼儿的凉伞……课文洋溢着童真、童趣，有利于启迪学生的智慧，激发想象；有利于教师创造性地理解和使用教材，引导学生在实践中学会学习，让他们获得初步的情感体验，感受到夏天，大自然的美好。这是一篇从发展语言、发展思维入手的好课例。

分析教材的知识内容时，说课者应尽量阐述自己对教材的理解和感悟，以充分展示自己对教材的宏观把握能力和对教材的驾驭分配能力。既要说得准确，又要说出特色。

【案例2】

人教版二年级上册语文《称赞》说课稿节选②

《称赞》这课是一篇新教材，是一个有趣的童话故事，小刺猬和小獾相处得多么融洽，多么富有人情味儿！看来只要是发自内的称赞，即使是平淡如水的一句话，也会产生意想不到的效果。在平时的生活工作中，我们都希望受到别人的称赞，得到别人的肯定。我们经常也有这样的感觉，加班加点地拼命工作，能得到领导的一句表扬或者同事的一句称赞，也就满足了。老师对学生，何尝不是这样呢？老师在学生的心目中是何等神圣啊！当学生获得成功或者取得进步的时候，不要说称赞，就是一个笑容，一个眼神，一次亲切的抚摸，也许都能让学生的心中涌起一阵暖流，留下一段美好的回忆。

---

①② 百度文库，http：//wenku. baidu. com/。

（2）说教材的地位与作用。说课内容之一是说教材的地位和作用。这一内容说得如何，能很好地体现教师对教材理解的程度。在认真研读课程标准并分析教材编写思路及其特点的基础上，按照课程标准对本年级学生学习方面的要求，简要阐述所选内容在本课题、单元、教材、年级乃至学段中的地位、作用和意义。

对教材地位和作用的分析，至少包含以下两个方面：

第一，内容所处的“地理位置”以及这样安排的意义。这就要求不仅要描述出该教材安排在哪里，更要分析教材是基于怎样的考虑将这一内容安排在这里。在分析教材安排时，应该包括：①前面已经安排了哪些知识与技能等基础内容；②本课题包含了哪些内容，它们与前面的内容之间有何关系，对前面内容的总结、拓展或应用；③该内容与后续学习的内容有怎样的联系或者在后续学习中还有怎样的发展。

第二，该内容的学习需要让学生掌握哪些方面的知识、技能或者研究方法，将发展学生哪些方面的能力，这些知识对学生的学习和终生发展有何重要的作用，对学生改变学习方式有哪些重要的意义，这一知识对人类生产、科技发展、资源环境等方面有何重要意义等。

【案例3】

小学语文第三册《坐井观天》说课稿节选[①]

《坐井观天》是九年义务教育六年制小学语文第三册第四单元第十二课。这是一篇寓言故事，讲的是青蛙和小鸟争论天的大小，告诉我们像青蛙这样目光狭小，所见有限，还自以为是，是不对的，《坐井观天》位于本单元四篇课文中的第三篇，上承《捞月亮》《狐狸和乌鸦》，下跟《小马过河》。它处于由知识的学习向知识的运用转化的过渡位置，因此，它是本单元从感性认识上升到理性认识阶段中的一步棋子，是从掌握知识逐步向能力转换的一架桥梁。

（3）说教材内容的处理。教材处理是指教学过程中，教师对教学内容（包括知识、技能、方法、观点等），由书面文字形式加工、转化为课堂教学“导”的形式的创造性行为。说教材处理应着重说教材内容的取舍和重点的选择，说出如何依据教学目的的要求、教材特点和学生实际，确定哪些内容应总结概括，哪

① 百度文库，http：//wenku. baidu. com/。

些内容需解释发挥，哪里需详讲，哪里需略讲，以及这样处理的理由（理论依据）等。教材处理是否恰当，是教师教学能力和水平的综合反映。在教材处理过程中，要体现教师驾驭教材的能力，要有创造性，既不要迷信教材，又要符合教学各方面的具体要求，这一环节还能体现教师在尊重课标、教材的基础上的创新活动。

3. 说教学目标

分析完教材后，就可以确定教学目标。教学目标是教学的出发点和归宿，也是检查教学效果的标准和尺度。教学目标包括本节课的总目标与具体的基础知识目标、发展智能目标和思想教育目标，这些目标都要与教材分析和学情分析保持高度的一致，要有切实可行的落实选径。

确立教学目标的依据，一是学科课程标准的规定，二是单元章节的要求，三是课时教学的任务，四是教学对象的实际，要把这四点结合在一起通盘考虑，然后再来确定教学的起点和终点，从而明确提出本课时的具体教学目标。教学目标是教学活动后促使学生达成的身心发展水平。因此，教学目标表述必须具备以下两个特征：（1）必须明确说明对象，即学习什么、掌握什么；（2）必须用可以检测或者能够评价的词语来界定目标属性，如“说出……的名称”“用自己的话说明……”“对……进行解释”或“陈述……之间的关系”等。

课堂教学的时间是有限的，在有限的时间内完成的教学任务也是有限的，因此要求教师确定每一节课的教学目标，使之体现课程标准的要求，反映教材的特点，注意知识与能力、过程与方法、情感态度与价值观三维度的目标逐步形成整合。

（1）知识与技能目标。基础教育课程的知识目标除了引导学生获取所需要的有关知识外，就知识的掌握程度和水平来说，至少应该包含着知识的了解、知识的理解和知识的应用三大目标。

技能是个体通过练习形成顺利完成某项活动所必需的完善的动作方式或心智活动方式。与此相对应的技能目标就是操作技能目标和心智技能目标。操作技能也叫运动技能或动作技能，是指由一系列具体实际动作按合理、完善的程序构成的操作活动方式。它包括在原型示范和具体指导下完成操作，对所提供的对象进行模拟、修改，独立完成操作，进行调整与改进，尝试与已有技能建立联系等。心智技能是指由参加认知活动的心理过程及合理、完善的程序构成的心智活动方式，其中抽象思维活动方式是其主要部分。它包括在新的情境下运用已有技能，理解同一技能在不同情境中的适用性等。

在说知识与技能的培养目标中，应根据课标要求和班级学生的实际，主要说清哪些知识属于了解，哪些知识属于理解，哪些知识属于掌握和应用范畴，同时应培养学生哪些方面的技能等。

（2）过程与方法目标。“过程与方法”的基本要义一般应是：要十分重视让学生经历学习的过程，在自主、合作、探究的学习中发现、总结和掌握知识的规律和学习方法。强调“过程与方法”，其实质就是强调必须增强学生的主体性；要增强学生的主体性，在“过程与方法”中，我们应注意面向全体，让所有的学生都经历过程，让学生经历“自主、合作、探究”的学习过程，随机地进行创新教育。学生在学习过程中思维的最高境界应该说就是创新性的思维。在说过程与方法目标中，应重点说明用什么样的途径、手段和方法去探究知识，获取知识，培养学生能力。让学生进一步重视知识的产生、形成与发展的历程，体验获得知识、增强能力的快乐。

（3）情感态度与价值观目标。情感态度与价值观是以情感为中心、以塑造学生完善的“人格”为目的的教育目标。教育专家认为：情感不仅指学习兴趣、学习热情、学习动机，而且还指内心体验与心灵世界的丰富。态度不仅指学习态度、学习责任，而且还指乐观的生活态度、求实的科学态度、宽容的人生观。价值观不仅强调人类的价值，更强调个人价值与社会价值的统一，从而使学生从内心确立起对真、善、美的价值追求以及人与自然和谐可持续发展的理念。价值教育使学生不仅对美的形式有愉悦的感受，而且对于丑的形式有抵触，有明确的审美价值观。因此，在说情感态度与价值观目标的过程中，根据教学内容的特点和学生实际，应重点说明培养学生哪些方面的情感，养成哪些方面的良好态度，树立什么样的价值观念。

【案例4】①

九年义务教育六年制上海小学语文第八册第二十七课《小珊迪》说课稿教学目标：

（1）了解小珊迪的悲剧遭遇，学习小珊迪诚实、善良的品质，认识资本主义制度的罪恶，加深热爱社会主义的感情。

（2）培养学生创造性思维能力。

（3）有感情地朗读课文。

教学一篇课文，为了充分发挥教材的范例功能，培养学生的创造精神，促进学生主体性发展，设计了教学目标2，培养学生创造性思维能力。《小珊迪》是

① 赵景瑞：《小学语文说课百例》，中国林业出版社2000年版，第6页。

一篇情感浓郁的文章，应充分发挥读的优势，让学生体会字里行间的意蕴。为此设计教学目标3，有感情地朗读课文。

【案例5】①

《坐井观天》是九年义务教育六年制小学语文第三册第四单元的一篇寓言。根据《语文课程标准》"感受阅读的乐趣；学习用普通话正确、流利、有感情地朗读课文；结合上下文和生活实际了解课文中词句的意思，在阅读中积累词语；阅读浅近的童话、寓言、故事，向往美好的情境，关心自然和生命，对感兴趣的人物和事件有自己的感受和想法"等要求，结合教材特点和学生已经学习了《捞月亮》《狐狸和乌鸦》的实际，我拟定以下教学目标：

(1) 学会7个生字和由这些生字组成的词语，着重理解"坐井观天""大话""无边无际"等词的意思。

(2) 理解课文内容。懂得"坐井观天"这个成语的比喻意思。

(3) 通过学生合作朗读，达到正确、流利、有感情地朗读课文的目的。

4. 说教学重难点

说课时，必须突出重点内容，从而以简驭繁，促进知识的迁移，起到提纲挈领的效果，便于学生掌握；也必须从学生的实际出发，找出难点、化解难点以达到预期的教学目的。这些都需要教师在说课过程中掌握，并说清如何在教学过程中体现出来。

教学的重点，是针对教材而言的。它是指教学中最重要、最基本、最核心的知识和技能，是普遍性问题，具有相对稳定性。如每个学段的基础知识、基本能力、思维方法等，我们可以根据教材本身和作者的编写意图来确定教学重点。除非教师教学个性或者研究任务的需要，否则，不论学生群体或个体如何，它通常不会随着教学对象的变化而转移。一节课内，首先要在时间上保证重点内容重点讲，要紧紧围绕重点，以它为中心，辅之以知识讲练，引导启发学生加强对重点内容的理解，做到心中有重点，讲中突重点，才能使整个一堂课有个灵魂。

教学的难点，是针对学生而言的。它是指那些比较抽象、离生活较远或过程比较复杂，使学生难以理解和掌握、教师较难进行教学处理的知识。比如教材中比较抽象、含义深刻、需要用直观、媒体等方法帮助认识、帮助感悟和学习的内容。它的产生通常与学生缺乏知识经验基础、抽象思维较弱、操作能力不强等因

① 谢安平：《说课实战训练教程小学语文卷》，福建教育出版社2010年，第6页。

素密切相关。在不同的学生群体或者个体中，教学的难点通常不相同，所以在确定教学难点时，体现出较强的个性。

在教学实践中常见的教学难点有三种：一是与教学重点相同的教学难点，它既是教学重点又是教学难点，处理的方式是“攻坚”；二是教学难点并不是教学的重点，但与教学重点有着直接关系的教学难点，处理的方式是“淡化”；三是与教学重点无关或没有直接关系的教学难点，处理的方式是“回避”。确定教学难点要依据教材知识体系和学生认识能力以及教学条件等，并要具体分析教学难点和教学重点之间的关系。

（二）说学情

在课堂教学中，学生之间的差异是客观存在的。因此了解学生、正确把握学生的情况将直接影响课堂教学设计的质量。教师必须全面了解学生的情况，进行学情分析，做到“目中有人”，才能使自己的教学切合实际、有的放矢。新课程强调，一切为了学生的发展，就是要求教师要通过科学的教育教学方式，使每个学生都能在原有的基础上得到长足的发展。所以，学情分析是教师实施教学的关键。

说学情不能泛泛而谈，如“根据我班学生的实际情况，我将……”实际情况是什么，你的教法、学法是根据哪些实际情况设计的，却没有说清楚。说课时，教师要从学生学习本课的原有基础和现有困难两个方面，分层次、客观、准确地分析学情，为采取相应的教学策略提供可靠的依据。

对学生分析的内容是非常丰富的，主要包括：学生年龄特点、已有知识经验、学习态度、学习能力、学习风格等。

1. 学生年龄特点

不同年龄阶段的学生，其思维发展、行为方式、注意特点、知识积累、能力水平、情感体验、师生互动的性质等方面差距较大。如思维发展处于形象思维还是抽象思维，乐于发言还是开始羞涩保守，喜欢跟老师合作还是开始抵触老师。这些特点可以通过学习一些发展心理学的简单知识来分析，也可以凭借经验和观察来灵活把握。

一般而言，小学低年级学生听话、好学，但是学习时有意注意的时间较短、思维方式侧重于直观形象思维，所以教学中如何及时变换多种直观形象的教学方式引导、调节学生的学习，是教学预设时学情分析的重要内容。中年级学生有意注意的时间略有延长，知识学习、情感体验、学习方法略有积累，但是正处于“好动难管”的年龄阶段，同时既有在低段的学习过程中产生的知识、能力学习中的缺陷，又有与今后高年级学习活动相衔接的问题，所以在学情分析中既有教学方式的变换思考，又有低段知识、能力学习补缺补漏和高段知识、能力学习衔接点铺垫的思考。高年级学生通过四年多的学习活动，在知识、能力、学习态度、学习方式等方面相对成熟，教师的教学更加侧重于指导学生自我学习能力的形成，所以学情分析既有中年级学情分析的特点，更有指导、强化学生自如运用学法，提升学习能力，形成学习习惯的特点。

2. 学生已有知识经验

对学生知识、技能的分析是对学生最基本的分析。这里所说的知识、技能是指学生对学习新内容所具有的基本的、前提性的知识与技能，这是学生进入新的学习的基础，是教学活动的基本立足点。在现代传媒非常发达的今天，作为社会成员之一，不论学生是否接受过正规的学校教育，学生肯定已经具备了一定的知识和生活经验，这是学生学习新知识和新技能的基础。把学生已有的知识和经验说出来，把打算如何利用这些知识与经验说清楚，有利于实现学生"旧知"向"新知"的迁移，解决教师"怎样教"的问题。

3. 学生学习态度

对学生学习态度的分析泛指对学生学习新内容的非智力因素的分析。学生的非智力因素是重要的学习因素，对大部分学生而言甚至是决定性的因素。在对学生的非智力因素的分析中，主要的还是对学生学习态度的分析。学生对新知识的学习愿望和积极性间接影响他们的学习热情、兴趣，也直接影响他们的能力发挥、潜能激发、知识建构、态度形成、价值认同等。

4. 学生学习能力

对学生能力的分析是指对学生学习新内容所具有的包括"最近发展区"的学习能力的分析。这些能力主要包括观察判断能力、思维能力、知识迁移能力、知识运用能力、实践操作能力等。对学生能力的培养是教学的重要目标，同时，学生的能力也是教学活动得以开展的重要因素与资源。正确、准确地分析学生的能力，既是正确、准确地设计教学目标的前提，也是设计好教学活动的前提。

分析不同班级学生理解掌握新知识的能力如何，学习新的操作技能的能力如何，据此设计教学任务的深度、难度和广度。经验丰富、能力较强的老师还可以进一步分析本班学生中学习能力突出的尖子生和学习能力较弱的学习困难学生，并因材施教，采取变通灵活的教学策略。

5. 学生学习风格

学习风格是指人们在学习时所具有的或偏爱的方式，换句话说，就是学习者在研究和解决其学习任务时，所表现出来的具有个人特色的方式。一个班级的孩子在一起时间长了会形成"班级性格"，有些班级思维活跃，反应迅速，但往往思维深度不够，准确性稍微欠缺；有些班级则较为沉闷，但可能具有一定的思维深度。不同的学生个体也是如此，教师应该结合教学经验和课堂观察，敏锐捕捉相关信息，通过提出挑战性的问题、合作等方式尽量取长补短。

【案例6】

《一去二三里》学情分析[①]

第一次正式接触识字课，学生心中一定有着异样的新奇感，也许有的学生早已将古诗念得滚瓜烂熟，就等着课堂上得到教师的肯定；大部分学生在学龄前就接触过诗中的数字和“去”“里”“花”等简单的汉字，跃跃欲试之心可想而知。

【案例7】

《泊船瓜洲》学情分析[②]

《泊船瓜洲》是人教版小学语文五年级上册第二组第一篇课文《古诗词三首》中的第一首，这是一首脍炙人口、情意绵绵的思乡诗，表达了作者对家乡深深的思念和热爱。

五年级的学生已学过很多古诗，他们能借助注释、工具书、想象画面等多种方法来读懂古诗的大意，对学习古诗抱有一定的热情。他们已积累了很多古诗，有描写春天的诗句“碧玉妆成一树高，万条垂下绿丝绦”“两个黄鹂鸣翠柳，一行白鹭上青天”“野火烧不尽，春风吹又生”等；有写借明月而思乡的诗句“举头望明月，低头思故乡”“露从今夜白，月是故乡明”等；通过“小学生必背古诗词”，积累了王安石的《梅花》《元日》《书湖阴先生壁》等，这为以诗读诗、以诗学诗、以诗悟诗、创设诗韵课堂奠定了基础。

（三）说教法

教师在教学过程中，应努力转变角色，适应课程改革的要求，即成为教学活动的设计者、学生潜能的发现者、学习活动的促进者、学习组织的管理者、学生学习的合作者、学生成长的引路者。为了实现这些理念，教师必须改变自己陈旧的教学方法，灵活选择适合于学生发展的有效教学方法，不断优化课堂教学结

①② 百度文库，http：//wenku. baidu. com/。

构，构建师生共同发展、具有生气与活力的课堂。

1. 教法的选择与应用

说教法是指阐明在教学过程中要运用哪些方法，其中贯穿着说理论依据——为什么要用这样的方法教。教学方法及其理论依据，在教学实践中具有重要的意义。教学实践证明，由于采用的教学方法不同，其效果迥然不同。为了完成教学任务，提高教学质量，必须认真研究教学方法。教学方法的选择往往受教材内容、学生特点、教学媒体、教师教学风格和授课时间的制约。

（1）选择教法的原则。“教学有法，教无定法，贵在得法”，教法的选择必须符合以下原则：

①依据教学目标选择教法。对教学方法的选择直接起作用的应是教学目标：学期的目标、单元的目标、课时的教学目标。教学目标将学科教学的一般性任务具体化了，便于操作和检测。不同的教学目标，就需要选择不同的教学方法，做到合理优选、有机结合。如一堂课的教学目的是要形成学生技能、技巧，则可选择以学生练习为主，教师指导为辅，再辅之以演示法、实践法、分析法、归纳法等。

②依据教学内容选择教法。这是指依据学科的性质和教材特点来选择教学方法。学科的性质不同，所要求的教学方法也就不同。比如说，同样是传授新知识，数学课一般用讲解法，而语文课一般用讲读法。即使是同一学科，由于教材的特点不同，所用的方法也有差别。比如小学语文记叙文和科学性的说明文的方法就不能用同一种方法。记叙文一般采用讲读法，而说明文在讲读过程中就要结合讲解或演示，才能使学生理解课文中反映的科学知识。

③依据学生特征选择教法。学生的年龄不同，学习心理是不相同的，采用的教法也不相同。低年级学生的形象思维占优势，对于他们就要较多地运用演示直观手段；中、高年级学生的抽象思维有了一定的发展，教学中就可以较多地运用语言描述，运用讲解法或谈话法进行教学。学生的知识基础不同，对新知识学习的迁移作用也不同。

④依据教师自身特点选择教法。教学方法的选择是受教师的教学经验和个性特点影响的。一般而言，教师常常使用那些自己掌握得比较好的教学方法。新教师宁肯多用讲授法，而不轻易使用谈话法，这是完全可以理解的。性格活泼的教师，可以采取游戏的教学方法。擅长使用教具的教师，可以多采用形象化的教学方法，等等。从一定意义上说，教学方法只是一种工具，教师在实践中总是以自己独有的特性去影响教学方法的选择，教师本身的特点可以着重运用某些方法。

(2) 常用的教法。在当前学校中，教师使用比较普遍的传统教法有：

①讲授法。讲授法是教师通过语言系统向学生传授知识的方法。它包括讲述法、讲解法、讲读法和学校讲演法。它是使用最广泛的教学方法，也是最古老的教学方法。通常抽象思维的内容，如概念、定理、法则、公式的论证推导、文章的分析等可用讲解法；对于事情的经过、形象的描绘、材料的叙述，则用讲述法；而比较系统地阐述原理、论证问题、归纳总结，则用讲演法。值得注意的是，讲授如果缺乏启发性而且整堂课又一讲到底，这就称为“满堂灌”注入式。

②谈话法。谈话法是根据学生已有的知识、经验，向学生提出适当的问题，并引导他们对所提问题进行分析、综合、比较、抽象、概括、推理、判断得出结论，从而获得知识的教学方法。它是师生之间双向信息交流，教师可以提出问题，激发学生的思考，学生可以回答问题，教师可以获得一定的教学信息。

③讨论法。讨论法是在教师主导下，学生围绕某一中心问题，发表自己的看法，从而互相启发、互相学习、搞清问题的一种教学方法。它一般在4~8人的小组或集体之中开展。它是以学生自己的活动为中心，理论上每个学生都有自由表达自己见解的机会和听取他人发言的义务。

④阅读指导法。阅读指导法是学生获得知识的主要途径。它包括指导学生快速阅读、分层阅读、抓关键词阅读等。指导学生阅读教材时，有些难懂的地方应作必要的提示，有些名词术语需作必要的解释。

⑤演示法。演示法是在课堂上，配合讲授或谈话，向学生演示实物、教具或作示范性的实验，来说明或印证所传授的知识方法。演示法所用的教具有图片、图画、挂图、地图、实物标本和模型、投影、录像、视频电影、实物演示等。

⑥实验法。实验法是学生在教师的指导下，利用一定的仪器设备或其他手段，作用于一定的对象，以引起事物或现象的某种变化，从观察这些变化中获得直接知识的一种方法。

⑦练习法。练习法是学生根据教师的布置和指导，运用已学的知识，形成技能技巧，达到巩固新知目的的教学方法。练习法有当堂练习和课外练习之分。

⑧实习法。实习法是教师根据课程标准（教学大纲）的要求，组织学生在校内或校外参加一定的实际操作，将书本知识运用于实践的一种教学方法。

2. 学法的选择与指导

学会学习是现代学习的一种新观点，对于教师来说，就是设法使学生“会学”。所谓会学，不仅仅指学习者要善于选择学习内容、学习途径、学习形式，也指学习者要使自身的学习活动符合自己的个性。现代教学理论认为，教学不仅是向学生传授知识，更重要的是要教给学生学习方法，让他们主动、积极地去学习。因此，课堂上对学生进行学习方法的指导，既是教学的目的，又是教学中不可缺少的内容。

说学法时要说清下面几个问题：分析学生在教学过程中可能会出现哪些障碍及原因；说清在教学过程中指导学生掌握哪些学习方法，培养哪些能力；根据学生年龄特点和认知规律，说清准备创设何种教学环境和条件，来保证学生在课堂上有效地学习。

（1）学法指导的基本要求：

①适应学生心理发展水平，了解学情，有针对性地进行指导。学法指导既要了解“共性”的学情，又要摸清“个性”的学情，以便有的放矢，取得实效。

②智力因素与非智力因素紧密结合。根据苏联学者研究，学习动机水平与学习技能之间存在明显的相关性，学习技能的提高总是伴随着学习动机的完善。学法指导要从智力和非智力两方面着手，双管齐下，既解决积极性问题，又解决科学性问题，才能取得成功。

③把传授学法知识同培养能力、习惯结合起来。欲将学法知识转化为学习能力，就要加强学法指导的实践性、操作性。在传授学法知识的基础上，引导学生运用这些知识，真正掌握学法，逐步形成能力。

④一般学法指导与各学科学法指导相结合。要把开设学法课同各科教学中渗透学法指导结合起来，这样才能使学生真正掌握学习方法。

⑤集体指导与个别指导相结合。集体指导面向全体学生，解决共性问题；个别指导面向某一个学生，解决个性问题、特殊问题。

⑥学法指导与教学改革同步进行。一定的教法同一定的学法相适应，学法改变了，教法也要相应地改变。学生积极性高了，自学能力强了，对教师的教学方法的要求也就高了，要求教师有更高的驾驭能力，有更广的知识面、更灵活的教学技巧。因此，教师就不能再停留在满堂灌的水平了，必须进行教法的改革。

（2）常用的学习方法。学法的选择是说课的难点，学法指导是上课的难点。学习的基本方法有四结合学习法、四环式学习法、回想学习法、快速学习法、读书学习法、讨论学习法、调研学习法、实践学习法、单元学习法、暗示学习法、织网学习法、发现学习法、循环学习法、最优学习法等。如果从学法构成的方式看，常用的学法类型大体有以下几类：

①问题式。针对课文学习的重、难点，设计相关的问题，让学生带着问题读

书。这类学法设计的目的明确，学生在读书时、边读边思考问题，容易将精力集中到需要解决的问题上来，并运用具体的学法进行学习理解。如科普短文《我是什么》一文，教师在教学导入时与学生互相介绍自己，引出“我们每个人都知道自己是谁，可是有个小朋友却不知道自己是谁，我们帮他猜猜好吗”？此时，学生的注意力高度地集中，迫切地想知道谜底。如《难忘的启蒙》一文，围绕课题就可提出什么是启蒙？我们的启蒙老师是谁？课文写了我的启蒙老师几件事？

②启发式。启发式教学是小学语文教学中永恒的教学原则和方法。对于引导学生发现、运用、巩固学法也有极大的促进作用。学生在阅读过程中，遇到疑难问题陷入迷惘时，教师给以必要的启发、提示，往往可以达到较好的解决问题的效果。如《掌声》一课的教学，当学生学到英子在同学们给予她的掌声前后有很大的心理变化时，指导学生反复对描写英子在掌声前和掌声后的心理变化的文字进行对比阅读，并提示学生体会英子的心理变化，能够使得学生更深刻地理解感动给人的力量。

③迁移式。这类方法是利用课文中知识的共同点，引导学生将先学的方法用作解决待学的内容，进行知识迁移。如《新型玻璃》这课，几个自然段的结构相同，在教学生学会“夹丝网防盗玻璃”的特点和用途之后，就可以指导学生利用迁移法，将学“夹丝网防盗玻璃”这一段所用的方法，运用到其余四种新型玻璃的特点和用途的自学活动中去。

④情境式。这类学法就是在学生阅读时，将课文的文字与自己合理的想象有机地结合起来，建构起情境，使自己进入文章描绘的情境，与课文中刻画的人物、抒发的情感、优美的意境发生联系，进行“对话”，促进体验，以更进一步地理解文章内容，感悟文章情感。这种方法多用于古诗、抒情散文等课文的教学。

⑤导读式。通过引导学生诵读、摘记等方法，如边读边思边划图画符号、加批注、做笔记、做练习等，使得学生的口、脑、眼、手等结合起来，多功能地进行阅读活动。在阅读中养成自觉做摘录、写笔记等良好习惯。

⑥转换式。教法和学法是教学活动中不断相互转换的，当其操作的对象指向为学生时，许多可操作的教法往往会转变为学法。

学法是多种多样的。在教学中应根据教材的特点和学习的重点，做到一课一法，一课一得，或一法为主，多法为辅，逐步使学生构成一套适合自己学习的学法体系。

【案例8】

人教版二年级语文上册《蓝树叶》说课片段

——教法学法①

1. 促进发展，说教法

（1）引读法。“李丽四次借绿铅笔的经过”采用教师引读，不仅可以帮助学生突破朗读的难点，培养学生语感，还有助于学生对课文的理解，体会文中主人公的内心世界，悟出作者运用语言文字的妙处。

（2）图文结合法。这篇课文虽不是看图学文，但引导学生仔细观察图无疑对深入理解课文内容有极大帮助。本人备课时仔细观察图，就发现文中第一幅图与课文内容有明显不符。倘若学生也能发现这一问题，不仅可见其观察细致，还可加深对课文的理解，真可谓一箭双雕。

（3）迁移法。学习第二至四段，围绕“借”与“不愿借”的四次对话，着重讲读第一次对话，通过圈、点、划、读、议领悟出学习方法，再让学生按此方法去读第二至四次对话，使学生在读中领悟其中的规律。通过学习最后一段，结合课后第3题的训练，实现由读话到写话的迁移。这种练习的设计有利于发掘学生创新精神，切实减轻学生过重负担，提高教学效率。

2. 培养能力，说学法

（1）课题入手法。题目是课文内容的高度概括，是课文画龙点睛之笔。学生开始接触课文，首先看到的是课题。正确地理解课题，从中得到学好这一课的启示是非常重要的。教学这一课，我试图让学生通过“你们见过的树叶都是些什么颜色的”释题入文。就这样经过一段时间训练，学生会逐步养成一见课题便会产生一系列疑问、联想，对培养学生创造性思维极有益处。

（2）课后题入门法。每篇课文后的问题往往给学生以重要的提示。这一课我以课后题为学生掌握学习方法的突破口，引导学生学好课文。倘若长此以往，学生都能得到这样的训练，养成良好的读书习惯，即带着强烈的目的去读书，边读边思考，不仅会增强学生学习的自信心，而且能变被动学习为主动学习，使学生真正成为学习的主人。

（3）圈点勾画法。从学生学习品质来考虑，让学生在课文中动笔画记号，如给重点词句圈圈、点点、勾勾、画画、将长句子用符号标上停顿、语气重音等。训练重点不脱离课文语境，在听读过程中，动静合理交替，让学生学习时思维

---

① 百度文库，http：//wenku. baidu. com/。

“聚焦”，有利于学生养成良好的阅读习惯，从而达到由“学会”向“会学”过渡。

教法和学法的选择，必须依赖于所教的内容，什么样的内容决定采用什么样的教学方法。两者是形式与内容的关系，教法和学法是形式，教什么是内容，形式必须服从于内容。同时，教师设计什么样的教法，决定指导学生选择什么样的学法，也决定着教学程序的中心思路。除此之外，教法学法的选择还与教师的教学理念有关，先进的理念，能够创造先进的教学方法；理念落后，教学必然陈旧。

（四）说教学程序

所谓教学程序，就是指教学活动的系统展开，它表现为教学活动推移的时间序列。通俗地讲，就是教学活动是如何发起的，又是怎样展开的，最终又是怎样结束的。

说教学程序是说课的重点部分，因为只有通过这一过程的分析，才能看到说课者独具匠心的教学安排，才能反映教师的教学思想、教学个性与教学风格。也只有通过对教学程序设计的阐述，才能看到其教学安排是否合理、科学和艺术。

1. 教学程序的基本环节

一般地说，教学程序应关注以下几个环节：

（1）铺垫引入阶段。在传授新知识之前，教学中所做准备工作称为铺垫引入阶段。铺垫引入阶段包括复习旧知识、展示教学目标、创设问题情景等，为学生新知识铺路搭桥。

（2）传授知识阶段。教师根据教材内容和学生实际运用正确的教学方法，引导学生学习新知识。

（3）巩固知识阶段。教师引导学生采用各种方式来巩固所学的新知识，使其达到一定的熟练程度。

（4）反馈调控阶段。教师依据教学目标，考查学生掌握知识的情况，并及时予以补救。

（5）总结归纳阶段。教师引导学生对所学的知识进行归纳整理，使知识系统化。

2. 说教学程序的要求

说教学程序时，既要有教学环节的安排说明，又要有各环节相关教学方法、教学理论的阐述，同时要使听课者快速地捕捉说课者所表达内容的针对性、逻辑性、合理性、特色性等。

第一，环节完整严谨，课时目标明确合理。必须紧扣教学目标，安排充实、恰当的教学内容。教学的时数要分配得当，教学的各个环节完整清晰、安排合理。各个环节的安排既说明本环节中学习的主要内容及教学手段和达成目的，体现小学语文学科知识学习、能力训练、情感熏陶的过程性特点。各环节之间的过渡自然，前后环节相互构成延伸、启示、沟通的结构特点。

第二，环节简洁明了，体现较强的针对性。教学环节的数量安排适中、简洁、明了。教学各个环节解决的问题集中、有效，教学的重点环节突出，对如何解决教学重点、突破教学难点阐述明确具体，较好地体现出教学围绕重难点展开的特点。重视通过对教学重点细节的具体阐述，表达教学设计将可能达到的实际成效。

第三，准确提炼各环节任务、方法、效果。各个教学环节的教学任务、采用的教学方法、预期达到的教学目标，应该具体明确。提炼出各个教学环节的任务、方法、效果说明，不但可以为听者提供鉴别的便利，同时也可以用作说课者自我检查、分析教学程序、教学方法实施的安排是否明确和妥当的重要指标。

第四，教学进程体现学生学的过程。小学语文教学强调语文学习是学生习得语言能力的过程，是学生学习的过程，具有很强的实践性。所以小学语文教学程序的进程应该体现出学生知识学习从不知到知，从知得少到知得多，从知得肤浅到知得深入，从知到会，从会到能，从感知到体验，从体验到陶冶的过程。在阐述中，要说清在教学程序的进程中为学生提供了哪些主动参与的时空，实现学生的个体发展，促进各类学生都获得一定的发展和提高。

总之，教学程序要说清楚下面几个问题：一是说出整堂课的设计思路及程序，二是说出主要教学程序与环节的理论依据，三是说出教与学的双边活动安排，四是说出突出重点与突破难点的策略。

【案例9】

人教版语文二年级上册《我是什么》说课片段

——教学程序①

在教学中，通过教师与学生、学生与学生面对面地听、说、读、问、评、议等去实现，培养学生自主学习的能力。并根据阅读教学的特点，坚持把“读”的训练贯穿在整个教学过程中，力求取得最好的教学效果。

在此基础上，第一课时充分利用互动的形式，在教师的引导下，通过自主、

---

① 百度文库，http：//wenku. baidu. com/。

合作的学习方式研读全文。

一、巧设悬念，初步感知

由师生互相介绍自己，引出“我们每个人都知道自己是谁，可是有个小朋友却不知道自己是谁，我们帮他猜猜好吗”？此时，学生的注意力高度地集中，迫切地想知道谜底。紧接着，教师范读课文，学生积极地开动脑筋，猜出谜底就是“水”。

二、通读全文，整体感知

1. 自由读课文，说说你是怎么猜出来的。

2. 你喜欢这篇课文吗？将你最感兴趣的自然段多读几遍。

3. 全班交流，教师随机指导认读生字、新词。

此环节是让学生在充分朗读课文的基础上，自主选择喜欢的段落进行交流，整体感知课文，达到生生互动。

三、师生合作，小组研读全文

1. 请你根据课文内容向别的小组同学提问。但是，你必须知道这个问题的答案，而且这个答案必须在书上。

2. 学生自由读课文，准备问题。

3. 小组交流问题。

学生根据教师的要求，仔细地读每一句话，精心地设计问题。在自主学习的基础上，合作交流，集思广益，完善问题，进一步达到生生互动。

4. 学生一问一答，教师根据学生问题随机重点指导。

教师通过本课的三种教法，对学生进行词句训练。如：利用直观演示法理解关联词“一……就……”利用多媒体辅助教学法区别“落下来、打下来、飘下来”，理解“暴躁”等词语；通过想象和联系生活实际，学会用“温和”说话。并将鼓励欣赏法贯穿始终，如：你听得真仔细；如果你的声音再大一点就更好了。

在这一环节中，从始至终教师在一步一步引导学生学会知识，充分体现了小组互动，生生互动、师生互动，师为主导，生为主体。

5. 梳理全文，完善板书。

6. 学到这里，你还想了解哪些课文里没有的有关水的知识呢？学生自由提问。此环节，教师并不急于回答学生的问题，而是将问题延伸到课外，并教给学生寻找答案的方法，达到再探新疑的目的。

四、扩展练习

出示三项作业，学生任选其一。

1. 你在生活中看到过水在变吗？举例子说说，再写下来。

2. 收集有关水对人类所做的贡献和带来灾害的资料。

3. 说说人类想出了哪些办法使水只做好事，不做坏事。你还有别的办法吗？

学生在学习上是有所差异的，此选择性作业涉及“说”“写”“收集”三方面，学生可根据自己的喜好进行选择。

（五）说板书设计

说板书设计的构思及其与教学内容的逻辑关系。应注意，只有那些匠心独具有特色或是艺术性的板书值得一说。因为一幅漂亮的板书能唤起美的情感，给人美的陶冶，美的享受。因为课堂板书，既是科学，又是艺术；它为科学，指的是它要将课文内容系统化、条理化、形象化，有则于突出教学重点，突破教学难点。说它是艺术，指的是它能综合运用文字、图册、线条、色彩等手段，强化表现力，让学生的思想情操、审美观点受到感染和熏陶。

板书是使学生通过视觉而得到知识信息的，它是利用视觉交流信息的最简易的渠道，它比从听觉获得信息的时间长几倍。板书有利于巩固课堂所学的知识，因而是提高教学质量和效果不可忽视的一种教学手段。

一幅好的板书，不仅在内容中概括剖析、准确精要、恰到好处、浑然天成，而且在形式上也别具一格、自成一体、结构精巧、情趣横生。板书的形式是由学科的性质、教材的特点、教师的教学风格和学生的认识水平所决定的。

常见的板书设计形式主要有提纲式、对比式、词语式、图示式、表格式、演绎式、线索式等等。（详情参考第二章教学设计技能）

【说课范例 1】

人教版小学三年级语文上册《科里亚的木匣》说课稿

一、说教材

1. 教材在本单元所处的位置及课文特点

《科里亚的木匣》是人教版三年级上册第七组课文中的第二篇课文。这一组课文的教学目标是让学生认识到面对生活中的各种问题，想法不同，处理方式不同，结果往往也就不同。讲的是科里亚 5 岁的时候从家门口向前数了 10 步埋下自己的小木匣，4 年后数了 5 步挖出了木匣，从这件事中感悟到时间在变化，自己在变化，周围的一切都在变化的道理。这是一篇叙事性课文，按照埋木匣—挖木匣—受到启发的顺序记叙。课文通过生活中的一件小事阐明一个道理，这是课文表达上的特点。

2. 根据教学大纲的要求和本文的特点，本课的教学目标定为以下几点：

(1) 会认3个生字，会写13个生字。能正确读写“冰鞋、斧头、手锯、玩意、免得、抢走、难过、算术、当初、随便、仍然、敌人、台阶、所以、懂得”等词语。

(2) 正确、流利地朗读课文。

(3) 能读懂课文内容，了解科里亚埋木匣和挖木匣的经过，感悟时间在变化，人在变化，周围的一切都在变化的道理。初步学习用发展的眼光看待问题、解决问题的方法。

(4) 学习课文通过生活中的一件小事阐明一个道理的表达方法。

这四个目标的设置既提高了学生的词汇掌握量，同时也达到了从课文迁移拓展到实际的目的。根据本单元的教学目标、学习重点，并结合三年级学生的学习实际，确定其中(3)(4)两点是本课的重、难点。

二、说教法

课堂上，教师的引导及教材是学生感知和观察的对象，学生正是通过教师所讲和教材所展示的内容经过思考获得对客观世界的认识的。这种观察与思考是有计划、有目的的，它不是消极的注视，而是一种积极的思维过程，是一种“思维知觉”。从这一点出发，再结合本篇课文的实际特点，确定本节课教法的指导思想是：想方设法引起学生注意，引导他们积极思维，热情参与，独立自主地解决问题。具体做法如下：

1. 提问法——逐步引导，逐渐深入。
2. 诵读法——反复朗读，把握语言特色。
3. 悬念法——带着问题，深入思考。
4. 点拨法——展开联想，拓展思路。

其中提问法和诵读法是最基本的方法，三年级学生受思维发展水平的限制，完成对课文主旨的理解大多需要老师的指导。因而我采用提问导入，适时点拨的方法，一步一步展开教学。“万法读为宗”，朗读是小学语文教学中极其重要的一部分，所以我将在本课教学中采取各种形式的朗读方法，让学生在熟读课文的基础上理解课文的思想内容。

三、说学法

我班的学生大多来自农村，少数是外来务工子女，因此学生良莠不齐，让所有学生积极参与到课堂中既是难点也是重点。在教学过程中我尽量让学生自己动脑、动口、动手，让学生边读边在书上圈点生字词和勾画重要词句。这些都是集中学生注意力的手段，同时教师的启发诱导再贯穿始终，这样就既突出了学生的主体地位又发挥了教师的主导作用。

四、说教学程序

本课我准备分两课时完成。第一课时：初读课文，完成目标（1）和目标（2），知道课文主要内容。第二课时：精读课文，理解内容，了解科里亚埋木匣和挖木匣的经过，感悟时间在变化，人在变化，周围的一切都在变化的道理。初步学习用发展的眼光看待问题、解决问题的方法。

下面我详细说说第二课时的教学程序。

（一）复习导入

1. 课文按照怎样的顺序，可分为几段？

第一段：（第一至第三自然段）

科里亚刚学会数数的时候，把木匣埋到离门口十步远的地方。

第二段：（第四至第十二自然段）

四年后科里亚在离屋门口十步远的地方没找到木匣，经过思考，在离屋门口五步远的地方找到木匣。

第三段：（第十三自然段）

科里亚明白了：时间一天天过去，人在一天天长大，周围的一切都在变化。

[设计意图]

几乎所有的课文，教师都应该引导学生从整体把握它的结构、内容以及思想内涵。在阅读中，引导学生要善于从文章的千言万语中抓住最关键的内容，理解文章句、段和篇的构思脉络，理解它的内涵和中心，把握文本。这篇课文按照时间顺序记叙，把握故事的发展脉络对全课的学习非常重要。

（二）研读课文

1. 板块一：学习课文第一段

（1）提前出示思考题，请学生分节读第一自然段：

妈妈走了30步，埋下了箱子，而科里亚为什么数了10步？

[设计意图]

这一问题的提出主要是为了让学生养成带着问题读课文的习惯，带有目的性的阅读也有利于学生注意力的集中。

（2）指名回答后归纳段意：

[设计意图]

归纳段意的练习在小学语文教学阶段是非常重要的一部分，这既可以训练学生的概括思维能力，也可以锻炼语言表达能力，是全方位的训练方式。所以在我的课堂设计中，只要是段意比较明确的课文，我都会让学生做这方面的练习。

2. 板块二：学习课文第二段，也是本课的教学重点。

(1) 自由阅读前布置思考任务：

找出描写科里亚挖木匣的句子并读给同学听。

(2) 教师出示句子“他挖呀，挖呀，坑已经挖得很深了，还没找到匣子。他又朝左边挖，朝右边挖，仍然没找到”。并提问：

①这里用得最多的是哪个字？

②从这5个“挖”字，你又读懂了什么？

(可以说科里亚是个怎样的人；也可以说科里亚很想找到木匣子，因为匣子里装着他心爱的玩具。)

[设计意图]

通过比较，让学生体会作者用词准确，在具体的语言环境中怎样适当地运用动作词，以达到最佳效果。

(3) 抓住关键，引发思考。

①教师引导学生读课文（10~12）小节，找出描写科里亚找不到木匣之后有何反应的一个句子读给大家听。

教师出示句子：“科里亚丢下铲子，坐在台阶上，用手摸着脑门儿想。”

②引导学生思考：科里亚当时在想什么？让学生站在科利亚的角度去思考，展开讨论。学生思考讨论，师生总结出科里亚找不到木匣的可能性有4种：（课件出示）

A. 木匣可能被法西斯挖走。

B. 数步法可能不管用。

C. 挖的方法可能不对。

D. 自己的步子可能有问题。

③提出问题：科里亚是怎么排除前3种可能性，只确定步子有问题的呢？

让学生再帮助科里亚分析分析，从课文中找到依据。

(4) 细读探究，讨论排除。

①讨论第1种可能性：

引导学生读科里亚找不到木匣子之后与小伙伴们的对话并出示，点拨学生思考后从他们的对话中找到排除这一可能性的依据。

师：由此可知，科里亚断定自己的木匣子不可能被法西斯挖走，他的理由是箱子目标大，木匣目标小，目标大的箱子没有被发现，目标小的木匣子更不可能被发现，所以木匣一定还在。

②讨论第2种可能性：

引导学生找出描写妈妈埋箱子，挖箱子的句子并出示，学生在读后，想一想妈妈用什么方法埋箱子、挖箱子。

学生的答案虽然正确但大都不够精练，这时教师可以帮助总结得出答案：数步法。

③讨论第3种可能性：

读课文，找出描写科里亚他们家的房子的句子。

老师引导："房子还在"告诉我们什么？

由此学生可以得出结论：科里亚不可能把方向搞错。

④归纳排除，得出结论。

师：既然木匣一定在，算术真有用，挖法没有错，那错的无疑是步子了。步子又错在哪里呢？找到写他们离家出走的句子：

出示句子："就在那一天，妈妈、奶奶带着科里亚到喀山去了，在那儿住了差不多4个年头。"

老师引导：4个年头，科里亚会发生什么变化呢？

同桌互相讨论，教师画好线段后，再让学生上台画示意图帮助理解时间带给科里亚的变化。

[设计意图]

体现多种形式解读文本，进行深度对话，引导学生联系上下文，结合数学知识，上台画线段图代表步子，帮助他们理解科里亚思考问题、解决问题的过程，培养学生思维的多元性。

3. 板块三：学习课文第三段

(1) 齐读最后一段，让学生谈谈所受到的启发。

(三) 拓展延伸

联系自己的生活经验，说说"我们周围有什么在起变化呢？"（同桌相互交流）

布置作业：根据和同学的交流，把自己的体会和认识通过一件事写下来，可以是"由《科里亚的木匣》想到的……"为题目。

[设计意图]

创设情境说启示、悟道理，使语文的人文性和工具性达到和谐统一。

五、说板书：（略）

【说课范例2】

人教版小学数学第八册第五单元《三角形的特性》说课稿

一、说教材

（一）教材分析

《三角形的特性》是人教版小学数学第八册第五单元的内容，三角形是平面图形中最简单也是最基本的多边形，一切多边形都可以分割成若干个三角形，并借助三角形来推导有关的性质。因此，三角形的认识是学习平面图形知识的起点，也为学习平面几何、立体几何打下基础。

本节课是在学生已经学习了线段、角和直观认识了三角形的基础上进行教学的，所以本节课是三角形认识的第二阶段。

（二）教学目标

根据本节课在教材中的地位和作用，依据新课程标准的基本理念和学生的认知水平，我拟定了以下教学目标：

1. 知识目标：理解三角形的定义，掌握三角形特征和特性，并会给三角形画高。

2. 能力目标：学会通过观察、操作、分析和概括去获得的学习方法，体验数学与生活的联系，培养学生的观察、分析、操作的能力，进一步发展空间观念。

3. 情感目标：在小组合作、探究与交流的过程中，增强学生创新意识和团结协助的精神。

（三）教学重点、难点

教学重点：理解三角形的定义，掌握三角形的特征和特性。

教学难点：给三角形确定高和画高。

（四）教具准备：三角板、课件、数学用具盒、幻灯片

（五）学具准备：三角尺、数学用具盒、图纸。

二、说教法

1. 教法

本节课我根据“教师是组织者、引导者和合作者”这一理念，以学生参与活动为主线，创建新型的教学结构。先创设情境激发学生的学习兴趣，然后让学生自学课本，独立探索，再让学生操作实践，合作交流，从而达到概念的自主建

构；在整个教学过程中充分体现了以学生为主体，教师为主导的教学思想，让学生在活动中感受数学之美。

2. 学法

根据本节课的教学目标和教法，我主要采用独立探索、合作交流、实践操作相结合的学习方法，让学生通过动脑、动口、动手来亲身经历“做数学”的过程，真正理解和掌握基本的数学知识和技能，获得广泛的数学活动经验，建立学习成就感和信心，使学生成为数学学习的主人。

三、说教学过程

这节课的教学过程，我是秉着新课标的精神，在整个教学流程设计上力求充分体现“以学生为主体”“以学生发展为本”的教育理念，我将教学思路拟定为“创设情境诱发兴趣—合作交流探索新知—深化训练拓展延伸—质疑反思总结评价”，努力构建探索型的和谐课堂教学模式。

（一）创设情境，诱发兴趣

师：同学们，在上课前我先给大家讲一个有趣的故事，好吗？（同学们都拍手称好）

[设计意图]

根据学生的年龄特点和心理特征。用生动有趣的童话故事激发他们的学习兴趣。

故事讲完后，由坏狐狸提出一个问题：为什么昨天房子被我推两下就塌了，而今天怎么推也推不塌呢？来引发学生的思考，在学生深思不解的情况下，教师顺水推舟地引出课题，并板书：三角形的特性。

[设计意图]

这样一来，既打通了数学与生活间的无形屏障，又引发学生强烈的兴奋感和亲切感，营造积极向上的学习氛围，让学生以轻松的心情投入学习当中。问题的悬念，有利于提高学生的学习热情，使学生产生强烈的求知欲望。

（二）合作交流，探索新知

1. 三角形的定义

师：先请同学们拿出数学用具盒打开钉子板，在上面用最快的速度围成一个三角形；再请同学们在图本上画一个三角形；最后请同学们拿出三角板，数一数、摸一摸三角板的角和边，并说一说你对三角形的认识。师生总结三角形的定义。

[设计意图]

这里主要是回顾学生对三角形原有的认识，起到一个温故而知新的效果。同时，教师及时给予学生鼓励和表扬，这样也可以激发学生、提高学生的学习的积极性。

2. 认识三角形的特征

先让学生自学书本第 81 页的内容，并画出三角形的各个部分的名称，再请学生小组合作交流，拿出并指着自己的三角板向同伴说出三角形各部分的名称。

[设计意图]

鼓励学生学会自学，独立思考，在同伴面前敢于发表意见，与同伴们分享学习成果，提高学生的学习自主性与积极性，让学生真正成为学习的主人。

3. 三角形的高的画法

请学生自学书本第 81 页的内容，理解三角形的高和底的定义。并在此基础上调动学生已有的知识经验，先让学生在小组内合作探索尝试画高；然后，教师示范讲解三角形的高的画法；最后出示练习，让学生作出正确的判断。

[设计意图]

这是在学生已学会了画平行四边形的高的基础上进行教学的。通过自学并调动学生原有的经验去独立思考、去逐步探索，让学生在获取数学知识的过程中体验到成功的喜悦，感受数学的乐趣，增强学生学习数学的信心，并通过练习，使学生对高有一个整体的认识，从而突破这节课的重难点。

4. 三角形的稳定性

先让学生说说生活中哪些地方用了三角形，然后质疑："这些三角形有什么作用呢?"接着让学生拿出已准备好的学具，通过对比、推拉三角形与四边形，交流对比结果并归纳出结论：三角形具有稳定性。

[设计意图]

这个环节是根据新课标"有效的数学学习不能单纯的依赖模仿和记忆，动手实践，自主探索和合作交流才是学习数学的重要方式"这一理念设计的，主要是让学生亲身经历知识的形成，体验三角形的稳定性。

师：现在哪位同学可以回答坏狐狸提出的问题呢?

"为什么昨天，我推两下房子就塌了，而今天怎么推也推不动呢?"

[设计意图]

一个问题，既打开了学生心中的疑惑，又达到了一个前呼后应的效果。将生活实际与一种情景联系起来，大大激发了学生的学习兴趣，培养了学生用数学的眼光来观察周围的事物。

（三）深化训练，拓展延伸

1. 生活中的三角形。

（1）出示挂图，让学生去观察并联系实际举例说说生活中的三角形，再说说它们的用处。

（2）做生活的小能手，老师的椅子总是摇晃不稳，谁能帮老师修理一下，怎样才能更坚固呢？

[设计意图]

使学生能够正确地认识三角形的特性，并运用所学的知识解决现实生活中的问题，体现“生活处处有数学，数学生活化”的理念，达到“学以致用”的目的。

2. 辅导学生完成练习十四的1、2

第1题，说出下面每个三角形的名称，并各画出一条高。

第2题，围篱笆。“哪种方法更牢固，为什么？”

[设计意图]

通过这些有序而多样的练习，既巩固了学生学过的知识，又进一步培养了学生理解、分析、推理的能力，有趣的数学在学生们的积极主动的探索中显得更有味道。

3. 发挥想象，巧摆七巧板

（1）出示课件，（并播放轻松的音乐）让学生在愉快的心情下欣赏平面图形组合图，并观察它们组成了什么图形？

[设计意图]

创设情景可以渲染学习的气氛，也可以寓教于乐，让学生在玩中学，在学中玩。

（2）小组合作，摆出七巧板，让学生发挥他们的想象，用不同的图形拼出一幅图，再进行小组评比。

[设计意图]

小组合作学习既体现了团队的精神也使学生在想象的过程中碰撞出创新的火花，培养学生的创新能力。

（四）质疑反思，总结评价

师：今节课你掌握了什么？

学生在小组内谈收获，评价得失。

[设计意图]

通过让学生在组内谈收获、评得失，促进学生的思维发展，全面提高学生的综合素质，体现“人人学有价值的数学”这一理念。

课堂总结。

四、说板书设计

本节课的板书精简明了，突出重点，体现本课时的内在联系，更进一步加深了学生对三角形的特征和特性的认识（见图 10－1）。

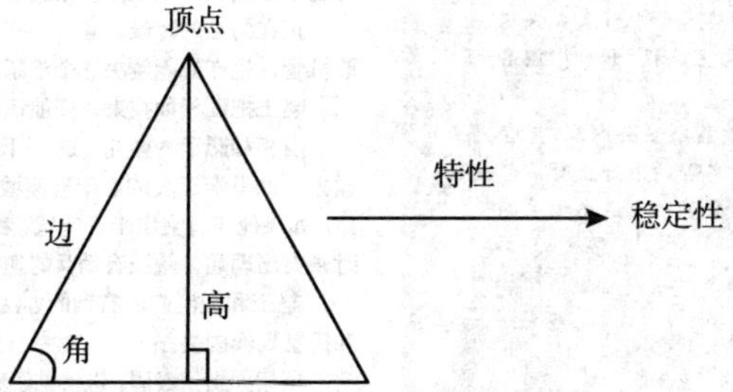

图 10－1　三角形的特性

【思考与练习】

1. 说课对于中小学教师有何意义？
2. 说课有几种类型？在教师专业发展中分别起到何种作用？
3. 怎样把课说清楚？说课有哪几个要求？
4. 说课的具体内容包括哪几个方面？分别需要注意哪些问题？
5. 板书设计有哪些原则？

【请你来做】

请对人教版课程标准实验书小学五年级语文下册第 18 课《将相和》进行说课练习。

要求：

1. 说出对课文的认识和理解，说出教学目标和教学重难点。
2. 说出采用何种教法和学法引导学生的学习。
3. 说出教学过程中的各个环节以及重点环节设置的依据和原因。

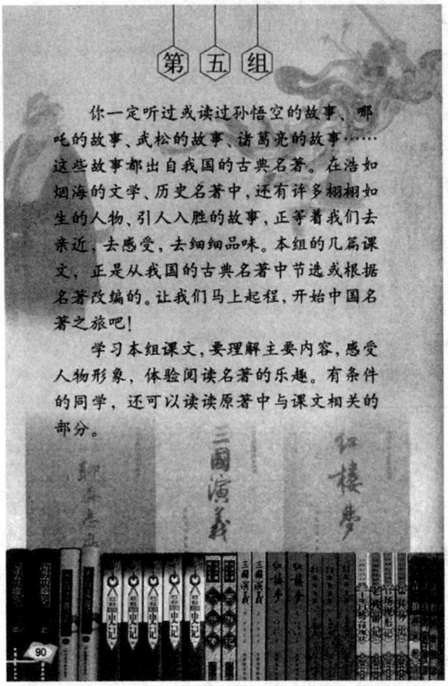

18 将相和

战国时候，秦国最强，常常进攻别的国家。

有一回，赵王得了一件无价之宝，叫和氏璧(bì)①。秦王知道了，就写一封信给赵王，说愿意拿十五座城换这块璧。

赵王接到了信非常着急，立即召集大臣来商议。大家说秦王不过想把和氏璧骗到手罢了，不能上他的当，可是不答应，又怕他派兵来进攻。

正在为难的时候，有人说有个叫蔺(lìn)相如的，勇敢机智，也许他能解决这个难题。

赵王把蔺相如找来，问他该怎么办。

蔺相如想了一会儿，说："我愿意带着和氏璧到秦国去。如果秦王真的拿十五座城来换，我就把璧交给他；如果他不肯交出十五座城，我一定把璧送回来。那时候秦国理屈，就没有动兵的理由。"

赵王和大臣们没有别的办法，只好派蔺相如带着和氏璧到秦国去。

蔺相如到了秦国，进宫见了秦王，献上和氏璧。秦王双手捧住璧，一边看一边称赞，绝口不提十五座城的事。蔺相如看这情形，知道秦王没有拿城换璧的诚意，就上前一步，说："这块璧有点儿小毛病，让我指给您

①和氏璧：春秋时期楚人卞和在山中所得，于是称"和氏璧"。现已失传。

看。"秦王听他这么一说，就把和氏璧交给了蔺相如。蔺相如捧着璧，往后退了几步，靠着柱子站定。他理直气壮地说："我看您并不想交付十五座城。现在璧在我手里，您要是强逼我，我的脑袋和璧就一块儿撞碎在这柱子上！"说着，他举起和氏璧就要往柱子上撞。秦王怕他真的把璧撞碎了，连忙说一切都好商量，就叫人拿出地图，把允诺(nuò)划归赵国的十五座城指给他看。蔺相如说和氏璧是无价之宝，要举行个隆重的典礼，他才肯交出来。秦王只好跟他约定了举行典礼的日期。

蔺相如知道秦王丝毫没有拿城换璧的诚意，一回到宾馆，就叫手下人化了装，带着和氏璧抄小路先回赵国去了。到了举行典礼那一天，蔺相如进宫见了秦王，大大方方地说："和氏璧已经送回赵国去了。您如果有诚意的话，先把十五座城交给我国，我国马上派人把璧送来，决不失信。不然，您杀了我也没有用，天下的人都知道秦国是从来不讲信用的！"秦王没有办法，只得客客气气地把蔺相如送回赵国。

这就是"完璧归赵"的故事。蔺相如立了功，赵王封他做上大夫。

过了几年，秦王约赵王在渑(miǎn)池会见。赵王和大臣们商议说："去吧，怕有危险；不去吧，又显得太胆怯(qiè)。"蔺相如认为对秦王不能示弱，还是去的好，赵王才决定动身，让蔺相如随行。大将军廉颇带着军队

送他们到边界上，作好了抵御秦兵的准备。

赵王到了渑池，会见了秦王。秦王要赵王鼓瑟(sè)。赵王不好推辞，鼓了一段。秦王就叫人记录下来，说在渑池会上，赵王为秦王鼓瑟。

蔺相如看秦王这样侮辱赵王，生气极了。他走到秦王面前，说："请您为赵王击缶(fǒu)。"秦王拒(jù)绝了。蔺相如再要求，秦王还是拒绝。蔺相如说："您现在离我只有五步远。您不答应，我就跟您拼了！"秦王被逼得没法，只好敲了一下缶。蔺相如也叫人记录下来，说在渑池会上，秦王为赵王击缶。

秦王没占到便宜。他知道廉颇已经在边境上作好了准备，不敢拿赵王怎么样，只好让赵王回去。

蔺相如在渑池会上又立了功。赵王封蔺相如为上卿(qīng)，职位比廉颇高。

廉颇很不服气，他对别人说："我廉颇攻无不克，战无不胜，立下许多大功。他蔺相如有什么能耐，就靠一张嘴，反而爬到我头上去了。我碰见他，得给他个下不了台！"这话传到了蔺相如耳朵里，蔺相如就请病假不上朝，免得跟廉颇见面。

有一天，蔺相如坐车出去，远远看见廉颇骑着高头大马过来了，他赶紧叫车夫把车往回赶。蔺相如手下的人可看不顺眼了。他们说，蔺相如见了廉颇像老鼠见了猫似的，为什么要怕他呢！蔺相如对他们说："诸位请

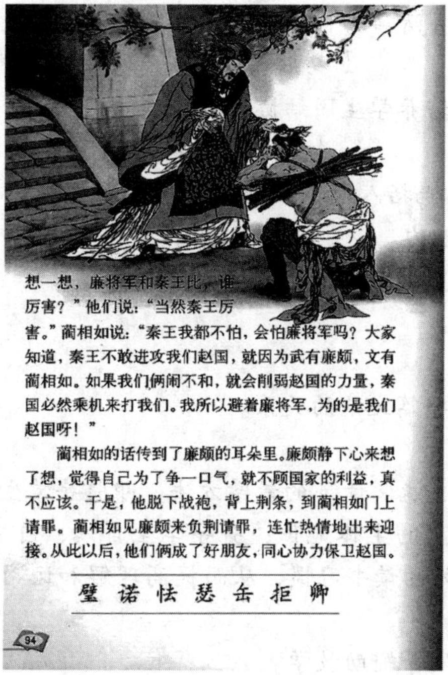
想一想，廉将军和秦王比，谁厉害？”他们说：“当然秦王厉害。”蔺相如说：“秦王我都不怕，会怕廉将军吗？大家知道，秦王不敢进攻我们赵国，就因为武有廉颇，文有蔺相如。如果我们俩闹不和，就会削弱赵国的力量，秦国必然乘机来打我们。我所以避着廉将军，为的是我们赵国呀！”

蔺相如的话传到了廉颇的耳朵里。廉颇静下心来想了想，觉得自己为了争一口气，就不顾国家的利益，真不应该。于是，他脱下战袍，背上荆条，到蔺相如门上请罪。蔺相如见廉颇来负荆请罪，连忙热情地出来迎接。从此以后，他们俩成了好朋友，同心协力保卫赵国。

璧 诺 怯 瑟 缶 拒 卿

94

赵 璧 召 诺 怯 瑟 拒 诸 荆

① 有感情地朗读课文。结合课文内容，说说你喜欢哪个人物，为什么。

② 默读课文，给三个故事加上小标题，并分别说说主要内容，再说说这三个故事之间的联系。

③ 提出自己感兴趣的或者不懂的问题，跟大家讨论。如，渑池会上，蔺相如为什么逼秦王击缶？秦王击缶后，为什么“不敢拿赵王怎么样”？

④ 抄写喜欢的词语和句子。

选做题 如果有条件，可以看看或听听表现“将相和”内容的戏曲录像。

资料袋

课文根据《史记·廉颇蔺相如列传》改编。《史记》用为人物写传的形式来反映历史，成功地描写了众多有血有肉、性格鲜明的人物。如，治水三过家门而不入的大禹，伟大诗人屈原，西楚霸王项羽。它既是一部很有价值的历史著作，又是一部杰出的文学著作，被鲁迅先生称为“史家之绝唱，无韵之离骚”。作者是汉代的司马迁。

95

【请你参考】

人教版课程标准实验书小学五年级语文下册第18课《将相和》说课稿

一、教材简析

本课是人教版小学五年级下册的一篇课文。《将相和》是根据司马迁《史记·廉颇蔺相如列传》改写的一篇历史故事课文。课文通过“完璧归赵”“渑池之会”“负荆请罪”三个故事，突出表现了蔺相如临危不惧、足智多谋、顾全大局，廉颇知错就改以及他们两人为了国家利益团结协作的品质。三个小故事叙述形式相似，各有中心。既有相对的独立性，又紧密相关。文章篇幅较长，语言简练，人物个性鲜明。根据教学大纲、教材编排意图、课文特点和学生的认知水平，特作以下设计：

（一）教学目标

1. 认知目标：一是引导学生理解课文内容，二是学习掌握“廉颇、璧、侮辱”等7个词语。

2. 操作目标：一是借助课题，概括课文主要内容；二是品味“完璧归赵、绝口不提、理亏、示弱、能耐”等重点词语的意思；三是给三个小故事加上小标题；四是复述“负荆请罪”的故事；五是弄清第一自然段和下面三个小故事之间的联系；六是正确、流利地朗读课文。

3. 情感目标：体会文章的思想感情，培养学生团结协作的品质。

（二）教学重点

1. 抓关键词句，品味人物言行，准确概括人物特点，加深学生对课文内容的理解，进一步训练学生语感及其他语文能力。

2. 借助课题概括课文主要内容。

（三）教学难点

1. 分清事物的前因后果；

2. 搞清各段之间的内在联系及各段与整篇文章的关系。

二、教法学法

在本课的教学中，采用“自主学习，自能阅读”的教学方法。即引导学生重感悟、重积累、重情趣、重迁移，体现学生的主体地位；引导学生自读、自悟，在阅读实践中逐步掌握阅读方法，养成良好的读书习惯，从而提高理解和运用语言文字的能力。

教具准备：借助挂图、投影仪、课本剧等辅助教学。

三、教学程序

（一）设疑导入，整体感知

教师出示课题《将相和》，通过预习让学生了解：

1. 课题中的“将”指谁？（相机教学生汉字“廉颇”）“相”指谁？“和”是什么意思？教师介绍时代背景。让学生围绕课题，提一些问题。这一设计的依据有三条：一是检查学生的预习效果如何。二是培养学生学习的自主意识，训练学生质疑、表达的能力。三是突出题眼“和”字，使整篇课文的教学有所依傍。

[设计意图]

如果把课文视作一个圆球，是球就必定有球心，有了“球心”，课文这一“球体”必定会对它保持向心力。课题中的“和”字就是本篇课文的“神”之所在，就是“球心”，抓住它可使全文神聚，让三个故事最终说明一个道理。

2. 教师提示是“和”就先必有“不和”，请同学们浏览课文，看课文中哪个段落写了造成两人“不和”的原因。学生可从第16小节中找到答案：“我廉颇攻无不克，战无不胜，立下了许多大功。他蔺相如有什么能耐，就靠一张嘴，反而爬到我头上去了。”

[设计意图]

从课文题目切入课文内容，训练学生的阅读能力，又初步了解到课文内含的矛盾冲突。整个学习过程将围绕着“廉颇的话说得是不是有道理，蔺相如该不该升官”这个问题展开。

3. 让学生再读课文，给三个小故事加上小标题，并请学生上台板书小标题，思考课文哪些部分写了造成两人不和的外部原因？（“完璧归赵”“渑池之会”。而“负荆请罪”则是写了两人如何从“不和”到“和”的过程）再根据小标题，思考课文主要讲了一件什么事？练说。

[设计意图]

第二次读书，把书读通，理清课文的思路，将课文的三个故事作为一个事件来对待，树立联系地看问题的观念。

（二）读议悟法，举一反三

这一环节分三步进行。

1. 读议悟法。抓住“骗”字教学“完璧归赵”。首先给学生充足的时间读“完璧归赵”部分，突出以“骗”对“骗”，再指导学生用“～～～～”和“——”划出描写人物言行的句子。接着，交流从中读懂了什么，深入剖析人物性格品质。最后讨论还有什么地方没读懂？如学生提出：“蔺相如是真的要撞柱子，还是故意吓唬秦王呢？为什么？”这个问题必须通过认真读书，联系上下文，积极动脑思考，才能找到正确的答案：蔺相如既不是一定要撞柱子，也不是单纯地吓唬秦王，他是见机行事。如果秦王因爱玉而妥协，他就不撞；如果秦王一切都不顾，派人抢玉，他就会真的撞柱而死，让头颅与玉俱碎。这既能看出蔺相如的勇敢，又能反映出他的机智。

[设计意图]

让学生自读、自悟、自得，诱发学生思维，鼓励学生争论，不追求统一、标准的答案，让学生谈出自身的不同于他人的阅读体验，点燃那种充满灵气的思维火花，学生自主学习得到了保证。最后引导学生总结学习方法，读文、圈划、领悟、质疑，总结了学法，为以下放手自学作好了铺垫。

2. 半扶半放。抓住“逼”字按照以上学习方法学习“渑池之会”，突出以“逼”制强。讨论：廉颇说得有无道理？蔺相如该不该升官？学习围绕“和”与“不和”展开讨论，始终不脱离这一主线。在自学汇报及师生评议过程中，重点从以下两方面引导学生领悟。(1) 渑池会上，赵王和秦王分出了胜负，还是打成了平局？(2) 这一功劳应归功于谁？指导学生加强朗读，并配以一定的表演以烘托气氛。

[设计意图]

这一设计让学生把书读懂，前两个故事写蔺相如因有功而升官，本是应该的，却成了两人不和的外部原因，同时也为下文的高潮蓄势。

3. 自学交流。抓住“避”字教学“负荆请罪”，突出以“避”对“傲”。以四人小组为单位，引导学生自学“负荆请罪”部分，并质疑问难。再结合课文插图，四人共同商议，廉颇、蔺相如会各说些什么？请几组学生上台表演两人的对话。既填补了课文的空白，又训练了学生的口头表达能力。

[设计意图]

以上的教学，教师以学生为主体，在语文教学中以培养学生的语文能力为本，以读书为主，让学生“自己读”，让学生“自主读”，让学生“自觉读”，在阅读实践中逐步掌握阅读方法，形成阅读能力并养成良好的阅读习惯，让学生自能阅读，做阅读的主人。

（三）深究课题，突破重点

三个小故事中，哪个集中写了将相和好？为什么还写另两个故事？通过深究课题使学生明白第二个故事是第一个故事的发展，前两个故事的结果是第三个故事的起因，合起来构成“将相和”这一更加完整曲折的故事。

[设计意图]

这样设计，旨在进一步夯实重点训练项目。再读课文，让学生把书读好。

（四）总结评价，课外延伸

1. 学完全文，四人小组讨论：你对蔺相如、廉颇有什么认识？你最大的收获和体会是什么？

2. 课外作业：以四人小组为单位排练课本剧。

[设计意图]

这一设计的依据是：以课堂为中心，横向拓展，提高学生整体的语文素质。符合语文教学的特点和儿童身心的发展规律。正如曹禺所说：“学生演戏里的人，必须理解他们的思想与感情，要具备想象和表演的能力，启发学生潜在的智力”。

四、板书设计

将	————	相
廉颇	和	蔺相如
知错就改	爱国	顾全大局

【阅读书目】

1. 吴萍：《新编教师教学技能训练教程》，北京师范大学出版集团 2011 年版。

2. 皮连生：《现代教学设计》，第 2 版，首都师范大学出版社 2012 年版。

3. 周勇：《新课程说课、听课与评课》，教育科学出版社 2004 年版。

4. 吴志樵：《说课的艺术》，辽海出版社 2011 年版。
5. 周小蓬：《语文课堂教学技能训练教程》，北京大学出版社 2010 年版。

【相关网站资源介绍】

语文网 https：//yuwen. chazidian. com/
小学语文资源网 http：//xy. eywedu. com/
小学教育网 http：//www. ok1490. com
小学数学教学网 http：//www. xxsx. cn
小学英语课堂教学技能 http：//www. ecp. com. cn

第十一章　听课技能

【学习目标】

1. 了解听课的概念及类型。
2. 把握听课的目的和作用。
3. 掌握听课的基本要求。
4. 学会做好听课记录。

【问题导入】

1. 你认为作为学生的听课和作为老师的听课，不同点在哪些方面？

2. 听课的前、中、后需要做哪些工作？

3. 听课中需要做听课笔记，与你平时做的学习笔记相同吗？听课笔记需要记录哪些内容？

【案例引领】

《摔鸡蛋的学问》听课记录[①]

张化万执教　徐雪峰评析

一、汇报实验结果

师：昨天，张老师给大家布置了什么任务？

生：把鸡蛋从四楼摔下去，有什么办法能让鸡蛋壳不破。

师：当时，你的第一感觉是什么？

生：我的第一感觉是难。

生：不太可能。

生：很刺激的。

师：现在的感觉怎样？

生：这么有难度的问题，我都能解决，我觉得很自豪。

生：我觉得很轻松，仿佛有一块石头从心头去掉的感觉，因为蛋壳没破。

师：想到些什么办法？

（一位学生上前展示空花篮里垫着海绵，鸡蛋装在小布袋里，拴在花篮的提手上）

生：这是我与陶莹合作的。

师：你怎么会想到与同学合作，为什么不一个人做？

生：我觉得很多事情都需要大家一起来努力，这样才能想到更好的办法。

师：你很有现代人的意识。

（一位学生上前展示鸡蛋被层层包裹，系在自制的小降落伞下）

师：请告诉大家，你是怎么做的？

生：第一次实验时，我用两块海绵将鸡蛋包起来，用线捆住，摔到地上时，线松开了，鸡蛋还是破了。后来，我用油纸袋做了一个降落伞，系在上面，让它增加阻力，摔下去时，鸡蛋壳没破。

师：光脑子想还不行，还要动手实践。这是他两次实验的结果。今天我们班里那么多同学想出了办法，你有什么感觉？

生：很高兴。

生：很激动。

生：很兴奋。

① 百度文库，https：//wenku. baidu. com/view/9fac1bc73086bceb19e8b8f67c1cfad6195fe92a。

【评：开放了习作的内容，将学生的课堂学习与课外生活紧密联系起来，将语文学习与科学实验有机结合起来。每个学生都带着好奇、疑惑的心情事先在家里经历实验过程。实验材料唾手可得，一次实验不成功，多次尝试也无大碍，学生丝毫没有后顾之忧。这种让学生独立实验探究在先、自主习作在后的教学安排，有效地激发了学生作文的兴趣，在课堂教学中的效果是显而易见的。】

二、片段练习

师：咱们小学生写作文，主要做到两条：感情真实，内容具体。昨天你感到难，感到很刺激，今天你完成后感到很自豪、很轻松。请你捕捉一点你当时真实的感受，用10分钟时间写出来，注意写出自己的心里话。

生即时写作片段

【评：真，是写好作文的出发点，也是作文的生命。教师让学生明白：作文一定要倾注真情，说真话，说实话，说心里话。即时的片段练习一方面满足了学生自我表达的需要，另一方面化解了本次习作的难点。】

生：我写的是第一次听到要求时自己心里的想法。听到老师说，要把一个熟鸡蛋从四楼往下摔，并使鸡蛋壳不破，我的心里有一种不敢想象的想法。

师：他用这句话表达自己的感情是对的，还可以写得更简单些，谁能帮帮他？

生：我的心里有一种不可思议的想法。

生：我简直不敢想象。

师：对，写成“我简直不敢想象”就行了，这位老师不是在开玩笑吗？又不是铁蛋，而是比纸更容易破的鸡蛋，怎么可能不破呢？除非它是生的，而且是个鸟蛋，在空中遇到一股热气流，孵化出一只小鸟飞走了，这倒是有可能的。

（全体师生热烈鼓掌）。

师：很有创意。哎呀，不得了，鸡蛋变鸟蛋，鸟蛋变小鸟飞走了，如果不是这样，对我来说，三个字：不可能。

（又一次热烈鼓掌）。

师：这位同学思想很开放，想象大胆。其实只要敢于去想，你们的想象力都是很丰富的。

生：哎，这个办法又失败了。

师：“哎”这个很简单的字，把当时的什么给写出来了？

众生：难！我烦躁极了，因为明天张老师要来上课，还给我们布置了这个任务：把一个煮熟的鸡蛋从四楼摔下去，有什么办法能使鸡蛋壳不被摔破？我的第一个办法是：往塑料袋里装满沙子，将鸡蛋放在中间，然后从1米高的地方摔下去。可是，落地时，沙子散开了，鸡蛋壳也破了。鸡蛋从1米高的地方摔下去都破了，更何况从四楼摔下去呢？

【评：学生交流时，教师根据讲评指导的需要适时点拨，时机把握得好，内容、方式也比较恰当。】

（生修改片段）

师：把你认为改得成功的地方，让大家欣赏欣赏。

生："心里有一种获大奖的感觉，觉得自己既能干，又聪明，简直像个神童"改成"心里有一种获诺贝尔大奖的感觉，觉得自己既能干，又聪明，简直像只快乐的小鸟"。

生：我实验成功后，简直像中国足球冲出亚洲一样，高兴得不得了，真想狂欢一天。

……

【评：珍视学生独特的体验和感受，鼓励学生尝试运用课内外积累的好词佳句，练习有创意的表达。】

三、自主拟题

师：张老师想请教大家，今天这个实验，我们大家都做了，怎样写出自己的个性来。你们四人一组议一下，可以拟些什么题目呢？

生自拟题目

生：《鸡蛋历险记》《一堂有趣的作文课》《有趣的张老师》《有趣的实验》。

生：《"铁"鸡蛋》《鸡蛋里飞出了"小鸟"》《不可能的任务》。

生：《到底难不难》《大胆的实验》《啊！成功了》。

师：《啊！成功了》，这个题目好。

生：《鸡蛋的故事》《鸡蛋要有安全感》《我和我的鸡蛋》。

生：《我——天才》。

（众生笑）

师：为了谨慎起见，我建议你在"天才"上加个——

生：引号。

生：《鸡蛋的末日》。

师：我建议你在"鸡蛋的末日"后面加上一个问号："鸡蛋的末日？"

……

【评：两个小小标点的处理，让我们感受到张老师扎实的语文功底和高超的点拨艺术。】

四、自由作文

师：这么多题目，我们可以自由选择，每人写自己最愿意写的题目。可以写自己拟的题目，也可以写别人拟的题目，还可以写新拟的题目。10分钟时间，写你最有把握、最想写的一段。要求写具体，写你看到的、听到的、想到的、说的、做的。

（生写作，师巡回指导）

【评：学生自主拟题、自由表达和有创意的表达表现得很充分；教师为学生的自主写作提供了有利的条件和广阔的空间。】

五、互评互改

生相互交换批改，师巡回指导

师：你在批的时候，有没有发觉写得特别好的文章，想推荐给大家？一段、一句话也行。

【评：学会欣赏是现代人的基本素质之一。愿意将自己的习作读给他人听，与他人分享习作的快乐也是习作的目标。】

生：我的题目是《我——鸡蛋》。一天，我被主人塞进一座用海绵做的小房子里，憋得我透不过气来。

师：哪一句比较好？

生：透不过气来。房子外面套了一只塑料袋，系在一个降落伞下面。我想：该不会把我当做跳伞运动员，让我从几十米高的地方跳下去吧？哎，我还不想死呢。于是，我撞撞海绵，对小主人说："不要把我从高空摔下去。"

师：是"要求"小主人，还是"乞求"他？

生：是"恳求"，可小主人装作没听见。于是，我又喊："救人一命，胜造七级浮屠。如果你救我一命，我会让你升到八级浮屠的。"（众生笑）可是，我喊来喊去，就是没有用。

生：我的题目是《鸡蛋实验之失败》。摔鸡蛋实验，其实很简单，至少开始我是这么认为的。不就是把熟鸡蛋从四楼摔下，让蛋壳不破吗？晚饭以后，我就开始做了。在做以前，我特意看了一下表，是8点，估计1小时后能做完。可是时间过得很慢，不到半个小时，一团报纸包着鸡蛋便被我从四楼摔了下去。咔嚓一声，告诉我答案：失败也。

师：咔嚓一声，告诉我答案，她用了一个"失败也"，很浅近，很诙谐。

生：我急匆匆地跑下楼，找了半天，才找到鸡蛋。一看，四分五裂。只能剥了壳吃进了肚子里。我终于发现，这个任务原来这么难，说它是一个不可能的任务，也不夸张。只好再煮一个。

【评：写作实践当然也包括学生的自我修改和相互修改。只有这样，学生才会在反复推敲中提高自己语言文字表达的能力，才会感悟并汲取同伴习作的“亮点”，并增强对自己、对他人的责任感。从上面这个精彩的教学片段中，我们不难发现学生有一定的自我修改的能力，也不难体会教师在着力引导学生怎样丰富自己的语言表达。】

六、课外延伸

师：同学们写得都挺不错。这节课在大家艰苦、辛勤的学习中，在我们愉快的笑声中就要结束了。我最后想给大家提供一个有关鸡蛋的玩法：看谁能让鸡蛋在桌面上竖着，不得用任何辅助工具，坚持5秒钟。

【评：探究是最能体现人的本性和力量的心智活动。教师又让学生去尝试一个有关鸡蛋的新玩法，非常有机地将探究的兴趣由课内引向课外。】

【理论学习】

一、听课概述

（一）听课的含义

听课是教师间相互交流、切磋琢磨、取长补短、共同提高的一种有效形式，是教师或研究者凭借感官或有关的辅助工具（记录本、调查表、录音录像设备等），直接或间接地从课堂情景中获取相关的信息资料，经过理性分析而进行的研究、评价和学习活动。听课是教育行政和教学业务部门检查、指导教学活动的重要内容，也是教师、教研人员的一项必不可少的、经常性的工作任务，更是一种技能和方法。听课技能是以听课者原有的教育思想和经验为基础，以看、听、思、记、谈等多种活动协调为保证的立体性综合技能。合格的教师需要掌握一定的听课技术要领。

（二）听课的目的

听课是一种立体性综合技术，卓有成效的听课总是听课者以认真和高度集中的注意力为前提；以原有教育思想和教学经验参与为基础；以看、听、想、记多种听课活动协调作用为保证。听课不是目的，是手段，是途径。听课是教学研究的重要手段，也是教师相互交流、相互学习和促进教师自我反思的重要途径。我们通过听课达到甄别认定课堂教学优势的目的，进而提升自身课堂教学研究的水平和质量。

（三）听课的意义

听课是当老师的开始，是老师走上讲台的基石；听课是教师的基本功，是教师走上专业成长的一条重要的路径。全国著名的特级教师于漪曾说："我的特级教师是听课听出来的。"特级教师窦桂梅说："几年来我听了校内外教师的1000多节课……"由此可见，教师的成熟是随着"听课"的增加而递进的，名师的成长是随着"课相"的丰富而促成的，通过听课，可以发现优秀教师先进的教学理念、教学方法和教学经验，经过思考分析及论证总结，就可以大面积推广。教师可以通过听课活动学习那些先进的理念、方法和经验，结合自己的教学实际进行思考和借鉴，促进自己的成长和提高。

【案例1】

"听课"伴我成长

特级教师窦桂梅在《激情与思想：我一生的追求》中写道：凭着那份与生俱来的自信，我一步一步地走向教学前沿；凭着一股勤劲儿，我向书本学习，几年来我的阅读量达300多万字，记下了20多万字的读书笔记，做了500多万字的文摘卡片；凭着一股恒劲儿，我向名师学习，几年来我听了校内外教师的1000多节课……从窦老师的历程，我们心中悠然自得——"听课"伴我成长。

寻秘笈——热情耗尽

在刚任教时，我对上公开课教师的一招一式都佩服不已。一听到哪里有公开课就往哪里钻，总想从公开课中探得一劳永逸的教育秘笈。然而几番寻寻觅觅之后，仍是懵懵懂懂、迷迷糊糊。听课何为？是不是为了照搬照抄上课教师的教学模式？是不是学习他怎样处理教材、怎么安排课时？千头万绪，让我无所适从。再加上，坐在教室的后面听课，很多时候听课教师们在嘻嘻哈哈聊天、自由自在接电话，或专心致志看杂志，闹哄哄的。有时一节课下来，我甚至只懂个上课的课题。久而久之，我心烦扰，由学而不厌，渐渐地转为听而生厌，听而生畏。

悟真谛——如梦初醒

我的职业生涯在惯性的轨道上无知无识地运行着，其间也处心积虑地不断尝试改进教学，然而，一切似乎都无法尽如人意。但毕竟心中当好教师的理想未曾熄灭过，它隐约闪现促我时时深思。苏霍姆林斯基从教30多年，给自己定了条规则：如果他一天没有听过两节课，他就认为那天他在学校里什么事也没有做。正是持之以恒地关注与思考课堂，他深刻地领悟到心灵的秘密与教育的真谛，研索出教育的真正意义所在。在思考教育名家的成长中，我才真正意识到，教师听课其意义在于——“观千剑而后识器，操千曲而后知音”。在对许许多多的课堂细节的批判和借鉴中，汲取教育的真元之气，吸纳异质与新机，塑造属于自己的育人风格和才智。李镇西的著作《从批判走向建设》便是对课堂及校园生活细节的不断省思与剖析；窦桂梅的《梳理课堂》也是从师生的一言一行中，透视教育的智性与困惑。至此，我方彻悟：名师是这样炼成的！

观课堂——吸纳于心

于是，调整自己的观察视点，我安静而兴奋地倾听课堂。不求面面俱到，但求见人所未见，发人所未发。渐渐地，我尝试着对一些细节作抽丝剥茧式的条分缕析。如针对教师的教育素养，我们可以观察教师的提问方式是先指名后问还是先问后指名？是提问后不停顿就指名回答，还是提问后停顿一下再指名回答？提问是否过于集中在某些学生身上？是否有意识地提问那些课堂上从未举手的学生？当前教师提问的有效性如何？是选择问式的、陈述式的还是推论式的？提出问题是否循序渐进？是循循善诱还是引君入瓮？这些都成了我观察课堂的问题，因为这些问题的背后关涉着教师是否真正关注每一个生命个体。对此，佐藤先生说得非常微妙：进入课堂，我们经常会说大家，其实课堂中没有大家，只有一个个有自己容貌和名字的个人。那么，我们要时时深思，我们的课堂有被忽略与遗忘的学生吗？

佐藤先生称：与其说，我要观察课堂中发生了什么，不如说，我要将课堂中发生的一切都吸纳于心。观察课堂与分析课堂，其最为本质的意义就是：珍视与每一个生命的相遇，并努力创造与每个生命共通的心缘。几乎是不知不觉的，我以这样的方式在课堂中行走将近十年，并将自己的所见、所感、所思、所获都诉诸笔端。通过教育写作的耕犁，我更加有意识地进入课堂并关注其细节，使自己的教育思考回归日常化、生活化、生命化。

（四）听课的类型

由于听课有多种类型，在具体的实践中，具体的听课操作也不尽相同。一般说来，听课的目的决定了听课的类型，不同目的的听课有不同的听课要求。

1. 检查型听课

检查型听课就是为了了解学校和教师教育教学工作的情况而进行的听课活动。它是上级教育部门和学校领导监督、检查教育教学工作的一种最普遍的形式。在绝大多数情况下去听哪所学校、哪个教师、哪个班级、哪一节课等，事先都不告知或告知的时间不太长。虽然，外来听课者的介入会或多或少地影响到学校和教师，但从总体上讲，通过检查型听课了解到的教学情况基本上是客观的，能最真实地反映学校和教师的实际教学情况。

2. 评比型听课

评比型听课主要是为了对教师做定性评价而进行的听课活动。如为评优秀课及评优秀学科教师、特级教师等所进行的听课就属于这个范畴。在各级各类的优质课评比及各种考核课中，听课者应尽可能地减少主观因素的干扰，客观、公正地对待每一节课，做好选拔性或等级评定的工作。

3. 观摩型听课

观摩型听课是为了总结、推广、交流教学经验和方法等而进行的听课活动，包括听公开课、示范课、展示课等。观摩型听课目的就是在一定的范围内推广先进的教学方法和教学经验等，因而，一般都是观摩特级教师、优秀教师或某一方面有特色、有创新、有经验的教师的课堂教学。

4. 调研型听课

调研型听课是为了研究、探讨有关教育教学问题或了解教学改革实验进展情况而进行的听课活动。研讨课、实验课、调研工作中的听课等都属于这个范畴。这类听课活动往往是实验研究性质的，组织者和实施者一般有比较明确的研究目的和比较成熟的做法与经验。对听课者来说，其听课的主要目的不是去评价教师，而是与授课者共同讨论教学过程、教学方法等，共同总结反思，逐步完善教学。这样的听课活动往往不是听一两次课就能解决问题，通常需要听课—反思—改进多次反复。

在实际的教学研究和听课过程中，有些听课类型可能是交叉的，听同一节课也可能同时达到几种听课的目的。

二、听课的基本要求

听课既是一种教学研究的手段，又是一种技能和方法。听课需要一定的学习和培训，并不是什么人都能听懂课、听好课。听课者应具备一定的教学修养和经验，应掌握一定的听课技术要领。要进行有效的听课，需要做到以下几点：

（一）树立与新课程精神相适应的听课观

1. 听课前要了解教材和学生的基本情况

不同的学科、不同的教材有不同的教学内容、教学方法及教学要求等，对此，听课者必须有所了解。另外，听课者还要了解听课班级学生的一些基本情况，如教学基础、学习风气、学习习惯和认知水平等，增加听课的针对性及评价的客观性和公正性。

2. 听课应更多地关注教学内容的生活性

新课程精神强调课堂教学要与学生的日常生活建立一定的联系，将学生在日常生活中积累的经验带进课堂。《基础教育课程改革纲要（试行）》中指出："改变课程内容'难、繁、偏、旧'和过于注重书本知识的现状，加强课程内容与学生生活以及现代社会和科技发展的联系，关注学生的学习兴趣和经验，精选终身学习必备的基础知识和技能。"所以，新课程改革背景下的听课，要特别关注教学内容是否与师生的日常生活发生了联系。

3. 听课应更多关注教学方法的灵活性

新课程观下的课程教学强调学生的积极主动参与，主张将日常生活合理地融入教学内容之中，在这种情况下，教师需要根据教学内容的需要，在学生已有的生活经验基础上，根据课堂教学的实际情况灵活多变地综合运用教学方法。因此，听课者应更多地关注教师在课堂教学中运用教学方法的意识、行为和能力。也就是说，听课者既要观察教师使用了哪些教学方法，也要分析教师为什么要使用这些教学方法，以及这些教学方法的运用能够在多大程度上促进教学内容转化为学生的知识和技能。

4. 听课应更多地关注教学评价的多元性

《基础教育课程改革纲要（试行）》指出："评价不仅要关注学生的学业成绩，而且要发现和发展学生多方面的潜能，了解学生发展中的需求，帮助学生认识自我，建立自信。发挥评价的教育功能，促进学生在原有水平上的发展。"因此，听课者对一堂课的评价角度不应是一元的，而应是多元的。

（二）掌握听课的基本方法

听课是一项复杂的脑力劳动，需要一定的方法和技能。听课者要充分调动自己的感官，做到听、看、记、思有机结合，才能真正达到听课的目的。

1. 听的要求

听课者主要应注意听：

（1）教学是否体现课程的理念、方法和要求；

（2）教学过程设计是否科学合理；

（3）教学内容是否重点突出，详略得当；

（4）教师语言是否流畅、表达是否准确清楚；

（5）授课中是否有创新的地方。

2. 看的要求

听课不仅要用耳朵听，还应用眼睛仔细观察，用心体会课堂教学的每一个环节。看的方面有：

（1）教师主导作用的发挥。首先，看授课者在课堂教学中折射出的教育教学思想，特别是与当前的课程改革理念是否相符。要看教师是否将学科新课程理念贯穿于教学过程中，能否体现新课程“三维目标”的落实；还要看教师的教学作风是否民主，学生是否得到“解放”，是否构建和谐课堂等。其次，看课堂教学的效果。这里不仅要看学生对知识的理解、掌握和运用程度，还要看学生技能的培养和达成程度，更要看在教学过程中对学生的人文素养和科学素养的培养。再次，看授课教师对教材的理解、挖掘和处理，看教学重点难点的突出和突破，看教学时间的分配，看教学程序是否优化，教学方法是否科学，教学手段的运用等。最后，看授课教师的基本功。看教师的精神是否饱满，教态是否自然亲切，看教师的板书是否合理，看教师运用教具，特别是现代化教学设备是否熟练，看教法的选择是否得当，看教师指导学生学习是否得法，看教师对学生出现的问题处理是否巧妙，等等。

（2）学生主体作用的发挥。例如，学生是否主动参与教学过程；课堂气氛是否活跃；全体学生的积极性调动得如何；学生学习习惯是否科学；学生分析问题和解决问题的能力是否得到培养；看各类学生特别是后进生的积极性是否被调动；看学生与老师的情感是否交融；看学生能否主动提出问题，敢于发表自己意见，善于合作和交流，等等。

3. 记的要求

听课中发现的问题要尽快记录下来，以免课后遗忘。听课记录是听课者素质的体现，它反映了听课者的品德、态度、能力、水平等方面的基本素质。在做听课记录时要注意以下几点：

（1）记教学环节。听课者在记录教学环节时要条理分明，层次清楚。各层次知识内容、课堂小结、习题和作业题的选配、提高升华与知识的规律总结等，都应该一目了然。听课者要善于抓住授课教师的思路，厘清教师的教学步骤，并在笔记中用不同符号加以标识。听课者最好能记录各个教学环节所花费的时间，这样可以考查教师教学时间的安排和分配是否合理、教学重点是否突出等。

（2）记重点教学细节。一般要重点记录的细节包括：教师的重点提问及对学生答问的引导、评价，学生典型答问和质疑，重点时段的师生活动以及教师在教学过程中出现的失误和话误等。听课者还应该对教师独特、有效的具体教学手段或做法进行记录。

（3）记板书设计。一个好的板书能有效地提高课堂教学效率，也会反映教学程序、教学思路以及教学重难点。

4. 思的要求

听课者在听课中要注意思考以下方面：

(1) 教师为何如此处理教材，换个角度又怎样；

(2) 要仔细思考教师教学的成功、不足或失误之处，分析原因，并考虑对学生产生了哪些影响；

(3) 换位思考，假若自己上这节课会怎样上；

(4) 课堂教学中是否体现了新课程的理念、方法、要求等，教师是否将其内化为自觉的教学行为；

(5) 若无听课者，教师是否也会这样上，即这节课能否反映教师真实的教学水平，等等。

三、听课的基本步骤

教师听课应该按下面三个步骤来进行。

(一) 课前要有一定的准备工作

俗话说，留心天下皆学问，教师要想通过听课真正学习点东西，就必须做一个听课的有心人。要有心，听课就要做点准备工作。打算听谁的课，应该事先问问他教什么内容，把这部分知识熟悉一下，并设想自己教，该会怎样做，以便听课时有个对比。

1. 熟悉课程标准，充分把握教材

做到“三准一活”。三准是对学科教材体系和教学内容认识准，对教材重点、难点把握准，对课后训练目的要求掌握准；一活是灵活地看教师组织和选择教法。

2. 了解执教教师的相关情况

在进入课堂之前，听课者应该适当了解上课教师的有关情况，如教师的教龄、文化程度、职称职务、业务水平、教学经历等。而且听课者也要尽可能地去了解教师在课前的准备情况，比如他对课程标准的理解，对于本次课堂教学活动的环节设计和安排，等等。

3. 制定较为科学的听课标准或指标

一定的听课标准或指标，不仅可以为听课者提供基本的方向和指南，还可以为之后的教学评价提供客观可靠的依据。听课的标准可以是定性的，也可以是定量的。原则上以定量为主，因为定量指标的科学性更容易为人认可。而对于某些无法用定量指标来衡量的内容，则可用细化的定性标准。譬如，可以把课堂的教学目标、内容、方法、效果等方面综合起来，整体考察一堂课。当前，国内已经有多个地方、多所学校引入课堂观察的方式开展合作式听评课，以促进教师专业发展。

（二）听课中要认真观察和记录

教师听课要高度集中注意力，全身心的投入，不仅要听，还要看，要仔细捕捉讲课者的语言和表情，记下他每个教学环节和教学方法。教师要一边听，一边观察思考。既要看教，又要看学，看教者对教材的钻研，重点的处理，难点的突破，教法学法的设计，教学基本功的展示。看学生的学，要看学生的课堂表现，看学生参与的情绪等，总而言之要看教师主导作用和学生主体地位有机结合。

1. 听什么

听课听课，关键在听上。一听教师怎么讲的，是不是讲到点子上，重点是否突出，详略是否得当；二听课讲得是否清楚明白，学生能否听懂，教学语言如何；三听教师启发是否得当；四听学生的答题。

2. 看什么

一看教师的精神是否饱满，教态是否自然亲切，看教师板书是否合理，看教师运用教具是否熟练，看教法的选择是否得当，看教师指导学生是否得法，看教师对学生出现问题的处理是否巧妙……一句话，看教师主导作用发挥得如何。

二看学生，看整个课堂气氛，是静坐呆听，还是情绪饱满，积极参与；看学生对教材的感知；看学生的注意力是否集中，思维是否活跃；看学生思考问题，分析问题，解决问题的能力；看学生活动的时间；看学生的练习情况；看学生与教师情感是否交融……一句话，看学生主体作用发挥得如何。

3. 想什么

听课者在课堂上不仅边听、边看，还要边想。因为对课堂教学水平的分析不能仅停留在表面现象的观察上，更要做出正确的判断，有时需要透过现象去分析它的实质。例如怎样才算启发思维，不能简单地看课堂上是否问问答答，也不能简单地看举手的人数多少，主要看学生动脑筋的程度。这里不妨分析一下：如果问题刚提出，全班都举手，这能算启发思维很成功吗？这很可能提的问题过于简单了。相反，一个问题提出，开始无人举手，但看得出来，学生在思考，几秒钟以后，有的孩子脸上露出了有所领悟的表情，举起手来，渐渐地举的手多了起来，这才是一种最佳的教学效果。上得好的课，应该看得出学生是怎样从不懂到懂，从不会到会，从不熟练到比较熟练的过程。在课堂上，学生答错了，答得不完整，答得结结巴巴，这是正常现象，正因为这样他才来学习。教师的功夫也就是在学生答错时，能加以引导，答得不完整时，能加以启发。所以听课，一定要注意看实际效果，看学生怎么学，看教师怎样教学生学的。

（三）听课后要思考和整理

教师听完课后不能一听了之，应对课堂实况过几遍电影，应进行反复的琢磨。听课的教师要善于进行比较、研究，准确地评价各种教学方法的长处和短处，并结合自己的教学实际，吸收他人有益经验，改进自己的教学。

课堂记录的速度总是有限的，总会有遗漏，这就需要课后及时地回忆补充。如果有录像或录音，那就更好。听课者要在第一时间进行补充、整理、分析、思考，即全面反思。

在分析总结他人课时还要注意比较研究，取长补短。每个教师在长期教学活动中都会形成自己独特的教学风格，不同的教师会有不同的教法。听课的老师要善于进行分析比较，准确地评价各种教学方法的长处和短处，并结合自己的教学实际，吸收他人有益经验，改进自己的教学。在分析他人课时，听课者还要注意分析执教者课外的功夫，看老师的教学基本功和课前备课情况，这种思考对提高自己的教学水平也会有很大帮助。

【案例2】

《圆的面积》课堂教学实录与评析①

执教：双龙镇中心校　胡治菊

教学内容：人教课标版六年级上册——《圆的面积》。

教学目标：

1. 经历圆的面积计算公式的推导过程，掌握圆的面积计算公式。

2. 能正确运用圆的面积计算公式计算圆的面积。

3. 在探究圆的面积计算公式的过程中，体会转化的数学思想方法；初步感受极限的思想。

教学重点和难点：圆的面积计算公式的推导。

教学准备：圆形纸片、剪刀、多媒体课件等。

课前谈话：

师：昨天咱们已经见过面了，还记得叫我什么老师吗？

生：记得。

师：大家看今天的课堂和以前有什么不一样？

生：今天听课的老师特别多。

师：这些老师都是临近乡镇的，你们想和老师说点什么吗？

生：祝老师们工作顺利！

---

① 双龙镇中心校胡治菊，http：//wenku. baidu. com/view/941d4286d1d233d4b14e852458fb770bf78a3bc9。

师：谢谢你！胡老师在给自己的学生上课时，经常会在课前来一段热身，像老师这样双手放到胸前，大声地说："我不错，我真的不错，我真的真的很不错。"

生：大声地说一遍。

【评析】胡老师与学生轻松"随意"的课前谈话，一方面，恰到好处地放松了学生的紧张心情，为课堂教学做好了心理准备。

教学过程：

一、开门见山，揭示课题

师：（出示一个圆形的镜框）问：我想给圆形镜框的四周缝上花边，你认为是求圆形镜框的什么？

生：圆形镜框的周长。

师：如果要给圆形镜框配上一块玻璃，你们认为又是求圆形镜框的什么？

生：圆形镜框的面积。

师：你们同意吗？

生：同意。

师：这节课我们一起来研究圆的面积。（板书课题：圆的面积。）

【评析】采用生活的问题开门见山的引入方式，基于以下考虑：

1. 关于平面图形的学习，学生已经积累了丰富的经验，熟悉了研究平面图形的思路：认识特征—周长—面积，有关圆的知识的学习思路同样如此。因此，这样设计有利于形成学生研究问题的思路，有利于把新知识纳入已有的认知结构。

2. 学生已经积累了有关平面图形面积的知识和方法，设计这样的数学情景，有利于知识的迁移。

3. 40 分钟的课堂，学生要"经历"前人历尽千辛推导圆的面积计算公式的历程，这样设计简洁明快，结构紧凑，能保证把过程性目标落实到位。

师：看到这个课题，你最想知道什么？

生：我想知道怎样求圆的面积？

生：圆的面积公式是什么？

师：真是一群爱学习的好孩子。

生：读学习目标

师：目标解析

【评析】让学生知道本节课我们要达成的目标是什么，重点目标是干什么？带着这些目标去进一步探究学习。

二、第一次探究，明确思路，体会"转化"的数学思想方法

1. 比一比、感悟圆的面积。

师：首先我们来玩一个小游戏，游戏的名称："比比谁的速度快"课件播放：涂色。

师：抽生读游戏规则。

师：准备好了吗？预备，开始。

生：动手涂圆。

师：停、老师宣布这个小组获得本次比赛的冠军。你们有什么疑问吗？

生：不公平。

师：问为什么不公平？

生：他们小组涂的面积太小了。

师：你们小组呢？（涂的面积太大了）

师：你们同意吗？

生：同意。

师：和老师这个圆比较，哪一个面积大？

生：老师。

师：圆表面的大小就是圆的面积。

师：动手摸一摸，互相说一说学具圆的面积。

【评析】用学生喜爱的游戏入手，通过动手操作，感悟圆表面的大小就是圆的面积。

2. 体会"转化"的数学思想方法

师：（课件出示长方形、正方形、平行四边形）：请看这些图形的面积，你会计算吗？

生：会。

师：抽查课前自学情况：

师：学习平行四边形的面积公式——转化成学过的（　　）形。

生：转化成我们学过的长方形。

师：学习三角形面积公式——转化成学过的（　　）形。

生：平行四边形。

师：课件演示转化的过程。

师：这些面积公式的共同点是什么？（把没有学过的图形转化成学过的图形）——转化（板书）

师：当我们不能直接去解决问题的时候，我们就可以用转化的方法。

师：那圆能不能转化成我们学过的图形呢？

生：能。

师：你认为它可以转化成哪些图形呢？（猜一猜）

生：长方形。

生：平行四边形。

生：三角形。

生：梯形……

【评析】“圆”作为一种由曲线围成的图形，与学生头脑中熟悉的由直线段围成的图形（如长方形、平行四边形等）差别比较大，因此当胡老师提出“怎么求圆的面积呢”，学生感到很茫然。此时，学生最渴望得到老师的指点。作为教师，如何施展自己的“点金”术，取决于教师的教学理念。在这里，胡老师没有直截了当地讲“方法”，而是从培养学生的解题能力入手，引导学生从头脑里检索已有的知识和方法：“以前我们研究一个图形时，用到过哪些好的方法？”这样设计，既在学生迷茫时指明了思考的方向和方法，又让学生把“圆”这个看似特殊的图形（用曲线围成的图形）与以前学过的图形（用直线段围成的图形）有机地联系起来了，沟通了知识之间的联系，促成了迁移。

师：接下来我们就来动手剪一剪，拼一拼好吗？请一位同学读一读活动的要求。

师：明白了吗？

生：明白。

生：小组剪拼图形（约 5 分钟）。

师：各个小组都拼出来了，谁想先来展示一下？请你们小组先说。

生：我们组把圆平均分成 16 等份，拼的近似平行四边形，我们发现平行四边形的面积与原来圆的面积相等。

生：我们组把圆平均分成 16 等份，拼的近似三角形，我们发现三角形的面积与原来圆的面积也相等。

【评析】通过第一次探究，学生产生了很有价值的思路。即通过剪一剪，拼一拼，把圆转化成近似的平行四边形和三角形。教师设计了“你们发现这两种方法的共同点了吗”这一关键问题，旨在引导学生通过回顾反思，达到渗透“转化”这一数学思想方法的目的。

三、第二次探究，深化思维，推导公式

师：刚才同学们借助学具通过动手操作，都找到解决问题的方法了。一种是把圆转化成平行四边形求出面积；一种是把圆转化成三角形，得到圆的面积。可是数学学习不仅需要动手操作，更需要借助数字、字母和符号等进行动脑思考和推理。现在，老师想给大家提个更高的要求：每个小组能不能还利用刚才选择的方法，推导出圆的面积计算公式呢？这可是一个很有挑战性的任务！大家有没有信心完成？

生：有！

师：抽生读活动提示：（1）你拼成近似什么形？计算它的面积需要哪些条件？这些条件分别与圆的周长和半径有什么关系？（2）请你根据以上分析推导出圆的面积公式，推导过程写在图形的下边。

生：小组为单位探究圆的推导过程（4分钟）

师：（小组合作，教师巡视指导。）

师：各个小组都讨论出结果了，哪个小组想先来展示一下？请你们小组先说。

生1：我们小组把圆平均分成了16等份，拼成了一个近似平行四边形。

生（问）：平行四边形面积公式是什么？

生（答）：底×高。

生（问）：大家请看平行四边形的底是圆周长的几分之几？

生：（答）生（问）高是圆的什么呢？

生：所以我们推导出圆面积的公式就是什么。

生：你们同意我们小组的说法吗？还有补充的吗？

师：你们表现得真好，我们再来听一听其他小组的想法。

生2：我们小组把圆平均分成了16等份，拼成了一个近似三角形

生（问）：三角形面积公式是什么？

生（答）：底×高÷2。

生（问）：大家请看三角形的底是几等份，是圆周长的几分之几？

生：（答）生（问）高又相当于几个半径呢？

生：所以我们推导出圆面积的公式就是什么？

生：你们同意我们小组的说法吗？

师：刚才我们每个小组都表现得不错，其实呀当我们把圆平均分成16等份后，会发现还会拼出很多的图形，例如梯形等，他们又是怎样推导的呢？请我们的同学下去继续研究好吗？

师：下面我们一起看看大屏幕，课件演示圆面积公式的推导过程。

【评析】在第二次探究中，学生主要是借助学具进行动手操作，明晰了求圆的面积的方法。操作对于小学生学习数学是必不可少的手段和方法，但数学思维的特点是要进行逻辑思考和推理。因此在这里，胡老师用下面的这段话“数学学习不仅需要动手操作，更需要借助数字、字母和符号等进行动脑思考和推理”把学生的思考推向深入。

师：（边讲边板书）老师也听明白了，把圆转化成长方形，面积是相等的。长方形的长相当于圆周长的一半，宽相当于半径，因为长方形的面积 = 长 × 宽，所以圆的面积 $= \pi r \times r = \pi r^2$。现在要求圆的面积是不是很简单了？知道什么条件就可以求出圆的面积了？

生：圆的半径。

【评析】第三次探究结果的交流，教师有意识地先让学生交流将圆转化成长方形求出圆的面积公式的方法，因为这种方法学生理解起来比较容易，是要求每个学生都要掌握的方法。

四、解决问题

1. 师：现在你能求出胡老师这个圆形镜框的面积了吧？需要什么条件？这个圆的半径是 10 厘米，面积是多少呢？请大家做在练习本上。（请一名学生到黑板上板演。）（教师组织交流。）

2. 师：知道圆的半径可以求出圆的面积，那么，知道直径和周长能不能求出圆的面积呢？（教师出示直径为 6 分米的圆和周长为 12.56 厘米的圆，学生思考后说出求面积的方法，即要求圆的面积必须先根据直径或周长求出圆的半径。）

师：这些问题下一节课我们还要继续进行研究，这节课先做到这里。

【评析】因为本节课的主要目标是引导学生去经历探究圆的面积公式的过程，充分体验“转化”和“极限思想”，而有关求圆的面积的变式练习以及利用圆的面积公式解决实际问题的练习都安排在下一节课中。因此，这节课只设计了几个基本练习，目的是检验学生对圆的面积的理解和掌握程度。

五、小结

师：时间过得很快，一节课就要结束了，大家有什么收获？

生：我会求圆的面积了，公式是 $S = \pi r^2$。师：这是知识上的收获，在解决问题的方法上有没有什么收获呢？

生：可以把圆转化成学过的图形推导出圆的面积计算公式。

师：同学们不仅学会了怎样计算圆的面积，更重要的是大家运用转化的方法，把圆这个新图形转化成了已经学过的图形，从而求出了圆的面积。以后大家遇到新问题，都可以尝试一下，看看能否把它转化成已经学过的知识来解决。

【评析】数学学习，不仅是数学知识的学习，更重要的是数学思想与方法的学习。课的最后，胡老师不仅与学生一起回顾了本节课学到的数学知识，还一起回顾了解决问题的思想方法。这一“画龙点睛”之笔，进一步强化了本节课的设计意图。

【总评】

1. 留给学生充足的探索空间。圆的面积这节课，胡老师的教学思路是：先复习已经学过的平行四边形等图形的面积公式推导过程及方法，然后设问“能不能把圆也剪拼成已经学过的图形来求它的面积呢”，接下来的大量时间用于学生动手剪拼，重点放在圆与剪拼后的长方形的关系的理解上。

2.《圆的面积》这节课的设计充分体现了重视获得适应社会生活和进一步发展所必需的数学基本思想和基本活动经验。第一次探究活动，通过剪拼把圆转化成已经学过的三角形和平行四边形，得到了解决问题的思路。然后在教师设计的“这两种方法有什么共同点”这一问题的引领下，通过反思体会了“转化”这一数学思想方法的妙用。第二次探究活动，学生借助数字、字母、符号等，运用数学的思维方式进行思考，成功地推导出圆的面积计算公式。在两次探究活动中，学生利用已有的知识和经验，进行操作、想象，进行交流与思维碰撞，他们经历过程与体验，积累了探究数学问题的经验，获得了研究数学问题的方法。

3. 正确处理操作与思维的关系。小学生的认知水平，决定了他们对许多数学知识的学习离不开操作，但操作不是目的，要引导学生学会用数学的思维方式进行思考。即借助数字、字母和符号等进行抽象的分析、判断和推理。《圆的面积》这节课，第一次探究活动是以动手操作、直观演示为主，第二次探究活动的方式和方法不同于前次，是要求学生摆脱动手操作，利用教师提供的示意图作为思维的支撑，用数学的思维方式进行思考。学生在前两次探究的基础上，通过思考明确了圆与转化后的图形各部分之间的对应关系，从而推导出了圆的面积计算公式。

4. 整合各种教学手段，提高课堂教学效率。《圆的面积》这节课，根据教学内容的特点，根据教学目标以及学生的认知水平，将动手操作、课件演示和板书等各种教学手段有机结合，有效地促进了教学目标的达成，提高了教学效率。如，教师在学生操作遇到困难，不能继续剪拼下去的时候，让学生进行想象，而想象是看不见摸不着的，是内隐的，在这种情况下，为了让学生充分体会“极限思想”，教师恰到好处地利用课件的无可比拟的优势，进行直观动态的演示，让学生印证自己想象的结果，体验极限的思想。再如，教师把学生每次探究的结果呈现在黑板上，这样学生便于直观地看到探究的过程，从而进行分析与比较；教师把“转化”用红笔适时地进行板书，使这节课设计的出发点和归宿，也可以说是这节课的精髓直观地印在学生的头脑中；教师把公式的推导过程板书在黑板上，起到了进一步梳理和强化探究结果的作用。

四、听课笔记的记录

从类别上，听课记录可以是以下几种形式。

实录式：尽可能地将课堂情况全面记录下来，较“忠实”地反映原貌。这种做法可以让听课者从全局的角度分析课堂的设计和流程，对提高自身的课堂设计能力和整体把握能力有帮助。但这种记录没有经过筛选，也缺乏比较深入细致的思考，更多的是师生的言语记录。

叙述式：即以第三人称记录课堂情景，这种做法较易把握教学的重要环节，可以提供值得讨论的问题，用于研究某些课堂比较有效果。

分类系统式：主要由听课目的而定，可以按教师与学生分类记录，或按一定规则记录，然后按不同的要求整理成较全面的听课记录。

图标记录式：这种方式有的教师运用过，但不是很常用。室外课、实验课、技能课等可多选择这种方法。

从内容上，听课记录主要包括以下几方面的内容。

（一）记录基本情况

主要包括：听课的时间、科目、年级、上课教师、课题名称、第几课时

（二）记录教学内容

1. 记录导入环节

（1）导入的方式。

（2）导入的内容。

（3）导入的时间分配（基本控制在 5 分钟之内）。

2. 记录“研读文本”的环节

（1）记录研读的内容。

文本中的一些重点的字、词、句子、段落、文章的主题，表达方法、写法（首尾呼应、借物喻人、写作顺序）这方面的内容要详细记录下来。

（2）记录研读的方式。

重点字、词的处理方法；

重点语句、段落的探究、体会；

朗读的指导方法、文本涉及的一些重点表达方法、写法研读的方式、体会表达效果的方法等。

3. 记录教师的行为

（1）记录执教教师在教学过程中引导学生学习文本。布置的相关学习任务、重点的问题、学习的方式等。

（2）记录教师精彩的评价语。

（3）记录教师在课堂上的调控能力。

（4）记录教师的教态。

4. 记录学生的活动

（1）记录学生参与情况。

（2）记录学生的自主学习的内容、状态、效果。

（3）学生合作学习、积极探究的内容、状态、效果。

5. 记录教师采取的教学手段（图片、多媒体、配乐……）

6. 记录板书设计

7. 记录作业布置

（三）记录时间的分配

主要记录各个环节的时间分配。

（四）记录教学评点

教学评点可采取间评（随时记录）和总评（综合分析后形成的建议或意见写在听课本上）的形式进行记录。

课堂实录记到什么程度，要根据每次听课的目的和教学内容来确定，通常有下面三种形式：

一是简录，简要记录教学步骤、方法、板书等。

二是详录，比较详细地把教学步骤都记下来。

三是记实，把教师开始讲课，师生活动，直到下课都记录下来。

附：表格式的听课笔记模板（见表11－1）

表11－1　　听课记录表

科目		授课老师		班级		节次	
课题		听课教师				时间	
听课内容				随感			

教学评价：

具体建议：

【案例 3】

表 11－2　　《实际问题与一元二次方程》听课记录表

科目	数学	授课教师		班级		节次	第 2 节
课题	实际问题与一元二次方程			听课教师		时间	2011 年 9 月 6 日

教学过程	实际问题与一元二次方程 一、复习引入 列方程解应用问题的步骤是什么？ 学生通过思考会记起： （1）审题　（2）设未知数　（3）列方程　（4）解方程　（5）答 二、探究新知 探究：传播问题 （设计说明：传播问题虽然学生常见，但它的数量关系却比较抽象，所以从歌谣入手，让学生有个感性认识） （1）创设情境：有一首歌中唱道："一传十，十传百，百传千千万"，今天我们首先探究的就是传播问题。 师生共同分析问题，可以采用教科书中的分析方法——填空法 （2）解决问题：列方程 $1+x+x(1+x)=121$，解得 $x_1=10$，$x_2=-12$，即平均一个人传染了 10 个人。 （3）再思考：如果按照这样的传染速度，三轮传染后有多少人患流感？ （4）小结：通过对这个问题的探究，你对类似的传播问题中的数量关系有什么新认识？

教学评价

评价指标	评定等级				评价指标	评定等级			
	优	良	中	差		优	良	中	差
课前准备充分，有关教学资料的准备符合要求和规范。	√				注意启发学生思考和联想，给学生以创新的启迪。		√		
教学基本功扎实，讲课精神饱满，注意力集中，富有感染力。		√			能有效调控课堂秩序，调动学生学习情绪。	√			
使用普通话教学，课件和板书使用汉字规范。		√			能合理、有效地利用各种教学媒体。	√			
对问题的阐述简练准确，深入浅出，思路清晰，重难点突出。	√				遵守制度，按时到课，出勤率高。	√			
对课程内容娴熟，运用自如，理论能够联系实际。	√				听课精力集中，积极思考，学习气氛良好。		√		
讲述内容充实，信息量大。	√				遵守课堂纪律，课堂秩序良好。	√			
教学内容能反映或联系学科发展的新思想、新概念、新成果。	√								

续表

对课堂教学的具体意见或建议： 1. 条理清晰，重点突出， 2. 有效利用教学辅助手段； 3. 师生互动欠佳，学习氛围虽然活跃，但有些后进。 听课人：

【听课技能范例】

量体裁衣，提高课堂观察效度①

——《端午的鸭蛋》课堂观察教研策划案例

一、策划背景

随着新课改的推进，校本教研的深入，青年教师听课学习的机会进一步增加。优质课、新生代比赛，研究课、示范课的展示，各种课型精彩纷呈。然而，通过观察和了解发现，尽管有那么多的机会，很多青年教师还是很难意识到并改进自己的教学问题。分析个中原因，不免有以下几点：

1. 课堂是错综复杂且变化万端的，课堂决策复杂多变，课堂行为转瞬即逝，难以捕捉，要观察到课堂里发生的每一件事几乎是不可能的。

2. 教师未经课堂观察技术的训练，很少有关于怎样听课的指导，教师进入课堂的学习往往是无意识的，对课堂教学缺乏反省意识，因此对一些问题会视而不见。

3. 教师对科学教育的本质与教育原理的内涵的认识有一定的局限，因为种种原因，很多老师缺少阅读相关的教学理论书籍的兴趣。

4. 教师对教学行为的判断，大多是建立在原有经验的基础上，即使事后有专家的引导点评，但之前往往缺少一定的先进理论与先进经验指引。

5. 专家与骨干教师很少有事先的观察指导，帮助青年教师分析自己的不足，有意识地让他们从自己的理想与现实的差距角度去分析观察。

如何让青年教师通过有效的课堂观察来提升自己专业水平，是本次活动的主要目标。

二、活动策划

分析本教研组特点，全组十二位教师梯队分明，成熟的优秀教师与正在成长的青年教师各占了一半，其中两位青年教师又刚刚参加或即将参加市里的新生代及优质课

① 宁波东海实验学校，中学语文组王剑平：http：//blog. bledu. net. cn/u/778/archives/2009/4881. html。

评比，因此安排这两位教师进行《端午的鸭蛋》同课异构教学，四位年轻教师与骨干教师结对，组成四个小组，根据年轻教师各自的教学问题选择观察点进行研究分析。

整个流程分为三步，即课前会议—课中观察—课后分析。

（一）课前会议

1. 前期准备，教研组长布置活动任务。

（1）提前一天通知徐老师和陈老师上课内容。《端午的鸭蛋》为汪曾祺小品文代表作品，文章主题多样化，语言个性化，教师可以有自身的多元解读，所以选择这一教学内容。

（2）四位年轻教师要求对自身教学现象作一个简单分析，能够有意识地去发现自身教学问题。

2. 课前分析，上课教师浅谈教学设计。

陈老师对这篇《端午的鸭蛋》小品文有自己的独特理解。他认为这是一篇小品文思路闲适有序，语言淡而有味，也有一份作者自己对家乡文化的热爱。所以，在教学本文时候分为三个版块："读""品""悟"。在"读"这一块中，分为三个环节，在三个环节中厘清了文章的脉络，分别为"介绍端午习俗""家乡鸭蛋""端午活动"。在"品"这一版块，教师范读与学生品味互相结合，最后总结了4个"三"的读书经验。在"悟"这一块进行了拓展，让学生拟写广告词。课堂的最后进行总结回顾三大板块。

徐老师感到《端午的鸭蛋》课文浅显，但是分析文章还是顾虑重重，总是找不到完美的思路。最后在"紧扣民俗"和"情感为先"这两条路上做了定夺。把重心落在了文章的情感上，用两个大问题作为两步骤走，一为"文章第一段的各个民俗介绍有必要写着么详尽吗"，另一为"如此津津乐道'咸鸭蛋'有必要吗"。

3. 量体裁衣，青年教师确定观察视点。

四位青年教师初步提出自己需要加强的教学领域或某一方面素养，结对的骨干教师与他们进行共同分析，从而确定观察点，并准备通过观察、研究作为自己改进的参照。

教师A认为自己课堂氛围调节能力较差，所以自己初步提出把"师生语言互动"作为自己的观察主题。结对老师认为观察的话题切入较小，而且有针对性，只是"语言"的分类标准不够清楚；而且师生反映的"视点"没有设计，可能会造成观察记录的难度。

所以经过商量，A组确定的观察视角为：教师引导语的组织运用。同时把教师引导语的组织运用分为三个方面：引导语的形式；引导语的指向；引导后学生的反应。具体观察指向内容在表11－3得以体现。

表 11－3

引导语的形式（视点）	提问（追问）
	评价
	铺垫
引导语的指向（视点）	教学内容的衔接
	对学生的启发评价
	对突发事件的应变
	深入与文本的对话
	重复自己的问题和学生的答案
	其他
引导后学生的反应（视点）	无明确反应
	引导后有生成
	引导后有质疑
	引导后能深化与文本的对话
	其他

A 教师的课堂观察可集中在中间两个主要的板块，用叙述性语言记录授课者的引导语。并用实录的形式写下引导后学生的反应。

教师 B 刚参加工作不久，整体教学思路把握能力不强，课堂结构往往显得比较混乱，所以通过商量，这一组课堂观察是以“教学过程清晰度”作为观察视点。他们两人准备以表格形式来记录具体内容。他们设计的表格见表 11－4。

表 11－4

课堂板块	内容设计	时间安排
导入语		
读		
品		
悟		

教师 C 课堂往往波澜不惊，学生很难进入文本中。基于 C 教师性格温和，很难从自身语言抑扬顿挫方面进行调整，所以结对教师尝试从课堂情景创设角度指引 C 教师进行观察。双方进行讨论后，决定设计“情境教学记录表”（见表 11－5）。

表 11－5　　　　情景教学记录表

项目	教师行为				学生行为	
情景设置	内容（类型）	科学性	有效性	启发性	参与度	目标达成
	1. 2. 3. 4.					

教师 D 工作时间相对较长，教学设计能力也不错，但是课堂的驾驭能力亟须提高，所以在本次课前会议中，他自然而然把目光集中在如何提高课堂驾驭能力上。结对老师根据他个人的需要，确定的观察主题为：课堂预设与动态生成的有效处理。具体观察点设计如下（见表 11－6）。

表 11－6

教学预设主要环节	1.　　　　2.　　　　3.
动态生成主要环节	1.　　　　2.　　　　3.
教师应对策略	1. 点拨； 2. 评价； 3. 追问； 4. 冷处理； 5. 请其他学生帮忙； 6. 不处理等。
效果（即有效性评判标准）	1. 是否有利于拓展学生的思维空间，激发学生的积极情感 2. 是否有利于引导学生积极思考问题 3. 是否有利于对教学内容的理解和把握 4. 是否有利于引导学生与文本进行深层次的对话 5. 是否是对预设的检验和完善 6. 其他

（二）课中观察

1. 课堂展示。授课者根据自己的教学预设展示课堂教学。

2. 观察者提前五分钟左右进入课堂，明确观察任务，带好观察量表，选择有利的观察位置，并如实地记录自己所看到的与听到的种种现象，在需要连续记录或记录内容较多时，不直接进行分析或做出判断，以免影响记录的进程，或遗漏一些重要的信息。

例如，教师 B 其中一份的课堂观察记录是这样的（见表 11－7）：

表 11-7

课堂板块	内容设计	时间安排
导	三条新闻： (1) 韩国端午节“申遗”成功。 (2) 记者调查：日历印刷往往缺乏“传统节日”的标注。 (3) 2008 年起，我国将取消“五一”长假，端午节等成为法定假日。 问：三条新闻反映了什么现象？	5 分钟
读	(1) 读出情趣，读得流畅。学生感知课文内容，读出了作者儿时家乡高邮得“风俗”。(个别朗读与齐读相结合)	9 分钟
	(2) 读出语气，读出情感。学生读出了自豪，读出了“鸭蛋”里蕴涵的作者对民风民俗的热爱和真情。(个别朗读与教师范读相结合)	6 分钟
品	(1) 找出代表性语句，并用“我喜欢（文中的某个词句），它让我感觉到/联想到”的句式来表达自己透过文字所体会到的情感，体会了作者“平淡而有味”的语言风格。	15 分钟
	(2) 总结文章语言特色，介绍作者语言风格及为人品性。	5 分钟
说	(1) 为已经举办四届的“高邮文化节”设计一句广告语。 (2) 回望民族传统文化、美好民俗的华美建筑，提出“我能为传统文化、民俗做些什么”。	5 分钟

这份观察表，很清晰地展现了授课者的教学思路，对于B教师自身教学问题的解决显然是不无裨益。

（三）课后分析（见表 11-8）

表 11-8 课后分析

主要项目	活动任务
数据处理	整理观察记录内容。
观察诊断	(1) 对授课者某一方面的教学行为进行分析，提供客观反馈，以促进上课教师的自我反思。 (2) 对授课者课堂教学进行有效教学的因素分析，帮助寻找有效的教学策略，以促进学生主动、健康、和谐发展。
生成观点	(1) 思考自己这个观察点的问题显现。 (2) 反思解决之道。

如教师B通过对刚才呈现的记录表的分析整理，并与另一个记录表进行对比优化，除了向授课者学习外，也能提出自己合理化的建议，如整体感知部分的朗读时间花得太多，不妨采用另一位教师的跳读法，即要求学生跳读文章每节第一句，第二节第六句，然后概括本文主要内容。原先因为读的目标主要为概括内容，所花时间就显得冗长，导致学生兴趣有些下降，且课堂重心不当，不妨把更多的朗读时间用于下一个环节。当然对于B教师来说更大的价值在于解决自身的教学思路问题。他从课后的分析中提炼出了如何让教学思路清晰的几个措施：

（1）板块式教学的设计更容易使教学思路清晰；

（2）课堂的首尾如果能做到互相呼应的话，那么整堂课就显得更加浑然一体。这堂课就是从民俗开始，到传统文化结束，既首尾呼应，又做到层层深入，课堂结构浑然天成。

（3）板块时间安排合理，可使教学重点突出，详略得当。

（4）重点板块教师可以在结尾适当小结，就能起到画龙点睛作用，体现教师的引导作用，加深学生的印象。

（四）后续研究

1. 上课的两位教师根据课堂反馈，改进教学，并能形成教学反思。

2. 观察者根据观察分析所形成的观点进行思考，写成教学反思或教学论文进行观点陈述。

三、价值分析

量体裁衣、量身定做的课堂观察对改善学生课堂学习、促进青年教师专业发展和形成学校合作文化等都有着极其重要的意义。

尽管课堂错综复杂，但青年教师通过分析自我，每次只确定一个观察点，这样就可以深入研究自己存在的问题，更何况教师对教学行为的判断，不再只有自己的原有经验，更有专家骨干教师先进理论与先进经验的指引。事先的观察指导，可以帮助青年教师分析自己的不足，有意识地让他们从自己的理想与现实的差距角度去分析观察，可以让观察者还未进课堂就知道自己在找寻什么，这样也大大提高了自己的研究能力。在后续研究中发现，这几位青年教师不再像原先那样，对写论文感到无从下手了。因为明确了研究主题，有了相应素材，论文案例写作能力也有了很大提升。

当然，课堂观察的起点和归宿都是指向学生课堂学习的改善。无论是教师行为的改进、课程资源的利用，还是课堂文化的创设，都是以学生课堂的有效学习为落脚点。课堂观察主要关注学生是如何学习，会不会学习，以及学得怎样，这与传统的听评课主要关注教师单方的行为有很大的不同；即使所确定的观察点不是学生，其最终还是需要通过学生是否学得有效得到检验。因此，课堂观察的过程是合作与关注学习、研究学习和促进学习的过程，始终紧紧围绕着学生课堂学习的改善。

【思考与练习】

1. 听课有哪些类型？
2. 听课的基本要求有哪些？
3. 简述听课的基本步骤。

【请你来做】

第一，结合本节课所学知识，点评以下学生的听课笔记。

1. 导入新课：

这节课我们继续学习——（齐读课题）

2. 复习旧知：

（1）这些词语还认识吗？（钓鱼、从未见过、允许、遵守规定、铭刻）

（2）回忆课文写了什么，你能将这些词语说出来吗？（学生回答，教师板书“钓鱼”“放鱼”）

3. 进入新课：

第一板块：

（1）由学生的回答开始，教师：你能说说钓鱼和放鱼的孩子现在的情况吗？

（2）引导读课文一到四小节：

A.（出示课件：汤姆——美国著名建筑设计师。他设计的作品多次获得国际大奖，目前……他在接受采访时他对父亲让他放掉……表示感谢）我们就来看看这位设计师……

B. 引导读读课文一到四小节。学生读课文。（要求自由读）

（3）读书交流：一到四小节，你读懂了什么？（学生踊跃）

①课文写……

②我感受到这里景色很美；

③你知道涟漪是什么意思（教师不经意的随便问），我们把“涟漪”可以读得再美一些，齐读“涟漪”这一句；

④我读懂了他们高兴：两个感叹号。

⑤我读懂了他们钓到的鱼很大：弧形（读出“大”来），还有谁知道这条鱼

很大？（大家伙）而且是大鲈鱼。

⑥引导读："哇！一条他从未见过的大鲈鱼"（三人）

⑦此时，传来了爸爸的声音。我们来读读课文中爸爸的语言。（学生读书）

A. 出示课件：父子的对话：爸爸："孩子，你必须把这条鱼放掉！""为什么？"汤姆很不情愿地嚷起来。

B. 引导学生朗读这些话语：a. 分角色；b. 抓重点词语；

C. 汤姆为什么要很不情愿地嚷起来？

D. 汤姆不肯放鱼的原因是什么？（听课疑问：孩子们，别人回答问题时，你静静坐着脑子里在想什么？）

E. 介绍"规定"，问："知道了吗？"

F. 出示课件，引导学生朗读，强调语气（斩钉截铁）："不管有没有别人看见，我们都应该遵守规定。"先分别指读，接着邀请男子汉齐读。

G. 出示课件，引导学生用"不管……都……"说说生活中的事情。（学生表达，教师评价）

4. 小结板书：自觉遵守规定。

第二板块：

5. 相信爸爸的这句话对大家的启发一定很深，我们一起来读这句话："不管有没有别人看见，我们都应该遵守规定。"（齐读）

6. 引导学生分角色读课文，其他学生做评委（第五小节开始——"规定"）引导学生提建议：读得怎么样？

7. 出示没有提示语的对话，要求学生把刚才的建议"用起来"；

8. 提出新的要求："加入动作、表情、道具"增强表达效果；出示课件配合，师生配合。

9. 爸爸和小汤姆争论的结果如何？此时的心情如何？（邀请数名学生回答）

第三板块：

10. 教师小结学生回答。从"后悔"过渡到下文。

11. 讨论：后悔吗？（要求学生帮帮忙）

12. 引导学生读"最后一节"。

13. 教师总结全文，出示课件："转眼间……不出所料……道德只是个很简单的是与非的问题，但是实践起来却很难……34 年前的那个月光如水的夜晚……"。

14. 同学们，……出示课件："失去的是一时的利益，得到的美德是一生的财富。"要朗读求学生这句话。

15. 再次朗读："不管有没有别人看见，我们都应该遵守规定。"

点评

第二，特级教师王崧舟的《草船借箭》（人教版版五年级下册）教学视频听课活动。

1. 认真阅读《草船借箭》这篇课文，解读课文的内容、思路和写作特色。小组思考讨论如果你来教学，可以确定怎样的教学目标和教学重点？

2. 听课。

要求：能听出老师上课的思路，一节课由几个环节构成，每个环节如何开展教学，关注老师在课堂里组织、语言和板书，学生的学习活动，以及课堂氛围和师生互动等。在看课的同时形成听课笔记。

3. 小组成员交流听课笔记，讨论哪些地方需要厘清思路？哪些地方需要补充和完善？

【请你参考】

1. 该生的听课笔记主要采用的是叙述式的记录方式，是一种简录的听课笔记。基本上将课堂的主要环节、运用到的教学方式和教学方法都简单地记录了下来。记录的环节比较完整，思路清晰，使人一目了然。但是在具体的授课环节上不够详细，尤其是只有记录，没有加入听课者的思考和评价，还需要进一步修改和完善。

2. 略。

【阅读书目】

1. 蔡伟：《语文课堂教学技能训练》，华东师范大学出版社 2009 年版。
2. 缪旭芳：《小学语文教学技能实训教程》，江苏大学出版社 2013 年版。
3. 周小蓬：《语文课堂教学技术训练教程》，北京大学出版社 2013 年版。
4. 熊开明：《小学语文新课程教学法》，首都师范大学出版社 2010 年版。
5. 吕映：《小学语文教学技能实训》，浙江大学出版社 2013 年版。

【相关网站资源介绍】

小学教育网 http：//www. ok1490. com

小学科学课教育资源网 http：//zjhyxjs. 7i24. com

小学数学教学网 http：//www. xxsx. cn

小学英语课堂教学技能 http：//www. ecp. com. cn

第十二章　评课技能

【学习目标】

1. 掌握评课的内涵、类型与思路。
2. 掌握评课的原则及注意事项。
3. 熟悉评课的内容和标准。
4. 能够较客观公正地评价一堂课。

【问题导入】

评课时最容易出现哪些问题？如何解决？

所有课评价的关注点都一样吗？

【案例引领】

让生命的激情在课堂上飞扬①

——评胡建华老师执教的《小草的生命》

《小草的生命》是一篇童话故事，讲述了一颗落在岩缝里的小草的种子，在

① 资料来源：https：//wenku. baidu. com/view/e17d8c4bbe1e650e52ea998e. html，个别字句有调整。

阳光、春风、雨露及岩石的关爱下，凭着自己顽强不屈的意志长成了一棵健壮、结实的小草的经历。赞美了小草不屈的精神和顽强的生命力。课文语言优美，形象生动，绘声绘色地叙述了小草顽强的生长过程，歌颂了小草不畏艰难困苦，蓬勃向上，坚韧不拔的精神和顽强的生命力。胡建华老师立足于学生的发展，以语文素养的提高为出发点，以引领者、合作者的身份带领学生走进文本，深入文本的语言之中，真正让学生感受语言、熟悉语言、理解语言和运用语言。师生在课文的重点，难点之处进行探索，交流互动，利用课文这个“例”，让学生得意、得言、得法，努力实现“例”的增值。纵观整节课，亮点纷呈，精彩不断，突出地表现在以下几个地方：

1. 以学生为主体，努力促进学生的发展，教学理念新

胡老师以全新的教育理念为指导，以学生的终身发展，语文综合素质的培养和提高作为教学的出发点和落脚点，联系学生的生活实际，架设生活与教材联系的桥梁，引导学生去体验、感受小草的形象与内涵，进而培养学生正确的人生观和价值观。

2. 正确理解和把握教材的重难点，教学目标定位准

胡老师坚守语文教学的本真，围绕一个中心，即以语言教学为中心；两个基本点，即培养语文能力和提高语文素养来设计教学，三维目标有机整合，体现学段和教材训练重点。课时目标具体实在，准确、科学、实用。

3. 体现阅读教学特色和学生认知规律，训练过程实

教学过程中，胡老师善于调动学生积极性，激发学生读书的兴趣和热情，以巧妙的切入，动情的渲染，灵活的方法，机智的点拨，恰当的评价等多种方法组织教学，体现了训练的层层推进，步步深入的过程。整节课情、景、理顺序清晰，调动学生进行生命的感悟和思考，给学生以情感的熏陶，精神的滋润。

4. 以语言训练为本，品词、析句、明理、悟情，语文味浓

围绕教学目标，胡老师引导学生细读文本，斟词酌句，潜心会文，认真思考，把语言文字活化为生动形象的生活画面。例如让学生运用多种方式的读（自读、听读、评读、合作读、角色读、表演读、配乐读等）发挥学生的想象力和创造力；运用换词比较，动作演示等方法体会“冒”一词在句子中表情达意的作用；引导学生以“岩石妈妈”、“小诗人”的身份夸一夸小草，既丰富了学生的语言积累，又发展了学生的思维，而且使学生获得了初步的情感体验，激发起对小草精神的赞颂，升华了情感美。

5. 以学定教，顺学而导，教学方法活

教学过程中，胡老师善于营造积极的教学氛围，创设生动的教学情境，使学

生“乐学、爱学、会学。”例如，创设“岩石妈妈”与“种子宝宝”的对话情境，以“贫穷”一词为切入点。从小草的生活环境入手，联系学生的经验，初步了解小草恶劣的生存环境，感受岩石妈妈的担心与关爱，小草的坚强和自信。又如，师生合作，通过做一做、说一说、读一读、议一议、练一练、演一演等多种方式，让学生进入小草的角色之中，在课文特定的情景中去体验小草的艰辛与喜悦，进一步体会小草坚强、乐观、积极向上的精神品质，使学生与文本产生情感的共鸣。

6. 专业知识全面、厚实，学科视野宽，教学功底深

在不断地学习探索与教学实践中，胡老师逐步形成了自己鲜明的教学风格，听她的课是一种愉悦和享受。她的教学语言规范、简洁、流畅，具有亲活力和感染力。课堂上能做到关注学情，适时调控，引领和评价能力强，教学智慧丰富，值得我们青年教师好好学习。

提几点需要改进的地方：

(1) 课堂显得过满，指导学生“静心会文”略显不足；

(2) 动态学情的处理方法上有失偏颇，例如前排一个男生表现很积极，发言未经认真准备，老师的评价使他有受挫之感；

(3) 教学时间应紧缩一些，这节课超时多了点。

（评教人：城关镇周村小学　赵莉萍）

【理论学习】

所谓评课，就是对照课堂教学目标，对教师和学生在课堂教学中的活动及由这些活动所引起变化进行的价值判断。评课是学校教学、教研工作过程中一项经常开展的活动，是教师应该具备的一项基本功，也是教师提高自身教学水平的有效途径。但如何评好课，对许多教师，特别是青年教师来说，却是一个看似简单而实际上又难以轻松驾驭的问题。

评课是一种有目的、内容、过程和方法的特殊的教学研究与评价活动。课是载体，人是评课的主体，也是评课的客体。评课对象本身具有两重性，即授课教师既是自我评价的主体，又是他人评价的客体。从本质上说，评课要求以人为本，以课评人，具体要求评课目标指向人，评课过程尊重人，评课内容体现人，评课标准判断人。

评课过程一般可分为：课前准备（评课教师评课前的准备）、课堂教学（评课教师听课）和课后评价（授课教师自我评价、评课教师集体评价）三个阶段。评课内容主要包括评教学目标、评教学内容、评教法运用、评学法指导、评教学

过程、评教学效果和评教师素质七个方面。评课重点在于评价授课教师课堂施教行为，旨在全面提高授课教师的教学水平。

一、评课的类型和功能

（一）评课的类型

1. 示范性评课

一般是以老带新，由教学经验丰富的老教师参与青年教师的评课活动，对授课教师的课堂教学作示范性点评，从而使授课教师和参与评课的青年教师从中受益。

2. 提高性评课

一般以年级组或教研组为单位，骨干教师与青年教师共同参与评课活动。在随堂听课的基础上，可先由授课教师自我评课，再由青年教师充分评课，最后由骨干教师进行有针对性的总结评课。提高性评课旨在提高授课教师和青年教师的评课水平。

3. 研究性评课

一般以课题组或学科组为单位，通常采取集体备课的形式，相互切磋，共同探讨，写出教案，然后指定几位教师分别讲课，课后逐一进行集体评课，不断完善教学方案。研究性评课旨在共同提高评课参与者的教研水平。

4. 检测性评课

一般由学校行政领导牵头，组成评课专家组，在随堂听课的基础上，对授课教师的课堂教学行为和结果作出一系列综合评价，侧重对授课教师的教学质量进行专项测评。检测性评课旨在衡量授课教学水平，评价授课教师的教学素质。

（二）评课的功能

评课具有导向、激励、调节等功能。听课评课是学校（领导和部门）对教师管理的主要途径和重要手段。同时，上课是教师的职责和义务，是教师主要的工作方式，听课评课也应成为教师的重要工作方式。多数学校都在倡导并规范教师之间的相互听课与评课，甚至在听课数量上也提出了一定的要求。但是，要想真正发挥“教师听课评课”的作用，完整实现“教师听课评课”的功能，切实地确保“教师听课评课”的效果，就要把“教师听课评课”提高到教师的工作方式的高度来认识，让听课评课成为教师的一种自主的职业需求和分内的工作。

因为，听课和评课是一个发现问题、分析问题、解决问题的活动，是一个诊断、交流、合作的活动，是一种学习、反思、研究的活动，更是一种观念更新、思维转换、行动改进的活动，因而它是一种教师自主建构和专业发展的活动。实践经验表明，通过这种听课评课，不仅可以实现课堂教学的管理功能（过程管理和全面质量管理)，促进课堂教学效能的提升，而且可以有效地促进教师个体的专业发展，促进具有生命活力的合作文化和探究文化的形成，从而促进教师队伍的成长和教师教育智慧的形成。

二、评课的原则

评课是参与听课的教师对执教者的讲课进行客观的理性评价，在评课时，教师要掌握一定的评课原则。根据新课改精神，教师在评课时应遵循以下原则：

(一) 科学性原则

评课是对教师课堂教学活动的综合评价，是一种学术性很强的教研活动。评课必须首先坚守科学性，这是评课的前提。评课的科学性原则要求评课目的必须符合党和国家教育方针的总体要求，必须符合课程标准中培养目标的有关规定，必须要求评课者采取实事求是的科学态度，同时，还表现在评课者对教学规律认知理解的深度和掌握运用的程度上，即能够遵循教学规律选择切实可行的评课手段、方式和程序，把定量分析和定性研究有机结合起来进行科学评价。

(二) 可行性原则

可行性原则要求评课目的必须明确，不能目标模糊；评课内容必须具体，不能含糊抽象；评课标准必须客观明确，不能模棱两可；评课程序必须简化，不能过于繁杂；评课方法必须具有可操作性。

(三) 教育性原则

教育性原则要求评课不仅仅是对授课教师课堂教学行为和结果进行一系列评价的过程，而且还是对授课教师职业道德行为和结果进行一系列评估判断及教育引导的过程。坚持评课的教育性原则，要求必须寓教于评，既要评价授课教师的教学能力，又要评价授课教师的师表形象，更要评价授课教师的职业道德，把教学评价与教育评估有机结合起来，通过评课促进塑造崇高的职业形象。要充分发挥评价的引导价值，激励执教者特别是年轻的教师尽快全面成长，成为课堂教学直至教学改革的中坚力量。

(四) 动态性原则

教学过程是一个动态发展过程，这就决定了评课必须遵循动态性原则。评课的动态性原则，要求评课教师用发展的眼光一分为二地辩证看待授课教师在课堂教学中的表现。评课时，对授课教师的优点、经验等要给予充分肯定；对教学中出现的问题不要吹毛求疵，刻意挑剔；对少数发挥失常的授课教师，不要求全责备，轻率下结论。要结合授课教师平常教学的一般表现、学生的普遍反应、分清主客观原因，诚恳助人，力求通过评课促进授课教师教学水平不断提高。

（五）真实性原则

评课的真实性原则是确保评课客观公正的重要原则。坚持真实性原则，首先，要求评课者必须具备真才实学，有一定的教学业务水平和评课经验，才能够客观正确地分析评议一堂课，切实有效地指导教学，否则评课就会停留在表面，流于形式；其次，评课过程必须真实再现授课教师的课堂教学的系列行为，这是评课的主要事实依据；再次，评课过程中所采用的一些测评数据必须真实可靠，没有情感因素和虚假成分；最后，评课结论必须真实反映授课教师现有的教学业务水平，不能人为拔高或随意贬低。

三、评课的内容及思路

（一）评课的内容

评课是一个非常复杂的过程。它的复杂性主要表现在以下三个方面：第一，多视角。可以从不同的视角（或依据不同的标准）去确定评价内容，视角不同，所确定的评价内容也不同；第二，多层次。评价的内容往往是多层次的，即某一项评价内容往往又包含着若干项较低层次的内容；第三，交叉性。即使按照上述同一视角所列出的同一层次的评价项目，它们之间往往也是很难绝对清楚地区分，其中具有很多交叉和联系。由此可见，确定一节课的可评价内容难以有统一的标准或依据。

一般来说，评课的内容可以从以下七个方面去考虑：教学目标、教学内容、教法运用、学法指导、教学过程、教学效果和教师素质等。当然每一个项目中，都还可能包含着若干个更低层次的子项目，如，教学目标包括目标的广度和深度；教学内容包括对教学内容的理解与对教材的处理；教学过程包括课堂结构的完整性、教学进程的逻辑性与时间分配等。

1. 评教学目标

教学目标是教学的出发点和归宿，它的正确制定和达成，是衡量一堂课好坏的主要尺度。所以，评课首先要评教学目标。

首先，从教学目标制定来看，是否全面、具体、适宜。全面，指能从知识与技能、过程与方法、情感态度价值观等几个方面来确定；具体，指知识目标要有量化要求，能力、思想情感目标要有明确要求，体现学科特点；适宜，指确定的教学目标，能以课标为指导，体现年级、单元教材特点，符合学生年龄实际和认识规律和难易适度。

其次，从目标达成来看，教学目的能否得到明确贯彻，是否具有针对性和导向性。即教学目标是不是明确地贯穿在每一教学环节中，教学手段是否都紧密地围绕目标，为实现目标服务。要看课堂上是否尽快地接触重点内容，重点内容的教学时间是否得到保证，重点知识和技能是否得到巩固和强化。

2. 评教学内容

评析老师一节课上的好与坏，还要看授课者对教材的组织和处理。在评析教师一节课时，首先要看教师知识教授得是否准确、科学。教学内容的科学性是教学第一位的要求，没有科学性就没有了教学的基础。其次要注意分析教师在教材处理和教法选择上，是否突出了重点，突破了难点，抓住了关键。要看教学重点是否把握准确，教学过程是否做到突出重点；教学难点是否把握准确并得到突破。最后要看教材的组织、处理是否精心。教师必须根据课程标准、教学目的、学生的知识基础、学生的认知规律以及心理特点，对教材进行合理的调整，重新组织、科学安排教学程序，采用合理的教学方法，使教材系统转化为教学系统。

3. 评教学方法和手段

评析教师教学方法、教学手段的选择和运用，是评课的一个重要方面。所谓教学方法，就是指教师在教学过程中，为完成教学目的、任务而采取的活动方式的总称，它不是教师孤立的单一活动方式，它包括教师“教学活动方式”，还包括学生在教师指导下“学”的方式，是“教”的方法与“学”的方法的统一。评教学方法和手段时要做到“四看”：

（1）看是不是量体裁衣，灵活运用。教学有法，但无定法，贵在得法。教学是一种复杂多变的系统工程，不可能有一种固定不变的万能方法。一种好的教学方法总是相对而言的，它总是因课程，因学生，因教师自身特点而相应变化的。也就是说教学方法的选择要量体裁衣、灵活运用。

（2）看教学方法的多样化。教学活动的复杂性决定了教学方法的多样性，再好的方法天天照搬、反复套用，也会令人生厌。所以我们评课，既看教师是否能够面向实际，恰当地选择教学方法，同时还要看教师能否在教学方法多样化上下一番功夫，使课堂教学超凡脱俗，常教常新，富有艺术性。

（3）看教学方法的改革与创新。评析教师的教学方法既要评常规，还要看改革与创新，尤其是评析一些素质好的骨干教师的课。更是如此。要看课堂上的思维训练的设计，要看创新能力的培养，要看主体活动的发挥，要看新的课堂教学模式的构建，要看教学艺术风格的形成等。

（4）看现代化教学手段的运用。现代化教学呼唤现代化教育手段。“一支粉笔一本书，一块黑板一张嘴”的陈旧、单一的教学手段应该有所改变。看教师教学方法与手段的运用，还要看教师是否适时、适当地用了投影仪、录音机、计算机、电脑、电视、电影等现代化教学手段，这些手段的使用是否提高了教学的效率。

4. 评学法指导

（1）要看学法指导的目的要求是否明确。能否帮助学生认识学习规律，端正学习动机，激发学习兴趣，掌握科学的学习方法，养成良好的学习习惯，逐步提高学习能力，有效地提高学习效率。

（2）要看学法指导的内容是否熟悉并付诸实施。

5. 评教学过程

教学目标要在教学程序中完成，教学目标能否实现要看教师教学过程的设计和运作。因此，评课就必须要对教学过程做出评析。教学过程评析包括以下几个主要方面。

（1）看教学思路设计。教学思路是教师上课的脉络和主线，它是根据教学内容和学生水平两个方面的实际情况设计出来的。它反映一系列教学措施怎样编排组合，怎样衔接过渡，怎样安排详略，怎样安排讲练等。为此，我们评教学思路，一是要看教学思路设计，符合不符合教学内容实际，符合不符合学生实际；二是要看教学思路的设计，是不是有一定的独创性。

（2）看课堂结构安排。教学思路与课堂结构既有区别又有联系，教学思路，是侧重教材处理，反映教师课堂教学纵向教学脉络；而课堂结构，则侧重教法设计，反映教学横向的层次和环节。它是指一节课的教学过程各部分的确立，以及它们之间的联系、顺序和时间分配。课堂结构也称为教学环节或步骤。课堂结构的不同，会产生不同的课堂效果。通常，一节好课的结构是：结构严谨、环环相扣，过渡自然，时间分配合理，密度适中，效率高。

6. 评教学效果

教学效果的优劣主要看师生关系是否和谐，学生的学习积极性是否得以调动，学生解答问题的正确率如何，教学任务是否完成、有无教学特色，学生能力是否得到有效提升等。

评价教师在课堂教学中能力培养情况，可以看教师在教学过程中：是否为学生创设良好的问题情景，激发了学生的求知欲；是否注意挖掘学生内在的因素，并加以引导、鼓励；是否培养学生敢于独立思考、敢于探索、敢于质疑的习惯；是否培养学生善于观察的习惯和心理品质；是否培养学生良好的思维习惯和思维品质，教会学生在多方面思考问题，多角度解决问题的能力等。

7. 评教师教学基本功

教学基本功，是教师上好课的一个重要方面，教师的教学基本功主要包括以下几个方面：

（1）教态：心理学研究表明：人的表达是：55%的面部表情 +38%的声音 +

7%的言辞。教师课堂上的教态应该仪表端庄，举止从容，态度热情，热爱学生，师生情感融洽。

（2）语言：教学是一种语言的艺术。教师的语言，关系到一节课的成败。教师要用普通话教学，课堂语言准确清楚、生动形象、简练而具有启发性；语调要高低适宜，快慢适度，抑扬顿挫，富于变化。

（3）操作：看教师运用教具，操作投影仪、录音机等熟练的程度，以及教师对实验的演示时机、位置把握是否得当，能否照顾到全体学生。

（4）板书：好的板书，设计科学合理，依纲扣本；言简意赅，有艺术性；条理性强，字迹工整美观，板画娴熟。

评课内容与评课标准是密切相关的，评课的指标应体现评课的具体内容，反映评课的根本要求，贯彻评课的基本原则。因此，从评课理论与实践相结合的角度，可以将评课内容与要求进行细化和量化，构建评课的指标体系，制定切实可行的评课评价表（见表 12－1）。

表 12－1　　课堂教学评价表

学校		授课教师		总分			
时间	年　月　日　　　　第　节			评课人			
课题							
评价指标	评价要点	评价等级赋值				评价得分
		优	良	中	差	
教学目标（10分）	知识目标是否确立 能力目标是否达到 德育目标是否落实					
教学内容（15分）	教学内容的理解是否正确 课程标准要求是否达到 教材处理是否合理 教学重点是否突出 难点是否突破					
教法运用（20分）	教学方式是否恰当 教学手段是否先进					
学法指导（15分）	学科思想方法是否渗透 学生的学习方法是否掌握 学生的综合能力是否增强					

续表

评价指标	评价要点	评价等级赋值				评价得分
		优	良	中	差	
教学过程 （20 分）	教学设计思路是否明确 教学过程设计是否科学 课堂结构的完整性 教学进程的逻辑性 教学时间分配是否合理					
教学效果 （10 分）	师生关系是否和谐 学生的学习积极性是否调动 学生解答问题的正确率 教学任务是否完成、有无教学特色					
教师素质 （10 分）	教师师德师风师表如何 专业知识是否扎实 教学态度是否端正 语言表达是否精确 板书设计是否规范					

【案例 1】

什么样的课才是好课①

学生在学校的大多数时间是在课堂度过的，课堂是学校教育的主阵地，课堂教学的好坏直接影响着学生的学习和生活质量，决定着教育质量的高低。那么究竟什么样的课才是好课？好课的标准是什么？弄清楚这一问题，重要性不言而喻。

一、好课没有绝对标准

在网上的调查中，一线教师对于“什么样的课是好课”众说纷纭。

“受学生欢迎的课就是好课！”

“在课堂上引起学生学习的兴趣就是一堂好课。”

“好课无标准。倘若说有，标准不出其二：教师教得轻松；学生学得愉快。”

“我觉得高效完成教学目标，学生学有所得，身心得到发展，就是一节好课。”

“能唤醒学生智慧的课就是一堂好课。”

“课堂上能不时激起涟漪，让学生思维和个性得到张扬的课应该是好课。”

① 翟晋玉：《什么样的课才是好课》，载《中国教师报》2013 年 11 月 9 日。

“能够激发学生主动参与、合作、交流、碰撞，有收获的课，是好课。”

“好课，必须符合教育教学的科学规律，形式为内容服务，而不是相反，更不是以形（式）害义（内容）。”

……

究竟什么样的课是一堂好课？这一问题看似简单，深入思考之后就会发现它并不那么简单，甚至可以说是一个很复杂的问题。由于课堂教学的即时性、开放性和不确定性，对于好课的评价标准并不像一件流水线上的产品那样，可以用显而易见的量化标准来衡量。

教学既是一门科学，又是一门艺术。教学有法，教无定法。课堂教学的这些特点使得好课没有绝对标准。对于什么样的课算是好课，可谓仁者见仁，智者见智。但从大量的实践和研究中，仍然可以归纳总结出一些基本的标准。

著名教育学者叶澜曾经针对“什么样的课是一堂‘好课’”，提出“五个实”：有意义的课，即扎实的课；有效率的课，即充实的课；有生成性的课，即丰实的课；常态下的课，即平实的课；有待完善的课，即真实的课。

华东师范大学教授崔允漷将“好课”标准归纳为“教得有效、学得愉快、考得满意”十二个字。

北京教科院原副院长文喆提出，评价“好课”有五项标准，即学习内容要适切，学习环境应力求宽松，学习形式应多样，学习组织过程要科学，学习活动评价应有较强的包容性。

中国教育学会副会长朱永新提出了6条标准：参与度、亲和度、自由度、整合度、练习度、延展度。

还有人从生命的高度定义好课的标准：关爱生命，实现生命灵动，张扬生命个性；有效生成，民主互动探究，鲜明的个性，多元化。或从强调平等的角度定义好课的标准：强调多元、崇尚差异、主张开放、重视平等、推崇创造、关注边缘群体，实现和谐课堂，使每一个学生都得到发展，等等。

二、让学生实现有效学习的课是好课

教育的服务对象是学生，评价一节课的成败得失，归根结底要看学生的表现，而不是教师。正如叶圣陶所说，“最要紧的是看学生，而不是看老师讲课”。

“学生是课堂的主角。教师唱主角的课，即使教师表演得十分精彩，也称不上好课。”广西钦州市钦南小学教师陈鲜经说。

“课上得好坏，首先要向学生调查，看孩子是否真正得到了发展。”北京教科院退休教师王晓春认为，一堂好课，是给学生上的，不是给听课人上的。应该“眼睛向下”，而不应该总是“眼睛向上”。

"评价课堂教学质量的根本标准，应是学习者能否在课堂教学中进行积极有效的学习。"文喆认为，现代教学要求教师的首先不是提供信息，而是组织学生学习，是让学生真正实践和体验学习的活动过程。在这种理念下，教师的根本责任是让每个学习者的主动性与积极性得到充分发挥，让每个学习者都能从自身的实际与需要出发，在45分钟的课堂里真正学到东西，真正获得益处。"能够让学生实现有效学习的课，是好课；让大多数甚至让每个学生都能在相当程度上实现有效学习的课，是最好的课；而不能让学生实现有效学习，或不能让大多数学生实现有效学习的课，则是不好的课，是失掉了课堂教学价值的课。"

文喆将学生的表现主要概括为三个方面。

第一，学习的参与度。包括学习活动的参与广度、参与深度和参与的自觉程度。参与的广度，指班级中有多少学生在积极地投入学习活动，在主动地思考问题、提出或回答问题，有多少学生在观察、分析、对比、探究。参与的深度，主要反映在思考探究活动的质量上，看提出或回答问题的深刻程度，看活动及计划的自主程度，以及讨论、探究活动的质量，特别是能否有根据地提出或回答问题，以及能否提出或回答有创意的问题。参与的自觉程度，主要是观察分析学习者参与的目的性，是对材料或问题本身感兴趣，还是对通过学习可得到的奖罚感兴趣，是积极主动地参与，还是消极应付地参与，以及在碰到困难、障碍时，参与的积极性保持程度，等等。参与的广度、深度与自觉程度，在一定意义上决定了学生学习活动的质量，参与的人越多，参与的深度越深，参与者的自觉性越高，课堂教学的效果越好，反之亦然。

第二，学习的效度。包括三个方面的要求，一是看作为课堂教学提出的问题、提出的学习任务解决得怎么样，在多大程度上解决了？问题解决得越彻底，得到解决的人数越多，越应该肯定。二是看投入产出比。问题解决的策略是否合理，花费的时间是否恰当，是以较少的时空取得较多的收获，还是花费了大量时间、大量资源，或只解决了一个小的问题，只解决了一个大问题的小侧面？不能搞"题海战术"和"血汗教学"，要全面关注师生身心的全面发展。三是看教学是否促进了发展，是否引发了继续学习的愿望。"好的教学，不应该终止于所提问题的解决，而应该引发新的更深、更广的问题，应该引导学习者把课堂的学习与社会生活、科技发展联系起来，一节没有完成预定教学任务却引出学习者深层问题的课，不仅不该受到批评，而且可能是一节好课。"

第三，学习的氛围。一种有利于学习者有效学习活动的氛围，应该是和谐的、活跃的、民主平等的。和谐来自共同的理想、共同的目标与价值追求，在师生共同推动有效学习的过程中彼此尊重，相互激励，这样的氛围肯定有利于主体积极性的发挥，也有利于师生各自的发展，有利于提高效率。活跃，是积极思维活动的外显标志，也是学习者自由思考、大胆质疑、求得学习实效必需的精神状态。民主平等，是21世纪教育发展的价值选择，是现代课堂与现代师生关系的本质特征，没有民主平等的师生关系，没有民主平等的课堂学习环境，和谐与活跃就没有道义基础与生存条件，也不可能实现。

三、好课不是放任自流

夸美纽斯在《大教学论》中指出，要“寻求并找出一种教学方法，使教师可以少教，但是学生可以多学”。

如果一堂课上学生无动于衷或参与者寥寥无几，课堂几乎成为教师的独白，那么就算他口若悬河、妙语如珠，这堂课也不是好课。

相反，在好的课堂上，大多数时间是学生在积极地思考、探究、讨论，提出问题并去主动寻找答案。教师自觉地融入学生，和学生“打成一片”，在必要时恰当地组织、调控、评价、点拨、引导。

在新课改过程中，一些课堂教学在避免教师指导过多的同时，从一个极端走向另一个极端，出现教师放手过多，甚至完全放任自流的现象。为了把学习还给学生，很多教师不敢教了，甚至干脆退居幕后，完全“放羊”，教师几乎完全丧失了自己作为教育者的专业职责，而一些教师误以为这样的课就是“好课”。

事实上，人的学习和成长绝不是羊吃草那样简单。羊吃草是一个简单的生物本能，人的学习和成长却是一个复杂得多的社会化过程。

好的课堂绝不是放任自流的课堂。作为专业的教育工作者，“教”是教师的天职，是自己职业的责任和尊严所在。如果不需要教，教师的存在也就没有任何意义了，教育学和学校本身也都可以取消了。课改不是不需要教师的教，而是对教师的“教”提出了更高的要求。作为教师，既不能越位，自己代替学生学；也不能缺位，当教不教。

目前仍然有很多学校的课堂在这两个极端之间摇摆不定。这反映了教师对于“教”和“学”的关系认识不清，对两者关系的把握出现偏差，把“教”和“学”对立起来，认为两者是相互对立、此消彼长的关系。其实，“教”和“学”是相因相生、相反相成、相互依赖、不可分割的有机统一体。教学，就是教学生“学”。合理的教学关系不是“此消彼长”，而是“教学相长”。作为在学科知识和教学上比学生有更高素养的专业工作者，教师理应帮助学生更好地学习。“教”是为学生的“学”服务，当学生遇到自己无法解决的问题时，教师的适时介入必不可少。

新课改理念下的课堂教学中，教师是学生学习的参与者、组织者和引领者。

教师要察言观色，审时度势，灵活处理，该放则放，当讲则讲。在需要激发、需要质疑、需要点拨时，该出手时就出手。教师既不能“填鸭”，也不能“放羊”，既不可“越俎代庖”，也不可“当讲不讲”。

四、好课“折射出先进的教育理念”

“好课无须完美，更无须追求华而不实的形式。”陈鲜经说，“教师在教学中力求做到心中要有学生，形成人人思考、个个参与讨论的教学境界，使学生能在一块石头上看到风景，在一粒沙子里发现奥秘。”

“一堂好课应当首先折射出先进的教育理念，而不是缺少灵魂的形式的翻新。”一位教师说。

近年来国内外教育改革和课堂教学的变化趋势是：从主要关注教师的“教”到更多地关注学生的“学”；从关注知识的掌握到关注“知识和能力”、“过程和方法”、“情感态度和价值观”的养成；从主要关注教学结果到更多地关注教学过程；从主要关注预设目标到更多地关注课堂生成，等等。

好的课堂是培养学生自主学习的课堂。学习不是被动地接受，而是以原有的经验、心理结构和信念为基础，主动建构自己独特的精神世界。好的课堂教学是教师引导学生自主学习的过程，促进学生产生积极的情感体验，使教师与学生、学生与学生有效互动，并为学生提供必要的学习材料、时间和空间上的保障。

好的课堂是生成的。“教学是一条流淌的河。”课堂教学既有确定的教学目标，又充满着不确定性。学生是一群活生生的人，其思维充满不确定性，很多情况是教师课前无法预设的。教师要灵活机智地应对教学中的“意外”，引导学生在“突如其来”的问题解决过程中动态地生成知识和新的问题。如叶澜所说的那样，一堂课的教学，应是向未知方向挺进的旅程，随时都有可能发现意外的通道和美丽的图景。

“课堂上学生的思维与我们的预设是有差距的，有时甚至是出乎意料的问题和点子。这就要求我们抛开预设教案，从学生的动态变化中去动态生成我们的课堂教学。”湖北省长阳实验小学教师漆昌琼说。

好的课堂具有挑战性。教师需要在课堂教学中创设具有一定难度的挑战性问题，让学生跳一跳才能摘到桃子。教师要鼓励学生大胆质疑，积极思考和探索，培养学生发现问题、解决问题的能力，激发学生的学习欲望和探索新知的兴趣。

“好课像登山，登山的过程是体力得到锻炼，眼界得到开阔，心情得到陶冶，人格得到升华的过程。上课的过程是智力得到开发，能力得到培养，情感得到陶冶，人格得到提升的过程。”著名特级教师孙双金认为，“好课特别强调让学生经历过程，经历由不知到知的过程，经历由不会到会的过程，经历由不能到能的过程。让学生的思维和情感经历‘山重水复’‘柳暗花明’，体验‘豁然开朗’的快乐。学习虽然艰辛，但乐在其中，其乐无穷。”

好的课堂是个性化的课堂。首先是学生的个性化。教师在课堂上能够尊重差异，因材施教。学生的差异性决定了他们需要有个性化的学习方式，教师在课堂教学中需要尊重学生的个性差异，不能用同一个标准要求每一个学生。好的课堂教学根据学生的不同学情确定不同的教学方式，想方设法让不同层面的每个学生在原有基础上获得最优发展，使优等生“吃得饱”，让学困生“吃得了”。其次是教师的个性化。王晓春认为，一堂好课，在遵守教育基本原则和教学大纲的前提下，应该允许教师有自己的教学特点。“整齐划一、面面俱到地分项目评价教师的一堂课是否优秀，有鼓励平庸的危险，因为许多创新给人最初的印象往往是‘出圈’、‘片面’、‘偏激’，等等。”

好的课堂教学是师生共同学习、教学相长的过程。教师通过丰富多样的形式，培养学生倾听、交流、协作、分享的能力，同时在此过程中与学生一起学习，丰富和提升着教师的教学技能。

五、真实的课才是好课

对于好课的标准应该持开放、多元的态度。不同学科、不同内容、不同类型的课，其标准理应有所不同。

今天，在洋思、东庐、杜郎口之后，各种新的课堂教学模式如雨后春笋般冒出来，可谓乱花渐欲迷人眼。有的甚至故意标新立异，与众不同。但新的不一定是好的，课堂教学有其自身规律，很多脱离实际的为创新而创新的课堂教学模式在实践中逐渐凋亡。

这种简单的剪刀加糨糊式的“创新”之所以没有生命力，是因为它更多的还是一种形式主义的模仿，而缺乏对课堂教学本身的深入思考和研究。

对此，叶澜曾经提醒，要警惕对课堂教学模式进行僵化的形式主义的模仿：“改革性的尝试，作为探索者来讲，它是思考以后的行动，但对于模仿者来说，往往就会转化成形式化的东西和教条式的东西。我们往往喜欢把好的东西形式化、教条化，结果在好的东西还没有很好地长大的时候，它已经开始被窒息，开始僵化。对今天在进行的改革，应保持清醒的认识，要防止形式化、教条化。”

“理论是灰色的，生活之树常青。”事实上，扎根于一线的教师对于什么样的课是好课往往有切身经验和体会，而不拘泥于理论或形式。

“一堂课留有些许‘缺憾’，几多‘瑕疵’，不是任课教师追求的结果，而是事物的必然。真实的课才是‘好课’。”漆昌琼说，“课堂对教师的驾驭能力、应变能力都是一种挑战，而教师也正是在应对挑战、不断反思与修正失误之中才有了自己的专业成长与教学智慧的生成。”

“幽默风趣，步步悬念，既紧张又活泼，至下课铃响，意犹未尽，课后无须求强记，虽时隔多日，亦津津乐道，记忆犹新，此类课，好课也！”重庆市巫山县南峰小学教师谭发礼如是说。

（二）评课的思路与方法

明确了评课的内容与标准，似乎评课已是一件很简单的事情了，但事实并非如此。如上所述，评课就是要对照评课标准对课堂各方面情况作出评价，也就是将评课标准与课堂实际情况相对照或比较，从而作出判断。然而，比较判断从何处下手，先评哪一项，后评哪一项，各项又应按怎样的顺序去评，其操作步骤或思路不同，效果显然是不一样的，思路不清，要么会漏掉项目，要么会费时费力走弯路。那么，到底应该按照怎样的顺序去评价呢？综观人们评课的各种思路，一般包括两类思路四种评课模式，第一类是以评课内容为主要线索进行评课，其中分别包括优缺点分散随机评价和优缺点分别集中评价；另一类是按所听课的进程进行评课，其中又分别包括按评价内容逐项评价和优缺点归类集中评价两种情况。下面对这四种模式（或情况）作一具体说明。

1. 以评课内容为主要线索，优缺点分散随机评价

按照评价内容的本来排列顺序，逐项评价，逐项用评价标准辐射，对照检查课堂有关情况，判断课堂在这个方面是否有问题，并指出应该如何改进等。总的评价顺序是与评价内容的排列顺序一致，不论哪些方面做得好、哪些方面做得不好，排在前面的方面就先评，排在后面的方面就后评，而不是先集中评价做得好的方面，再集中评价做得不好的方面。

例如，如果以一般的课堂评价标准为依据进行评课，就按照教学目标、教学内容、教学过程、教学方法、教学效果和教师素质的顺序逐项评价，逐项与课堂有关情况相对照，指出其优缺点或提出建议等，而不会因某些方面（如教学过程、教学方法等）做得好而先评这些方面，某些方面（如教学目标、教学内容等）做得不好而后评这些方面。

又如，如果只是评价语文课程标准中课程理念在课堂中的体现情况，就可以按语文课程的四条基本理念的先后顺序，逐条指出在课堂中体现得如何，而不会因某几条在课堂中体现得好而先评，某几条体现得不好而后评。评价某个项目或

方面，由该项标准向课堂情况辐射、与课堂情况对照，同时要注意顺序问题。尽管评课标准可能已尽量做到了明确具体，尽可能指明了与之对应的教学环节或位置，但更多情况下，某个方面的要求应该体现在教学过程中的哪个环节或位置是很难确定的，某个方面的要求与应该体现在课堂中的环节或位置并不是一一对应的。这样，评价某个项目时，用这个方面的标准去辐射、排查这节课的有关情况时就必须注意顺序，以防止漏掉信息或走弯路。最好的顺序就是按照教学程序从前往后辐射、排查。例如，评价教学方法中的能够合理地评价指导，因势利导一条，就要按照课的进程，从导入环节开始，看看每次学生回答或活动后，教师是否给予合理的评价与引导。

2. 以评课内容为主要线索，优缺点分别集中评价

在第一种模式的基础上，把优点、缺点分开，先集中评价优点，再集中评价缺点。例如，如果以一般的课堂评价标准为依据进行评价，某节课的教学过程、教师素质两个方面较好，就先评价这两方面，而教学目标、教学方法有问题，就后评价这两方面。又如，如果依据语文课程标准中的课程理念进行评课，就应先肯定体现得较好的条目，再指出体现得不好的条目，并提出建议。

3. 以课的进程为主要线索，优缺点分散随机评价

按照教学进程从前往后逐环节、逐步地进行评价，逐环节、逐步骤地将课堂情况向评课标准辐射，与各项评价标准相对照，看是否符合标准，指出应当如何改进等。总的评价顺序与课的进程一致，不论优劣，前面的环节或步骤先评，后面的环节或步骤后评，而不是先集中评价做得好的环节或方面，后集中评价做得不好的环节或方面。评价某个环节或步骤，由该环节或步骤的情况向评价标准辐射、与评价标准对照，同时要注意顺序问题。与前面模式一由评课标准向课堂情况辐射、与课堂情况对照一样，某个环节或步骤的情况到底与哪一项评价内容对应也是很复杂的，也不是一一对应的，某个环节或步骤的情况可能既与目标有关，又与教学内容、过程、方法等项目有关。为了防止漏掉项目或走弯路，最好的顺序就是按照评价标准本来的排列顺序从前往后辐射、排查。

4. 以课的进程为主要线索，优缺点分别集中评价

在第三种模式的基础上，把做得好的环节或步骤与有问题的环节或步骤分开评价，先集中评价做得好的环节或步骤，再集中评价有问题的环节或步骤。

以上四种模式，各有优点与局限性。以教学进程为主要线索与以评价内容为主要线索相比，由于前者直接针对课堂具体环节与步骤进行评价，所以，更有针对性和实用性，对于指导新教师较为有效；当然与后者相比，这样评价显得有些

琐碎。而后者是以评价内容为主要线索，把具体的课堂情况进行了归类，便于被评价者掌握课堂规律；当然对于新教师来说，可能有时会感到指导性差一些。把优缺点分散随机评价与优缺点分别集中评价相比，前者的指导性强一些，因为有时某个被评价的方面既有值得肯定的地方，也有需要改进的地方，优缺点结合起来更容易被评价者理解；当然，这样有可能使人对这节课整体的优缺点感到不很清晰，另外，如果首先就指出缺点，对被评价者来说也不好接受。而后者，先指出整节课哪些方面值得肯定，哪些需要改进，就能给人留下鲜明的印象，先评优点、后评缺点这一分为二的观点也容易被评价者接受；当然这样有时也会给人以牵强或自相矛盾的感觉。

因为这四种模式各有特点，具体评课时，就要根据听课对象与场合灵活选用，也可以综合运用其中的几种模式。总之，评课是教师应该具备的一项基本功，真正掌握这项基本功并不是一件十分容易的事情。要评好一堂课，最起码要明确评价的内容、标准与思路。当然，评课的知识要点或应该注意的问题并不是仅有这些；即使掌握了评课的方方面面的知识，也并不一定就掌握了评课的技能。教育心理学认为，练习是技能形成的基本途径。因此，要真正掌握评课的技能，还必须运用这些评课的知识进行评课的实践。

四、评课时要注意的问题

为了更好地发挥评课的功能，评课时不仅要运用科学的评价技术，制定简约可行的评价标准或评价方案，同时还要注意以下几个方面。

（一）树立整体意识

课堂教学评价要着眼于课堂教学的全过程，并要综合考虑课堂教学各构成要素的地位和作用，这就有一个局部和整体的关系问题。在评价过程中，既有对局部的分析判断，也有对整体的综合评价。对局部进行分析时要想到整体，脱离整体的局部分析是孤立、片面的；从整体上把握事物的本质需以局部的分析为前提和依据，没有对局部的分析也无法形成对事物整体全面、深刻的综合判断。局部与整体、分析与综合是对立统一的。在课堂教学评价过程中，常见的误区是脱离整体对局部作价值判断，如孤立地评价教学手段而忽略对教学效果的考察、孤立地看待考试结果而忽略对教学过程的考察等。因此，应特别强调整体意识。如：教学目标的整体及教学目标的设计、实施与达标效果的统一；教学方法、手段与教学效果的统一；教学过程的整体及各教学环节间的相互联系；教学活动的整体及教师的主导作用与学生学习主体地位作用的统一；不同学科的区别及相互间的联系与统一等。

（二）抓主要问题

不同类型的课评价的关注点亦不同。如示范课：关注闪光点，以介绍新思想、新思路为主，多说优点少说缺点；交流课：提自己的看法时，多一些商量，少一些武断，关注在互动；研讨课：要谈建议、主张，少说定型之言；调研课：注重观察分析，多谈现象，关注原因；检查课：评价的目标，多量化少笼统，关注点在综合性。同时评价一堂课不可能面面俱到，必须善于抓主要问题。比如一节课上得死气沉沉，教师讲课无章法，学生学习没情绪，那主要问题是什么呢？是教师对教材钻研不透，还是教学方法有问题？如果是对教材钻研不透，那症结又在哪里？如果是教学方法有问题，那么是教师主观上的认识问题还是具体的措施不当？搞清楚这些，我们才能对症下药帮助教师解决根本问题。若是不分主次，眉毛胡子一把抓，一二三四五罗列一堆问题而不求其根源，不但让人难以接受，更重要的是不利于改进教学。

（三）要一分为二看问题

任何一堂课都兼有优点和缺点，即便是很精彩的课，也不可能完美无缺；哪怕是再糟糕的课，也不会一无是处。我们在进行分析和评价时，就要一分为二地看问题，这是最基本的，明确这一点，可防止偏激和片面性。另外，我们在分析一节课或一位教师的优缺点时，常常要进一步探讨之所以这样或那样的原因，而原因常常是多方面的，至少应分清主观原因和客观原因。忽略这些往往会使分析流于武断，不足以服人。

（四）注意激发评价对象的内在动机

课堂教学评价评的是课，但教师作为讲课人实际上也处在被评的地位。在课堂教学评价过程中，评课人与讲课人形成了评与被评的关系。正确处理评与被评的关系有助于发挥课堂教学评价的激励功能。

1. 激发“胜任内驱力”

一般来说，人们对胜任的工作会越做越感兴趣，越做越好。人在工作中时常得到赞誉与认可，就会激发起强烈的胜任内驱力，从而不断取得进步。有经验的教师告诉我们，评课时要“优点说全，缺点抓准”。优点说全，就是把优点说充分，这就合理地满足了人的需要，从而使其产生良好的自我感觉，增加做好工作的自信心。同时，也使其乐于接受善意的批评，再加上缺点抓得准，自然让人心悦诚服。那么遇到优点少缺点多的课怎么办呢？优点少，可拆大为小分开说，连带表扬其认真的态度和做出的努力，总之是先让其得到适当程度的认可，好比有经验的医生给小孩打针，先揉一揉，既减轻疼痛又利于药的吸收。缺点多，可适当归类，抓主要的说，或点出缺点的根源，好比针灸要找准关键穴位，不能左一针右一针把人给吓怕了。

2. 鼓励“自我实现”

当人们在某种活动中获得成功，并引起他人特别关注的时候，往往会产生心理上的满足感，这种满足感可以起到自我强化的作用，使其树立层次更高的理想目标，追求更大的成功。在课堂教学评价工作中，许多有经验的评课人都注意“点出特色”。好的教师、好的课一般都有与众不同的优点，点出特色，可以对教师产生特殊的激励作用，由此培养他的成就动机。事实上，许多教师会为这一点“与众不同”的特色花费相当多的心血，不少名师就是由一次次与众不同的成功造就的。点出特色，还可唤起其他听课人特别的注意，使他们产生学习效仿的心理。在评课过程中，肯定成绩、点出特色之后，指出努力方向也是很重要的，特别是对于正在成长中的年轻教师。因为人们由成就而产生满足感之后，可以向不同的方向发展。评课要在培养教师方面发挥应有的作用，帮助教师树立“自我实现”的目标是十分必要的，但特别应注意两点：第一，目标应切合他本人的实际，是经过努力可以达到的；第二，目标应有正确的思想性，不鼓励个人功利主义。

3. 调动“互惠内驱力”

互惠内驱力是一种重要的内在动机，指人所具有的与别人和睦共处、协同工作的需要。它与人的尊重需要相互交织，是影响人的积极性的不可忽略的因素。课堂教学评价活动会产生不可低估的后效，因此要特别注意协调与授课教师的关系，照顾教师的尊重需要，调动互惠内驱力，使我们的工作既有时效又有良好的后效。第一，要以平等的身份和商量的口吻与教师切磋问题，不能居高临下、指手画脚地教训人家。周恩来同志说过：“领导群众的方式和态度要使他们不感觉我们是在领导”，“领导群众的基本方法是说服而不是命令”。我们评价和指导教学也是一样，最好不要当“判官”和领导，最好是说服而不是命令。第二，评课要看对象，要注意教师的年龄和心理承受能力。一般而言，对年长的或心理承受能力弱的教师应含蓄、客气一些，他们会因为你对他的尊重而乐于接受你的建议或意见；对年轻的或心理承受能力强的教师则可坦率、真诚地表达你的看法。第三，评课要注意场合。即一定的时间、地点、情况。从评课的效果特别是后效考虑，场合问题就不是一个小问题，尤其评一节不太成功的课，更要慎重考虑评课场合对教师的心理压力和日后对工作的影响。要将评课与评教师分开，讲话要注意分寸，要留有余地，不要在大庭广众之下使教师感到难堪，具体的意见宜在下面交换。做到了以上几点，就抓住了评课的根本点，就能评好课，就能使每一个老师从评课中受益（见表 12－2）。

【评课案例】

《晏子使楚》评课[①]

《晏子使楚》（人教版小学语文五年级下册第十课）是一篇历史故事，讲的是春秋时期齐国的晏子出使楚国，楚王想侮辱晏子，晏子以自己的聪明才智，针锋相对，反驳了楚王，维护了国家尊严的故事。由“进城门”“见楚王”“赴酒席”三个小故事组成。三个小故事的记叙方法基本一致，都是先写楚王想侮辱晏子，再写晏子智斗楚王，最后写楚王只好认输。晏子凭着自己的聪明才智力挫楚国国王，为齐国赢得了荣誉。文章层次清晰，内容生动，字里行间流露着对晏子智慧的赞颂，是进行爱国主义教育的优秀教材。全文围绕晏子和楚王的斗智斗勇而展开，教学时应以此为线索，在充分阅读的基础上，引导学生抓住具体事例，结合重点的词句，体会文章的思想感情。

我认为，孙老师的课努力做到了教学目标明确，教学思路清晰；朗读指导到位，加深学生的情感体验。孙老师的课有以下几点值得我们学习：

一、教学思路新颖，引人入胜

孙老师以教师自己课下搜集信息资料作为切入点，以这一条线索带领学生入情入境地学习。引导学生通过朗读、体验、探究、演示，走进晏子的内心世界。这是很吸引学生的，毕竟还是十一二岁的孩子，老师选取他们感兴趣的话题，作为切入点，作为他们本次阅读的话题，是很有吸引力的。《新课标》指出，语文要加强与实际的联系，要加强在语文具体的实践环境中培养学生的语文实践能力，孙老师在这一点上做得比较有特色。

二、教学媒体使用妥当

在教学中，当教学内容离学生实际生活较远时，课堂中老师能恰到好处地使用多媒体，显得尤为重要。孙老师在多媒体的使用上，内容不多，但有节有序，如引入古文的介绍，不仅能帮助学生理解了课文的内容，还延伸了学生的课外知识，从而让学生体会古代人们的智慧和语言的精练，远胜教师枯燥的千言万语，这样的背景拓展有助于学生了解当时的情况。教师的友情提醒，更为学生在学习过程中起到了关键的引导作用，充分调动了学生学习的积极性。学生能够看得真切，感得真实，更发挥了多媒体的优势。

---

① 《晏子使楚》评课，选自桃花心木的博客，http：//blog.sina.com.cn/s/blog_4dd7db680100cryg.html（有改动）。

三、评价合理及时

老师整堂课的学生评价，语言准确，体现了教师深厚的语文功底；同时，教师的评价及时稳健，为接下来学生的学习做了铺垫，创设了学习情境，加深了对文章思想感情的理解，使学生在充满创意与激情的表现里，受到爱国主义情感的熏陶。

四、板书井然有序

老师的板书就是她上课的思路，条理清晰，突破难点，让人一目了然。很值得我们学习。

(一) 几点不成熟的想法

(1) 孙老师的课，有的地方有些牵强，虽然有时候还是需要的，但我认为这种牵强不能背离规律而强加于人，得是“有源之水”。老师在本课执教的过程中，我发现学生很多情感的表达是外显模仿的，不是孩子通过阅读中自发而生的，其实学生通过自己读悟，结合自己的生活，结合当时背景，可以将心目中的晏子一点一点累积。孩子们心中的晏子可能不一定都是激情奋亢，但一定是有血有肉、真实可亲的，因为那是孩子们心中自己构筑起来的晏子。

(2) 我觉得《晏子使楚》这篇课文的内容很平实，就像晏子所说的话一样，课文的内容其实也不难理解，教师在上课的时候能否借鉴一些晏子平时的为人处世，与人说话的语句来作为铺垫，是否能让学生学得更加丰满一些呢?

(二) 延时原因

(1) 提问较多，课始部分的问题再简约些，高年级学生有一定的阅读能力，不必嚼得太碎。

(2) 晏子的话：逐步递进，妙在何处，教师一步一步引导着学生，是否可更开放些，让孩子读后自己来体会精妙在何处。比如：昨天我在上这课时，学生就自己读出说妙就妙在将计就计，我进一步提升为绵里藏针：晏子平淡的话是话中有话。现在的孩子都很有水平，完全可以让他们开放地学。

再比如读的环节，本课是由教师评价来进一步体会语言的妙处，是不是可以放手在学生读后让学生自己参与评价：听了后，晏子的语气可以吗？认可吗？开放，学生的思维才能处于不断碰撞之中。

(3) 关于华美和质朴中的中间环节问题。孙老师上课时一大段一大段的话语确实能够对营造氛围、形成情感磁场有很大的作用，但是教师的话多了是不是就是一种诗意？这是个值得思索的问题。我的看法是，课还是要多几分简单明了，删除多余的话。比如本课一开始就简单的引入：晏子是智慧的化身，老师先把故事描述一下。如果你去读，会有更深的认识。高年级的课速度要适当快一些，新课程一般精读课文两课时内完成。

表 12－2　　评价学生参与性的指标①

评价项目	权重	评价要点	评定等级				
			优	良	中	差	得分
参与状态	1.5	1. 教师以饱满而稳定的情感，通过教态、语言、内容、媒体、评价等激发学生浓厚的学习兴趣及高涨的学习热情。 2. 教师能运用各种手段使学生保持良好的注意状态。 3. 教师对全体学生怀有热切的期待，能激发学生的自信心、进取心及较高的学业成就欲望，师生间民主、平等、情感双向交流，达到教学共振。					
参与广度	1.5	1. 教师设置问题注意到教学过程的阶段性，学生举手答题率达 80% 以上。 2. 教师的问题设置注意到学生的层次性，潜力生举手答题率占其全体答题率的 60% 以上，并能适时关注不善于发表意见的学生。 3. 学生在小组活动中的参与率达 95% 以上。					
参与时间	1.0	1. 教师善于创设教学情境，学生自主活动的时间不少于 2/3。 2. 教师为学生提供充分展示的机会。					
参与方式	1.5	1. 教师善于为学生创设多种有效的成功机会、自主选择机会。参与方式多样（如独立学习、集体讨论、小组活动、动手操作等）。 2. 教师善于创设问题情境，为学生提供独立思考的机会，训练学生的思维能力。 3. 教师善于根据教学内容、教学任务运用多媒体、教具（以及及时反馈调整）等激发学生主动参与。					
参与品质	2.0	1. 学生善于倾听、理解他人发言，并能及时抓住要点。 2. 教师有较强的交往能力，善于与学生沟通，能指导学生在集体讨论或小组活动中有效地与他人交往和讨论。 3. 学生普遍具有问题意识，敢于质疑问难发表不同见解。 4. 学生普遍具有较强的动手能力。					
参与效果	2.5	1. 95% 以上的学生通过努力达到合格的教学目标。 2. 75% 以上的学生通过努力达到优秀的教学目标。 3. 教师要结合学科教学进行学法指导，教会学生学习。 4. 学生普遍具备良好的学习意志品质及道德品质。 5. 学生具有较强的学习主动性。					

① 唐晓杰等：《课堂教学与学习成效评价》，广西教育出版社 2000 年版。

【拓展阅读】

一堂好课的十条评价标准①

正如美学中对“美”的定义莫衷一是一样，一堂好课中“好”的标准也是难以界定的。因为界定的标准太多了，观测的角度太多了，评价的内容太多了，主观的判断太多了，所以，只能是见仁见智，各赋春秋。

一、精神面貌：手握钢枪上战场

起立示威口号响，犹如正跨鸭绿江
敌人胆敢来侵犯，手握钢枪上战场

我认为，评价一堂好课的第一标准就是看师生的精神面貌，是精神抖擞还是吊儿郎当，是全神贯注还是心不在焉，是勤学好问还是冷漠懒散，是字正腔圆还是含糊其声，是群情激昂还是七零八乱……这从上课的起立动作中，从问好口号的呼喊中，从回答上台展演的争抢中，从积极发言的争辩中，都能看出来。

好的精神面貌应该是和谐、活跃、民主、高效、务实的，由此营造的课堂气氛能让每个参与者都有见贤思齐的上进心、分秒必争的紧迫感和舍我其谁的表现欲，身处其中都感到振奋、激昂、欢快、充实。这种氛围似乎是玄妙而无从把握的东西，其实它体现在师生交往与活动中间，体现在课堂的物质存在与精神存在中，完全是可以被当事双方与观察者感知的客观存在，是一种可以左右课堂教学活动效能的关键因素。

二、求知欲望：追根究底探黄泉

仰望星空问碧天，追根究底探黄泉
蝇蚊怎样辨公母，扑朔迷离想懂全

兴趣是最好的老师，关键是怎样提高兴趣。概括说来，教师应选择适当的学习内容，设计科学的教学方案，营造宽松的教学环境，采取灵活的教学形式，组织得当的教学过程。内容、形式、过程、环境，都会引发学习兴趣，也可能转移学生的注意力。

所以，评价一堂课，第二个方面就看学生学习的兴趣是否浓郁，看老师的“煽风点火”是否奏效，看课程设计是否能激趣，看合作探究有没有吸引力，看研习收获有没有成就感，看多元互动有没有感召力，看学生的注意力有没有分散

① 梁恕俭：《一堂好课的十条评价标准》，中国教育学会，2017 年 3 月 17 日，http：//mp. weixin. qq. com/s？_biz = MjM5NzM1MDgyMw = = &mid = 2649963576&idx = 3&sn = 5e9523f1568edaf7db9ec9769eaf319e&chksm = bedcc0f089ab49e64c29ac36e3d7f57732ba449769f2a7ae44e89230fcad51fec313e25148be&mpshare = 1&scene = 23&srcid = 0318iFRrPemdOHDbVLh4LaHg#（有改动）。

转移。如果一堂课，师生均进入状态，物我两忘，两耳不闻窗外事，一心只读圣贤书，那么，这样的课堂一定是最好的。

三、教学方式：自主互动求实效

自主学习好处多，争先恐后避蹉跎
八仙过海神通异，各领风骚招术活

真正的好课，学生是教师的伙伴而不是单纯的执行者，是课堂的主宰而不是作业的奴隶。学生在教师的引导下，积极发挥自身的能动性，借助与同学合作的力量，应用最适合自己的方式，去获取新知锻炼能力，并在不断进取中感受学习的快乐。

所以，评价一堂课的第三个标准就是学生是否自主，有没有互动，有没有因人而异体现个性化教学，有没有优势互补倡导合作学习，有没有站在学生的立场上从学的角度去设计问题，有没有关注学生的发展差异并提供阶梯式套餐……如果仅是老师大显神通，将教材讲得淋漓尽致，而学生只是听众观众，那么，这样的课堂不算好课。

四、教学效率：张弛有度分劳逸

文武之道在张弛，劳逸结合效率提
放水养鱼计久远，取卵切莫再杀鸡

一堂好课的标准，即学生学习的主动性、多元的互动性、自行获取知识的实践性，等等，其实，还可以用一个词来总而言之，那就是“有效性”。

教学效率表现在两个方面：一是全员参与的影响面，二是个体效率的平均值。效率可以有高低，但如果流于形式没有效益或者只是对少数学生有作用，那么这节课都不能算是比较好的课。好课首先是充实的、紧张的、有序的、提高的，不同的学生有不同的事干，都在忙忙活活，还能井然有序。当然，一味地紧张并不可取，一张一弛是文武之道，劳逸结合也是学习的法宝。

五、知识容量：科学合理有梯度

精美课堂量适宜，科学合理如登梯
循序渐进按节奏，进退自如默化移

教学内容是课堂教学质量的根本保证，一堂好课的教学内容具有如下特征：(1) 教师正确理解并根据学生的实际发展水平和特点创造性地使用教材，合理确定重点和难点，精选具有基础性、范例性和综合性的学科知识；(2) 内容具有挑战性，能激发学生的学习兴趣和求知欲望，让学生跳一跳摘桃子；(3) 重视教学内容的文化内涵，体现科学性、人文性和社会性的融合；(4) 关注教学内容的实践性，密切联系社会实际和学生生活实际。

完美的课堂还具有“生成性”——这节课不完全是预先设计好的，而是在课堂中有教师和学生真实的、情感的投入，又有智慧思维的启迪，既有学习资源的生成，又有过程状态的生成，还有创新领悟的生成。

六、能力训练：立竿见影重反馈

效果如何训练测，立竿见影好甄别
即学即用即评价，弥补缺失巩固得

课堂讨论是课堂教学活动的高潮，是深化认知，发散思维，发展能力，提高觉悟的重要途径，是学生主体作用的生动体现。师生互动、生生互动，把教育、教养、发展三者有机地统一起来，实现了知识与个性、实践与能力、觉悟与品德的和谐发展。

但仅有讨论还不够，一堂好课应有适当的训练与检测，让所有的学生都能得到成功的体验，以激发学生学习的内在动机，不断促进和强化不同层次的学生建立学习的自信心和自尊心，特别是要体现出对学困生学习自尊心的保护，真正落实新课标“面向全体学生”的课程理念。经常检测并及时反馈，相当于给学生提供了一面展示自我、认可自我、修正自我的镜子，有了这面镜子就可以温故知新查漏补缺。

七、目标达成：当堂检测要灵活

目标明确课堂活，直捣黄龙再打锣
蔓叶斜枝均去掉，保留主干向银河

按理说，评价一堂课，应把“教学目标”放在前头，我却把它列在第七位，因为我更看重的是目标的达成和为达成目标而采取的教学措施。评价一堂课，着眼点在课堂，行家却能瞅到备课。

备课的首要考虑因素就是教学目标，从“知识和能力”“过程和方法”“情感态度和价值观”三个方面设计课程目标，才能做到有的放矢，才能避免“放空炮”。设置好教学目标，教师教什么才心中有数，怎样教才心中有路。如果目标不明确或干脆无目标，形如漫无边际地乱教瞎学，势必一团糟。好的课堂，师生对目标都了然于胸，教学指向“直捣黄龙”，教学过程尽量避免旁逸斜出。这样的课堂自然目标明确，思路清晰，提纲挈领，直奔主题。

八、延展带动：余音绕梁怕下课

课堂好坏易甄别，度日如年烦躁憋
期待上学怕下课，余音绕梁赛憩歇

“你的每堂语文课我都很期待，课堂上真的希望时间停滞，特别害怕听到下课铃声。”这是学生恭维老师的一段话，我却觉得道出了最佳课堂的真谛，那就是余味悠长影响深远。期待着上课，意味着视学习为享受；害怕铃声，则说明这样的课堂趣味横生。

鉴于此，评价一堂课不仅要看学生在课堂上的表现，还要询问学生的心情体验。好课应是教师巧妙地创设课堂情境，激发学生的学习兴趣，让学生自主探究，乐于训练，每一个学生都有参与的机会和表现的舞台，使每一个学生在参与的过程中体验学习的快乐，获得心智的发展。

九、师生关系：融洽和谐春满园

师道尊严要两谈，和谐融洽春满园

训斥不能长记性，温柔反倒悟箴言

教育是探索、是启蒙，而不是宣传和灌输；是平等对话与自由交流，而不是指示和命令；是丰富知识，而不是统一思想；是尊重和信任，而不是消极防范。一堂好课给人的感觉，应该师生都是学习者，都在超越自我教学相长，学生不但能看到教师思维的结果还能领略整个过程，而且能得到教师智慧的引领和闪光的启迪。

老师传授的是“点金术”而不是简单地送金子，学生掌握的是能力而不仅仅是知识。好的课堂注重通过教师与学生间的情感交流形成民主和谐的教学气氛，让各个层次的学生都能获得创造或成功的心理体验，感受生活的乐趣和学习的美好，并借助这种美好憧憬去不懈追求，自觉回馈老师和社会。

十、课堂情景：胜似联欢喜洋洋

学习真谛在激昂，兴奋堪当师智商

点火放炮群情起，寓教于玩入殿堂

一堂好课必须形成学生的兴趣和持续学习的动力，这就要求：教学过程流畅，知识过渡自然；课堂气氛活跃，“形”散而“神”聚。教师设计的问题要准确，要环环相扣，要能不断启迪学生的思维，让学生真正地“思”起来、“活”起来。但课堂气氛的活跃并不是简单的欢声笑语，更不是肤浅的师生对话，而是教师与学生间心灵的碰撞、情感的沟通，是师生互信、互动的一种美好境界，是师生在共同探究、共同学习中分享快乐的一种情感体验。

同时，课堂气氛的活跃还要有“度”，既要学生“动”，又不能让学生“乱”。教师要用一根“线”始终牵住学生的活动，从而很好地把握课堂的节奏。要体现有效的师生对话，教师的巧妙设疑，要留给学生思考的时间和空间，要引导学生思考，使其积极参与到学习活动中，并由此激发学生大胆质疑、主动探究的潜能。（梁恕俭，中国教师报编辑）

【思考题】

1. 什么是评课？评课有哪些类型？有何功能？

2. 评课时要遵循哪些原则？

3. 评课的主要内容包括哪些方面？

4. 一堂好课的标准是什么？请结合实际谈谈你的看法。

【请你来做】

下面案例中的点评好在哪里？请举例说明。

《长方形和正方形的特征》评课[①]

在丹桂飘香的十月，在淮安实验小学举办的2007年江苏省小学数学青年教师评优课。这是2007年江苏省小学数学界的一场盛事，全省27位优秀小学数学青年教师参与了这次角逐。老师们扎实的教学基本功，先进的教学理念和对教材的准确把握等都给与会老师留下了深刻的印象，也得到了专家们的肯定与赞赏。

《长方形和正方形的特征》一课是（三年级上册）的第一节课。

【教学过程】

第一个环节：引入课题

1. 课件展示校园图片，请学生从中找出一些图形的影子

2. 随着图片的欣赏，逐步抽象出一些平面图形

学生找出：长方形、正方形、平行四边形、梯形和圆形。

3. 引入课题：长方形和正方形

（评析：这个环节老师从生活中提取出一些平面图形。由于学生之前已经对这些图形有了一个初步的认识，所以学生能很轻松地找出来。引出本节课的研究重点：长方形和正方形的特征。这样的引入简单，直入主题，效果不错。）

第二个环节：研究特征

1. 请学生交流自己心中判断一个图形是否是长方形的标准

学生：长方形有四条边，上下两条边相等……老师出示一个长方形纸片，向学生介绍“对边”。

---

① 小精灵儿童网站：数学教案，三年级上，http://new.060s.com/article/2011/07/29/280589.htm（评析略作改动）。

根据学生的回答进行小结：对边相等，四个角都是直角。

师：这些都是我们凭直觉来判断，所以要画个问号，下面请自己操作来验证，尽量想简单的方法。

学生自行操作验证后上展示台集体交流验证方法。

生：用直尺量出来，对边相等。用三角板上的直角测量出四个角都是直角；用折的方法判断出对边相等……

2. 方格纸上出示一组图形，判断是不是长方形，并说明理由

展示六个图形，请学生根据得出的长方形的特征进行判断，重点交流6号图形，学生认为特别之处是：这个图形每条边相等。因为没经过验证，所以老师画一个问号。

3. 研究正方形的特征

师：正方形的边和角有什么特点：四条边都相等，四个角都是直角。

请学生拿出一张纸片验证后全班交流。

有的用量的方法，有的用折的方法。

4. 介绍长、宽、边长

师：出示一个长方形，怎样来描述这个长方形呢？

老师介绍长、宽、边长。

请学生介绍一下自己的长方形和正方形。

（评析：本课的主要教学目标是帮助学生认识长方形和正方形的特征。在这个环节的教学中，长方形和正方形的特征老师都采用了先猜测后验证的方法，这样的教学方式一方面培养了学生的创新意识，另一方面也提高了学生的研究能力，还包括其他方面如动手操作能力等。学生的反应也在老师的预设之中：有的是用直尺量的，有的是用折的方法，都证明了长方形和正方形的特征，学生的参与热情很高。同时，老师把学生研究的结果通过板书使之条理化和系统化，这个环节使教学环节层次非常清晰。学生对长方形和正方形的特征在原有经验的基础上有了进一步的了解。）

第三个环节：巩固深化

1. 猜一猜

信封中藏着两个图形，你能猜出是什么图形吗？

2. 画一画

你能画一个长方形和一个正方形吗？要求全班画的都一样。

3. 拼一拼

你能用12个小正方形拼成一个大长方形吗？

4. 选一选

五个人拍了张照片，想塑封起来，要选多大的护卡膜：照片长30厘米，宽20厘米。A. 长30厘米，宽20厘米 B. 长31厘米，宽21厘米。

（评析：在这个环节中，刘老师通过一系列活动，帮助学生加深对长方形和正方形特征的认识。如猜一猜的活动，从先露出图形的一小部分，到露出图形的大部分，最后展示出全部图形，学生非常的感兴趣，学生猜的依据就是长方形和正方形的特征，这样的活动很能吸引学生，在活动中巩固了新知；画一画的活动则进一步巩固了学生对长、宽和边长的认识，在操作活动中培养了学生的动手能力；拼一拼的活动进一步开拓了学生的思路；选一选的活动，把数学知识和生活实际很好地联系起来，真正体现了学以致用。这四个活动有效地帮助学生加深了对长方形和正方体特征的认识，也激发了学生的参与热情，效果很好。）

第四个环节：全课小结（略）

总评：本节课中，刘老师向我们展示了他扎实的基本功。他帮助学生逐步获得了对长方形和正方形特征的认识，在这一过程中，学生不仅主动获取了有关数学知识，同时，学生的观察能力、思维能力、操作能力以及良好的空间观念也得到了有效的培养。

【阅读书目】

1. 窦桂梅：《听窦桂梅老师评课》，华东师范大学出版社2011年版。

2. 余文森：《有效备课·上课·听课·评课》，福建教育出版2008年版。

3. 江玉安：《评课的三个基本问题：内容、标准与思路》，载《课程教材·教法》2007年第3期。

4. 余文森：《听课评课与教学断想》，福建教育出版社2011年版。

【相关网站资源介绍】

1. 小学教育网 http：//www. ok1490. com.
2. 小学科学课教育资源网 http：//zjhyxjs. 7i24. co.
3. 小学数学教学网 http：//www. xxsx. cn.
4. 国家基础教育 http：//www. cbern. gov. cn/index. jsp.
5. K12 中小学教育教学网 http：//www. k12. com. cn.
6. 小精灵儿童网站：数学教案 http：//www. 060s. com.

第十三章　微格教学概述

【学习目标】

1. 掌握微格教学的定义与构成要素。
2. 熟悉微格教学模式的特征。
3. 掌握微格教学的设计原则。
4. 能够较熟练地运用微格教学模式进行训练。

【问题导入】

很多师范生分不清微格教学和教学有什么不同，你觉得微格教学与教学是一回事吗？

微格教学技能训练包括哪些方面的训练？

【案例引领】

表 13－1　　微格教学演练《草船借箭》微格教学案例①

<table>
<tr><td>课题</td><td colspan="2">《草船借箭》</td><td>教学技能
训练目标</td><td>应变技能
提问技能
组织教学技能</td></tr>
<tr><td>课堂
教学</td><td colspan="2">指导学生朗读
“诸葛亮笑着说……”
一句话，并体会“笑”的内涵</td><td>教具</td><td>多媒体课件</td></tr>
<tr><td>时间
安排</td><td>教师的教学行为
（教师活动）</td><td>应用教学
技能要素</td><td>学生的学习行为
（学生活动）</td><td>应用教学
媒体</td></tr>
<tr><td>约六至
八分钟</td><td>师：谁愿意把这句话美美地读一遍？
师：请停下来，把这句话再读一遍，眼睛看准，不要慌。
师：再仔细看，诸葛亮后面有一个词，我想，你第三遍一定会读得比前两次好的。
师：慢步走到他身前，温和地说：“老师和你共同把这句话读一读怎样”？
师：（故意提高嗓门惊喜地赞道）：成功啦！成功啦！
师：你向大家介绍介绍你的经验好不好？怎样才能读正确、读流畅？
师：对，三遍不行四遍，反正多着呢？这就是你的经验。
师：联系上下文想想诸葛亮此时在笑谁？为什么而笑？这是一种怎样的笑？再读一读，读后小组里交流交流。
师：可以跟老师交流了吗？我们先不急于回答，谁愿意来读？
师：你从中读明白了什么？
师：看来同学们对诸葛亮的这一“笑”，都有自己独到的见解——有的读出了一种自信，有的读出了一种嘲讽，有的读出了一种幽默。这样吧，你喜欢用什么语气读就怎么读，喜欢用什么方式读就怎样读，可以坐着读，也可以站着读，还可以表演着读！</td><td>言语激趣
引导点拨
鼓励启发
及时表扬
追问诱导
确认
设疑探究
张扬个性
启发</td><td>生：（个别读）诸葛亮（丢掉“笑着”）说：“雾这样大曹操一定（丢掉‘不敢’）派兵出来——我们只管饮（读成‘qian’）酒（读成‘sa’）取乐，天亮了就回去。”
（第二遍该生仍然把“笑着”一词丢掉了。）
（第三遍该生读对了，却读得很不流利，且没有感情。）
（第四遍，合作成功了）
生：（支吾了一阵）老师，我就是觉得一遍不行，两遍，两遍不行，三遍！这样子读下去。
（笑声）
（学生读，读后小组讨论、交流）
生：可以了。
（生读）
生：（读）我读出了诸葛亮此时在笑周瑜，笑他妒忌别人的才干，笑他设计陷害别人反害自己，结果却落空。这是一种胜利的笑！
生：（读）我读出了诸葛亮此时在笑曹操，笑他过于谨慎，胆小如鼠、生性多疑，像缩头乌龟。这是一种嘲讽的笑。
生：（读）我读出了诸葛亮此时在笑鲁肃，笑他宽厚老实，为人忠诚，这是一种宽厚的笑！
（学生自由练读）</td><td>课件
出示
句子</td></tr>
</table>

① 汪智星：《微格教学演练〈草船借箭〉微格教学案例》，载《江西教育》2006 年第 12 期。

【理论学习】

一、微格教学的产生和发展

（一）微格教学的产生

微格教学起源于美国的斯坦福大学，是美国教育改革的产物。一直以来，师范专业的学生在毕业前要去中小学课堂讲课，进行教学实践，由于师范生缺乏实际教学经验，对教学没有直观感受，难以进行客观的自我评估和改正，需要指导教师对学生的授课情况进行评价并提出改进的意见和建议。斯坦福大学的教育学博士德瓦埃·特·爱伦教授和他的同事们经过多次研究和实验，认识到教学与教师的素质关系密切，师范生在实际授课前应熟练掌握与教学相关的各种技能。于是提出了类似于现在教育实习前试讲的改革措施：由师范生自己选择教学内容、缩短教学时间，并拍摄教学的全部过程，在课后师生进行细致的观察和研究。

（二）微格教学的发展

微格教学自 1963 年提出后，很快推广到世界各地。美国及一些欧洲国家的师范教育首先接受了这一新的培训方法。在英国，微格教学被安排在四年制的教育学士课程内，师范生接受微格教学训练后再到学校进行教育实习。20 世纪 70 年代，微格教学又传入日本、澳大利亚、新加坡等国并得到了认真的研究和发展。在 80 年代中期，微格教学引入我国，首先在北京教育学院展开了学习研究，并进行了实践。在此基础上，按照当时国家教委师范司的意见和要求，先后举办了七期全国部分教育学院教师参加的“微格教学研讨班”。微格教学作为培训教师教学技能的有效方法，很快受到了广大教师的欢迎，微格教学的研究和实践已经扩展到中等师范学校、许多中小学和部分高等师范院校。现在，这种模式的效果已为世界发达国家所广泛承认，其运用范围已从师范院校向成人教育、职业技术教育、教育管理等领域拓展。

二、微格教学的定义与构成要素

（一）微格教学的定义

微格教学是从英文“microteaching”翻译过来的，“micro”的意思是微小的，“teaching”的意思是教学。在我国被译为“微型教学”“微观教学”“小型教学”等，目前国内用得较多的是“微格教学”。

微格教学是一种利用现代化教学技术手段来培训师范生和在职教师教学技能的系统方法。微格教学创始人美国教育学博士爱伦认为，微格教学是“一个缩小了的、可控制的教学环境，它使准备成为或已经是教师的人有可能集中掌握某一特定的教学技能和教学内容”。①《教育大词典》（1990 年版）对微格教学的解释是：“指师范生或受训教师用 10 分钟左右的时间运用某种教学技能进行小规模的教学活动，录像后由教师和同学进行讨论和分析，是改进教学行为的有效方法”。微格教学实际上是提供一个练习环境，使日常复杂的课堂教学得以精简，并能使练习者获得大量的反馈意见，以提高教学技能的教学模式。

（二）微格教学的构成要素

微格教学作为一种教学模式，由参训对象、指导教师、课程、设施、教学软件等几个要素构成。

参训对象：微格教学中参训对象是以小组的形式进行组织的。

指导教师：为了给参训对象提供及时的反馈和指导，要求每一小组配备一名指导教师。

课程：教学内容。

设施：包括微格教学场地、微格教学环境、微格教学软件和硬件系统。

教学软件：在微格教学控制室中，为参训人员准备了大量的优秀教师的课堂教学图像资料和大量的教学参考书，以便随时查看。

三、微格教学模式的特征

（一）教学规模小、参与性强

微格教学一般以小组为单位，每个小组由 5 名左右的学生组成。在教学过程中学生逐个进行模仿练习，每一位参训者都有权利登台讲课，展示自己对某一项教学技能的理解、掌握和运用，这样既保证了学生们的单独训练，同时也保证了教师的个别指导。

（二）上课时间短、教学内容少

在微格教学模式中，教学的技能被分解成许多细小的技能单元，每次课只训练一种教学技能或某一个侧面。每次课的时间很短，通常为 5 ~ 10 分钟。在这期间有针对性地集中训练某一个单项教学技能（如：导入技能、讲解技能），便于学生对某一单项教学技能的迅速掌握与提高。

（三）教学实践过程声像化

微格教学的形成与声像技术的教学应用是分不开的。利用声像设备把每一位参训者的讲课过程如实客观地记录下来。受培训者能及时看到自己的教学行为，获得自我反馈信息。通常某些不太被注意的教学细节，如口头禅等，经放大后可

① 刘宗南：《微格教学概论》，天津大学出版社 2011 年版。

以使参训者产生“镜像效应”，对此类缺点、毛病一目了然、印象深刻，收到“旁观者清”的效果，不但利于及时修正，而且也减轻了指导教师的教学负担，从而腾出更多的时间对学生的教学行为进行评价和指导，提高了培训质量和效率。

（四）观摩示范与模仿创新相结合

为了增加对教学技能的感性认识，对某项技能除了作理论阐述外，还可提供一些优秀范例（文字的或声像的）。在观摩示范中结合给定的题目进行教学设计，并鼓励参训者积极发挥主动性，在模仿的基础上勇于创新，体现教学的灵活性和创造性。

（五）心理负担小

由于微格教学上课持续时间短，教学内容少，且小组的人数少，可以使参训者的紧张感与焦虑感减少到最低的程度，而且听讲的“学生”是指导教师和其他参训者，即使在执教过程中出现差错也不必担心对学校教学或学生造成不利的影响，从而减缓参训者的心理压力，增加自信心与成功感。

四、微格教学技能及其分类

（一）微格教学技能的含义

微格教学技能与教学技能是一致的。教学技能是指在教学活动中教师根据特定的教学目标、教学对象及教学资源等，运用教与学的相关知识和经验所做出的促进学生学习的行为方式和达成某种教学目标的能力。[①] 教学技能是影响教学质量、促进学生学习的重要方面，具有可描述性、可观察性和可操作性，同时每一种技能又具有被分解成不同构成要素的特点。通过这些技能的运用，激发学生的学习兴趣和动机，引导学生掌握学科的基础知识、形成技能和发展智力，为学生顺利完成学业、适应今后社会生存的要求创造条件。所以说教学技能是教师赖以发挥其内在素质、传输教学信息、完成教学任务的最基本保证。

（二）微格教学技能的分类

微格教学技能的分类与教学技能的分类大体上也是一致的。教学技能的分类在微格教学中至关重要。只有对教学技能进行科学、系统的分类才有可能使微格教学更富针对性，充分发挥微格教学的特长，提高受培训教师的整体教学水平。由于教学过程的复杂性、教学活动的多样性、教学条件的差异性，采取的教学策略必然是各不相同的，应用的教学技能也是富于变化的。

---

① 李志河：《微格教学概论》，北京交通大学出版社 2009 年版。

目前，我国专家学者对教学技能的分类达成基本共识的有以下几种。

（1）导入技能：是教师在进入新课题时运用建立问题情境，引起学生注意，激发学习兴趣，明确学习目标，形成学习动机和建立知识间联系的一类教学行为，广泛用于新单元、新课题、新段落的开始。

（2）讲解技能：是教师在课堂教学中以语言为工具，向学生传授知识和思维方法、启发学生思维、传递情感的一类教学行为。它具有显著特点：一是教学媒体的单一性——以语言为唯一媒体；二是信息传递的单向性——由教师传向学生。

（3）提问技能：是教师运用提出问题、观察学生回答，并对学生回答做出反应的方式，促进学生参与教学，了解他们的学习状态，启发思维，使学生理解和掌握知识、发展能力的一类教学行为。它渗透了教师对教材的深入理解和对学生的了解，体现了教师引导和调动学生的能力。

（4）教学语言技能：教学语言技能包括：一是言语行为（即教学口语，又包括语音和吐字、音量和语速、语气和节奏、语调、语汇等）；二是非言语行为（即态势语，又包括身姿语、手势语、表情语、目光语、空间距离、服饰等）。

（5）课堂变化技能：是在教学过程中，教师运用教学媒体的变化、信息传输方式的变化、师生间相互作用形式的变化，引起学生的注意和兴趣、减轻学生疲劳、维持正常教学秩序的一类教学行为。

（6）课堂结束技能：课堂教学的结束是教师对一节课有计划、有目的地结束课堂教学活动的过程。在这个过程中，教师通过归纳、总结、实践等活动使学生对所学的新知识、新技能进行及时的巩固、概括、运用。把新知识新技能纳入原有的认知结构，形成新的认知结构。教师在这个过程中的教学行为称为结束技能。

新课改对教师素质也提出了更高的要求。要求加强教师新信息技术整合的教学技能培训、对学生学习策略指导的教学技能培训、对教育信息资源的开发利用等教学技能的培训、对新型教学方式的组织技能培训以及对学生学业成就的评价技能的培训等。

五、微格教学的基本模式

微格教学的基本模式包括事前的理论学习和研究、确定微格教学培训技能、提供微格教学示范、微格教学实践（微型课、角色扮演、录音录像）、对教学过程进行反馈评价（重放录像、自我分析、讨论评价）、扩展修正（修改微格教学教案、继续进行教学实习）等。该模式具体分成六个阶段：

（一）理论学习和研究

微格教学是在现代教育理论指导下，对教师教学技能培训的实践活动。在实施模拟教学之前应学习有关现代教育理论、微格教学理论、教学目标分类、教学技能分类及教学设计等内容。通过理论学习，形成一定的认知结构，促进日后学习向教学的迁移。

（二）提出培训目标

确定要培训的教学技能，指导、教育、讲解此项教学技能的类型、特点、作用及典型事例运用的一般原则，使用方法以及注意事项。

（三）原型的建立

“原型”是指规范的课堂教学技能的示范，具有榜样的作用。这一阶段的主要活动有：指导教师讲解、说明单项教学技能的要领，并做出必要的示范，观察优秀教师的课堂示范等。

（四）模仿练习

系统的模仿原型和实际练习，是掌握课堂教学技能的关键。在这一阶段，参训小组和教师在微格教室内，组成一个小型的教学组织，参训者就某一项具体的课堂教学技能进行模仿练习。这一过程通过室内的摄像机录制下来，以备下一阶段使用。

（五）评价反馈

这一阶段主要包括四类评价和反馈：

“参训者的自我评价”：根据自己实际模仿练习的感受，对自己的教学技能进行分析和评价，找出不足；

“小组成员之间的评价”：小组成员根据各自的观点，对模仿者进行评价，找出其不足，并提出改进建议；

“指导教师的评价”：教师根据自己对教学技能的理解和掌握，对参训教师所展示的课堂教学技能进行分析和评价；

“录像评价”：微格教学的一个重要特征是运用现代声像技术将参训者的教学技能记录下来，使其获得教学行为的直接反馈，通过小组成员和教师的共同观看，对其展示的教学技能进行分析和评价，使参训者对自己的教学技能有一个比较清晰全面的认识，找出自己的不足。这样就可以在下一轮循环中逐步改进，进一步完善自己的教学技能。

（六）扩展补正

这一阶段包括：

“扩展”：引导学生展示、辨析、比较在演练中的不同教学思维过程，尤其是标新立异式的思维过程，从中优选科学的教学思维方式；

“补正”：引导学生找出演练中暴露出来的症结，采用修改微格教学教案等多种方法补缺矫正，必要时要重新演练，进行补充性或提高性教学。

微格教学模式不仅适用于教学技能的培训，而且也适用于其他专业技能的培训。同时我们也应看到，微格教学模式只是培养技能的一种方法，而非全部。微格教学模式不能完全替代教学现场的操作实习，只有将二者相互补充、相互协调，才能取得最优化的教学效果。

【案例1】

英语微格教学的理论与模式①

一、组织理论学习

组织学生学习微格教学的理论，包括教学设计、教学目标分类、教材分析、教学技能分类、观察课堂方法、教学评价方法等。

二、确定训练技能

英语课堂教学技能按类型分为若干单独技能，一般包括复习技能、介绍技能、操练技能、练习技能、巩固知识技能、听能与写作训练、口语训练、阅读技能训练、语法教学技巧和课文教学技巧等。

三、提供示范辅导

在教师正式上课前，为了使其明确授课的目标和要求，可组织大家讨论，利用录像对所要训练的技能进行示范。内容可以是一节课的全过程，也可以是课堂教学的片段。所放录像有时用正面典型，有时用反面典型，二者往往对照使用。

四、组织微格教学的实践

受训学生根据授课内容决定使用何种教学技能，进行教学设计，编写较为详细的微格教案。教案要求详细说明教师的教学行为，即所应用的技能和学生的学习行为，包括预想的反应。同时，受训学生根据教学技能的要求及某一教学片段的教学目标、学习任务和学生的特点，设计一段微型课的教学过程（5～10分钟），编写这一片段的教学教案。然后在微课班或组里进行教学。教学过程要体现教学语言、教态、仪表及教具的应用。

五、讨论反馈评价

一是重放录像。教师组织集中讨论观察受训者达到训练目标的程度。二是自

① 参见覃春宁：《把微格教学引入中学英语教研活动的设想》，载《广西右江民族师专学报》2004年第3期。

我分析。看过录像后，教师角色要进行自我分析，检察实践过程是否达到掌握训练技能的目的。三是讨论评价。组织学生通过有重点的重放录像，先观察教师角色的教学行为，再从各自的立场出发，帮助其找出不足，指出努力的方向，最后根据评价标准打分。

六、受训学生修改微格教案

受训学生根据分析的结果、建议以及自己的课后反思，修改教案。再进行第二次甚至多次教学实践，训练同一教学技能（微课听课学生要更换），课后再进行分析评价，直到掌握这一教学技能。

六、微格教学设计

如上所述，微格教学是将日常复杂的课堂教学进行分解和简化，并为培训教学技能而建构的科学的训练环境和方法，使受训者获得大量及时的反馈信息的教学模式。因此，微格教学模式的设计必须要遵循一定的原则。

（一）微格教学的设计原则

1. 明确目标

微格教学的目标具有课堂教学和技能训练的双重目标。微格教学作为课堂教学的子系统，其目的是在实现课堂教学目标的前提下灵活运用和掌握教学技能。微格教学的教学设计，必须以实现课堂教学目标为先导，以教学技能训练目标为手段，进行教学策略的微观方案设计。若偏离了课堂教学目标，不管运用什么样的教学技能都是无意义的。

2. 综合设计

微格教学模式的设计过程应体现教学系统设计的思想和方法。即在微格教学的系统设计过程中，通过系统分析技术（学习需要分析、学习内容分析、学习者分析）形成制定、选择教学策略的基础，通过解决问题的策略优化技术（教学策略的制定、教学媒体的选择）以及评价调控技术（试验、形成性评价、修改和总结性评价）使得解决复杂教学问题的最优微观教学方案逐步形成，从而取得最佳的学习效果。

3. 精心选择

对于微格教学来说，没有任何单一的策略能够适用于所有的教学技能训练情况。最好的教学策略是在一定的情况下达到特定教学目标的最有效的方法论体系。为了达到特定教学目标，必须充分考虑多种不同的教学策略，包括选择和设计课堂教学过程和教学媒体等，优选出具有实际可操作性的教学方案，力争应用最佳的教学策略于特定的教学情境之中。

4. 及时反馈

教育传播理论认为，反馈可以使教育者了解到信息的传递效果，并对学生的学习状况作出及时准确的评价，同时对自身的传播行为作出改进。微格教学运用现代科技手段进行信息反馈。当微格教学课结束后，参训者一定要及时观看自己的授课记录，并与指导教师和同学进行讨论总结，从而获得广泛而深入的评价反馈信息，快速地找出改进教学效果的方法和提高教学技能的对策。

（二）微格教学教案设计的具体项目

1. 教学目标

目标要符合课程要求，切合学生实际，定得具体细致，以便随时检查这些教学目标的完成情况。目标不可定得太高，否则，将因无法达到而挫伤学生积极性。

2. 教学过程

教学过程包括教师的教和学生的学两方面。教师的教就是教师根据一定的教学任务和学生的身心发展状况，通过导入、讲解、提问、板书、演示等技能方式去教导学生进行学习；学生的学就是通过听讲、观察、讨论、实验、阅读、练习等学习活动，掌握知识和技能，并发展认知能力、思维能力、创造能力。在这个过程中，教师起着主导作用，学生是学习的主体。所以教师设计的课堂教学过程不能总是千篇一律，也不宜完全照搬“标准”教案。教师应该根据不同的教学情景和教学内容，同时考虑到学生的知识基础和智力发展水平，选择适当的教学方法，并加以灵活运用。此外，教师还要经常将新的教学思想、新的教学观念引入教学之中，通过教学实践去探索提高学生素质的有效方法。

3. 时间分配

微格教学的教案通常限定在 10 分钟左右，在设计时要仔细估算每一教学环节所用的时间，这对于师范生尤为重要，有利于他们今后掌握好课堂教学时间。

4. 检验设计内容

当教案初步设计完成，学生先自我检验，再交给指导教师批阅。指导教师从中了解学生前一阶段的学习情况，了解对课堂教学技能的理解程度。在接受了这些信息反馈的前提下，在尊重学生本人意见的基础上，师生共同进行科学的讨论分析，提出改进意见和建议，使微格教学的教案设计更趋完善，更符合微格教学的特点。

（三）微格教案格式

微格教学设计与课堂教学设计没有什么太大的不同，它们所遵从的理论、方法、程序完全一致。不同之处只有两点：首先微格教学设计是对一个教学片段的设计，以一两个教学技能为主；其次微格教学设计的目的是训练。由于只是一个教学片段，所以微格教学设计就不像教学设计那样，必须涉及教学的全过程，否则教学片段变得过于冗长，不利于教学技能的训练。

【微格教学范例1】

表13-2 微格教学设计案例①

姓名：	院系：	年级：	日期：

课题	《亡羊补牢》
使用教材	人教版小学语文第六册《寓言两则》
教学对象	小学三年级学生
训练重点	讲解技能、语言技能
学生特点	学生普遍对寓言故事比较感兴趣，喜欢学习寓言故事。本课应充分调动学生的学习积极性，学习对事物分析、推理的方法，锻炼表达能力，培养善于观察、勤于思考的习惯。
教学目标	从寓意中得到教育，激发学生的求知欲，培养自学能力。
学习任务	1. 会认5个生字。 2. 正确读写“寓言、亡羊补牢、羊圈、窟窿、后悔、盘缠”等词语。 3. 朗读课文，了解故事内容。
学习重点	对生字读音及字形的把握，能通读全文。
学习难点	在感受寓言揭示的形象、了解寓言主要内容的基础上，体会寓意。
教学策略	1. 通过反复朗读来体会文中说话人说的话的深刻含义。 2. 复述故事内容，感受故事情节。 3. 通过课外积累更多的寓言故事。
教学媒体	黑板、幻灯

教学过程	教学行为	教学技能	学生学习行为预测	需准备的教具
时间 2分钟	一、揭示课题 1. 以前同学们看过寓言故事吗？是哪些寓言？ 2. 同学们课后看的书真多！那有谁知道寓言的含义呢？ 3. 回答得非常正确。“寓”就是寄托、包含的意思，“言”就是讲道理的意思。这节课我们来学习《亡羊补牢》这则寓言。（板书课题：亡羊补牢） 4. 通过预习，谁能说说对课题的理解？“亡”是什么意思？“牢”又指什么？	导入技能、提问技能、语言技能、板书技能	1. 看过《伊索寓言》。 2. 用一个短小的故事说明一个道理或讽刺某种人	

① 小学学科网，http：//xiaoxue. xuekeedu. com/。

续表

8 分钟	二、初读课文，整体感知 1. 说出自学要求。同学们请默读课文，运用工具书畅读全文，并标出文章中的生字词。 2. 通过一个小游戏帮助学生学习生字词。 同学们，下面我们来玩一个小游戏，游戏的名字叫“拯救小羊”。老师手里有五只小羊，每只小羊的身上都写了文中的一个生词，现在这些小羊出去吃草遇到了狼群，同学们读准了羊身上的词就可以把他们救回羊圈。下面我们开始游戏。（游戏中讲解“窟窿”“街坊”“叼走”“后悔”“劝告”的字音和写法并进行板书） 3. 小羊全部回到了羊圈，同学们做得非常好，对生字词的把握很牢固，下面让我们有感情地朗读全文。（板书课后作业） 4. 同学们读得很好，我们今天的课就上到这里，同学们回家将生字抄写三遍并注音，然后把生词解释一下，做在作业本上，明天交上来；课后思考一下，这篇文章讲了一个什么道理？	课堂组织技能、提问技能	1. 朗读课文、画出生字词、思考文意 2. 积极参与游戏，读准字音并准确解释词义。 3. 亡：丢失。牢：在文中指羊圈。丢失了羊，把羊圈修好。	小羊形状的生字卡

【微格教学范例 2】

把字句和被字句的互换方法教学设计①

微课内容：人教版小学语文二年级上册语文园地七读读说说

教学目标：掌握把字句和被字句的互换方法，灵活地进行把字句和被字句的互换。

教学重点：灵活地进行把字句和被字句的互换。

教学难点：在互换中，句中的词语搭配不能改变。

适用对象：小学二年级学生观看

教学过程：

一、导入

大家好！这个微课讲的是把字句和被字句的互换方法。以往学生在把字句和

① 《找教案》，http：//www. zhaojiaoan. com/article/00967/39120. html（有改动）。

被字句的互换中，常常弄出了一些笑话。比如：我把教室打扫干净了，改为：我被教室打扫干净了。我把香蕉吃了。改为：我被香蕉吃了。希望这个微课的讲解对孩子们有所帮助。

二、新授

1. 了解把字句和被字句的组成部分

把字句的格式：谁把什么怎么样

主动者　被动者　动作部分

例：姐姐把香蕉吃了。

即：把字句=主动者+把+被动者+动作部分

被字句的格式：什么被谁怎么样

被动者　主动者　动作部分

例：香蕉被姐姐吃了。

即：被字句=被动者+被+主动者+动作部分

2. 把字句和被字句的互换方法

"把字句"和"被字句"的互换方法：首先要找出句中的"主动者"和"被动者"，再"主被换位，把被互换，动作部分照抄"即可。

3. 例题

(1) 把字句改为被字句：风把树叶吹落了。(把字句) 改为：树叶被风吹落了。(被字句)

(2) 被字句改为把字句：水被弟弟喝了。(被字句) 改为：弟弟把水喝了。(把字句)

三、练习

三个提醒：

1. 主动者和被动者的位置要互换。

例：他把小鱼扔进大海里。(把字句)

改为：他被小鱼扔进大海里。(错误)

小鱼被他扔进大海里。(正确)

2. 在互换中，句子中出现的成分不能随意丢掉。

例：炎热的太阳把水蒸干了。(把字句)

改为：水被太阳蒸干了。(错误)

水被炎热的太阳蒸干了。(正确)

3. 在互换中，句中的词语搭配不能改变。

例：八路军把全部敌人消灭了。(把字句)

改为：敌人被八路军全部消灭了。（错误）

全部敌人被八路军消灭了。（正确）

四、总结

把字句和被字句互换方法，在日常生活中经常用到，希望这个微课对您有所帮助。

教学反思：

本节微课剖析了把字句和被字句的组成，便于学生区分。归纳了把字句和被字句的互换方法，并通过两个例题讲述了把字句改为被字句，被字句改为把字句的方法。结合学生以往练习中经常出现的错误，揭示了三个提醒。目标明确，重点突出，针对性强，便于学生掌握和理解。

七、微格教学训练中应处理好的关系

微格教学在训练师范生的教学技能方面有突出的优势，但要取得良好的效果，在训练过程中应注意协调几种关系：

（一）教师主导作用与学生主体发展之间的关系

由于学生未上过讲台，没有教学经验，缺乏教学技巧，所以学生必须要在教师的指导下完成微格教学各个环节的工作，才能较全面地了解教学过程。但是，学生是进行微格教学的主体，学生只有在教师的启发指导下独立完成，才能有比较深刻的感受和体会，从而逐步掌握各种教学技能。因此，微格教学训练过程中，必须发挥教师和学生两方面的作用：一方面教师必须发挥主导作用，从学情出发，遵循学生的学习规律，指导学生进行教学设计和进行课堂教学。另一方面，教师的教是为了不教，学生的学是为了将来离开教师能更好地自己完成教学设计和更好地进行课堂教学。指导教师要明确自己的作用主要在于宏观指导和微观启发。

（二）微格教学技能与教学方法之间的关系

教学技能是教师在教学过程中，运用与教学有关的知识和经验，促进学生学习的教学行为方式。教学技能可通过学习来掌握，并在练习实践中得到巩固和发展。教学方法是指在教学过程中完成教学任务所使用的工作方法。教学方法的采用，取决于教育性质和教育目的，取决于教材的性质，取决于教学手段，是由教师和学生共同实现的。教学技能是通过多种教学方法综合表现的行为。

（三）学生宽松气氛与教师严格管理之间的关系

微格教学中扮演学生的学生尽可能是扮演教师的学生的知己，即是“同侪”训练，这样能使培训才能在一种宽松气氛中进行，以减少受训学生的心理压力。这种宽松气氛对微格教学的效果是十分重要的，但是这种宽松气氛并不是让学生脱离严格的管理而随心所欲。用微格教学方法大面积训练师范生教学技能，严格的组织管理是关键。在组织学生进行微格教学训练时，组织机构要落实，训练计划要明确，各种记录要具体、详细。实施训练计划时，要严格做到每个环节按预定目标进行，才能保证整个系统的正常运行，才能达到预期的目标。

（四）固定时间训练与学生自由训练之间的关系

用微格教学方法大面积训练师范生的教学技能，时间安排必须要科学、合理。在训练研究过程中，采取固定时间与学生自由训练相结合的方式。固定时间训练是学生在指导教师的带领下，在规定时间和地点进行训练。一般来说，大部分学生在规定时间内训练能达到训练目标，但是仍有部分学生距训练目标还存在一定的差距。对于这部分学生指导教师要耐心地进行个别辅导，充分给予他们发挥能力的机会，让这些学生根据自身情况组成小组，利用课余时间进行训练，直至达到基本要求。

（五）教师组织评价和学生组织评价之间的关系

在评价反馈过程中，指导教师起着关键性的作用，教师一方面要让学生参与评价，努力提高学生的评价意识，什么样的课是一节好课，要正确评价他人，尽量减少评价表统计结果的失真度。在这个过程中，教师要根据评价表统计的结果，再与实际录像相配合，作出判断和结论，肯定优点，指出缺点，提出改进的方案和措施。学生组成评价小组，其成员可以是要好的知心朋友，也可以邀请“教学能力”较强的学生参与，在评价过程中，注重本人和他人评述各种技能的表现状况，提出改进建议，使受训者充分了解自己，认识自己，以提高自己的教学水平和能力。

【思考与练习】

1. 何为微格教学？它有哪些基本特征？
2. 进行微格教学设计时应遵循哪些原则？
3. 微格教学训练中要处理好哪些关系？
4. 根据微格教学模式的要求进行教学设计及实施。

【阅读书目】

1. 王盛峰:《基于导生制的微格教学模式设计及实践研究》，南京师范大学硕士论文，2008 年。

2. 邓双喜:《微格教学评价标准构建的策略及其思考》，载《当代教育论坛》2008 年第 7 期。

3. 吴萍:《新编教师教学技能训练教程》，北京师范大学出版集团 2011 年版。

4. 荣静娴:《微格教学与微格教研》，华东师范大学出版社 2012 年版。

5. 王凤桐、陈宝玉:《走进微格教学——教学技能培训的策略与实践》，首都师范大学出版社 2010 年版。

【相关网站资源介绍】

1. 国家基础教育资源网 http://so.eduyun.cn/national/index

2. 教考网 http://shifan.jiaokao.com/article/jiaoxuecankao/3410.html

3. 第一文库网 http://www.wenku1.com/list/提问技能微格教案/

4. 微格教学视频 http://tv.sogou.com/v?query=%CE%A2%B8%F1%BD%CC%D1%A7%CA%D3%C6%B5&p=40230600&tn=0&st=255

参考文献

1. 教育部:《师范院校学生的教师职业技能训练基本要求(试行)》,1992 年。

2. 北京师范大学:《高等师范学校学生的教师职业技能训练大纲(试行)》(教育部委托),1994 年。

3. 吴萍:《新编教师教学技能训练教程》,北京师范大学出版集团 2011 年版。

4. 周小蓬:《语文课堂教学技能训练教程》,北京大学出版社 2010 年版。

5. 卫建国、张海珠:《课堂教学技能理论与实践》,北京师范大学出版社 2007 年版。

6. 王晞:《课堂教学技能》,福建教育出版社 2014 年版。

7. 彭小明、郑东辉:《课堂教学技能训练》,高等教育出版社 2012 年版。

8. 张海珠:《教学技能》,北京师范大学出版社 2013 年版。

9. 欧阳芬、诸葛彪:《高效教学技能十项训练》,西南大学出版社 2011 年版。

10. 李同胜、王统永:《课堂教学技能训练教程》,山东人民出版社 2012 年版。

11. 蔡伟:《语文课堂教学技能训练》,华东师范大学出版社 2009 年版。

12. 包兴敏、白冬青、王晓茜:《教师教育心理学》,清华大学出版社 2015 年版。

13. 邵光华:《小学课堂教学技能训练》,高等教育出版社 2011 年版。

14. 刘娟娟:《小学数学教学技能》,华东师范大学 2011 年版。

15. 王宗海、肖晓燕:《小学语文教学技能》,华东师范大学出版社 2011 年版。

16. 王玉辉、王雅萍:《语文课程与教学论》,北京师范大学出版社 2012 年版。

17. 缪旭芳:《小学语文教学技能实训教程》,江苏大学出版社 2013 年版。

18. 吕映:《小学语文教学技能实训》,浙江大学出版社 2013 年版。

19. 熊开明:《小学语文新课程教学法》,首都师范大学出版社 2010 年版。

20. 卫建国、张海珠:《课堂教学技能理论与实践》,北京师范大学出版社 2007 年版。

21. 王晞:《课堂教学技能》,福建教育出版社 2014 年版。

22. 欧阳芬、诸葛彪:《高效教学技能十项训练》,西南大学出版社 2011 年版。

23. 郭英、张雳:《教学技能训练教程》,科学出版社 2012 年版。

24. 皮连生:《现代教学设计》(第2版),首都师范大学出版社2012年版。

25. 余文森、黄国才、陈敬文:《有效备课·上课·听课·评课》,福建教育出版社2008年版。

26. 林高明、陈朝蔚:《片段教学[小学语文卷]》,福建教育出版社2015年版。

27. 杨晓丹:《小学教学设计》,白山出版社2015年版。

28. 房元霞、郭文彬、赵汝木:《数学教学设计》,科学出版社2017年版。

29. [美]格兰特·威金斯(Grant Wiggins),[美]杰伊·麦克泰格(Jay McTighe):《追求理解的教学设计》,华东师范大学出版社2017年版。

30. [美]唐娜·沃克·泰勒斯通:《初任教师教学ABC如何设计有意义的学习》,教育科学出版社2016年版。

31. 张海珠:《中小学教师培训用书:教学设计》,北京师范大学出版社2013年版。

32. 杨梅玲、毕晓白:《大学课堂教学设计》,清华大学出版社2015年版。

33. 冯卫东:《教学模式全手册·情境教学操作全手册》,江苏教育出版社2010年版。

34. 冯卫东:《情境教学策略》,北京师范大学出版社2010年版。

35. 王宝大:《导入技能·结束技能》,人民教育出版社2001年版。

36. 蔡伟、纪勇:《语文案例教学论:课堂导入与收束》,浙江大学出版社2012年版。

37. 许迅:《教师语言实践教程》,南京师范大学出版社2010年版。

38. 屠亚斐:《矫治教师课堂提问行为,提高课堂提问的有效性》,载《新课程研究》2009年第6期。

39. 黄战鹏:《语文教学课堂提问类型探究》,载《学周刊》2013年第11期。

40. 李丽新:《有效课堂提问的方法之探究》,载《吉林建筑工程学院学报》2012年第3期。

41. 颜晓雯:《对外汉语初级课堂提问案例分析》苏州大学,2014年。

42. 刘洋洋:《初中数学教师课堂教学变化技能及其对学生课堂参与影响的研究》,海南师范大学,2014年。

43. 李运林、徐福荫:《教学媒体的理论与实践》,北京师范大学出版社2003年版。

44. 王以宁:《教学媒体理论与实践》,高等教育出版社2007年版。

45. 何福贵、张梅:《微课开发和制作研究》,载《北京劳动保障职业学院学报》2015 年第 3 期。

46. 侯天香：《基于网络教育的微课程设计与应用研究》，北京邮电大学，2015 年。

47. 胡铁生：《“微课”：区域教育信息资源发展的新趋势》，载《中国电化教育》2011 年第 10 期。

48. 黎加厚：《微课的含义与发展》，载《中小学信息技术教育》2013 年第 4 期。

49. 孟祥增、刘瑞梅、王广新：《微课设计与制作的理论与实践》，载《程教育杂志》2014 年第 6 期。

50. 周静：《媒体运用技能训练》，天津教育出版社 2010 年版。

51. 林万新：《中小学教师课堂教学技能训练丛书 · 结束技能训练》，天津教育出版社 2010 年版。

52. 张鹏举：《聚焦中学课堂：反思与评价》，北京师范大学出版社 2008 年版。

53. 赵明仁：《教学反思与教师专业发展》，北京师范大学出版社 2009 年版。

54. ［美］佩龙：《给教师的一封信：对学校教育和教学艺术的反思》，教育科学出版社 2009 年版。

55. 吴志樵：《说课的艺术》，辽海出版社 2011 年版。

56. 王长江：《中学物理说课的理论与实践》，西安交通大学出版社 2013 年版。

57. 窦桂梅：《听窦桂梅老师评课》，华东师范大学出版社 2011 年版。

58. 江玉安：《评课的三个基本问题：内容、标准与思路》，载《课程 · 教材 · 教法》2007 年。

59. 余文森：《听课评课与教学断想》，福建教育出版社 2011 年版。

60. 杨向东、崔允漷：《课堂评价》，华东师范大学出版社 2012 年版。

61. 荣静娴：《微格教学与微格教研》，华东师范大学出版社 2012 年版。

62. 王凤桐、陈宝玉：《走进微格教学——教学技能培训的策略与实践》，首都师范大学出版社 2010 年版。

63. 张莉琴：《微格教学》，北京邮电大学出版社有限公司 2017 年版。

64. 王凤桐等：《微格教学在中国》新华出版社 2012 年版。